文 化 名 家 暨
"四个一批"人才作品文库

新闻界

沈卫星文化评论集

沈卫星 著

中华书局

图书在版编目(CIP)数据

沈卫星文化评论集/沈卫星著. —北京:中华书局,2018.10
(文化名家暨"四个一批"人才作品文库)
ISBN 978-7-101-13146-8

Ⅰ.沈… Ⅱ.沈… Ⅲ.①文化研究-中国-文集②文艺评论-
中国-文集 Ⅳ.①G12-53②I206-53

中国版本图书馆 CIP 数据核字(2018)第 057004 号

书 名	沈卫星文化评论集	
著 者	沈卫星	
丛 书 名	文化名家暨"四个一批"人才作品文库	
责任编辑	罗华彤	
装帧设计	毛 淳	
出版发行	中华书局	
	(北京市丰台区太平桥西里 38 号 100073)	
	http://www.zhbc.com.cn	
	E-mail:zhbc@zhbc.com.cn	
印 刷	北京瑞古冠中印刷厂	
版 次	2018 年 10 月北京第 1 版	
	2018 年 10 月北京第 1 次印刷	
规 格	开本/710×1000 毫米 1/16	
	印张 28½ 插页 4 字数 430 千字	
国际书号	ISBN 978-7-101-13146-8	
定 价	138.00 元	

出 版 说 明

　　实施文化名家暨"四个一批"人才工程，是宣传思想文化领域贯彻落实人才强国战略、提高建设社会主义先进文化能力的一项重大举措。这一工程着眼于对宣传思想文化领域的优秀高层次人才的培养和扶持，积极为他们创新创业和健康成长提供良好条件、营造良好环境，着力培养造就一批造诣高深、成就突出、影响广泛的宣传思想文化领军人才和名家大师。为集中展示文化名家暨"四个一批"人才的优秀成果，发挥其示范引导作用，文化名家暨"四个一批"人才工程领导小组决定编辑出版《文化名家暨"四个一批"人才作品文库》。《文库》主要收集出版文化名家暨"四个一批"人才的代表性作品和有关重要成果。《文库》出版将分期分批进行，采用统一标识、统一版式、统一封面设计陆续出版。

文化名家暨"四个一批"人才

工程领导小组办公室

2018年10月

沈卫星

　　沈卫星，1958 年 11 月生，江苏海门人。1983 年毕业于兰州大学中文系，北京师范大学博士研究生。现任光明日报社副总编辑、高级编辑，中国政法大学光明新闻传播学院院长。主要从事文艺、新闻的采编工作。在《人民日报》《求是》《光明日报》《经济日报》《中国青年报》《文艺报》等报纸及各类专业性杂志上发表数百篇有关文化、文艺、新闻等领域的评论、调查报告、报道等，50 多篇获国家级和省部级奖，20 多篇报道获中央领导批示。享受国务院颁发的政府特殊津贴。

目　录

改编应谨防政治功利主义

——从电视剧《四世同堂》"加红线"谈起

　　长期以来,"左"的思想,要求我们的各种文艺样式绝对服从于各项政治需要,即要求文艺从题材到主题、从内容到形式、从结构到风格、从人物到情节,均要直接表现政治斗争和政治生活。我们不反对文艺反映政治、服务政治,但我们要反对政治功利主义式的反映和服务。创作实践也证明:某些文艺作品中的公式化、概念化、简单化,以及假、大、空,是这种要求所导致的直接后果。这种要求变为了一种创作思想,同样也进入到我们的改编意识中来,而且一直到今天,它还继续作用、影响着我们的某些改编作品,包括有些改编得较为成功的作品。这在颇孚盛誉、佳评蠭起的大型电视连续剧《四世同堂》中,就可以明显看到。

　　当我们通读了老舍先生的长篇巨著《四世同堂》,并通览了由此改编的同名电视连续剧《四世同堂》后,我们深深感到一种成功的再创造的审美满足。电视剧以它特有的形象直观性和广泛充分的表达力,使小说真实而生动地走上屏幕。然而,观赏的结果同时也告诉我们,在文字作品形诸荧屏以后,其中有某些部分,隐隐地给人一种不和谐的外贴物感。如果我们把这种感觉诉诸理性,仔细分析,方知原来是电视剧把小说中某些思想境界和行为方式,人为地向英雄人物的高度拔擢;将小说中的某些情节和细节,按某种政治功利目的设置……它们具体地表现为:有钱诗人清醒自觉的地下抗日斗争活动,有瑞全重回北平后地下组织活动这一线索的凸现,有瑞宣在富善先生家翻看印有延安字样的各类宣传图册,有韵梅梦见瑞全身穿八路军军服等。我们不能否定这些不可以在改编中加入,相反,这些正面的内容非常有助于提升作品的思想含量,强化积极的主题。我们忧虑的是,由于它们是游离于原著严格规定下的人物思想、性格和情节结构的内在逻辑,跳脱于人物行动的具体历史环境,因此,这是改编者在改编过程中,有意无意地、善意诚意地带着某种政治功利的目的,或者说,是想通过改编,急功近利地表现某种更为鲜明的、更直接的政治态度和政治思想。我们不妨把这种现象通俗地称为"加红线"。

为什么要说这些是人为的拔高和设置?是"加红线"呢?

我们知道,老舍写《四世同堂》,无论从他的创作意图,或是从作品的实际内容来讲,他自始至终都不想着重描写沦陷区人民在日寇统治下如何爱国,如何积极开展抗日斗争运动(这不是说老舍不了解当时的革命形势,实际上,他当时在重庆非常了解中国共产党和全国的抗日运动)。老舍先生的主旨,是要以日本侵略中国这个社会现实大背景为依托,塑造一批人等各式、声态并作、神形俱活的"小羊圈"系列人物,而从他们身上,着力刨挖出中华民族在强敌外侮下暴露出来渗透几千年来封建传统的民族意志、民族心理和民族生活情态,而这些又是老舍于深深的痛憾中,带着严峻警悚的批判笔力来写的。

譬如说"爱国",我们认为,爱国不是一种抽象意义的概念,它的含义绝不是隐忍、退让、苟且、低眉顺眼、嗫嚅歙欷。在外敌面前,爱国的意义是抗敌保国,是一种真真切切的革命正义行动。而在老舍笔下,以祁家"四世同堂"为代表的小羊圈市民,他们虽然不愿做亡国奴,仇恨日本侵略者,珍爱祖国山河城池,但他们都不是以行动去保国,保北平,倒是想尽法子和理由保家庭,保自身。这不能算是爱国,确切地说,这仅仅是一种洁身自好的传统而已。在当时的特定历史环境中,由于这些市民身上有几千年来牢固的封建传统观念和礼教,使得他们非外力唤醒就不能自行起来进行革命斗争。如果硬要把他们写成靠自己的觉醒自主地组织起来抗日,是不符合历史真实和生活真实的,因而是令人难以置信的。

老舍正是基于这种深厚的历史感悟,于是花了很多的笔墨,洞幽烛隐、剔肤见骨地剖析出他们身上近乎愚钝的、短视的、软弱忍让的、有膺愤口诛而无实际反抗行动的种种特质,这种特质是带有极强的鲁迅笔下怒其不争的悲悯意味的,因而是那样强烈地震撼着我们的心灵,警示于今天的读者,使我们对民族自身有了深刻的认识和反省,并足以唤起和指导我们改造民族自身落后的愿望和途径。因此,作品的意义是伟大深远的,具有时代超越力的,我们也为有老舍这样一位伟大作家而感到骄傲。

我们知道,在老舍先生的许多作品中,他既对北平,乃至整个民族的人民发自心底的热爱,这种热爱反而也使他对中华民族的某些落后的东西不妥协,他正视生活本来面目,不虚饰,不矫颂,对该揭露的无情揭露,该批判的彻底批判,该否定的果断否定,如果没有最清醒的认识、最深邃的目力和最强健的胆魄,是很难完全做到这些的,惟此,它才是难能可贵的,我们应对之倍加珍视才是。但是,我们从电视剧《四世同堂》的后半部分看到,钱诗人的地下抗日宣传组织活动,由小说的着墨不多变得渲染加强了,作为了一根加上去的主要"红线"来表现,好像不如此写,就不足以突出当时人民的爱国热情和抗日斗争活动,就不能增加作品的思想深度和教育鼓舞力量。然而遗憾的是,正是由于增加了这根"红线",使得老舍的《四世同堂》与众多的抗日题材的作品趋于某种同一性,从而冲淡了老舍这部解析在轰轰烈烈抗日运动中北平市民落后心态的力作的独特性和批判力,进而使电视剧与原著的视点有一定的错位和脱节,也使原小说中的人物性格特征被抽掉了,在艺术完整性上也受到了割裂。

无疑,改编者的初衷,是想在老舍著作剖览无遗后较为灰色的中国民族心理之中,对人物加上一点带有政治倾向的爱国主义行动的"红色",用以增加作品的"亮度",其用意本身当然无可非议,但从其用意的理论根源和它所产生的客观效果来讲,还是犯了一定的政治功利主义所导致的政治与艺术关系偏移的片面性错误。

在"左"的思潮中,我们常常对自古以来文艺创作理论上的"兴、观、群、怨""文以载道"作片面理解,特别是后来提出的"文艺为政治服务"等口号,及文艺的认识、教育作用,常常被抬到了可以脱离审美要求的高度,这样,就容易产生创作认识上的政治功利主义误区,即可以不惜抛开文艺创作的内在规律,可以不顾文艺之区别于其他意识形态而得以存在并发挥其功能的独特地位和作用,幻想着只要有政治内容、政治倾向,作品就有了思想,主题就有了深度,人物就有了力量,形象就有了典型意义,就能应然树立在读者观众的心中。然而,这种用政治功利主义的价值观念来衡量文艺价值的作法,必然判断不清文艺的价值功能并不等于政治的价值功能,文艺的审美活动并不等于政治的宣传教育,外在于艺术的政治因素的强调并不能带来文艺作品魅力的增值。如果在改编上闹不清这些问题的话，必然不仅会破坏原作的艺术性，而且，外加上去的政治"红线"，也将达不到预期的效果。不是吗，当屏幕上出现瑞宣在富善先生家看到画册上的延安时发出的空洞而莫名其妙的"欣喜"时，观众的情感走向便有淤塞之感；当钱诗人在画展大厅里表现出一番激昂铿锵之词时，观众的心里却映现出一个鼓动如簧之舌、很有引人入局之嫌的并不高明的演说家……这些均由于编导为了突出电视剧中人物的爱国主义精神，而改变了原作中的人物行动方式和思想境界，使他们俨然成了抗日斗士、爱国志士。但是，老舍先生在他的小说中，并没有提供出他们这种抗日活动的足够外部条件，这就必然使电视观众感到他们的所言所思所为，缺乏一种准确的内心依据，因而也就缺乏真实可信性。因此说，这种用政治功利主义的态度切入原著原有的情节，割裂人物性格发展的逻辑，最终只能牺牲艺术生命的有机整体性，这是不足取的。

政治功利主义的改编所造成的失误，还在于它往往容易给作品带来模式化、标签化，尤其是人物形象方面。譬如说，小说和电视剧中的冠晓荷，都有很精彩的一笔，就是在桐芳死后，冠晓荷敢于一反过去对大赤包唯唯诺诺的谦卑样，第一次顶撞了大赤包的阻止，毅然去郊野寻尸，哭吊桐芳，使冠晓荷心如蛇蝎般的一贯性中，有了温情的另一面。电视没删掉这一笔，是很有见识的，有了这一笔，冠晓荷的心灵层次顿见立体和丰富，形象也不再是单一而更活泛了。这一笔可谓是冠晓荷形象走向深入的一笔，万万省不得。然而，另外有一处，即小说在结尾——抗日战争胜利后，祁老太爷有一段内心独白，电视剧却没有把它搬上屏幕，是很可惜的。小说是这样描写的："祁老太爷攥着小顺儿热乎乎的小手，好像要说：你我都是四世同堂的老小两辈，只要咱俩能活下去，打仗不打仗的，有什么要紧！即使我死了，你也得活到我这把年纪，当你那个四世同堂的老祖宗。"这段心理独白精彩之至，令人叫绝，它完全符合祁老太爷的人物思想和个性，也只有祁老太爷才这么想，这么说。他尽管经历了八年漫长的日寇铁蹄下的遭遇，明白了许多事理，他自己也改变了许多，然而，"和为贵，忍为高"等诸多深为他恪守的信条皆可以改变，皆可以抛弃，但他的顽固的封建宗法观念、他的最高生活境界——四世同堂，始终没有变，也始终不能变。结尾有了这一笔，才能让人觉得，上接几千年的祁老太爷的性格塑造到此完成了，他的心灵历程，随着生活的变化又归于了统一。

这一笔,从客观效果来说,使观众认识到,要改变根深蒂固的封建主义的东西,竟是何等的艰巨。可惜,电视剧把它删掉了,使祁老太爷这一人物形象显得飘了一点,缺少了一种历史意义和哲学意味上的纵深感。我们认为,编导不会因限于篇幅而省却了这一笔的,而很可能是想让所有的人们和他们身上的各个方面,在这一场侵略战争面前得以觉醒,获得精神上的新生。而这,恰恰就是由于政治功利主义带来的一种结尾模式,即一到结局,人民就彻底地觉悟,就都有了很高的精神境界,不带一点杂质,极纯洁地站到了革命的正义的一边;反之,敌人就都一坏到底地站到了反动的一边。这种政治功利上的要求,往往会损害人物形象的真实性。因为政治是非此即彼的是与非、善与恶、真与假的两极,而艺术是一种有机的模糊性、丰富复杂的多层次性,艺术中人物性格的矛盾统一,是具有很高美学价值的,艺术地表现这种矛盾统一,才具有艺术回味力的。由此说来,如果小羊圈其他人物的思想观念到结尾已有了变化,那么,祁老人不能变,也不可能变。但现在,祁老人的结尾缺少了属于他特有的性格发展统一的层次,从而使他本来具有的鲜明的性格发展归结点,消失在他周围众多人物的同一性里。

　　那么,在改编中,我们如何防止政治功利主义的渗入。我觉得,凡是被我们判定其具有改编意义和价值的原著,首先要将它正确把握和吃透,尤其对那些与当前有一定时空距离的名著,我们更应该采取历史主义的改编原则,应当用历史的眼光来审视、挖掘、补充、剔除、深化原作,应当信任原作者及其作品,而不是将它们用来急于表白改编者当前的某种政治立场、政治眼光和政治理想。否则的话,就容易减损原作的艺术风格和魅力,更重要的是扭曲了原作者的主观态度,以至丧失了当今观照经典名著中具有真正历史意义上的认识价值,也就直接影响到改编本身的价值所在。

　　在改编的时候,我们常常会有一种不必要的担忧,即好像如果改编者完全遵循了原作的思路,让原作的人物说了原作中的话,做了原作中的行动,体现了原作中的思想、格调和结构,就意味着改编者没有自己的政治头脑、时代立场,没有先进的创作思想,没有鲜明的批判态度,缺乏改编上的艺术技巧和思想高度等等。似乎改编者一定要比原作站得更高,更有先进的政治眼光和阶级性、战斗性,才算是真正的改编。其实,这是对改编的极为偏狭的理解,也是不能正确对待原作和不尊重原作的表现。我们说,生活在今天的人,无论在思想观念和行为方式上,一般来讲,当然要比原著作者所处的时代更有进步性。然而,在作品的艺术视角的把握和思想的立意上,我们不一定能有原著作者那么准确(除非对作家作品的某些政治立场反动、政治倾向错误的部分进行改编,我们非重新改造不可)。如前所说,老舍对当时中国的抗日斗争是熟悉的,但他决计要对中华民族暴露在外敌面前的种种精神状态、心理意识、性格特征作一番检视,一方面同情他们的善良、正直与渴望和平;另一方面,又直面和批判其中落后的东西。如果一个作家不具备识见和胆魄,是很难做到这一点的。老舍是那样成功地以艺术形象将它们表现了出来,以至在对中国国民性的认识方面,完全达到了这么一种高度,即如果说,鲁迅先生对中国的农民作出了极为精深剔透的剖析的话,那么,老舍先生对中国市民阶层乃是作出了极为鞭辟入里的透视。因此说,老舍笔下的小羊圈人物尽管今天已很难找到,但他们是实实在在地生活在当时历史环境中的。老舍是准确地给予了艺术把握的。我们也就没有什么理由也不必要在老舍笔下的那些人物中作任意的添加。具体地说,我们还是要谨慎地对待爱国主义和反抗斗争的"红色涂料"在《四世同堂》中的使用,否则,人物就不是老舍笔下的人物了,立意也就不是老舍本来的用心了,那也就不仅谈不上是对当时社会现实的认可,更谈不上对历史特定阶段的规律性认识了。

在当前的文学作品中,我们已经不难看到,有相当一批深刻解剖中华民族和人民性格、意识的优秀之作。这些作品中的人物已不再有过去单一的纯朴、无私、勤劳、勇敢、智慧的一面了,而被一种犀利的笔力,挖掘出他们性格的另一面:自私、怯懦、惰性、保守、愚钝、短视。而这些是我们社会历史前进中的一种阻力,现在用文艺形式把它们揭示出来,意在唤起今天的人们对民族自身重新认识、估价和改造,这种积极意义是不言而喻的。而老舍先生早在四十年前就开始做这项工作了,而且在今天看来是成绩卓著的,难道我们由于某种自觉或不自觉的政治功利主义影响(当然绝无扣帽之意),而去削弱老舍作品的批判力,我们应该多么地相信老舍,历史地看待老舍的作品,把他的先进思想性和高度艺术性完美结合的作品作文化意义上的传播。总而言之,我们不应该因为由于今天的思想、立场、倾向的急于表白,而漠视了原作所提供的那个时代丰富多彩的、具有历史观照意义的思想传统、性格心理、生活态度和人生理想;不应该直接地、赤裸地以改编者的意图,而去对原作中的主题、人物、情节等作主观的"形象化插图"。实践证明,任何一种无视原作风格、逻辑、人物形象和独具匠心的立意,并作随意的(但是按改编者当前的意图的)、某种形势需要的改编,其结果终究不会理想的。

在改编中,随意性的政治功利主义态度,还将会导致另一个不良后果,就是破坏了观众对原作的欣赏心理结构,这点尤其反映在对名著的改编中。一部优秀作品,它的人物、它的情节、它的深意,已为观赏者熟知并理解,从而在心里扎下了根,形成了作品在观赏者心里的一种属于这部作品特有的心理结构(这就像不同的历史环境下人们的不同文化心理结构一样,只不过一部作品要比它小得多),作品所提供的思想、形象在潜移默化地影响着它的观赏者。如果说这部名著(假如说是小说)被另一种文艺形式(假如是电影或电视)改编后,出现在了它前一种形式的观赏者(即是小说观众)面前,这些观赏者就自觉或不自觉地在两种文艺形式之间进行"比较的欣赏",如果原作被新形式或更集中,或更精炼,或更形象生动,或更深刻而富有魅力地表现了出来,观赏者就得到了一种艺术再创造的满足。如果改编者不顾优秀名著对生活于各种历史条件下的人们保持巨大的魅力和感染力,而随意改编原作的人物、情节甚至细节,尤其改变时对原作赋予当前社会思潮和倾向上的急功近利的"诠释",那么,由于文艺作品的审美内容和认识功能被退置为次要的、"传声筒"式的地位,其结果是:形容枯燥的、说教式的图解、概念性的象征,就会使观众望而却步,难以卒读。

当然,我们不是说不要政治功利主义,就等于不要作品的政治思想内容,也不等于说对原作不要任何意义上的改动。一句话,我们的改编必定要合乎原作题旨立意和人物思想的发展逻辑,必定要在保证原作认识作用和审美功能的前提下进行。即使有必要对原作作某些当代性的解释,也一定要是改编立志与原作主题的两相有机榫合,而不是前者对后者的外贴或附丽。

目前,改编已成为我国当前影视创作中不可忽视的组成部分,它在影视文化繁荣方面起着重要作用。但从目前某些改编作品来看,其中不乏有不顾艺术性和历史真实性,片面追求政治功利目的的现象。这是不严肃的,这种创作观念指导下的改编实践,不仅无助于提升作品的思想性,反而改变了原著中思想脉络走向,降低了历史真实的含量,削减了应有的艺术性,有可能伤害了这类艺术品的生命力。这种图解政治、图解概念的做法,理应在今后对经典作品的改编行为中尽可能地加以避免。

　　在本文结束之前,我想再作一点说明。文章仅就改编中存有的某些政治功利主义现象,作了大致的描述和简单的阐释,而这是有边界的讨论,仅就"因义害文"范畴之内的学术探讨,是一家之言。当然,在电视剧《四世同堂》里边,虽然有政治功利主义的地方,但相比其他改编作品来说,还是要少得多。《四世同堂》的改编总的来说是相当成功的,它的成功在于艺术地忠实了老舍原著。由于我很喜欢这部电视剧的缘故,以至于就像当看到一件精美的东西时一样,常要在钦羡之余,仔细地搜索它还有什么欠缺的地方,一旦找到一些,就要把它指出来,毕竟这是较难找到的。我把电视剧《四世同堂》里的这个欠缺也夸大其辞地指出来,而且由此而说开去,目的就是为了盼望电视剧《四世同堂》和其他众多电视剧作品更臻完美。当然,分析中难免有浅陋和不周全之处,那只是学术之内的事,而绝非是思想意识上的问题。

(1985 年 7 月 2 日)

电影要有真正的力量和气势

——评谢晋导演的"巨片意识"

　　热切地关注现实和历史，从创作实践中大胆地提炼新的艺术思想，这不仅是艺术家的成熟，更是艺术家对社会的一种使命感，有了这些，必能激发出勃勃的创作热情。5月底，我在湘西的电影《芙蓉镇》外景地采访中，从导演谢晋身上，明显地感受到了这一点。

　　"我们处在一个伟大的时代，应该出大作品。我们作为电影工作者，要有巨片意识。"在片场，谢晋不止一次这样说，而每次说起，激昂之情总溢于言表。据我观察，"巨片意识"是谢晋近年来在他的电影创作实践中，对社会现实、对创作实践潜心思考后形成的新认识和新理念。

　　说到电影的巨片意识，先让我们简单回顾一下它的历史。早在二三十年代，美国好莱坞就开始形成这一概念，并进行了实质性的运作。而其幕后的推手，一是由于华尔街金融资本的介入，二是电影公司本身取得的越来越多的高额利润，三是从50年代开始，电视的兴起，使电影遭受了极大的冲击，好莱坞清醒地认识到必须与小画面的电视拉开距离，而"巨片"恰恰是不二法门，只有巨片才能让电视无法望其项背。这三个方面，便有力地催生了好莱坞转向对规模巨大、能够产生视听奇观的豪华影片的拍摄。如1939年米高梅投资的《乱世佳人》就是这样一部巨片，它邀请当红大牌影星克拉克·盖博、费雯丽等主演，场景更是宏大壮丽、气势磅礴，亚历山大城映红了半边天的熊熊大火、火车站广场上聚集的大批伤兵和败军阵容等，特别是当时一项巨大的科技成果——彩色技术在影片中的使用，顿时让影片产生令人震撼的巨片效应。此后以美国为首的各大电影公司纷纷效仿，并出现了一批著名的商业巨片。而到后来，《窈窕淑女》《音乐之声》《宾虚》《埃及艳后》等一系列巨片，借着宽银幕的诞生而纷纷面世。可以说，正因为不断推出轰动当时的一部部巨片，才使好莱坞拯救了自己一度江河日下的困局，稳稳地坐拥世界影坛的"霸主地位"。

中国要像好莱坞那样拍摄巨片，有没有这方面条件。我们来看看谢晋怎么说的："中国已经具备了拍巨片的条件。"我问他，我国在当前具备拍巨片的条件是什么？他的回答很干脆："我国有着良好的拍片条件，也具备拍巨片的条件。我每次出国回来，总是强烈地感到，我们这么一个大国，有悠久的历史和灿烂的文化，新中国成立后又走了这么一条曲折、惨痛的道路，今天，我国又进入一个崭新的经济发展时期。作为一个中国导演和电影作家，如果没有巨片意识这么一个观念，就不可能自觉地去参与和拍好大影片，那么，我们就对不起身处的这个时代，对不起三十年吃的苦。三十年过去了，我们干吗还是萎萎缩缩，抖抖瑟瑟，小手小脚？有人也说过我提'巨片意识'是太狂妄，我说我们这一代人不一定能拍出真正的巨片，但不能没有拍巨片的'意识'，如果我们吃了那么多苦，走了那么多弯路，领受了那么多惨痛的教训，拍出来的影片还不如文化大革命以前，那我们干什么去了？我们要有历史的忧患感和社会的使命感……"

他所说的这个条件指什么呢？在我看来，除了他指的中国宝贵的悠久历史文化，民族的苦难，走过的曲折道路，中国共产党缔造新中国的伟大功绩等外，更为重要的，就是当前的改革深入人心，也为中国带来了极高的经济增长，而开放则为电影人带来了视野的扩大，特别是当前中国的社会发展为电影提供了重大而又广阔的创作题材，从目前看，这些都成为我们准备好了拍摄巨片的条件。

当然，谢晋在提出"巨片意识"时，我理解他并非完全要学好莱坞高投资、高技术、大场面、大气魄的银幕巨制，而是侧重在意识，首先要有这个意识，才能一步步达到拍成巨片的目的。毕竟，西方国家电影界对巨片现象也有许多不同声音。如希区柯克就曾说过："电影这一行里最不幸的事就是拍了《音乐之声》，那部片子刺激所有的人去拍高成本的影片。"用金钱堆积起来的奇观确实是好莱坞的专利。但我们如果仔细分析好莱坞巨片，也应该看到，投资庞大并不是决定一部好莱坞影片成为巨片的唯一条件，相反，很多好莱坞电影的巨型品格更多地体现在它的对历史、人物、命运、社会规律的史诗性叙写和总结上，而这才是一部巨片应有的核心。如前面提到的《乱世佳人》，就是对美国南北战争所进行的史诗性的展现，对主人公爱情的普遍人性的经典性描写，成就了作为巨片品质最重要的因素。

谢晋在《芙蓉镇》拍摄现场对我说，巨片不仅仅就像"赤壁大战"那样，场面大，人物多，情节线索复杂，它更应该有深刻的主题意义、丰富的内涵和信息量，能够揭示出人的命运走向和灵魂的轨迹，从而对现实和历史有极强的认识作用。我认为，这是谢晋把握住了巨片的内在要素，即巨片是尽可能通过视觉效果来创造更为深厚的感情效果，即使在以普通人生活为题材的影片中，也要体现出主人公从平凡中、日常中获得奇迹般的成功，从而成为普通人心目中可堪崇拜的楷模。从这个意义上说，如果过度迷恋于用"大场面影片""大制作"来创造银幕上的"庞然大物"，就等于陷入了误区。

今天，电影界对中国共产党的历史题材投入了极大的热情，作品层出不穷。中国共产党的发展壮大，带领中国人民从黑暗走向光明，特别是在重大政治、外交、军事、社会、文化等方面就是电影巨片取之不竭的创作宝库。如何面对这座创作宝库，应当看到巨片意识的灌注是必要的。我们不可能学用好莱坞式的资金技术去拍摄，不能追求一般场面上的轰轰烈烈、热热闹闹，搞人海战役，要改变目前电影在反映中国共产党和中国革命及现代化建设内容时缺少应有的力度和气势，把对"巨片魅力""巨片意识"作为新的追求。要把重心放在总结出深远的历史规律，反映出深厚的文化意蕴，塑造伟大的或者平凡的人格魅力来，使影片真正具有巨片的品格。

按谢晋"地毯式推进"的选景方式，影片《芙蓉镇》外景地设在湘西四大名镇之一——永顺县王村，这里的石板街高低婉转，街旁木屋、吊脚楼纷陈繁列，新辟的五亩荷塘翠叶满池，置景用的"文革"迹象随处可见……摄制组自三月份进驻以来，已拍摄了三分之一的外景，预计七月份可返沪拍内景。我问起谢晋是否在导演《芙蓉镇》中有"巨片意识"的渗透，回答是肯定的。他说，在具体的拍摄过程中，"巨片意识"不光针对导演、编剧、演员等单个方面而言，而是包括编、导、演、摄、录、美、服、化、道等在内的摄制组整体，是集体的意识。古华的《芙蓉镇》为拍一部巨片提供了良好基础。在改编中，我非常强调影片要展示出《芙蓉镇》这个小社会在"文革"这一特定历史阶段的命运,把影片拍成是胡玉音、谷燕山、李国香、王秋赦等八个人的灵魂展览会,从中透出当时整个中国畸形、扭曲、变态的大社会和今天的思考。影片拍出来后,我主观愿望是不仅可以看,而且可以悟,可以思———一种对历史的严峻沉思:"芙蓉镇"上的悲剧何以发生。

　　谢晋估计,影片问世后可能有争论。但他自信,一种新的艺术思想一旦从创作者那里产生出来,本身就带有强烈的挑战色彩,一部在新鲜的、明确的艺术思想指导下拍出来的影片能引起争论,有可能是其价值的最好证明。

(1986 年 6 月 15 日)

为何越评公信力越低

——频频举办征歌评奖活动得失谈

一个时代有一个时代的歌声，它形象地表达社会的心声，人民的心情，生活的心愿。所以歌曲始终扮演着为广大群众喜闻乐见的角色。那些传递民族复兴的心声、抒发对美好生活的向往、歌唱革命英雄的赞歌、回忆难忘童年的歌谣、凝结乡情乡音的旋律、刻画人民公仆的音符、咏叹军旅战士的梦想、吐露清新明快的流行小唱等，成为今天新时代里不可或缺的精神滋养。

人民的喜爱，社会的需要，是歌曲创作的动力，更是产生优秀歌曲的沃土。激励创作、遴选佳作、推出力作的任务，自然落到了征歌评奖上了。一些权威音乐机构担当此任，以公正、专业、透明、精心的组织程序和负责精神，不辱使命，将这一活动开展得有声有色，使创作和听众形成良性互动，理应受到肯定。

然而，值得警惕的是，伴随征歌评奖的影响力越来越大，最近一个时期，从中央到地方的音乐部门，特别是一些行业、团体乃至一些报纸、电台、刊物等，扎堆举办各级各类征歌评奖活动，大有你方唱罢我登场，推波助澜逐浪高，好不热闹。

而从实际看，只要稍作分析和梳理，不难发现这一波一波的征歌评奖活动里，真正对繁荣歌曲创作，推出优秀作品，丰富群众音乐生活的是少之又少，可见不仅并没有收到理想效果，其间还酿生出某些不良风气，在群众中的公信力也越来越低。因此，怎样搞好征歌评奖活动值得研究。

令人记忆犹新的是，1980 年中央人民广播电台、《歌曲》编辑部组织评选的听众喜爱的歌曲（音乐界称为"十五首"），1981—1982 年评选出的"晨钟奖"优秀歌曲(《在希望的田野上》等20首),这些征歌活动确实很成功,评出了优秀作品,为听众推荐了好歌,让众多好歌得以在更大范围和更长时间里传唱,是标杆性征歌活动。

当然,这些作品并不是作词作曲家、歌唱家应征"征"出来的,也不是谁硬评"评"出来的,而是一段时间里歌曲创作的自然孕育,以及广泛的民意集萃(当然包括专家的评议)。而今天,征歌评奖活动频频举办,客观上就把许多词曲作者的创作注意力吸引到"应征"这个活动上来了,于是相继出现——有些词曲作者为应某一题材征歌赶写大量歌词,有些则写完这一题材,又去写另一题材,忙完这个评奖又去忙那个评奖。无论林、牧、渔、工、青、妇,还是交通、节育,特别是各类企业,都是有征必应。不是说这些领域或题材不可以写,当然可以写,而且应当去写好。但是,一个人在很短的时间里,不大可能对诸多方面的生活都有较深的感受和创作冲动,如此"应征",也很难产生高质量的作品。从另一方面讲,这种频频"命题"征歌评奖的做法,也容易导致创作上变相的"写中心、唱中心"。还有一些歌曲创作,只是一些简单的概念式堆砌,缺乏从理解时代、体验情感、感受生活、表达内心出发来谱曲写歌,尤其是在用"新"的手法创作"新"的音乐上下功夫不够,多流于形式,新意不足;有的小情小性的思情作品难以引发情感共鸣,表达公共情感不足;有的陷入凡写歌必是歌唱祖国歌唱党、言必及山川河流红太阳的固有模式。其实这并不是也不利于真正的歌曲创作繁荣。

可以想见,如此多的征歌评奖,催生出一大批歌曲垃圾。一些征歌评奖活动的结果堪忧,往往是一场征歌活动下来,应征作品的数量都不少,甚至盈千累万。这些作品,绝大多数没有和群众见过面,更没有经受什么时间的检验,所谓优秀与否,全靠评委在短短几天里裁定。

而被邀为评委一下子拿到大叠大叠的歌片,往往一个半天要听评几十首,有时连印象都谈不上。最后往往是评上的作品评委本身就不都满意,犹如"旱地拔葱",硬拔、误拔的现象自然在所难免。所以,这些年各类征歌活动评出的作品很少流传也就毫不奇怪了。

还有,现在有的作者把获奖看得过重,甚至同职业变动、升级提薪挂起钩来,由此产生的找评委、托人情、求关照者有之;送礼、请客、拉关系者有之;作品落选破口骂人、示意威胁者也有之。这些不仅腐蚀着创作队伍,也使"评委"也成了一个令人难堪、不愿为之的差事。更有甚者,主办单位唯利是图,把经济利益放在征歌评奖活动的首位,眼睛盯着收取会务费、作品出版费、颁奖出席费等,这是对音乐艺术的亵渎。缺少规范也是导致征歌评奖活动乱象丛生的原因之一,组织者往往拉名家大家充作虎皮,而实际上只是某几个组织者说了算。上述这些都会阻碍了我国音乐事业真正走向发展繁荣。

因此,对征歌评奖活动,应从文化事业生产发展的科学管理角度,加以探讨、总结、改进,迫在眉睫。首先,征歌评奖活动应归口由文化艺术部门来管理,从实际效果出发,宜精不宜多。其次,评奖即是收割,那么就先得看庄稼种得怎么样,长得好不好,成熟不成熟,不宜把"种"和"割"毕其功于一役。第三,由高频率征歌评奖活动带来的不良创作倾向应当受到应有的艺术批评,如针对主题式征歌形成的投机性创作等等。从这个意义上说,与其花费精力财力物力连连组织征歌评奖,不如匀出一些人力财力,采取扎实有效措施,切实帮助词曲作者深入生活、深入群众、开阔视野、更新知识、增加营养,进而推动创作、提高作品质量。

(1986 年 9 月 25 日)

用呐喊释放出人的自然天性

——与赵季平夜谈《红高粱》音乐

意大利著名作曲家、小提琴家朱塞佩·塔蒂尼有个闻名乐坛的"塔蒂尼之梦",说的是他曾经从梦境中得到灵感。在梦中,他把小提琴交给一个魔鬼,这个魔鬼立即为他演奏了一首娓娓动听的乐章,醒后,他根据魔鬼的演奏谱写了一首作品,也就是非常著名的奏鸣曲《魔鬼的颤音》。

最近,赵季平的电影音乐创作,同样有一种魔性,但不是把小提琴交给魔鬼,而是把作曲之笔交给内心的中国民间音乐,是民间音乐的魔力驱使他在近来一部部电影音乐创作中一发不可收。

作为西部黄土坡风格极强的作曲家,因电影《黄土地》,特别是近来的《红高粱》而声名鹊起。他以异乎寻常的个性和创造力,在电影音乐创作上开启了民间音乐新风格,以卓越才华为电影增添了音乐的魅力。

前此3年我就和赵季平结友于大连。不久前在西安出差,他便约我到他城南的家好好聊聊。那是陕西戏曲研究院(赵季平刚上任副院长)的宿舍,3居室,会客兼工作室里摆着敞开琴盖的半旧钢琴,上面横七竖八散摆着五线乐谱。墙上挂有多幅名家字画,要知道他是我国画坛享有盛名的"长安画派"创始人赵望云的四子。难怪他的音乐中,色彩感、画面感、造型感总是那样绚丽和立体,特别是《红高粱》,它给我带来最强烈的震动的影片,不仅音乐新奇,更有那一片近乎刺目的红,血一般的浓烈,在《颠轿曲》《妹妹曲》和《酒神曲》这三首歌中,粗门大嗓加上沸腾的唢呐声强烈轰击人的耳膜和视觉,人们不能不在脑中留下深深的红色记忆。在作品中,音乐的民族性不仅体现在乐器的大胆使用上,同时也表现在对地方民间音乐素材的创造性运用、对长久传承的祭祀仪式风俗的取用上。我想,这种音乐的色彩感一定离不开早年家父的绘画艺术熏陶。

我的目光不由自主地落到书柜里摆着的他刚从深圳双奖会上捧回的金鸡奖杯,这是因给《红高粱》作曲而获得的金鸡奖作曲奖。书柜里还有两盒很夺目的十八里红酒,那酒是河南一家颇具商业头脑的酒厂取了同名电影《红高粱》才得以行销全国各地的。

话题便自然引向近来红得发紫的电影《红高粱》,作为影片作曲,赵季平的名字也格外响亮。问起这些音乐歌曲是怎样的创作过程,他告诉我说,有一天这里坐着陈凯歌、张艺谋等,他们听我 1982 年时用新手法写的幻想组曲《丝绸之路》录音,听后凯歌作满意微笑状,并对音乐讲得头头是道,艺谋则一听就定下我是《红高粱》的作曲人选,他觉得音乐里有电影画面。

赵季平接着说,1987 年春节前夕,在艺谋和我的家里,多次谈到当时的电影形势,艺谋觉得强烈的"寻根风"已经把"根"寻到并挖出来了,但大家只蹲在坑边上唉声叹气不知怎么办。艺谋说电影要走向世界,必须走新路。陈凯歌的《孩子王》已经在电影中走到相当的程度,《红高粱》应另辟新径,一定要从 1983 年以来的探索片路子和他自己的路数中跳出来,包括电影音乐语言。

台灯边上的赵季平显然已沉入当时的情景。"我当时提出用纯粹的戏曲打击乐,艺谋说好,就用国粹,但要用以前没用过的,要一鸣惊人,音乐出来后要让人感觉到它不是你写的。"戏曲打击乐,这是多好的创意,我也不禁为之叫好。这是不是一种创作的灵感呢,就我接触这位音乐家以来,他常常有一种来自创作的冲动,瞬间就闪现而出。作曲家李焕之就说过:"音乐形象思维常常是带有自发性的,这就是所谓'灵感'的产生。所谓音乐的瞬间对于作曲家来说是可贵的,如何使这种产生'灵感'的思维活动成为自觉的习惯活动,也就是说,如何培养一种饱满的、旺盛的创作情绪是十分重要的。"在今天看来,《红高粱》里的几首被广泛传唱的歌曲,确有灵光闪现之感,毫无孜孜矻矻地生挤、硬压出来的滞涩感。

"喝了咱的酒,见了皇帝不磕头,一四七三六九,九九归一跟我走,好酒……好酒……"赵季平告诉我,《酒神曲》的这段旋律的音乐素材取材于河南豫剧民间音乐元素。"在几个曲子里边,《酒神曲》写得最顺,一稿即成。艺谋等采景回来到我这里,我唱,他说怎么好像有湖南味,第二遍他觉得有味了。我先小声领唱,艺谋说要大声唱才能抓到感觉,并说这是以后给一帮糙老爷们唱的,于是我们一齐吼,对面百米外一幢办公楼里的人噼哩啪啦打开窗子往这边看,他们可成了第一听众了。艺谋点头称是,满意它平、拙、好唱。"我说这个曲的旋律走向呈直线型,没有大的音域跨度,这样,长久压抑的欲望得以直接表现出最真实的悸动、喧嚣、呻吟、呐喊,释放出自然天性,影片人物情感的表达真是酣畅淋漓。

"《颠轿曲》第一稿我不满意,个性不强,艺谋也很快否定掉,他觉得不能呆板,可再诙谐些。《妹妹曲》的初稿拿到外景地让姜文唱,他怎么也唱不会,艺谋来我家让我一定要写得更直一点。说着说着,我灵感顿起,'哎——妹妹你大胆地往前走哇'。艺谋特欣赏这一句'哎',我说我找着感觉了,立即把艺谋赶走,趴下来半小时一气呵成,第二天一唱,大家齐声说'好东西'。"赵季平讲述得很入迷。我也不时插话说,你的地方戏曲元素运用得很纯熟啊,手法就像有魔力似的,就像是高粱地里长出来的声音,这增强了它们多少艺术感染力,山东地方戏曲的柳腔和茂腔真不知该怎么感谢你啊,你时不时还把秦腔花腔的唱法杂糅进去,加上打夯歌的素材,唱腔完全没有任何修饰,甚至还有破音的音节,火辣辣、直通通的唱腔就是"我爷爷"内心热烈的情感的表达。一群光着脊背的男子抬着花轿唱了足足有七分多钟,颠花轿的故意杂乱的脚步与花轿内被颠新娘的复杂心情。他也激动起来,"为了达到最佳表现,我作了自下而上的两个 8 度音团,音团上,赋予 5 个调性,用 5 支唢呐,吹出了模仿人声的呐喊,通过录音手段,形成了 30 支唢呐的吹奏效果,再加上中国大鼓(鼓有一人高),呆板的敲击声,就像人心脏不规则搏击,这是追求红高粱性格。我最喜欢的就是这一首,后来传唱也最多,有人听后觉得像民歌,却又找不到,才知道这是经过艺术创作的。那一声'莫呀回头',是梆子花腔唱法,'我爷爷'在高粱地里的形象全靠了这音乐撑住。""吴天明看完样片后说,音乐震撼人心哪,张艺谋说他看到片尾演职员表的字幕和片尾音乐同时升起时,觉得像弟兄们排着队伍往上走哇。"

几年来赵季平是多产的,且多有西北黄土风格。就我所知,从《黄土地》《大阅兵》到《红高粱》和即将公映的《哗变》,他已为约 10 部电影作曲。而他的舞剧《秦俑魂》、歌剧《榆钱儿》、幻想组曲《丝绸之路》、管弦乐《秦川抒怀》、双簧管与乐队《陕南素描》等作品,仅在全国和省内外获奖的就有 30 多部。

目前，他将以《红高粱》为新起点，放宽视野，吸取中国民间音乐中更多富有特色的旋律因子，至此，我理解他的音乐世界，已经不专属于黄土高坡，也不再属于胶东大地，而是敞开丰富的内心世界，放飞更博大的音乐理想，他将来自中华民族的国土，他的真正的音乐王国将呈现整个民族性格和国家精神。

作为主人，他执意要招待我一餐陕西风味，只因我不喜羊膻，便改作牛肉泡馍。夫人孙玲端来一盘馍，并示范如何细细掰碎，因孙玲是陕西省歌舞团拉大提琴的好手，所以她那一番轻撕软扯看得我直要叫绝，而他们那个刚考上中央音乐学院附中作曲班的 15 岁儿子赵麟，人高马大地在一旁粗声粗气帮着急抓硬掰。夫人孙玲加入我们的谈话，我问她这个丈夫当得如何，她说："他母亲叫他'笨老四'，我觉得他只知写曲子，不知有世界。没有心眼，啥事不会。"我从他夫人口中得知，他们是在西安音乐学院上学期间互有倾慕相爱的，那时赵季平作为作曲系的高材生已写下不少很好的曲子，我就问他这些是否还有保存，他两手一摊，看来是早已随着年轻人的慷慨散入东风，毫无影踪了。他告诉我说："音乐学院毕业时，父亲送我一本他的画册，上题'生活是艺术的源泉'，几年来我就是带着它深入我的三秦大地、黄土高坡的，我不时吞咽它，消化它，我是在为我这片土地而创作，为这片土地上的人民写歌。"

享用完喷香的牛肉泡馍后，从赵季平家出来，已是凉夜风静，秋星灿然。公共汽车早已停行。他为我招来"的士"，并执意为我付车资，司机在路灯下怔怔地盯他半天，欲拿又止。路上，司机问我刚才那位是不是写《红高粱》曲子的那个，电视上见过他。在得到我肯定的回答后，他后悔不已："我拿他钱作甚？我们都喜欢他写的歌子，明天我就把钱送还他。"

（1988 年 11 月 25 日）

同母体　辨短长　共发展

——祖国大陆、台湾、香港电影创作比较

如果说,过去几十年里,大陆同香港的电影有过一些交流和合作,时常举办一些专题会、观摩会、电影节一类影事活动的话,那么,大陆与台湾电影界的交流和研究几乎是一片空白。可喜的是,这种状况今年以来有了很大改观,不仅大陆与香港电影界的交流、合作和研究日益加强,而且大陆和台湾的海峡两岸电影艺术的交流、研究也有突破性进展。

一、本是同根生

大陆、台湾、香港本是同一母体,文化形态上更属同一根系。因此,台湾电影和香港电影是中国电影一个不可分割的重要组成部分。然而,历史和政治的原因使这样一个整体一分为三,大陆电影、台湾电影和香港电影既在相同的传统文化背景之中,又各自在完全不同的政治和经济条件下发展。

大陆电影自诞生之日起,就是一件地道的舶来品。最初是美国好莱坞模式,中华人民共和国成立之后逐渐转向苏联模式;台湾本没有本土电影,在日本统治的年代里,所谓的台湾电影基本上是日本人拍摄的。直到50年代以后,台湾才开始有自己的电影,而这些电影一出现就是一副政治面孔,大都是一种政策宣传性影片。其后,香港电影、美国电影开始进入台湾,而且以极强的娱乐性迅速全面占领了台湾电影市场,另有一些台语片,大都是古装片和民间故事片;而香港电影从来都是以迎合观众口味、刺激市场消费需求的娱乐片为主流。

尽管电影形态不尽相同,但从大陆及台港影片中所反映出来的民族心态、文化底蕴、人物性格、人文内涵等却是一致的,都脱不出中华民族特有的胎记,让人一看便知这是中国片。

因此,把有着共同的、深远的文化历史背景放在一个有机的系统中加以比较和研究,是一个相当有意义的课题,不但对于从总体上把握中国民族电影创作,探求中国电影在世界电影之林中的地位和作用,揭示其发展规律和趋向,是十分必要的,而且对于研究整个中华民族的文化、意识、底蕴,弘扬中华优秀文化,促进相互间的交流,也是很有助益的。

二、正在开垦的处女地

近几年来,虽然有着重重困扰和阻隔,但大陆和台港的电影工作者、研究人员已经进行了一些开拓性工作,大陆、台湾和香港之间的电影交流和研究开始出现了好的势头。

从大陆方面看,许多电影艺术工作者,正逐步把电影研究的目光从欧美移到台港银幕,仅从有关电影的报纸杂志已都纷纷开设有台港电影方面的专门栏目即可见一斑,我们不仅能及时看到对台港电影的报道和评论,也有学者已开始出版台港电影方面的研究专著,而电影市场上映的台湾片也渐渐多起来。

1988 年 11 月下旬,北京举行了台港电影观摩座谈会并成立台港电影研究会,它具有开创性意义。研究会由 40 多名电影界、学术界人士组成,主要任务是组织对台港电影的研究与评介活动,组织有关台港电影的报告会、研讨会、影片观摩会,促进台港电影研究成果的发表和出版,开展对台港电影的学术交流活动,促进、发展、维护大陆电影工作者与台港电影工作者的友谊。值得指出的是,成立之初就有对台港电影的新观点、新见解密集提出,这标志着大陆对台港电影研究工作的起点高、涉猎广。

香港近年来在海峡两岸的电影交流中起着“桥梁”的作用。由香港举办的国际电影节,一向是大陆和台湾的电影工作者聚首切磋、交流沟通的良好场所。而在世界其他国家和地区举办的电影节上,海峡两岸电影界接触的机会就更多了。电影艺术家之间的广泛交流,促进了海峡两岸电影艺术的研究和合作。

三、大陆、台港电影的异同

我有机会集中关注了一批台港电影后发现，在电影美学、创作倾向、表现手法、欣赏口味等方面，大陆、台湾、香港三者有很多共通之处，细究起来，台湾电影中所透出来的意识和倾向，则更接近工业文明和现代化，编、导、演，包括摄、录、美、服、化、道等创作环节所学到的外国电影先进手法，显然比大陆电影更丰富、更广泛，运用起来也很成熟、自然。

台港电影尤其在对人性世界的表现上比较成功。影片善于从人性角度出发，把镜头深入到人物的情感中去拍摄，抓取人物内在的东西是那么丰富，所以即使从一个小人物身上也能够引发观众良多的感慨。

"大陆情结"是台湾电影中的一个独特的内容。许多影片中人，大都带有一种过客的心境，总思念着返回大陆，有叶落归根之愿。"根"的感觉，"根"的意识总是很浓重，也很能感染观众。

相比之下，大陆电影在对人性、人情的表现上，就显得少而硬。由于"左"的框框的束缚，电影艺术家不习惯也放不开对人性和人情的表现和发掘，常常不自觉地把影片中的人作为政治概念的图样和模式，当成教化工具。应该说，《芙蓉镇》所表现的人性已经够充足，也很大胆，但相比于台港电影来，人基本上还是带有标签化，还不是活生生的单个人。看来大陆电影在塑造人物上，还是要从简单的政治概念中拔出来，回到个体上去。

海外华侨对中国民族文化的认同感是很强的，但大陆影片在他们那里依然不够有影响，而台湾影片中浓郁的乡土人情味往往能与他们取得共鸣。

一些研究大陆影片或录像带的台湾电影界人士认为，大陆电影在表现人际关系、哲学思想方面和台湾电影比较接近，像《邻居》《夕照街》等对家庭伦理、亲情关系的表现和思考与台湾很接近。台湾著名影评人焦雄屏女士认为，"大陆的《黄土地》表现了人和土地、人和自然的关系，是一种和谐的关系，台湾导演侯孝贤的影片也表现了这样的关系，虽不如《黄土地》尖锐，但可以说都带有中华民族的文化传统意识，与西方显然不同"。

当然，大陆与台湾影片也存在着同样的不足，那就是意念性过于强烈，尤其大陆和台湾影片中的政治性很强。强调反映生活，却都有粉饰现实、虚美生活的痕迹，对社会矛盾、阴暗面刻意遮掩，且常常犯有直、露、白、假的毛病。

四、影坛上的新导演和新电影

值得注意的是，大陆、台湾在1980年前后出现了一批由年轻人导演的新浪潮电影，它们给影坛带来了一股新的活力。

这批导演文化素质高，视野开阔，他们以深沉的目光，带着探索的锋芒，对传统文化有较强的挖掘能力和反思意识；以诚挚的创作态度，对现实敏锐关注，善于从民族的命运、历史的苦难来看现实社会生活，大都有着强烈的民族使命感；对人性都表现出冷峻的思考。

在电影美学上，他们普遍具有世界眼光，带有超前意识，比较多地接受欧美和日本电影的影响，在影片中注重造型，有较大的思考空间，哲理性强，以突破传统的电影观念为己任。这些都显示出在内容和形式上都不同于过去主流电影的追求。

这批导演的名字及影片在大陆和香港电影界是颇为人所熟知的。如香港徐克的《第一类的危险》、方育平的《父子情》等；大陆有陈凯歌的《黄土地》、张军钊的《一个和八个》、张艺谋的《红高粱》、田壮壮的《猎场扎撒》等；台湾的张毅、杨德昌、柯一正、陶德辰共同拍摄的《光阴的故事》，侯孝贤、曾壮祥、万仁共同拍摄的《儿子的大玩偶》等。三地的导演也通过各种渠道互相关注互相交流。如陈凯歌、张艺谋的电影及录像在台湾都能看到，并能很快地做出反应。大陆对台湾的新浪潮影片及录像也能看到一些。因此，彼此的心灵是相通的。譬如台湾的"杨士琪奖"就能说明这一点，《联合报》影剧记者杨士琪特别推崇"新电影"，以至有人称她为台湾新电影的"保姆"。她死后以她名字命名设立了"杨士琪奖"，第一届奖给了"中央电影公司"经理明骥，因为他大力支持拍摄《光阴的故事》和《儿子的大玩偶》；第二届在台湾找不到可以获此奖的人，就决定把该届的奖发给大陆西安电影制片厂的厂长吴天明，因为台湾认为他是开拓大陆新电影最有功劳的人。

大陆、台港电影界人士通过互相接触了解后认为，大陆"第五代"新电影的导演与台港电影新导演相比，中华民族的传统文化根基更深，思想更敏锐，使命感更强。台湾影评人焦雄屏认为,大陆新电影导演脑筋更清楚,能言善辩,很会说话,这说明他们思想丰富,有气魄,对电影的抱负很大——要用电影对世界、对社会发言。

五、三地电影工作者的心愿

目前,大陆、台港的电影交流越来越频繁,通过各种渠道进行接触的机会也在增多。但总的看来,情况还不是很令人满意,尤其是大陆与台湾几十年的隔绝,使两岸的电影工作者在各种电影资料的掌握上受到限制,交换渠道也不畅通。

另外,从仅有的一些电影交流中也发现这样一个严峻的现实,大陆与台港之间的文化断层已经客观存在,新生代对母根的意识已然淡漠,大陆电影中表现的中华传统的东西已为他们所不理解,也不愿去理解,三地电影界如何针对这个问题,从创作入手,尽快探讨和建立为台港年轻人所共同理解的电影语言,确乎是当务之急。

作为母体的大陆电影工作者,也希望早日促成同台港特别是台湾电影创作者、评论工作者有更多的沟通,尽快坐到一起,切磋交流、取长补短、广泛联谊,共同使中国民族电影早日走进世界电影之林。

(1988 年 12 月 12 日)

依然要有严肃的创作精神

——对我国娱乐片如何走出低谷的认识

病因:不研究观赏心理机制,追虚逐妄胡编乱造

处方:遵循娱乐片拍片规则,掌握观众欣赏心理

为什么娱乐片在大量投拍后仍难出佳作? 为什么一些乱七八糟的娱乐片拷贝数却很高? 为什么在放宽限制、鼓励拍摄娱乐片的良好环境下,娱乐片质量仍在低谷徘徊? 这种反差现象,不仅需要电影创作者加以正视,认真梳理,而且有必要对目前"娱乐片现象"及新近摄制的一批娱乐片进行"会诊",向他们提出对娱乐片作深入的艺术探讨的迫切任务,最终求得娱乐片早日走出低谷之道。

娱乐片已成为当前中国电影一大景观

80 年代特别是中期以后,在经济改革巨大浪潮推动下,我国文艺创作正在实现全面转型,愉悦、轻松、快节奏的娱乐文化随着商业性大众文化一起逐步赢得地位。反映在电影创作生产方面,不管你承认不承认,或叫不叫娱乐片,各电影制片厂的生产计划中,百分之七十以上都在拍这类影片,形成中国电影的主要景观,而且直接影响到了中国电影的整体面貌和质量,包括上座率。

最典型的例子是,西安电影制片厂导演张子恩,1984 年他成功拍出处女作《默默的小理河》后,出人意料地要换道——从艺术片转到娱乐片,并在娱乐片创作上迈出了令人瞩目的一步。而早在 70 年代末,重新回归电影商品

娱乐本性的思潮就开始出现，并成为反映市场经济思维的文化晴雨表。由于肯定了娱乐的合法性，一度成为关注焦点。如张华勋导演的《神秘的大佛》在国产娱乐片史上颇具开创性意义。影片讲述了几股势力为争夺乐山大佛附近的一笔巨额佛财而进行的拼死搏杀，由于片中除了曲折多变的情节、扑朔迷离的悬念、阴森可怖的气氛外，编导还将武打作为主要娱乐方式引入故事，使得电影场面格外惊心动魄，紧张刺激，令观众大受震撼。

娱乐片创作上的迷雾正在廓清

对近年来我国摄制的一大批娱乐片稍作浏览便会发现，这种类型片虽在往前发展，但步履蹒跚。究其原因，我认为由于我国长期封建意识的禁锢和"左"的影响仍在意识形态领域不同程度地存在着，导致社会上甚至是一些电影艺术家心目中对娱乐及娱乐电影仍有无端蔑视的种子，过去曾经有过对娱乐样式的电影拒斥与误解，甚至傲慢与偏见在今天仍有市场。甚至还有的把电影的大众化娱乐本性视为资产阶级艺术，等同于庸俗、低级；有的还把群众性当作商业化作为对娱乐片持否定态度的理论依据……

在这种背景下，由娱乐片创作而引发的讨论也是不断产生。如娱乐片主体论、娱乐片的类型化意识、娱乐片的正名等，都是 20 世纪 80 年代有关娱乐片之争的焦点；也有认为社会主义的电影制作不应该再有类型化的观念，任何题材的电影都应该视为艺术品而不是视为商品等等；有些人则认为娱乐片就是武打片……这些都说明我们的电影从业人员对娱乐片特质及其自身艺术规律的认识，尚处于懵懂之中，并不具备清醒和自觉的创作意识；还有一种情况是，由于过去我们一直不敢理直气壮地提娱乐片，所以一说娱乐片就好像不要政治了，也不敢大张旗鼓地把娱乐片摆到理论研究的重要位置上来研究……由于娱乐片的发展时期正好与中国社会巨大转型时期处于同步阶段，加上观众对娱乐的渴求、制片厂对电影体制改革的期望交织在一起，使得对电影娱乐属性的大讨论从电影圈到学术圈再到社会上，形成层层涟漪。

这种娱乐片之争，应该被看作新时期中国电影史上具有文化价值的现象。过去"不求艺术有功，但求政治无过"的创作消极状态导致观众远离电影的现象非常普遍,就连许多大学生都这样说:"一戒烟,二戒酒,三戒国产片。"而今天的观众越来越多地走进电影院,娱乐片创作开始回潮对其贡献不可忽视。从艺术角度去探讨如何提高影片娱乐性,探讨娱乐电影创作的某些内部规律,对情节电影的娱乐功能进行艺术和美学上的总结,都应看作是好事。

不可否认,这些讨论和研究逐步走向深入,也取得了相当的成果。在思想认识上,人们发现,随着我国经济领域的深刻变革,思想文化观念等也随之发生变化,正确对待和全面发展艺术的娱乐功能,已被看作是提高劳动生产率,促进经济进步的组成部分;精神上的娱乐需求亟待有更多艺术样式去满足,而作为电影中的娱乐片类型,其艺术地位已然确立;全面增强电影娱乐性的功能,已被电影界人士一致认可;在人们对消费文化、娱乐文化需求日益增长的今天,娱乐片较好地适应了这一需求。因此,对娱乐片予以理论上的承认,以正视听,健康有序地发展好娱乐影片的创作生产,显得十分必要和迫切。

而在创作实践中,虽有拍摄上的种种阻力,但还是能冲破阻力,走向市场。如拍摄过《神秘的大佛》的导演张华勋跟我说,这部影片从拍摄、完成到上映,一路上受到过很多莫名责难,也经历了种种的艰难险阻,好在北京电影制片厂厂长汪洋顶住了压力,最终使这部娱乐片顺利与观众见面并引起了轰动。

可喜的是,目前一些电影理论评论工作者对娱乐片更多地抱有支持的态度。著名电影理论家钟惦棐在第三届长影《电影文学》年会上就指出:"我们现在的电影,从内容到样式多样化不够。《少林寺》上映后很多观众埋怨为什么我们不拍,而由香港拍。我认为功夫片一类的题材完全可以拍,但不要生硬地赋予政治内容。人民在劳动之余,看一些这类影片有好处。电影除政治思想教育外,还有别的功能,我们这些年形成了这样的心理,离开了政治内容就大逆不道,思想上受了束缚。以娱乐为目的的影片,如歌舞片之类,也可以拍,以供人民在紧张劳动之余,得到高尚的娱乐。"这不能不说来自电影理论界的鼓与呼对娱乐片的发展起到了极好的推动作用。

尽快掌握本不熟悉的娱乐片创作规律

在国外,已有相当长历史的娱乐片至今长盛不衰,好莱坞影片谁也打不倒,就是因为熟练地运用了科学方法来研究观众大脑的兴奋曲线,从而找到了观众产生兴奋的规律性东西,因而其电影方能为全世界所接受和欢迎。青年作家阿城在影院观看好莱坞影片《第一滴血》时就拿着手表观测,结果发现银幕上约每3分钟就出一个"彩"(即精彩引人处)。这里就有心理学上的依据,即人的注意力一般在三四分钟后容易疲劳而分散,所以必须在这些时间节点上不断设置剧情的兴奋刺激点。

而我国目前的娱乐片创作刚起步,出品的一批娱乐片质量不高也在意料之中。究其原因,它们的创作者大都不注意研究,或不遵守拍摄娱乐片的必要规则规范,不懂得观众的观赏心理机制,个人随意性很强。另外,这些娱乐片大都追虚逐妄,有的甚至毫无生活依据,一味胡编乱造。在娱乐手段的运用上,则才思不奇,格调低俗,想象力枯乏,看后索然寡味。有些娱乐片一会儿抒情,一会儿沉思,一会儿说教,把娱乐仅作"供花设瓶"式的点衬,拍得不伦不类……凡此种种,常使观众败兴而归。这种局面如果再继续下去,娱乐片将会很快失去观众。

从目前看,真正把娱乐片作为一种艺术样式加以严肃认真对待的创作还不多,所以,电影创作者应该首先尽快学会拍摄娱乐片的基本规则,熟悉和掌握诸如喜剧片、警匪片、打斗片、恐怖片、歌舞片等类型影片的各自特点。特别需要强调的是,作为最具文化工业特点的娱乐片,它与其他艺术片一样,也有很强的认识功能和审美价值。曲折的情节、激烈的动作、鲜明的性格、刺激的场面等,都能够充分唤起观众一致的情感和认知。另外,观众同银幕上英武、公正、勇敢、忠诚的主人公产生认同,并通过田园般的生活、甜蜜的爱情、和谐的人际关系、善战胜恶的幸运结局、惊险的格斗、复杂的推理、离奇的事件而得到愉悦和必要的情感宣泄。这些娱乐元素,都有积极的价值,是一种社会精神的财富,电影工作者必须拿出足够的智慧和自信,深入研究每一个娱乐元素,逐步拍好娱乐片。

所幸的是,最近一个时期以来,"寓教于乐""雅俗共赏"的声音越来越响亮。在此背景下,来自西安电影制片厂的导演张子恩提出一个响亮的口号,要拍"高档娱乐片",用自己的脚探索出中国电影的另一条路来,不能让中国电影都是正剧或探索片,应该还有另一个大类的娱乐片。他认为,高档者,就是有较高的审美价值与思想情趣,真正做到电影要适合多数普通观众的精神消费需求,这就是"叫好又叫座"。张子恩举起的"高档娱乐片"大旗,应该是娱乐片之幸,中国电影之幸。我们将拭目以待。

（1988 年 12 月 15 日）

"海马"们衔命而出

——有感于文坛新诞生的全新编剧联盟

　　1988年优秀影片的成果倘若能分切开来各归其主的话，那么，活跃在当今文坛上的一批青年作家如王朔、马未都、朱晓平、刘毅然等应该领受一份。

　　这是因为他们在我国影视创作最令人头疼的弱项——剧本上打出了漂亮的一手。他们把小说创作卓然独具的成就带进了影视创作中——既创作了一批优秀剧本，又把自己的优秀小说改编成了剧本。电影界一时间争相拍摄。

　　仅王朔一个人的作品就迅速被拍成了四部电影，《轮回》《顽主》《大喘气》《一半是火焰一半是海水》，前3部在最近试映时便热议蜂起，叫好的也颇多，后1部因某种原因暂缓出品，正在北影厂加紧修改。刘毅然的《摇滚青年》、李建的《疯狂歌女》等，很受市场欢迎，票房指数直线上升。而在这之前，莫言的《红高粱》、海岩的《便衣警察》等，早已是妇孺皆知，名播遐迩，获奖频频。

　　作为个体，他们各自进入影视创作后，可谓出师已捷，那么"联结为盟"呢？于是，他们带着自信，带着更多的梦想，于1989年1月12日在北京宣告成立了"海马影视创作中心"。而在这之前，他们已酝酿了约有半年的时间。

　　1989年1月12日的下午，在北京全国记协新闻发布厅宣告成立前，浅色的大厅里气氛轻松随意，记者席上交谈甚欢。青年作家朱晓平起身手执话筒，宣布会议开始，散落在记者中间的"海马"们呼啦啦压向主席台的长条桌，记者席瞬间像是被抽空似的变得稀疏起来。主席台上，王朔居中，徐星、马未都等10多人往两边一字排开，莫言被最后叫上台，眉清目秀的刘毅然守望门口，等候迟来的记者。特别是台上一律30来岁的男性作家，显得虎虎有生气。

第一批中心成员共有 24 人，一律的男性，阵容整齐。王朔出任理事长，马未都任秘书长。他们取名"海马"极富象征意义，取义极为明确，首先着意于海马"眼的功能"，由于其眼睛可以各自独立转动，因而目力极灵，视域极广。其二，海马属雄性孵化后代，联盟将以男性的思考和笔力为中国影视界注入雄强的风格。其三，全身均可入药，有壮阳、健身、催产、止痛、强心等效用，"海马"是也，而我国影视编剧方面所呈现的疲软状态，确实需要多来些"海马"们来扭转。

这个新的创作集体对其将形成的创作实力有充分的估计。"海马联盟"在宣言中称："在生活和艺术中，一个人又能干成多少事情？如果有一群人集合起来，联合行动也许能挖成一条地道。"为了扩大影响，一马当先的马未都后来还为此开了一家"海马歌舞厅"，开业时也是红火得很，京城和外地来京的文化名人头攒动，响应者众。

他们对自己的团体是信任的，因为在那里，作为作家的个体利益仍然高于团体之上。有"海马"宣言为证："一个作家的艺术生命是最重要的。如果这个团体在哪怕极其微小的程度上束缚和伤害了其中一个作家，我们也将毁弃它。""团体是后来创立的，而每一个作家则是先天地存在并具有不容忽视的微小而广大的权利。我们的团体为证实这权利而存在。"

该中心也将拒绝任何"流派"称号，他们标榜"在尊重艺术上的摩擦，以改变影视编剧方面疲软状态为己任"。以求得更为宽阔的创作空间，接纳更多的创作理念，不为任何"宗门宗派"所缚，也不想为现在或将来可能由此出现的问题空耗精力。

"海马影视创作中心"成立后，将把创作重点放在提高娱乐片制作水平上，同时加强艺术片、探索片的创作，并力争在国家广播电影电视部电影局的指导下创作出一批反映时代主旋律的优秀影片。许多人可能认为后者是一个"虚词"，然而，如果中心在主旋律影片的剧本创作中能有真正的突破，其意义将是深远的。

如果说，该中心成员过去的剧本均由影视界优秀中青年导演接拍的话，那么在今后，这一状况仍将会通过努力而继续下去，至少，1989 年已经投拍和即将投拍该中心成员的剧本就是如此，如初步确定的有：刘恒的两个剧本《黑的雪》由谢飞导演、姜文主演,《伏羲伏羲》由张艺谋导演;王朔的两个剧本《玩的就是心跳》由张暖忻导演,《人莫予毒》由许雷导演;刘毅然、吴滨的《爵士鼓手》由曾任影片《末代皇帝》的副导演宁瀛导演;莫言、刘毅然的《大水》由田壮壮导演;朱晓平的《河吟》由滕文骥导演。

王朔指出,"海马影视创作中心"将吸收美国好莱坞编剧程序的科学性,并且应约专门为优秀导演和演员编写剧本。的确,"海马"此举在国内尚属首创,但它的理念和操作方式均脱胎于美国好莱坞。既为首创,就不敢稍懈,以"海马"这一海生动物命名,主要取其眼睛的独特功能,因为海马的眼睛极为管用,可各自独立转动,视野之广,目力之强,此乃一绝也。因此,机构成立之后,自然不敢有辱其名,便眼睛一个个滴溜溜转将起来,但凡在银幕屏幕上露过头角的、众口一词说好的,他们都暗地里细细琢磨过。

这位中心负责人在谈到该组织对其成员的义务时说:"中心为成员的剧本寻找市场,丰富完善成员较为成熟的剧本构想并提供便利促其完成。另外,尽力保护成员及作品享有影视创作中更多自主权。"

（1989 年 1 月 16 日）

是新生代曙光还是危险信号

——电影界何以出现"王朔现象"探问

1988 年底,小说"个体户"王朔的 4 部中篇分别被数家电影厂拍摄成影片,它们是:《顽主》(米家山导演,峨影出品)、《轮回》(黄建新导演,西影出品)、《一半是火焰一半是海水》(夏刚导演,北影出品)、《大喘气》(叶大鹰导演,深圳影业公司出品)。它们构成了当年年底电影界的一个新景观。

这个新景观是什么呢? 是热闹,是大大的热闹。在参加中国电影家协会最近举办的"王朔电影作品研讨会"上,我亲见前来观摩影片者甚众,以致会议正式代表挤不进放映厅,主办者不得不抹下脸来清场。影圈人士称,如果要评出 1988 年电影十大新闻,"王朔电影"应同《晚钟》捧回"银熊"一样入选。其实,我自己也给"王朔现象"凑了一把热闹,因为我的朋友陈章良——当时北京大学的一颗新星,从小就是福建老家当地的一名小"顽主",我想他必对王朔小说和电影中的人物有深切感受,便跟王朔说我有一个创意,想让你和陈章良作一次晤谈,就谈谈你作品中的人物,他大以为然,说就在他的家里谈吧,于是我们三人用了整整一个晚上,相谈甚洽。所谈内容在此不表。

而对王朔电影作品的评价,就我闻及的文艺界人士,赞者、斥者、喜者、忧者、不屑者均有之,而我的判断是,忧虑大于欣喜,批评多于赞扬。凡此种种,便形成了"王朔现象",而由此引起的种种话题,也异常多元。

小说界新秀王朔,缘何备受电影界青睐? 要回答这个问题,先让人看看王朔作为一名作家的创作倾向和他的小说都写了些什么。

先说作为作家的王朔。一般而言,文艺创作者都必须在时代的使命感里找到自己的安身立命之所,对它的意识越清醒,他就越有力量。只有这个时候,他才能站在历史的高度把握身处的时代和手中之笔,观众也才能与他的作品共鸣。王朔在他的作品里这样表述他的时代使命感的:"让人们牢固的传统观念不能不付出代价。"于是,银幕上便出现了来自他小说中的一群常人不曾熟悉的年轻人(尽管他们已经活在了人们周围)。无论是石岜(《轮回》)和丁建《大喘气》,抑或是于欢(《顽主》)和张明(《一半是火焰一半是海水》),王朔为我们展示了都市风景里的这样一群城市青年:在改革的时代里,他们置身于秩序的边缘,走在反传统的前沿;他们很少参与直接的物质生产,大都没日没夜地在胡同、大院、各种复杂场所奔忙,穿梭于各种女人与牌桌之间;他们都沾点儿坑蒙拐骗偷,吃喝嫖赌抽,然而自认为心地坦率,真诚,自尊,憎恶"社会面具";他们张扬以新的价值观念为自己编导人生,也尽情品评着自己的悲欢。在这些人物面前,对他们构成羁绊的事物,便成为他们辱骂、调侃、大打出手的对象;这些形象有着一个模子里倒出来的谈吐、作派、性格,常常被冠以"叛逆者""颓废""无耻之徒""垮掉的一代",比起严肃的创作来,这些有着反叛标签的形象显得浅薄、漂浮、冲动、幼稚、盲目。他们所做的一切从不对自己有所反省、躲闪、遮掩、忏悔。他们要把自认为背负的人生重担抛得远远的,而享受眼前所能够享受到的一切快乐,他们想变换位置,取人生的另一种角度。

显然,王朔笔下的人物和生活,特别是观念意识和话语方式,凭借小说的畅销一下子奔涌而来,这对于电影创作者、评论者来说,无疑还没有做好接受的准备,因而显得较为陌生,一下子难以准确、深刻把握是在情理之中。而对于广大观众来说,由于人物形象是创作中的"新人类",他们为自己招来的美誉和恶名具有同样的分量,人们还是愿意看到他们,琢磨他们。

如果暂时不对王朔笔下的人物作价值判断的话,这群青年人的形象应该说是很新锐的。因此,王朔小说首先在大学生和青年个体户中间形成"共鸣圈"。而在电影界,最先引发共鸣的也当然是青年导演。看看上述四部影片的 4 位导演,均在 35 岁左右,而且夏刚和叶大鹰两人还是第一次独立拍片。

如果把王朔小说的题材和人物搬上银幕,必将以其不同于当前影坛题材的格局而受人注目。创作者们曾有过这样的分析:当前影坛的现状是,反映改革开放时代的"主旋律"影片大都仍沿着旧的轨道模式;才起步的娱乐片,则充斥廉价的娱乐性令人厌烦;艺术片、探索片的种种矫情做作已在某种程度上使不少基本观众失去热情。而流行在青年读者中的王朔小说可以轻易弥补上述各类影片的缺憾,因为一则它们是以独特的人物、事件来直接切进今天改革时代的独有生活层面;二来在展示人物活动中所采取的线性情节链乃是最基本、仍在流行的娱乐性元素,而在叙事和塑造人物方面又能为艺术创造提供新异的空间。

从大的文化变迁背景上看,与其说电影界选择了王朔,毋宁说电影选择了一种流行思潮。那就是,近年来,中国的经济社会和意识形态领域在急遽转变,由于对商品经济的过于倾心,人们惊异地发现,曾经为之努力的众多领域都不同程度地发生了巨大变化,正在被抛弃和嘲讽的某些不符合时代需要的过时东西,恰恰是上一代人心目中具有核心价值所在。对旧有道德伦理中封闭和落后的质疑态度,对信仰的迷惘,对传统文化的反思,对常规的价值观念的动摇等等,都导致人们需要对现实的生活目标和生命状态作重新辨认,而在这一过程中,社会心理必然呈现出一种浮躁、悸动。把这种客观的社会心态图景通过人物形象真实地反映到银幕上,无疑是顺应了当前的这种流行思潮,甚至可以说,是当前社会思潮中的一部分消极因素促成了"王朔现象",因而便自然得到社会公众的普遍关注。

文学界人士曾提出这样的疑问:1988 年的电影如果热衷于对文学作品的改编的话,也不应该热在王朔的小说上,而应该热在当前最具社会轰动效应的报告文学和纪实文学上。然而,电影没有选中它们是自有一番难言之隐的,即报告文学、纪实文学引起轰动的魅力,在于它们大都以犀利的笔触,深刻地揭示了社会生活存在的病灶或隐痛,而作为有着强烈视听效果的电影,直观、形象地表现这些方面,就有渲染、强化生活黑暗面之嫌。而王朔的小说,虽然也集中表现了一批生活在社会底层的"无业游民"那种缺少"亮色"的生存之道和灰暗心理,并且在表现他们冲破当今两大禁忌——政治和性方面,确乎相当大胆,然而,这些更多的仅止于人物口头上的调侃或嘲讽,因而无碍大局。

王朔的反传统、反文化电影得以相继出现,还有一个因素是我们不应忘记的,那就是今天社会的心理承受能力增强后的一种必然结果。毕竟,人们平衡的心理已经为《河殇》前后的一次次文化反思浪潮所冲击,失衡后的心理变得强健起来。影片中的主人公对传统文化和现存秩序都有着强烈的反叛意识,如果说,这种反叛在有一定的积极意义的背后,也潜藏有某种盲目的消极性甚至是破坏性的话,那么,创造世界、重建文化,对于王朔笔下的主人公就更不可能。尽管如此,社会反应已经少了过去那种一碰即跳的爆发式恼怒,而多了冷静的思考、分析。过去那种传统模式准则似乎也放下了架子,取一种宽容、理解的态度,不再视这群青年人为异端。即使有论者持不同意见,或引起争议,也只限于对影片中人物作评价时的分歧,而不是把整个电影一举否定掉,这不能不说是一种理性的姿态。

中国电影较多地依赖文学,这是事实,而我认为"王朔现象"的出现,是电影离不开文学的最突出、最集中的反映。长期以来,电影创作界和制片厂追求票房保险系数的求稳心态相当顽固,因而直接导致电影界甘于低于文学界的思考,缺乏直接发掘生活的能力,创意也很贫弱。今天,"王朔现象"无疑给了电影界在这方面发出了警告。这样分析起来虽不无偏颇之处,但从另一个方面道出了"王朔现象"得以出现的又一个缘由。

当然,到后来王朔自己竟然也给火红的"王朔现象"添了一把柴,这便是王朔看到自己的小说火红之后,又跑到银幕上火起来,称自己写小说写伤了,年龄也大了,干别的干不了,只能当导演,便宣布首先执导根据自己的小说改编的电影《我是你爸爸》。

至于题目说到的,是危险信号,还是新生代曙光,还是留待时间给出答案吧,但至少有一点可以肯定,就是实际的状况是,既不是危险信号,也不是新生代曙光,或者两者都有一点,其实现实往往不就是这样的吗,就看历史是如何对"王朔现象"作淘洗和取舍了。当然,就我对文艺的个人化喜好来说,中国更需要一个雅正的文化环境,而现在的文化趣味却从革命文艺"高、大、全"的一极迅速滑向"低、俗、浅"的市井化另一极,这是令人不安的,需要伟大的文学艺术家们,来改变目前这种流行文化的风向。

（1989 年 3 月 25 日）

笔走"银海"为底层

——青年小说家刘恒涉足电影散谈

1988 年底、1989 初，小说"个体户"王朔的 4 部小说被集中推上银幕。而就在这十分热闹的当口，电影界敏感的触须又不失时机地伸向新锐作家刘恒，并紧锣密鼓地从他创作的 100 多万字的小说中，选取 4 部作品抓在手上，有的甚至以闪电般速度改编小说，抢分镜头，搭建摄制组。

人们推测，刘恒的小说将同王朔一样，在电影界会有相似的轰动效应，只不过存在着时间差罢了。王朔犹如炮弹已经炸响，而刘恒则是炮弹入膛、蓄势待发。

影坛新宠儿

今年 35 岁的刘恒，中学毕业后就去了海军服役，转业后回北京当了工人，后调入《北京文学》当编辑，最近去了北京市作家协会。几年来，他一直是幽幽静静，青灯黄卷，孜孜于爬格码字。突然间，刘恒觉得被一个他所不甚熟悉的领域——电影界你抢我夺起来，他实在被眼前的景象惊呆了……

到目前为止，刘恒写的小说已有 100 万言。他清晰地记得，自从 1977 年发表的第一篇小说《小石磨》以来，无论在社会上，还是文坛圈，他都阒无声息。这倒也十分自在、安适。随着文字的日积月累，作品发表与日俱增，特别是来自电影界的冲击波如此迅猛，可以说是眨眼间便汹涌到了他的眼前。刘恒形容说是"扑面而来"。

来自电影厂的电报、信函像雪片似的飞临到他的案头。导演、制片主任川流般来约见,谈本子。谢飞是直奔刘恒的《黑的雪》而来,他带着无形却锃亮的"大导"牌子来见刘恒,所以很快便获得了这部 15 万字小说的拍摄权。刘恒清楚,谢飞曾任我国惟一一所电影的最高学府——北京电影学院副院长,他执导过《湘女萧萧》,去年获得了西班牙第 36 届圣塞巴斯蒂安国际电影节的"唐吉柯德奖"和法国蒙伯利埃市第四届中国电影节的"金熊猫奖"。另外,谢飞手中另有一张王牌,那就是姜文,谢飞要让这位目前在中国最优秀、最有希望的青年演员出任影片男一号,所以把《黑的雪》交给他们,是完全可以放心的。

刘恒的《伏羲伏羲》就更邪乎。作品刚一发表,一下子竟有七八家电影厂和电视台扑过来争着要拍它,刘恒确实有点招架不住。面对这一阵势,他努力使自己冷静下来,一一加以比较、选择,最后确定让比哪家都先到一步的张艺谋执导。他知道,张艺谋是中国第五代导演中最有才华也最为红火的一个。而况,张艺谋曾多次谈话或写信表示过,他一定要把《伏羲伏羲》(现更名为《黑暗中的口中吟》)拍得高于《红高粱》的水平,这是多么诱人的事!

刘恒的另一部小说《虚证》,乃文学评论家们公认为写得最好的一部。小说一出来,就被周晓文注意到。这位曾拍出了《最后的疯狂》和《疯狂的代价》两部影片,在电影市场尤其是娱乐片界备受注目。为《虚证》,周晓文同刘恒接洽过,后因要去参加一个外国电影节而把此事搁了下来。接着刘恒的"海马"伙伴王朔(他们同是"海马影视创作中心"的成员)把《虚证》推荐给了北影青年导演夏刚(他刚执导过由王朔小说改编过来的《一半是火焰一半是海水》),后来北京青年电影制片厂著名导演张暖忻也把《虚证》要过去。

《白涡》,是刘恒在《中国作家》杂志上发表的一篇小说,刚发表后,又有许多家电视台要改编拍摄电视剧,最后初定由中央电视台和四川电视台联合拍摄。

刘恒的小说成了 1989 年电影界的抢手货。这不仅是刘恒所始料未及,更是电影界人士所万万想不到。因为电影界不约而同地集中拍摄王朔小说而引出的话题才刚刚起头,怎么导演们又不谋而合地抢起刘恒来,而且导演、演员们的档次越发地高起来。这是为什么? 要回答这问题,就有必要先看看刘恒小说与社会思潮的关系。

刘恒小说写了些什么

若要知道是什么缘故如此集中地将刘恒的小说拉入"银海"？那就得先看看刘恒写了些什么。

刘恒曾说过，他的小说都有着浓重的悲剧色彩，主人公大都生活在社会底层，充满着坎坷经历，虽然有着自己的生活理想、善良的心底和美好的愿望，但常常遭到误解，有时容易受到社会上某些恶之因素的污染。

刘恒的小说常以一种怀抱不平话语方式，述说着这样一个个故事。譬如《黑的雪》中的主人公李慧泉，是一个本质并不坏的解除劳教青年，从小父母双亡，被抱养长大，非常自卑，后因环境的偶然影响使他开始迷恋暴力。在他弃恶从善后又因孤独困惑而抑郁寡欢，最后终因一件偶发事件被误解而凄惨死去。李慧泉的形象，用刘恒的话说，"是完全出自我个人的道德观和理想主义，小说取名《黑的雪》，意指雪本是白色，但它对于自己的命运却不能自主，当它自天空飘落到树上，田野里，就是冰清玉洁般白净，是瑞祥之物。如一旦飘落到人嘈马杂的路上，被人踩车辗过后，便是一摊摊可怕骇人的黑色泥浆。"改名为《本命年》后，主人公的命运在这个时期成了本该如此命运的年份，但愿现实生活中更多的李慧泉能够坚强的生存下去。

在写小说方面，刘恒善于打"两路拳"。他既能写城市生活题材，又能写农村生活题材，这两种生活他哪一种都不偏，都写得很真很深。如果说《黑的雪》写的是城市个体户生活的话，那么《伏羲伏羲》写的则是地地道道偏远落后的农村生活。刘恒笔下的农民身上都带有农村特有的传统文化色彩和浓郁的乡土气息。他常从农民最基本的需求——衣食温饱入手，较为深度地切进农民的灵魂、农民的生存方式、农民的价值观念、农民的性格特征，因而这类小说具有鞭辟入里的洞察力。

刘恒虽然有写城市和写农村同样的功力，但在写这两类题材上却具备两种截然不同的文体和风格。如在写《伏羲伏羲》这类农村题材小说时，就用大量的当地俚语、方言，并间杂进许多文言词语。动词运用很讲究，在行文上故意制造阅读障碍，刘恒认为唯此才能传达出农村的荒僻古朴和农民那种因贫困而与生俱来的简单生涩的思维方式来。而在写作《黑的雪》《白涡》《虚证》

这类城市题材小说时则一般写得很通俗,多用书面语,文字流畅豁朗易为读者所接受。

从上可见,刘恒的小说写出了城市和农村底层人群为生存而奋斗、因不幸的命运而苦苦挣扎的一个个动人故事。他与王朔那种吃饱喝足、玩世不恭的小说形成了极其鲜明的对比。在这种强烈的反差之下,电影界特别注意到了刘恒。

难怪有人说:"王朔的小说是看透了的小说,刘恒的小说是看不透的小说。"这里的看透与看不透,当然是就人生和社会而言。这话在刘恒听来是很中肯的,他默认了这样的评价。

刘恒小说成为电影之初

比起其他作家来,刘恒算是比较钟爱自己的小说,特别是关心自己的小说在银幕上的形象和命运的。他不仅是自己改编自己的小说,而且对于一些导演这样或那样的建议,他都有自己的主张,一般不随意听从导演的说法。这就跟有些作家把自己的小说或改编的剧本交给导演就算完事不一样。刘恒不仅关心自己的本子在银幕上将是个什么样子,而且对摄制组的一些事也是掌握得比较清楚。

如《黑的雪》,在当时刚开始拍摄时,他知道,由于今年北方天暖,摄制组追到了东北也没找到一场好雪,遗憾得很。由于雪在影片中是极富象征意味的,绝对马虎敷衍不得,为此,就把原名《黑的雪》改名为《本命年》。刘恒希望影片要走真实化的道路,不要搭过多的内景,不要那些高楼大厦,要找典型的北京平房和工人宿舍区。刘恒也了解主创人员的创作心态,如导演谢飞,虽有很丰富的创作经验,但没有城市贫民的生活,年龄也大,导演想通过与周围创作人员的合作,来集中和吸收大家的智慧,把片子拍好。刘恒在拍摄中确也下了大功夫,如选择摄影师、演员等都非常挑剔。刘恒跟饰演主角的姜文深谈过,知道这位 26 岁就已有很响名头的演员非常满意这个角色,说自己以前主演过的角色都是超过他实际年龄的,而现在总算找到跟他相近年龄的角色了,因此演起来颇感自如。

至于《伏羲伏羲》,刘恒更为关心了。这部影片本来要在今年 8 月份开机,但由于变故,使其耽搁了一段时间。张艺谋在决定执导这部影片后曾多次与刘恒交谈或通信,表示要超过他在西柏林国际电影节上得过"金熊"奖的《红高粱》的水平,摄制人员要用《红高粱》的原班人马(除了姜文以外)。最近,影片的摄制组有关人员正在安徽看外景,女主角已定由巩俐出任,男主角尚未定夺,文学界的朋友推荐说姜文和岳红搭档演最合适,也有人建议男主角干脆让张艺谋来演,可张艺谋不愿意,说是演《老井》和《秦俑》已经"害"了他两回了,现在再也不愿意被"害"。张艺谋前一阵子为这片子去日本争取到约300万元人民币的投资,中影公司再投资300万,共约600万元,这可以算是一项大制作了。为了保证《伏羲伏羲》的高质量,张艺谋要租日本第一流设备来拍摄和制作,看来是真的下决心要超过《红高粱》。

在刘恒的小说中,一般人物的心理活动非常多,如长达15万字的《黑的雪》,就是基本上围绕着主人公的内心世界转,这样,要把它很好地转化成视觉形象是很困难的。包括有人急着要拍的另一篇小说《虚证》,也会难以处理出电影效果,搞不好就是赔本影片。

尤其要下功夫把握好人物的独特个性

刘恒在通过他的四部小说与电影界的交往中,认识到拍电影的与写小说的不同之处,电影家相当注童电影的"终点效果",不像小说家注重"过程"。

对于电影界相继把"热点"放在王朔身上,刘恒有他的看法,他说:"1988年电影厂都吃王朔,1989年大家都来咬我。实际上,文坛上的好小说很多,应当多注意发现,视野要宽一些。"这话说得好,然而,电影界有时就是喜欢赶热点,这是否也是思想贫弱、眼界不宽、独到发现不够的表现呢。

其实刘恒自己也发现,有些电影编剧在改自己的本子时,总让人觉得他们的想象力贫乏,不得已时就到我别的小说中找情节。如李慧泉是个怎样性格的人呢?是好人,还是坏人?说他是外表硬朗、孤傲、自负,内心却丰富、柔软、脆弱的男人应该比较贴切。你喜欢他的内心就认为他是个好人,你不喜欢他的外表,就会认为他更像个坏人。所以他是大多数普通人中比较特殊的一类人,特殊的个性必定产生特殊的念头,特殊的念头又必定指导特殊的行为,以致被支配去做一些出格的事,从而变成一个有特殊经历的人,而这种经历又不可避免地影响他的一生。如果电影不注重在这些特殊个性上下功夫思考和吃透,很容易导致电影在把握人物性格上缺乏立体、多面、复杂,这就容易失真。

由此,我认为电影编导如果要吸引小说家把他们的作品搬上银幕,就一定要尊重作者和作品,不要一开拍就把他们扔在一边,因为小说家很钟爱他们的文字,而一到银幕上,文字就死了。

（1989 年 4 月 20 日）

时代琴弦上的多声部弹唱

——评国庆 40 周年献礼影片的特色

利用重大时间节点这个契机来抓文艺创作生产,是我们党文艺工作的一大特点。今年正值共和国成立 40 周年,大庆在即,电影界早就准备了一批影片作为献给共和国的精神礼物。

40 年前,年轻的人民共和国在暴风骤雨中诞生,由此翻过了自鸦片战争以来中华民族任人宰割、备受欺凌历史那一页。今天,经过 40 年沧桑演进、40 年时代发展,中国电影创作获得了巨大进步,银幕上的故事和形象在广大人民群众的心弦上产生了有力的搏动。共和国 40 周年即将到来,如果对电影献礼片这一专项创作计划及其工作做一番梳理分析的话,其特点是:主旋律的突出和多样化的丰富。它们可分为两类,一类是主旋律影片,一类是其他题材样式的影片。

具体说,既有《百色起义》《巍巍昆仑》《开国大典》等一批表现老一辈无产阶级革命家艰苦创业的鸿篇巨制,也有如《共和国不会忘记》《商界》等把镜头对准涌动的社会改革大潮的影片,还有如《红楼梦》及《黄河谣》《百鸟衣》《布达拉宫秘史》《女人街》《普莱维梯切公司》《命运喜欢恶作剧》等展示中华民族灿烂文化、令人赏心悦目的音乐片、神话片、喜剧片等样式的作品。另外,还将推出《四十年前的北京》《情系巴山》《人口与经济》《黑土地的报告》等一批优秀纪录片、科教片。其中许多影片将在首届中国电影节上展映。

不可否认,去年,中国电影经济十分窘困,要投拍这些投资大而拷贝发行数不一定多的重大革命历史题材和改革题材的主旋律影片作为献礼片,确实不易。但从目前看,这些影片如期创作出来,说明电影界始终秉持社会责任感和创作使命,许多电影制片厂和广大电影工作者始终没有忘记为国家为社会为人民创作的宗旨。的确,除了电影厂设法自己克服困难外,国家财政部门每年拿出的800—1000万元作为重大革命历史题材影片的基金,是强大后盾,如最近的影片《开国大典》等就是靠了这种支持完成的。

电影和其他文艺一样,为重大节日或纪念日而创作,有时不免出现"你要什么我就给你什么",从而造成一批应景之作,"大赶快上"的结果是,一些平庸、粗糙、直白、浅陋之作得以出笼。今年的献礼片如何避免这样的命运,作为电影主管部门的电影局,就有清醒的认识和切实有效的措施,也正是他们努力在做的事。去年,在组织生产献礼片时,确也有人认为这类影片将来可能不会有好的票房。然而,我们的艺术家没有因此动摇。在创作中,他们倾注了全部的激情和经验。电影局也强调,对1989年中国电影评价如何,中国电影在新中国40周年时形象如何,全在大家的努力中,我们有责任拿出一批能够代表当今中国文化艺术水准的优秀影片。从目前看,一些先期完成的献礼片《开国大典》《共和国不会忘记》等,口碑很好。

列宁说过:"艺术史真是一个迷人的领域。"如果对新中国成立以来电影在献礼片这类活动的历程稍作回顾,也会有一些值得总结的经验和启示。40年中,电影主管部门组织了几次重大的献礼片活动,自1959年以来,较大规模的献礼片活动有3次,即1959年、1979年、1984年,加上今年是第4次。1969年国庆20周年时正值"文革"时期,全国各电影厂都停产,所以不可能举行什么活动。如果将其作一番简要比较的话,这4次献礼片活动有一个共同特点,就是都在党的文艺方针政策正确调整和指导下形成了良好的创作氛围,文艺工作者也在一定时期积累了较为厚实的创作经验。如1956年,中央提出了繁荣文艺创作的"双百方针",随后,纠正了当时出现的一些思想上的偏差,并在周恩来总理的关怀下,电影领导部门集中力量组织了电影艺术创作生产,这才会有影坛"难忘的1959年"。1976年,粉碎了"四人帮"后开始全面拨乱反正,1978年底又召开了具有划时代意义的十一届三中全会,全国人民的改革创业的热情得到极大的调动,这才出现了标志着中国电影复苏并取得辉煌成绩的1979年。

具体地说,1959年的献礼片可以说是新中国成立以后第一次大规模地对新中国电影力量的全面检阅,其中出现的一批高质量影片至今还为人们所称道。这批影片主要反映的是历史和革命历史题材内容,这与中国的新民主主义革命刚刚取得胜利有关,但当代题材较少,尤其缺乏有分量的当代题材作品,风格样式也欠多样;而1979年的献礼片数量较多,它们一反"四人帮"时期的"高大全"和虚假矫饰的创作风气,努力还历史和人物以本来面目,在一定程度上恢复了我国电影创作的革命现实主义传统,这批影片中当代题材的比例大大增加,它们把镜头转向对"四人帮"的揭露批判和对全国"四化"建设的展现和歌颂上,为新时期十年的电影创作发展奠定了基础。而今年的献礼片,同时包含了革命历史题材和当代题材两个方面,特别要指出的是,今年出现了一批重大革命历史题材的巨片,这是过去几次所不能比的。

　　每次献礼片中,革命历史题材总是占有相当比例,这样的安排确是有所考虑的,因为主管部门主导电影创作生产,必然要把社会效益放在首位。新中国的建立,是无数革命先烈和人民群众在党的领导下,前仆后继、流血牺牲换来的。每当共和国的诞生日,很自然地要缅怀革命先辈的英雄业绩,从中汲取开创新时代的力量。今年国庆的献礼片,就有数部大气磅礴、场面壮阔的革命历史题材影片,它们让今天的观众更加深刻地感受到革命艰苦和创业艰辛,更加清楚地认识到中国历史上曾经发生过的那些震撼世界的巨变,这是向全国人民尤其青年人进行革命历史传统教育和爱国主义教育的好机会。

　　邓小平同志在《中国文学艺术工作者第四次代表大会上的祝辞》中指出:"我国历史悠久,地域辽阔,人口众多,不同民族、不同职业、不同年龄、不同经历和不同教育程度的人们,有多样的生活习俗、文化传统和艺术爱好。雄伟和细腻,严肃和诙谐,抒情和哲理,只要能够使人们得到教育和启发,得到娱乐和美的享受,都应当在我们的文艺园地里占有自己的位置。英雄人物的业绩和普通人们的劳动、斗争和悲欢离合,现代人的生活和古代人的生活,都应当在文艺中得到反映。"小平同志的这段致辞,对于今天的电影创作生产,是基本的遵循。首先,对于国家提倡、人民需要的反映时代主旋律的影片,应该像抓献礼片一样锲而不舍地抓住不放,一抓到底。组织艺术的创作生产,主管部门不能也不该平均使用力量,包括资金的使用,只有集中投入、集中使用在重点影片创作上,才能使社会主义电影把镜头对准真正为国家创造财富的劳动者,才能理直气壮地肯定生活、赞颂现实、相信未来,通过生动形象的塑造,让银幕充满乐观的精神、雄伟的气魄、远大的抱负,这些都要在取得各电影制片厂的配合下通过提高影片质量,让"三性"(即思想性、教育性、娱乐性)结合得更好来实现,这应该成为电影主管部门今后工作的方向。其次,对于几年来娱乐片每年有相当大数量的创作生产这个现实,既要正视,又要花大气力提高其审美品位,让其在题材、人物、语言、剧情、倾向等方面具有更加积极、健康、向上的基调,避免那些不良的创作倾向利用娱乐片,兜售"娱乐至上""娱乐至死"等误导性口号,输送为娱乐而娱乐、低级庸俗、暴力血腥等错误观念,也使主旋律这一电影类型能够循着健康的轨道发展。

总之,主导好献礼片等重大主题、重大题材、重大典型的创作活动,发展好当前娱乐片及其他各种类型样式的电影创作生产,推动好电影生产与观众双向制约、互相提高的良性循环,那么,弘扬主旋律与提倡多样化的完美统一就会形成,小平同志所说的"雄伟和细腻,严肃和诙谐,抒情和哲理"的电影格局就能得以很好实现。

(1989 年 9 月 19 日)

"牛马年好种田"

——漫说 1990 年全国电影电视生产新格局

"牛马年好种田"。90 年代迎来第一春,马年伊始,随着创作指导思想的明确,全国各地电影电视工作者不失"春耕"时节,热情投身创作生产。一时间,创作气象日新,"突出主旋律坚持多样化"的创作格局初步形成,很有一番策马争春的热闹景象。

把好总原则

一个时期必有一个时期的创作指导原则,惟如此才不会有方向上的偏差,才能有实践上的依凭,才能保证与时代的巨大潮流同向同行。今年,突出主旋律坚持多样化,是全年影视题材规划的总原则。它将保证反映当前社会现实生活题材和革命历史题材的影片占有优先地位,特别是那些着力塑造当代先进人物形象、歌颂英雄主义和爱国主义、反映改革开放、能够激励人民奋进向上的作品将受到格外重视。而对于贴近生活、反映情感、为广大观众喜闻乐见的样式和题材的作品,管理部门给予一定力度的支持和倡导。

较往年生产情况看,今年的重大革命历史题材和现实主义题材的影视片占有相当大的比重,突显了政府扶持、创作积极的态势。而人物传记片、喜剧片、轻松短小的生活类题材样式,在全年影视片总体规模中呈现了上升的趋势。中外合拍片比去年也有一定量的增加。

喜剧片品种多,是今年题材规划的一个新的特点。共 20 部喜剧片中,不仅有少数民族喜剧《阿凡提二世》、城市生活喜剧《麻烦的日子》、农村喜剧

《假财神》,而且在样式上有轻喜剧、闹剧、讽刺喜剧、荒诞喜剧、惊险喜剧等。

今年全国16家故事片厂列入题材规划的故事片总数为180部,其中现实生活题材64部、当代生活题材25部、革命历史题材25部、历史题材66部。电视剧在主旋律创作方面更显示出极大的热情,特别是大型现实主义题材和历史题材类连续剧的创作势头正健。

重大革命历史题材影片依然保持了很旺的创作势头。不仅涉及面广,且样式丰富,有不少内容在中国电影史上还是第一次得到正面的反映,如上影的《开天辟地》,描写的是1921年全国各共产主义小组在上海创建中国共产党的重大历史事实。另外还有峨眉电影制片厂的《毛泽东和蒋介石在重庆》、内蒙古厂的《二月风暴》。描写抗日战争的《百团大战》、解放战争的《命运之神》、抗美援朝的《东方启示录》等,也将在今年的银幕上得到反映。

今年的25部传记片中,不仅有古代帝王秦始皇、项羽、武则天,还有爱国华侨陈嘉庚、国际友人文幼章,另外有歌星周璇、少年英雄赖宁等。但占大多数的还是追述老一辈无产阶级革命家战斗历程和丰功伟绩的题材。

倾情大制作

马年,中国的银幕,将有一批大制作出现。目前,进入筹拍阶段的影片,就有《毛泽东的故事》(峨影)、《周恩来传》(广西厂)、《核武器风云录》(西影)、《开天辟地》(上影)等近10部。

广西电影制片厂是一个小厂,却气度不凡。近年曾以《血战台儿庄》《百色起义》等大制作震动影坛。对于今年的传记片《周恩来传》,该厂已再度邀请曾成功拍摄《孙中山》而获得金鸡奖最佳故事片奖的丁荫楠执导。最近丁荫楠穿梭般南来北往,搜集素材,决心把深受人民爱戴的周总理形象塑造得独具光彩。

上影正在筹拍的《开天辟地》,是一部反映中国共产党建党历程的影片。该厂由吴贻弓挂帅,成立四个剧本创作小组,从不同角度同时进行创作。

八一厂的《大决战》,千人以上的大场面前不久已全部完成,拍摄陆续移师内景。最近,《大决战》又成立了"第四摄制组",拍摄以毛泽东为首的我方和以蒋介石为首的敌方两大阵营的争战。

大型电视连续剧的创作势头也很健旺。北京电视艺术中心的导演尤小刚，前不久带领一班人马，西征陕西，拍摄大型电视连续剧《李自成——巾帼悲歌》。他表示，要艺术地再现好300年前这段惊天动地的大历史，弹奏一曲高扬民族精神的正气歌。曾以录制大型系列电视艺术片《血沃中原》而初露锋芒的海军政治部电视剧制作中心，目前筹拍两部同类题材的大型系列片，即《生命风景线》和《长城风雷》。去年开拍的大型电视连续剧《宋氏三姐妹》《荒原城堡》和大型室内剧《渴望》，也在加紧录制中。

激发创作情

"南国影都"——珠江电影制片厂可谓春来早，一批影片已经纷纷选景或开镜。塑造警察英雄形象的《浴血卫士》、描写善良与邪恶殊死搏斗的《飞天神鼠》、反映广东青年歌星成长过程的《天皇巨星》等影片已基本进入后期制作。《冰上情火》《飞越彩虹》《特区打工仔》等一批珠影正在抓的本子，也都是贴近南国现实生活展示美好情感的可期之作。

一度使影坛"西望长安"的西安电影制片厂，由于经济遇到窘境，有一些看来档次高的艺术片因"囊中羞涩"而不能投拍。然而，该厂负责人谈起西影的创作来依然很有自信，他说："经济的压力使我们在投产上慎而又慎，但这也迫使我们创造高质量的影片，我们西影人今年要千方百计做到这一点。"

各地电视剧生产单位，在春季里纷纷开机。如天津电视台除已开机的连续剧《冯玉祥》外，还录制有《风雨丽人》《人生三原色》两部现实生活题材的电视剧。山西电视台的《红军东征》已开机，《百团大战》《话说人间事》也相继投拍。中国电视艺术委员会副主任阮若琳对今年春季的电视创作有很乐观的看法。她说："电视剧创作者们的创作热情是旺盛的，今年将是电视剧继续发展和提高的一年。"

深入第一线

春节刚刚过去，影视创作人员就纷纷投身于生活第一线，去感受火热的生活气息，把时代精神灌注笔端，把当代英雄摄入镜头。

　　"重振北影雄风",是北京电影制片厂今年年初提出的一个响亮口号。而"重振"的第一步便是创作人员在提笔前、开镜前跨出厂区,走出京城,到生活中去。导演室副主任李伟看到新闻媒体报道唐山刘庄煤矿干部与工人血肉相连情同手足的事迹后,便带领编辑立即前往,与当地厂矿领导商量拍片事宜,并要组织更多的创作人员,前去深入生活。年轻女导演李少红将开拍的一部农村题材影片《血色清晨》,对角色的要求相当严格,为了让演员真实地塑造农民形象,在开拍前她组织10多位演员到山西左权县山区体验生活。

　　长影厂阎敏军厂长更是把精心组织编剧到生产生活第一线采访,作为长影变危机为转机的一着棋来下。最近,长影的李玲修等已深入吉林化学工业公司生活和学习。

当好总调度

　　文艺创作,给予创作者以自由、宽松的氛围和必要的条件,是我们党始终坚持的方针,但对于涉及创作方向、生产规划中的问题,历来也视作原则问题,必要时需要加以干预。不可否认,一个时期来,我们的影视创作也存在这样那样的问题,如倾向灰暗、题材扎堆等。今年,如何从规划这个源头重视这些问题很有必要。首先,必须避免选材上的失控,银幕屏幕上热衷于表现十里洋场、深宫大内、流氓阿飞、敌特奸娼、血腥暴力的现象必须迅速扭转,坚决卡住向壁虚构、猎奇追异、格调低下的剧本投产,尤其对于那些以反社会、反时代为时尚,远离崇高、调侃理想、消减正义等创作倾向,予以警惕和纠正,力争在源头上提高剧本的思想艺术水准,防止影视创作的形象、声誉在观众心目中产生负面效应。

　　综观今年整个影视创作规划,也有一些问题值得加以调控。如电影的故事片题材规划中,就有"三少一撞车"现象。所谓"三少",即农村题材、工业题材、儿童题材少,农村和工业题材分别是7部、5部,儿童题材是10部,即使它们全部投产,农民和少年儿童所能看到反映他们自身生活的影片一个月不到一部,工人则两个月不到一部,这种状况远远不能满足广大观众的精神文化需要。虽然我们不能简单以题材划分进行创作,但如果某类题材确实偏少,就需要加以注意,因为作为以现实主义创作为主要方向的国度,政府提倡的内容应当得到应有体现。

"一撞车",是指各个摄制单位在相同题材上同时投拍。电影电视剧主管部门,只要坚守凡是雷同的题材将一概不予审查通过的原则,完全能够避免题材重复而造成同质化倾向,也可以避免创作力量和财力物力的浪费。像这样的调控,还是很有必要。

(1990 年 2 月 20 日)

应有所循　不至失坠

——闲话"行业文艺晚会"

行业文艺晚会,已经越来越多占据了今天的电视屏幕。看多了这种晚会,你不难发现其中有些晚会与其说是一种文艺样式,不如说它就是一种行业宣传品。

无疑,中央电视台一年一度的春节文艺联欢晚会,极有力地助推了这种文艺样式向众多领域拓展。各行各业争相办文艺晚会已成一道热闹景观。

文艺晚会,也叫综艺晚会或综合晚会,是区别于专题性晚会的一种晚会形式。它的观众,没有年龄和地域的差别,不分文化修养高低,也没有社会地位的不同,因而文艺晚会均有很广泛的群众基础,是深受观众喜爱的一种文艺样式。同样,行业类文艺晚会的出现,较好地满足人民群众日益增长的文化需求。

虽然有较多行业类文艺晚会质量很高,能在充满艺术的享受中让观众了解了该行业的面貌,提升了行业在社会和公众中的形象,也让该行业内部员工通过晚会增进了感情,增强了行业的凝聚力。然而,任何事物都不能过度,过必有谬。反映在行业类文艺晚会的创作上同样如此。如果对目前数量庞大的行业类文艺晚会稍作分析,便会发现,粗糙、低劣、直白充斥其间。

这类文艺晚会,往往由晚会编导拉上几个作词作曲串段子的,然后再启用红歌星、红舞星、红笑星,以此作为包装,把掏了钱的行业、部门的宣传意图和内容凑足两小时,不加掩饰,一股脑儿倾销给电视观众。如此"轻松利落"的创作,使演、播者囊中有了进项,行业也露了头脸,大家皆大欢喜。然而,这样的文艺晚会便成了所谓的"行业文艺广告节目",看多了,不花钱又能随意选台的电视观众也不是白痴,自然不会亏待自己的,他们驱赶这种不满只需举手之劳——换一个频道。

我们不仅不反对,而且主张多用文艺作品去表现今日各行各业的风采。从延安时代就提出文艺要为工农兵服务,到今天扩大到为各阶层各行业更广大的人民服务,这说明文艺在"二为"方向上更加深入,说明文艺表现领域和表现对象愈益广阔。各条战线涌现出来的新人物、新事物、新思想,应该得到文艺特别是通过电视这种强有力的传媒工具最及时、最生动的反映。尤其那些很少又很难有机会利用文艺形式来树立自己的公众形象,却又一直默默无闻地创造社会财富的行业,就更应该受到文艺的关注,并通过文艺让全社会得以认识,对它们的任何忽视都是不公正的。

然而,那种用行业的钱泡出来的"行业文艺晚会",必然是稀松不堪。艺术在这里仅仅是一件外衣,它怎么也包不住裸露的行业宣传意识,因而这种晚会常患有"直、露、浅、俗"的通病。在今天商品广告日益尊奉艺术女神的时代,某些行业文艺晚会的艺术却可悲地变成行业广告的幌子,这不仅是对行业的不负责,且是对艺术的不尽责。

所幸,一些电视文艺晚会的编导、策划开始已经意识到这一点。于是,他们对待这项艺术活动更慎重,更有责任感。前不久,在中央电视台播出的一台行业文艺晚会《金锁·银锁》,就属于此。

这台晚会的节目并非完美,也未逸出一般行业文艺晚会的套路,但它的可取之处,在于创作班子把它视为一项严肃的艺术创作活动。晚会表现的是全国一千万财会大军敬业精神和新时代风貌。应该说,终日与1、2、3、4……数字为伴的财会人员,其工作生活要化作1、2、3、4……的音符来表现,不是件容易事。在社会纷陈繁列的专业化工作中,财会行业的枯燥乏味,是由堆积如山的数字和满眼的各种表格账本体现。其他行业生动、鲜活、有生命光彩的内容在这里难以产生,充满戏剧性和壮美的一瞬也是难得一见。因而即便它的意义重要得与国家的命脉、人民的生活息息相关,但在文艺舞台上难以表达出来。

但这台晚会确有一种艺术魅力,这种魅力来自于创作者透过平凡而发现了不平凡,并用精心的艺术创作,让观众通过22个音乐、舞蹈、相声、小品、配乐诗朗诵等节目,领略到这条战线在祛邪扬正中竟有那么多非同寻常的闪光人物和富有亮色的精神因素。比如，让人感动得泪流不止的配乐诗朗诵《焦裕禄，我们怀念你》，就不是应景之作，它早在全国发起学习焦裕禄之前，就由创作者深入采访，细心找到并晤谈了焦书记当年做账的会计，获得了最真切的素材后提炼为财会人员热切呼唤勤政廉洁的心声。因此，当老演员吕齐朗诵到"该忘记的，烟消云散；该记住的，地久天长"时，这个行业的心灵之声震荡于观众内心。难怪财政部部长王丙乾看完晚会后即兴评说："我进城四十多年来，这是我看到的反映财会战线工作最精彩的一台晚会，应该给剧组人员都打十分（即满分——笔者注）。"

优秀的行业类文艺晚会，往往是一个充满快乐激情的舞台，一个挥洒行业人青春梦想的天地，一个展示业内人多才多艺的平台，也是一个普及行业知识的窗口。我们也常常看到公安、消防一类成功的专题文艺晚会，在观众中形成了很好的口碑。它们通过真实感人、生动有趣的文艺节目，将保护人民生命财产的动人故事、无私忘我的精神风貌表演出来。特别是晚会中那些诸如安全知识、消防知识等，通过小品、相声、游戏等节目传递、教授给观众，让观众懂得了很多不为自己所关注的如预防火灾、灭火器使用、逃生自救等方法。这类行业文艺晚会，应该是越多越好。

一个行业通过文艺晚会确实可收宣传之效，但只有通过创作者的深入发现，通过真正赏心悦目的艺术形式才能实现行业的宣传价值。那种仅做表面文章，甚至虚美矫造，只会给这个行业带来伤害，对行业这块文艺创作新领地带来污染，到头来也是对艺术工作者自己的不尊重。

我们期待，每一台行业类文艺晚会落下帷幕之际，给这个行业及观众留下的是一种艺术的感动，是对一个行业了解感受后余音绕梁的回味，激励大家共同发现一个行业不畏艰难、勇于奉献的精神品质，从而达到理解一个行业酸甜苦辣，尊重他们独特的劳动，并共同立足今天，迎接挑战，去创造更加美好的未来。

（1990 年 7 月 3 日）

为共和国立传

——编纂中的大型历史丛书《当代中国》巡评

一套名播海内外的大型历史丛书《当代中国》,最近由中国社会科学出版社出版并发行。它记载着进入不惑之年的人民共和国壮美与梦想的历程,也刻印着 40 年来的一切凯歌、鲜花和忧伤、顿挫。

手握春秋之笔

以共和国的见证人也是共和国立传者的身份,编撰者以洋洋亿万言、长达一百八十卷的煌煌巨帙,为共和国书写历史的长卷。历时八载长卷已成功地写就了将近一半。

任何一名从旧中国过来的中国共产党人,或是普通民众,只要他良知犹在,又不失公正的判断,就应该是共和国的忠实见证人,他也就不会怀疑这样一个事实:中华人民共和国的历史,是一部艰苦卓绝的社会主义创业史。把一个贫困落后的半殖民地半封建的旧中国改造和建设成一个较为富强先进的社会主义新中国,这不仅在我国历史发展中是前无古人的创举,而且在世界范围内也无成例可援。

为此,早在 80 年代初,胡乔木同志在一次青年社会科学工作者座谈会上就郑重倡议:"对新中国以来各条战线的历史经验作出有科学价值的总结,编写若干专著。"

这一倡议迅速得到落实。中国社会科学院及其所属的中国社会科学出版社提出方案并立即着手编写出版一套多卷本、定名为《当代中国》的大型历史丛书。

中共中央宣传部在关于编写出版《当代中国》的报告中指出其巨大现实意义是:这套丛书,将是一部向广大人民群众特别是青年进行社会主义和爱国主义教育的生动教材,它必将在国际范围内发生重大影响。这些,迅速变为了由邓力群、马洪、武衡同志担任主编的整个编委会、编辑部的共识。

丛书编委会十分清楚,摆在面前的是一项重大而又艰巨的文化工程。但丛书主编之一的邓力群,在一次地方卷座谈会上说得意味深长:"共产党是不置私产的,可是共产党员、共产党的干部,有一个不可推卸的责任,就是把自己一生经历的经验教训,经过自己的反复思索,写出来,给我们的后代留下一点精神财富。"

共和国的信史

中华人民共和国几多春秋,几经风雨。其间有大幸大险,大喜大悲,大是大非。如何在反映这部历史的全貌时,做到客观、真实、深刻,这是摆在丛书编纂者面前的一项重大课题。

《当代中国》丛书的编纂者以"史德"为本,尊重史实,尊奉科学,尤其不囿于现成答案,广泛结合今天的实际,运用马克思主义原理来重新进行内容的叙述、功过的评说、结论的审定。不因错误而不写成绩,也不因成绩而回避错误,是则是,非则非,既不矜夸于人,也不掩过。由于编辑部门严格恪守这一原则,因此在已经出版的各卷中,都经受住了实践的检验和时间的考验。

如《当代中国经济》卷,除了用大量篇幅肯定成绩外,也用整整一编四章对失误作了深刻剖析,该卷已面世三年,广大读者反映该卷叙述和判断相当实事求是。又如,《当代中国的湖南》卷,充分反映了30多年党领导下的湖南人民艰苦奋斗的历程,在"大跃进"初期,省委对这种错误路线有抵制,但"庐山会议"后却跟着走,由此可见湖南是怎样一步步走入错误之道的,也可看出中国经济建设不能急于求成,看出中央如何想方设法领导人民纠正错误、胜利前进的。

丛书各卷都搜集和运用了丰富、翔实、系统的资料,确保了丛书作为信史的科学价值。搜集来的材料中有许多非常珍贵,很难得到。这都是编辑部利用了组织的力量、集体的资源得来的。如《当代中国的粮食工作》写到周总理亲自过问粮食工作时用了这样一组材料：从 1960 年 6 月至 1962 年 9 月，不到两年半，周总理对粮食问题的谈话达 115 次，从总理办公室退给粮食部办公厅的 32 张表格看，每张都有总理的批示手迹，一共 994 次。这些数字说明，在困难时期，为解决全国人民吃饭问题，周总理付出了多少心血。如此珍贵的材料，不少卷本都有。

共和国的修史者

《当代中国》丛书要总结 30 多年社会主义建设的经验，就必须涉及全局的重大问题并作出历史结论，这方面难度极大，如果没有各级党委和政府的支持关怀是断不可能写好的。

《当代中国的北京》直接间接参加编纂的达 1300 人，审读书稿的有 1800 人，组织这么多人参与并辛勤工作，就是为了科学地、严谨地写好这部史书。他们认为，只有讲究科学，才能得出客观规律，也才能利用它更好地指导社会主义事业。

在《当代中国的经济体制改革》的编写中，国家经济体制改革委员会党组对书稿认真讨论，广泛求证，提出了对书稿全面、重大的修改意见，并从工作第一线抽调骨干力量进行修改工作。

《当代中国的纺织工业》卷主编钱之光，是长期主持纺织工业的老同志，在书稿最后一次统稿时，正患病住院，不能看稿，他就叫人念给他听。《当代中国的电子工业》卷主编刘寅同志，身患癌症，仍多次主持会议，部署工作，走访不少省、市的工厂，指导搜集材料和具体写作，直到去世。《当代中国的河南》卷主编张树德同志，在新乡统稿时心脏病突发而离世。这些为编写好人民共和国的历史奋斗到生命的最后一刻的老同志，值得我们永远怀念，铭记于心！

共和国的国宝

《当代中国》丛书一经出版，立即被海内外视为一宗国宝而竞相觅求。

　　从国内的发行量看,已出版的各卷印数最多的是 10 多万册,多数为 3—5 万册。从严肃的出版物发行量看,这已为数不少。已经出版的卷册有的已脱销,如印刷 10 万册的《当代中国的经济体制改革》早已告罄,《当代中国体育》《当代中国的海洋事业》等也已售完。有一个大学,只有一位教授从友人手里得到一本《当代中国的经济体制改革》,教员们争相传阅,只好按先来后到轮流借阅。著名科学家钱学森表示这套丛书很有价值,要自己掏钱买下全套(一套四五千元)。有的读者看了已出版的几卷书后说,原以为这套丛书是一种宣传品,没想到竟是这样的大部头,材料确凿丰富,保存价值极大。一名大学刚毕业的青年人,看了《当代中国经济》书稿后说:"我觉得这本书很好,看后很受启发。读了这本书,了解了我国社会主义建设确实取得了伟大成绩,社会主义制度确实优越,书中记载的事实很有说服力。"

　　国际上的一些专家学者和出版商,对这套书也相当关注。一位美国教授在中国人民大学访问时看到人大的一位教授有一本《当代中国的经济体制改革》,就请他代买一本。因书已脱销,教授就把自己这一本送给美国教授。

　　《当代中国的经济管理》出版不久,该卷主编、当时的国家经委副主任朱镕基去西德访问,将该卷带去 20 本。没几天,他打回电话说要书的人很多,要求再带去 25 本。

　　今天,社会主义中国的历史正在发展,作为共和国之镜的《当代中国》丛书也正在继续编纂和陆续付梓中。千万名编纂者充满自信地等待即将全部完卷的那一天,届时他们将完整地把这轴新中国历史长卷、把这宗传诸后世的国宝献给共和国伟大事业的开创者和建设者,献给行将参加到这一事业中来的一代又一代新的建设者,献给全国各族同胞和世界上一切关心我们事业的朋友们。

（1990 年 7 月 13 日）

各擅胜场　相映成趣

——评首届中国国际民间艺术节

伴随人类一起走过漫长的历史岁月、受到世界人民珍爱的世界各国民族民间音乐舞蹈艺术,首次精华荟萃,来到素有"民间艺术沃壤"的中国演出生辉。今晚,新落成的北京月坛体育馆里,灯火通明,充满节庆气氛。"热烈祝贺首届中国国际民间艺术节开幕"的中英文大字在两块巨大的电视显示屏上闪闪发光。馆内上方高悬着艺术节节徽和各国国旗。主席台就座的有党和国家领导人万里、李铁映、李德生、习仲勋、赛福鼎·艾则孜、杨静仁、王光英及罗干、贺敬之、林默涵等。

大会主持人孟伟哉宣布首届中国国际民间艺术节开幕。顿时,鼓乐齐鸣,50 名中国青年演员身穿各民族彩服,手持彩练、花环,从四方跑向舞台中央。他们跳起了以"民间艺术——和平友谊"为主题的民族舞蹈《迎宾曲》,欢庆艺术节开幕,欢迎来自亚、欧、美三大洲 11 个国家的 300 多名民间艺术家。各族演员用花环和彩带编织出一座象征和平、友谊的彩门,奥地利、比利时、古巴、印度、意大利、朝鲜、蒙古、菲律宾、土耳其、苏联、美国及中国的民间艺术团在观众的热烈掌声中载歌载舞,击节奏乐,由此入场。舞台上下一片欢腾,分外热闹。

由 12 个国家的民间艺术团参加演出的歌舞晚会,在一片欢声中开始。美国落基山舞蹈团的《踢踏舞》富于美国山地特色,而南太平洋波利尼西亚的《火刀舞》给观众带来了夏威夷风情,蒙古艺术家表演了粗犷的《牧区风光》,苏联阿尔泰边区的歌舞《西伯利亚的冬天》刚劲活泼,奥地利巴赫尔合唱团的歌舞造诣高深,朝鲜平壤艺术团的《三人舞》柔美悠长,印度源远流长的《乔舞》《曼利普里舞》，加勒比海的塔伊古巴吉他三重奏小组的《鸽子》《山岗的乐声》，比利时艺术家们集技术、力量、柔韧于一体的《旗舞》，意大利民间艺术团的风情别致的《快速的三步舞》，都受到全场热烈欢迎。此外还有菲律宾乡土气息浓郁的《乡间舞》，土耳其"黑眼睛"民间歌舞团地道的山村舞蹈，也极具独特风格。各国艺术家们在舞台上各擅胜场，又相映成趣。演来或纯净清雅，或豪放不羁，充分显示出来自民间的那种洒洒不拘、畅快淋漓的诱人魅力。晚会最后，富有中国神韵的吹打乐响起，一条 50 米长的巨龙跃然而出，六只勃勃雄狮跳踏腾挪，穿梭自如，当舞台灯光暗转，闪烁明灭的巨龙一时间舞得旋地翻天。全场灯光骤亮，各国艺术家们手拉手，在中国悠扬的民乐声中奔上舞台，观众报以雷鸣般的掌声。

有朋自远方来，不亦乐乎！我们谨向不远万里前来参加首届中国国际民间艺术节的各国艺术家们致以亲切问候。通过这次艺术节的演出和交流，一定能够促进各国民间艺术的共同繁荣，加强各国民间艺术家和各国人民的团结和友谊，为增进我们星球的和平作出积极的贡献。艺术节是短暂的，艺术节缔造的友谊将是长存的。

首届中国国际民间艺术节是我国文艺界的一件盛事，是我国人民文化生活中的一件喜事。这次文艺盛会，可以说是即将举行的第十一届"亚运会"的一支"前奏曲"，充分显示了我们国家的稳定、社会的稳定、人心的稳定，显示了我国改革开放政策的深入，显示了我国对外文化交流的又一成果。

民间艺术具有强大的生命力，它直接来自人民群众的劳动和生活，蕴含着人民丰富的生活感受、智慧和感情。不管历史的长河多么曲折艰险，各个民族的性格情调、各个时代的精神理想，都永远地通过民间艺术而得到生动的体现。世界各国的民间艺术，不仅是各国民族文化的瑰宝，也是世界艺术的重要组成部分，举办国际民间艺术节，把各国的民间艺术推向世界，进行交融互长，是一件极有意义的事情。

民间艺术家们大都来自民间，面向民间，切近生活，贴近人民，不受演出场地、气候条件、演出设备等限制。他们身穿色彩斑斓的民族服装，演奏音韵独特的民族乐器，吟唱情味浓郁的民间歌曲，跳踏野致盎然的民间舞蹈。人们称颂国际民间艺术节是人民的狂欢节。今天，这一国际人民的欢乐节日来到了中国，绽放出绚丽夺目的光彩。在这期间，各国的民间歌舞节目必将赢得我国观众的喜爱,外国的同行和朋友也将欣赏到我国北方地区众多精彩的民间歌舞,从而增进各国人民之间的友谊。

我国是一个历史悠久、文化传统深厚的国度,是民间艺术的富庶之地,这是几千年来我国各族人民在长期的劳动生息中逐步创造出来的文化智慧的结晶。我们应该非常珍爱和保护自己的这些民族民间艺术传统,并将其继承下来,弘扬开去。新中国成立以来,党和政府十分重视这项工作,特别是改革开放以来,挖掘、抢救、恢复、整理民族民间艺术工作,得到了更加蓬勃的发展。

我国向来关注、重视和尊重世界各国人民的民族民间艺术,同他们交流,向他们学习。我国曾多次派团参加国外举办的国际民间艺术节,我们的艺术家们不但观赏到了他们精彩的节目,而且还以自己的精湛表演,在世界上获得了良好的声誉。许多外国的民间艺术组织、朋友、同行在称羡我国民间艺术高水平的同时,纷纷表示希望中国能举办一次国际民间艺术节,这一愿望今天终于变成了现实。

首届中国国际民间艺术节的主题是"民间艺术与和平友谊"。我们热切地期待并坚信,各国民间艺术的种子将在这次国际性的交流中开放出璀璨夺目的和平友谊之花。

(1990 年 8 月 15 日)

"嘿！夏威夷小子"

——速写美国波利尼西亚文化中心舞蹈团

当看过美国波利尼西亚文化中心舞蹈团在北京民族文化宫演出的那一组富有南太平洋风情的舞蹈，你不能忘情于那一群可爱的夏威夷小伙子（当然还有配合默契的姑娘们）。你可以直称他们是"夏威夷小子"。

他们都是美国杨伯翰大学夏威夷分校的大学生。有学计算机的，有专攻政治学的，还有研修商业的。"首届中国国际民间艺术节"邀请他们来华演出，小伙子们兴奋至极。因为他们都是第一次来中国。

夏威夷小子个个壮如犍牛，一律有着太平洋海风留下的棕黑色皮肤。有几个小子的胳膊腿尽管粗硬如木头段，跳起舞来却仍灵动无比。而其余都是骨骼铮铮，肌肉棱棱，舞蹈起来更是动如脱兔。

跳舞，是这群夏威夷小子与生俱来的嗜好。由于宗教的戒律，他们绝不沾烟酒，但生活中不能没有舞蹈。他们把舞蹈看成是一个人崇尚运动、热爱生命、享受人生的标志。"生命在于舞蹈，这就够了。"夏威夷小子说得很率真。

他们热爱自己的舞蹈，认为舞蹈是一种力量。只要一跳起来，地域、生活方式、观念、语言的种种障碍就能即刻间被这种力量摧毁，形成心灵的沟通，从而获得友谊，获得热情。我发现，只要他们和各国民间艺术团在一起时，不管演出前的候场，或演出后的休息，他们都会热情地拉起你的手，教你跳舞。你我之间顷刻就是好朋友。

他们的内心是裸露的。不管你看没看到他，他抓住你的手，就跟你拍掌，跟你握手，让你看他随身带的相片簿，让你直觉得相见恨晚。在游人如织的公园,他们更是兴奋,边跳边喊着向游人自我介绍:"我们是夏威夷来的,到这里为你们唱歌跳舞。"

夏威夷小子对于成功十分看重。当一个节目演完,或在节目中小小的间隙,他们都要击掌相庆。这是一种对观众尽到责任后的喜悦。不说别的,那两个担任伴奏的夏威夷小子,在演出中蹲在一角把一只汽油桶和一段掏空了的木桩子敲得乒乓直响的时候,那种享受的感觉,那种得意之色在他俩脸上荡漾,煞是可爱。节目一停,他俩抓起地上的瓶装汽水,先碰得叮当作响,庆贺一番,再仰脖喝一口。

夏威夷小子视跳舞为幸福。对演出哪怕有一丁点马虎草率,都被认为是对自己对观众的一种怠慢。因此他们那股子认真劲实在让人感动。他们告诉我,来北京抵达的时间已是深夜,第二天下午要演出,上午就得排练。考虑到旅途劳顿,艺术节演出组工作人员想减少了一点他们的排练时间,但这些到过许多国家演出、有着精湛娴熟演技的夏威夷小子,竟然对此嗷嗷直叫,以示不满。在以后的每场正式或非正式演出中,他们也是一丝不苟,尽管舞蹈快速激烈,动作的力度和幅度却分毫不差。

因此,在北京艺术节期间,人们一看到这些身穿印有夏威夷椰林叶的海蓝色服装的舞蹈者,或一听到他们的歌声,一看到他们的舞蹈,都脱口而出或在心里喊上一声:"嘿！夏威夷小子!"

(1990 年 8 月 15 日)

蔚为大观　弥足珍贵

——欧、亚、美 15 个民间艺术团在我国城乡演出漫评

首届中国国际民间艺术节,日前在河北、辽宁的城乡村镇降下帷幕。

半个月的时间里,来自欧、亚、美三大洲 15 个艺术团的 300 多名民间音乐舞蹈艺术家们,与北京及外地的民间艺术家一起,为我国观众演出了近千种风情各异、精美绝妙的节目。一时间,我国城乡的文艺舞台蔚成民间艺术多源喷涌、众支竞流的壮丽景观。它又一次显示了我国对外文化交流繁荣昌盛。

漫步于这届民间艺术节,我们不仅领略到世界各国的神话美丽、民歌多情、宗教仪式有声有色、风俗世象丰富多彩,也体悟到不同民族的人民有着多么不同的思想感发、意绪情趣、命运遭逢。由此,不同肤色、不同语言、不同国籍的艺术家与观众,似乎变得容易理解,心贴得更近。这也似乎应验了艺术节开幕式上世界民间艺术组织秘书长法格尔说的一段话:"民间艺术就是友谊,就是团结,就是人民之间的相互理解,就是和平。"

一

让我们由衷服膺的,是各国艺术家们表演的那一个个优雅古朴、瑰丽多趣、奇幻美妙的民间歌舞节目。这些深受他们本土人民喜爱的地地道道的民族民间艺术,也无可置疑地受到有着不同文化背景的我国观众的激赏。

散发着浓郁的俄罗斯情调的苏联"青春"民间歌舞团,无论是歌舞《西伯利亚的冬天》,还是民歌《到面粉仓库》(哗啷棒民歌),或是舞蹈《三角头巾》

《勺子舞》,旋律是那样优美动听,舞姿是那样欢快活泼,无不勾起曾经非常熟悉苏联文化的我国中老年观众的深深眷恋之情。而朝鲜平壤艺术团的节目,对我国观众也是不陌生。这个佩有朝鲜最高荣誉——"金日成勋章"的艺术团,以柔美悠长的歌舞形成其特色,尤其那长袖为带、绕身若环的舞蹈最令观众倾倒。

每一个去夏威夷的旅游者,必然要去观看波利尼西亚文化中心舞蹈团的演出,以欣赏南太平洋波利尼西亚各岛屿精彩的民间歌舞。而今,这个舞蹈团远涉重洋,把这种民间歌舞带到了我们面前。一组节目演来节律强劲,表演热情如火,动作恣肆淋漓而不受控捉,令观众痛痛快快地体验了一番充满感性人生的欢乐。而与这个团有着相近风格的美国落基山舞蹈团,它的山地风味的《大圆圈山地舞》,有着爱尔兰风格的《木鞋踢踏舞》,以及《阿巴契亚木鞋舞》等,演来狂放洒脱。艺术节期间,这两个团不管在城市演出,或在工矿农村演出,观众都要情不自禁地拍掌助演始终。

这届民间艺术节让观众含英咀华的,还有来自"音乐之乡"的巴赫尔合唱团,来自意大利的维拉诺瓦民间艺术团和坦皮奥波市民间艺术团,其歌圣洁崇高,其舞典雅优美,一派欧洲古老文明气象。而比利时海尔梅斯旗舞团的演员们每人手持4公斤旗帜列队舞旗时,舞台上顿时大旗猎猎、鼓点咚咚,技艺之精湛,阵容之威仪,令观众回味无穷。

艺术节异彩纷呈,还体现在印度传统舞蹈两大派别联翩来华,即流行印度东部地区的抒情舞《乔舞》和刚劲有力边鼓边舞的《曼利普里舞》,它们让中国观众一睹印度舞源远流长的风韵;另外,土耳其"黑眼睛"民间歌舞团、古巴"塔伊古巴吉他三重奏小组"、蒙古"蓝天"民间歌舞团、菲律宾中华艺术舞蹈研究所,也在我国舞台上各擅姿致,令观众目不暇接。

作为艺术节的东道主,我国也拿出了富有中国传统特色的民间艺术与外国民间艺术争奇斗艳,如场面宏大、气势勃勃的《狮龙之舞》,展示了使外国艺术家们能直接感触到的文明大国的心灵历史。而这次仅仅拿出的舞龙灯、耍狮子、踩高跷、扭秧歌、打太平鼓、跑旱船、舞花大鼓等我国北方地区的民族民间艺术,就足以令外国艺术家同行们看得眼花缭乱,称羡不已了。

二

是否可以这么说,这次国际民间艺术节,不仅是一次世界民间艺术的大荟萃,也是一次对各国民间艺术工作的大检阅。

令人欣慰的是,在当今这个巨大变革和创新的时代,古老的民族民间艺术不仅已经作为一座巨型的文化宝库受到世界各国人民的珍爱和政府的重视,也作为文明文化的一部分活在我们生活的周围。它对于现代人仍然产生着一种原始、古朴之美的吸引力和强烈的情感震撼力,它的魅力并未因时间的流逝而消失。其实,今天的各国民间艺术汇聚我国,受到广大观众的普遍欢迎,并取得圆满成功,其本身也说明了我国对民间艺术的重视程度和它自身所具有的恒久生命力。

这次来我国参加国际民间艺术节的各国艺术团,应该说不仅带来了丰富的民间艺术节目,更重要的是带来了一颗热爱民间艺术、让其本国的民间艺术在世界各地发扬光大的火热之心。如土耳其,它处在地中海、黑海等异域文化的包围之中,为了保护土生土长的土耳其民族民间艺术,布尔萨地区新成立了一个民间艺术团,这就是这次来华的"黑眼睛"民间歌舞团,由于这个歌舞团出色地保存并表演了当地民间音乐舞蹈,因此受到当地民众的喜爱,并在该地区的各类比赛中屡屡获大奖。

来自阿尔泰边区的苏联"青春"民间歌舞团,经常在演出之余,到民间去寻觅传说故事,搜集各类艺术创作素材,然后加以艺术整理,搬上舞台,再到民间演出。因此,这个歌舞团的节目常演常新,这个做法值得我国借鉴。

尽管历史不长、现代文化极为流行并喜欢标新立异的美国,却同样在保护民族民间艺术方面有着积极的贡献。如美国的波利尼西亚文化中心舞蹈团,就是以还原波利尼西亚民族文化为宗旨。他们所演出的包括夏威夷、萨摩亚、汤加、塔希提、斐济等岛屿的歌舞,都尽量原汤原汁,保存其醇厚正宗的风味。这一点,于我们今天把民间艺术加以盲目藻饰修改的倾向,不无纠偏意义。

三

古人云："十里不同风,百里不同俗。"

我在这次中国国际民间艺术节上看到,世界范围内的各民族、各国家迥然各异的风俗世象,完全体现在他们自己的民间艺术上,从而形成了瑰丽、斑斓的文化现象。而其中,我国的民族民间艺术一枝独秀,使许多外国民间艺术的同行叹为观止。

确实,我国文化历史悠久,民族民间艺术积累深厚,它自古就让邻邦歆羡不已,举世交誉。尽管经过了多少代政治之隆替,历史之演进,民族民间艺术几番存佚,几度聚散,但传承下来的仍是相当可观,足以令国人为之骄傲。

更值得我们自豪并自珍的,是我们的民间艺术有着鲜明的特色,因而它不仅自身永葆其青春活力,能够代代相传,生生不息,而且在世界上,它也有着强大的竞争力,能够自立于世界文化之林。它不是那么容易被别的外来文化所击倒、所挤占、所取代的。这就像中国的中餐一样,外国人食之为美馔佳肴,中国人更是离不了它。

这次国际性的民间艺术节,我们既可把它看成是一次交流,也可把它看作是一次比试。而实践又一次证明,中国的民间艺术确实丰富而又伟大,它无不令外国同行们啧啧称赞,流连忘返。

在民族民间艺术问题上,我们一方面必须坚持"越是民族的,才越是世界的"方针,另一方面也要防止因极端片面地理解这个方针而采取封闭、保守的办法。艺术是在交融发展中才能寻找到自己的特性。因此中国民族民间艺术不仅要注入时代的"血液",也要同外国的民族民间艺术"互鉴",要运以卓识、贯以深情地移植当今时代和他民族之所长,来发展我民族所自有,从而使中国的民族民间艺术有更强的活力,有更夺目的光彩。

（1990 年 8 月 23 日）

歌剧季节里的衷曲

——看 1990 年全国歌剧观摩演出随感

　　以交通枢纽闻名的湖南新兴城市株洲,也很有气魄地做起文化辐辏工作来。深秋季节,1990 年全国歌剧观摩演出就在这里举行。来自各地 15 个歌剧院团近 2000 名歌剧和艺术工作者,带着 15 台歌剧节目,共赴这一歌剧的盛会,数十万来自全国的和当地的观众争睹歌剧盛况。这说明,人民热爱歌剧,生活需要歌剧,歌剧正在繁荣社会主义文艺事业中作出可贵的贡献。

　　这是歌剧的节日,也是歌剧收获的季节。季节里的歌歌舞舞已然散去,留下来的诸多思考和话题还在继续……

一、辉煌的过去和欣慰的现在

　　15 台歌剧,除了中国歌剧舞剧院的 1 台传统民族歌剧选场外,其余 14 台均是新创作的,它们是:

　　吉林延边歌舞团的《阿里郎》,湖南株洲市歌舞剧团的《从前有座山》,辽宁歌剧院的《归去来》,江苏省歌舞剧院的《木棉花开了》,湖南长沙市歌舞剧院的《马桑树》,四川省歌舞剧院的《青稞王子》,陕西省歌舞剧院歌剧团的《桃花渡》,福建泉州歌舞团的《蕃客婶》,以及哈尔滨歌剧院的音乐剧《山野里的游戏》,上海歌剧舞剧院的音乐剧《请与我同行》,南京军区政治部前线话剧团的音乐话剧《征婚启事》,贵州安顺地区花灯剧团的地方民族歌剧《故乡人》,大连长海县文工团的轻歌剧《海蓬花》。

　　《白毛女》《刘胡兰》《小二黑结婚》《窦娥冤》这 4 台传统民族歌剧选场被

排在首场演出。它们作为中国民族新歌剧的高峰,于今仍有无可辩驳的艺术地位。90年代的观众同五六十年代的观众一样为之倾倒。这批曾经为推进我国社会变革、培育人民的革命精神作出过贡献的艺术精品,将作为中国歌剧的丰碑永放光芒。

值得欣慰的是,高峰过后,中国歌剧在今天重又显露出新时代里新的景观。一批思想性、艺术魅力强的歌剧新作正在脱颖而出,观众以热切而满意的目光检视这些来自生活热土的艺术新果。带着生活的火热、滴落创作者辛勤汗水的14台歌剧新作,以对生活的爱、对命运的自信和对历史的沉思,颂唱了人民的伟大、革命的情怀和崇高的理想。时代的主旋律突出,又异彩纷呈。它们所显示出的综合或单项的艺术成就,表明中国歌剧同其他艺术门类一样,在探索中求得了新的发展,走向更加成熟。

二、答案要到"民族性"中去寻找

《白毛女》《小二黑结婚》《江姐》《洪湖赤卫队》等曾经迷醉了整整两代人,倾倒亿万观众,在近半个世纪里常演不衰并被竞相传唱的中国民族歌剧,到了今天面临新的困境。虽然新作佳作时有问世,但其生存与发展都受到严峻挑战。应该如何找到适应大众新的审美观,如何顺应时代新的潮流,如何坚守正在失去的市场,如何找到新的发展出路。

答案无疑首先要到"民族性"中去寻找。综观中国民族歌剧发展历程,其成功的首要标志即是"民族性",这是自然而然形成的精神质地,它是中国民族歌剧的文化根性,然后是这种深厚的民族性与今天鲜明的时代性深深的融合。如果从传统文化与现代精神相结合角度看,民族歌剧在众多文艺样式中应是接榫得最好的之一。这次观摩演出安排了《白毛女》《刘胡兰》《小二黑结婚》《窦娥冤》四部传统民族歌剧选场,让观众在重睹经典芳容的同时,深感秧歌调、地方戏曲、民歌曲调等民族性的魅力经久不衰。

从这次全国歌剧观摩演出反观一个时期以来的歌剧舞台,不难发现,缺少群众喜闻乐见、自发传唱重要原因之一,在于某些作品还是有脱离传统、脱离群众、脱离本土的问题;运用传统、民间尚不能做到自觉、自如;一味眼睛向外,盲目喜欢标新,很有食洋不化的苗头。实践证明,要创作出具有中国特色社会主义新歌剧乃至其他文艺样式和作品,既要强化自主意识,把民族化的本根性保持好、实现好,又要善于吸收外国艺术精华和成功经验为我所用。而对于后者,创作者不能一味简单地向"西"、向"资"看齐,那样,就会迷失方向,找不到自己。

歌剧要诵唱时代最强音,就必须跟随时代步伐,切准生活脉搏,表现历史真实,显示崇高的精神境界,在亿万人民参加的波澜壮阔的社会活动大舞台上,培养观众对中国民族歌剧新的审美趣味,使歌剧在服务人民、服务社会中找到自身发展的健康之道。

三、音乐作为主体的成功

遍赏 14 台歌剧,其中给人深刻印象、令人瞩目之处就是,音乐作为歌剧主体再次获得成功。这方面有着突出成就的是:《阿里郎》《从前有座山》《归去来》等。在这里,音乐被明显地赋予了最高地位。许多作曲冲破种种限制,以音乐为主要手段来统领一切,尽可能按音乐的思维和逻辑特性去建构剧作、刻画形象、展开矛盾、深化主题。歌剧音乐的各种形式被极大调动、运用自如,音乐的功用被充分发挥,于是,人物、主题、情感、情节等在音乐的行进中有了生命,有了个性,有了魅力。

《阿里郎》用音乐的节奏把握和推演了主人公阿英和里郎的整个爱情悲剧,从恋人间心灵波流到最后以同死求同在的感情狂澜,始终被自觉地统摄在规整的旋律性宣叙调、西洋歌剧的咏叹调和飘游全剧的主题音乐中。《从前有座山》更是剧本为音乐提供自由天地的一个范例。编剧张林枝说她是"唱着写"剧本的,她尽管不会写一个音符,但有意识地让笔下的每个文字甚至提示上都充满音符。

另外,这些歌剧的念白很独特。《阿里郎》保留了富有音乐性的朝鲜语念白而不翻译成汉语;《从前有座山》每场开头远古的神秘故事是用湘西土音朗诵;《归去来》则首开中国歌剧不用一字念白的先例。这无疑是一种清醒的探索。

四、抒唱情感　抵达内心

相对于其他艺术,歌剧更应该拨动人的情感世界之弦,抵达人的内心深处,抒唱心声、情声。1949 年前后的一大批新歌剧作品之所以能走进千家万户,在人民群众中广为传唱,获得强大的生命力,就是因为它们以鲜明的民族艺术风格,深刻反映了那个年代重大的革命斗争和建设,唱响时代的主旋律。它们的成功,于今仍有启示,那就是,歌剧的创作虽有内容、形式、题材、风格乃至创作手法的专业化要求,但最重要的不能忘记时代所倡导的主流精神,它是歌剧内容一种质的规定性,能够保证歌剧作品的生命力长盛不衰。

这次歌剧汇演中,许多剧作将人物情感作为抒唱对象。当然,这种情感饱含了丰厚的人生和历史感悟。在创作手法上,不再按外在的或观念的冲突来构筑剧情,而是让人物更多地面临情感选择。观众对这类"含情量"高的剧目极易产生共鸣。

《木棉花开了》中的两位姑娘,不幸同陷爱情中,然而一个选择了自我牺牲,另一个选择了自私,其情是那样启人思索,荡人心旌。其他许多作品也都是通过唱感情来唱人生、唱历史、唱命运、唱改革。

或许歌剧创作者过分"钟情",以致出现有些剧目套路上的雷同,"马桑树、桃花渡,四条汉子俩媳妇"说的就是这次汇演剧目中的同质化现象,这不能不说是一种创作生产的遗憾。

五、主题音乐与音乐形象

过去"无人不唱白毛女,有口皆歌洪湖浪"的盛景,能否在今天出现,回答它为时尚早。然而今天对歌剧中的音乐所提出的要求,却是远远高于那个时代。

衡量一部歌剧成功与否的一个明显标志,就是看它的主题音乐等能否被听众长时间欣赏,并广为传唱。14 台创作歌剧中不乏动人的旋律,如《阿里郎》浓烈的朝鲜歌谣风味的主旋律令观众听后挥之不去;《请与我同行》中的"萤火虫"主题歌,在剧中三次响起,令听众"过耳成唱"。

但是,美妙的、令人难忘的、有新意的唱段还是不多,这是摆在歌剧音乐工作者面前的一道迫切需要解决的课题。歌唱来自激情,对生活缺乏冲动和诗情是无法谱写出优秀音乐的。

六、剧作的思考

歌剧的戏剧性有时要从属于音乐性,但从属不等于不重要,它甚至需要比戏剧更凝练集中、更富有表现力的剧情和刻画得更准确鲜明的人物形象。这样的剧作才能更好地服务于音乐和被音乐服务,也才能既树立起戏剧形象,又留下强烈的音乐形象。

具有戏剧矛盾尖锐冲突而又能掀起剧中人感情波澜的题材、故事、情节和人物,当推《从前有座山》《阿里郎》《故乡人》等。但倘若苛求,那么仍有不少剧作平平,甚至有明显缺陷。尽管内中会有这样那样的原因,但呈露在舞台上的缺憾是显见的。《马桑树》的演员、场景、音乐都还不错,但由于本子的不完整,使戏在结尾处显得较为单薄,影响了整部剧的力量。

出现这类问题,很可能是有些歌剧编剧或导演不习惯于从音乐表现的角度选定题材,介入剧本构思和进入创作状态,以致出现疏漏。但似有一个更重要的原因,即创作者深入生活尚嫌不够,因而不容易把握和提炼生活中最真实的情状。

七、形式探索的丰富

我们不仅看到了《归去来》那种无念白的成功探索,也看到了《故乡人》这一布依族第一次演出的地方民族歌剧,我们还欣喜地看到一批从内容到形式都值得一谈的音乐剧。这批音乐剧无一不是活生生的现实题材,充满了时代气息,反映了当代普通人生活,为观众尤其是青年观众所喜爱。

如音乐剧《山野里的游戏》中的大会和毛桃这一对山野青年,浑身透出一股逼近生命本质的情绪和来自大自然的人类健康天性,令今天的观众心向往之。音乐话剧《征婚启事》(音乐始于词尽处,可这部剧在语言上的成功几乎使音乐丧失存在的必要)中由一则征婚启事引出一连串见面与交谈,一连串年轻人的心灵撞击,我们顷刻与剧中人贴得那么近。还有《海蓬花》中塑造得如此丰满、富有喜歌剧人物性格的老海叔形象……这些作品成功处在于节奏明快,旋律流畅,有强烈的喜剧性和抒情性,它们找到了当代观众审美需求的切口,因而很容易俘获观众。

音乐剧尚在发展中,它的模式究竟是什么,答案应该是在大量的创作实践后。但我们不妨存此一说,音乐剧可能是繁荣社会主义新歌剧的一条新途径。

八、热切的期待

来自全国各地的 15 个歌剧院团,莫不是凭着对歌剧事业的一腔热血,力排困难才得以形成株洲的歌剧季节。创作生产一部歌剧需要两三年甚至更长时间,多少主创和演职人员长期排戏不拿或很少拿到补贴。有的院团为筹得排演经费,演员晚上去歌厅唱歌挣钱,深夜再回去排戏。延边歌舞团为排《阿里郎》,州长带头捐款。这样一批对歌剧如此热爱且有献身精神的歌剧艺术家,使我们看到这个事业的美好前景。

但也要看到,中国歌剧还处在成长时期,艺术家们还有很多工作要做。立足本土,深入生活,面向观众,是歌剧创作的出发点。在内学习中国戏曲,向外借鉴西洋歌剧,化洋为中。在歌剧的规律性内大胆调动一切艺术手段,以丰富歌剧的形式美,等等,这些都有赖于我们的艺术家倾心为之。

今天,人民群众可歌可泣的社会创造实践为歌剧提供了良好的创作土壤,源源不断的题材、素材是民族新歌剧创作更上一层楼的新资源。歌剧界有理由创作出比《白毛女》《洪湖赤卫队》《江姐》等更好的歌剧来,观众也有理由期待能够早日出现表现当代人民群众波澜壮阔的生活,反映重大严肃的主题,体现出中华民族的总体风格,能够引起亿万人民共鸣的气势如虹、响遏行云的大歌剧,能够代表中国新歌剧的里程碑式作品,迎来民族的、社会主义歌剧创作的繁荣局面。

（1990 年 12 月 23 日）

最大意义让观众从作品走向生活

——电影《焦裕禄》轰动七思

由峨眉电影制片厂新近摄制完成的彩色故事片《焦裕禄》,叙述了1962年12月至1964年5月间焦裕禄在生命最后一年多时间里一段段动人的故事。影片通过一幅幅朴实的场面,一句句贴心的话语,让今天的观众重睹或新识了当年焦裕禄在兰考县委书记任上带领群众在极度困难的岁月里战天斗地,为改变兰考面貌而鞠躬尽瘁的感人事迹。影片犹如一曲共产党人的正气歌,对于今天发扬党的优良传统和作风,显示共产党人人格魅力和崇高精神境界,鞭策每一个共产党员,都有着积极的现实意义。

我看了以后,有七点感触。

一、观众从电影走向生活

看一部影片,让许多观众感动而涕下,是常事,而由掉泪生出无穷感慨、喟叹,乃几日挥之不去,必欲与人交谈沟通,争其异义、求取共识,方算心甘,这就不多见了。人物传记影片《焦裕禄》属于后者,早在26年前就在全国全面宣传过的共产党人的事迹,让今天的观众深深为之感动掉泪,就更为不寻常了。因此说,《焦裕禄》如此被关注实乃今天国产电影的奇观。

任何一部优秀电影作品,它在创作生产之初和放映以后所产生的社会影响,必然是循着这样一条轨迹,即电影工作者在创作时是从生活走向艺术,电影观众在欣赏时则从艺术走向生活。作品如果能使广大观众在欣赏之后有感而发,有所联想,更进一步思考、认识他自己周围的生活,感受到过去、现在、将来的社会、时代所发或将要发生的变化,领悟到事物的哲理,从而在思想、道德、情感上有所提高和完善,那么,这样一部影片至少在让它的观众从艺术走向生活方面是获得了成功。相反,如果达不到这个效果,它的艺术价值至少可以说没有实现多少,或者说它本来就没有价值可言。

《焦裕禄》让观众从艺术走向生活方面获得了成功。影片塑造的这位真实的共产党干部身上所具有的崇高的人格、伟大的献身精神和对人民的热爱,确实让我们备受教育,让我们对他的精神品格又一次产生敬仰,灵魂又一次受到震颤,精神境界又一次得到升华,更重要的是,其中更有着对社会、对自我的深深反省。同时,所有这一切,都变为一种内心的向往:即在人生的旅途中,希望能同焦裕禄一起生活,一道朝着明天走去。

用艺术来影响生活,推动生活,这应该是每一个艺术家都应具有的社会责任感。然而,在我们的精神生活中,这种社会责任感往往会遭到一些误解,特别是当一些艺术家凭着这种责任感创作出了引起社会强烈反响的作品后,误解变得尤甚。

《焦裕禄》在今天的轰动,使得许多人抛开电影本身去关心、推测、议论这种轰动现象背后所谓的"政治背景"。当然,正常的艺术讨论,是有助于艺术家们正确了解作品是否发挥了应有的社会作用,在社会生活中是否占据了应有的地位,从而反过来更好地把握生活实质,探索创作规律,并指导创作实践。然而,如果硬要把一部作品的轰动套进什么"后台""上级提倡""组织创作"一类曾经流行一时的思维模式中去,那么,正常的文艺讨论就会被误认为是一种"政治行为",而强加给艺术作品的种种庸俗话题也必然会招致更多观众的逆反心理,使正常的艺术讨论进入误区。

到目前为止,对影片《焦裕禄》的艺术讨论好像还没有经过自上而下的组织。它所引起的话题都是由作品本身提供的,观众的观赏热情也是由作品本身所激发。尽管可能有许多单位召集大家作为党课来观摩,但观众是被影片中的艺术形象所打动,而不是由组织观摩这种行政手段带来的。

当然,我们无需讳言,影片的轰动确有丰厚的思想教育因素在起作用,但可以肯定地说,这些思想教育因素是很好地隐藏在影片所创造的故事和艺术形象之中,引起轰动的首要因素是艺术上的成功。

所以,我不同意用什么"政治背景"来观察和分析这部影片轰动的原因,但也不等于说这种轰动毫无"背景"可言。如果硬要说"背景",那就是社会的大环境,确切地说,更多的是一种"文化背景",是一种"社会心态背景"。因此,把《焦裕禄》放到当前我国文艺创作的现状和丰富复杂的社会心态背景上来考察,我们就会看得更加清楚,也更接近真实情况。

本文的写作目的就是要围绕当前的社会心态和文艺创作上的一些问题来探讨影片《焦裕禄》轰动的诸种原因。

二、中国式的共产党人形象并没有黯淡

当影片中的焦裕禄对着他治下正受着荒灾苦难的人民说出一句极普通的话语——"我是您的儿子"时,观众的心为之一颤。"我是您的儿子"这句话在中国共产党的党章上并没有,但它却道出了党章的全部含义。这一句话,不仅向36万兰考人民喊出,也向全国人民喊出。它不仅回响在当年兰考人民心里,也回荡在今天全国人民心里。只有一名真正的、心底无私的中国共产党党员才能发出这样的心声。从这个意义上讲,焦书记是一位地道的中国式的共产主义者。这样一个有着中华民族的鲜明个性特征的共产党人,是我们这个时代所断然不能忘却的光辉形象。

焦裕禄工作生活在中原大地一个多灾多难的县份。三年困难时期,兰考是著名的重灾区,被称作"三害"的风沙、内涝、盐碱,长期肆虐、困扰和折磨着本来就不得温饱的豫东人民。

然而,就在这片土地上,站立起来一个响当当的男子汉。他的出现绝不是偶然的,他是中国共产党带领人民群众同天灾人祸做斗争的一个典型。他的所有思想、意志、工作方式、品质、喜怒哀乐、心志情态等,无一不是真正的中国共产党人应有的东西,因此,他才被人民爱戴,也被今天的广大观众所认同。

不是吗? 正是在兰考遭受毁灭性自然灾害、农业歉收、饥民外逃最严峻时刻,焦裕禄怀着对党和人民无限忠诚的感情,以共产党人大无畏的气概,迎着重重困难来到了兰考。

电影一开始就表现了焦裕禄勤于在基层办公、现场办公的独特方式。县委常委会上,"走马上任"的新书记焦裕禄,没有被陷入会议中、汇报中、材料

中,没有发表一句哪怕是简单的就职演说,而是带着县委干部直奔车站"雪中夜访"。这种工作方式,绝不是来自哗众取宠的俗念,而是出于对饱受灾难的乡亲们的忧心如焚。如此情急,不仅立即在县委班子中形成了向心力,也在观众中间产生了强烈的感染力。

真正的中国共产党人,身上必然具有中华民族的传统美德。电影中的焦裕禄形象,就能让观众看到流传几千年来的美德在他身上承继的痕迹。在焦裕禄的性格中,正是那种鲜明而深厚的民族文化心理因素,造就了他体恤与诚挚、谦逊与坚韧、执着与宽厚的品格。我们说,只有在中国的这块土地上,经历了那样艰难的岁月,忍受了极大的痛苦来为人民的幸福而奋斗,才能产生像焦裕禄这样的杰出人物,也才能锻造出像焦裕禄那样的中国共产党人的典型性格。而焦裕禄性格中的时代特色,最容易被观众接受,也最容易打动观众。

另外,影片让观众最为感动的是,焦裕禄作为一个共产党的干部,是一个"忘我"的人。在任何时候,他心里装着群众,而且始终和群众在一起。影片中的"车站看灾民""扛米济贫困""带病追小魏""隆冬探风口""雨夜查灾情"等十分感人的场面,都是通过刻画焦裕禄和人民的那种血肉联系,才获得了巨大的艺术魅力。我们通过银幕,看到的是"心不离群众,身不离灾区",一袋干粮一辆自行车,抱病走遍兰考的大小村庄,走进灾区的千家万户,把党的温暖送给人民群众。

从焦裕禄这种"忘我"的工作中,我们清晰地看到了一个共产党人是如何将全部的生活内容、全部的社会理想、全部的人生追求以至整个生命,统统融进了人民群众这个整体之中。焦裕禄虽然忘却了"自我",但得到了广大人民群众的肯定。要使一滴水不干,就应把它放到大海里;要使"自我"获得永久的生命力,就应把自己放到人民中间去,焦裕禄做到了这一点。因此,观众对银幕上这样的共产党干部形象觉得那样地熟悉、亲近、贴心。虽然焦裕禄早已辞世,但影片中的艺术形象却仿佛仍在我们的眼前,生活在我们的心中。

近年来,银幕上的共产党员形象不在少数。尤其,中国在改革开放、走向世界的进程中涌现出了一批新型的共产党员和干部。但不知为什么,我们的电影工作者也着力塑造其他一些为了中国现代化大业,为了消除生活的贫穷和愚昧而勤奋忘我工作的干部形象,但却引不来观众的共鸣、理解、亲近,甚至很难被认同,大都如过眼烟云,这是一个很耐人寻味的客观事实。

因此,银幕上还是要多创作如焦裕禄那样朴素的、有着真情实感、一心想着群众疾苦的共产党人的感人形象,创作者应以《焦裕禄》为标杆,唯此,才能不辜负广大观众的希望。

三、时代呼唤更多焦裕禄式的党员干部出现

现实中,人们只要一生出希望,就意味着他们一定有什么缺憾;人们只要在寻找,就意味着他们一定失落了什么。

26 年前的一个县委书记的事迹在今天被搬上银幕后,像当年牵动亿万人的心那样,也搅动今天的人们心里生出无穷的感慨来。人们争先恐后地观赏这一部名为《焦裕禄》的影片,热烈讨论着这一部影片。

那么,是什么诱使今天这些有着太多的事情要做、太多的问题要想的人们去关注这部影片? 这里是否存在着"希望——缺憾;寻找——失落"这一类古老而又永生不灭的命题呢?

无疑,这是完全存在的。

若从社会中人的个体角度出发,许多人觉得现实大都负于人,故大抵都对生活有这个不满意那个不称心,而电影在一定意义上能弥补这种缺憾,因此它被称作"银色的制梦工厂"。这是由于它能在短短的一个多小时内让你在现实中受伤的心灵得到抚慰,在精神上满足你在现实中无法满足或一时尚不得满足的愿望。

《焦裕禄》讲述的是一个真正的共产党干部的故事。什么是真正的共产党干部? 只有那些时时处处想着人民、为人民谋利益、和人民打成一片、带领人民创造幸福生活的人,才是真正的共产党干部。在人民的心目中,他们几近乎"上帝",是人民须臾不能离开的"衣食父母"。"心里装着群众,惟独没有他自己",就是焦裕禄作为共产党的干部、人民的公仆的一个鲜明而具体的特征。正因为如此,26 年虽然已经过去,但焦裕禄那不朽的共产党人的形象并没有从人们的心头消失,他那动人的事迹也没有因时代生活的变迁而被人民遗忘。当影片再现了焦裕禄那无私无畏、不屈不挠、勤政清廉等许多催人泪下的感人故事后,广大观众心里便竖立起了一座闪光的丰碑。人们争相去

电影院重睹这位真正的共产党的好干部的风采,人们也从内心深处真诚地呼唤千万个焦裕禄式的党员干部从银幕上走下来,渴望在当今的现实生活中看到更多的"焦裕禄"。这就是影片《焦裕禄》为什么还会出现如此强烈的"轰动效应"的重要原因。

广大观众通过电影《焦裕禄》来寄托他们的一种理想、一种希望,是完全有实际意义的。不用说,观众们会举出许许多多的例子来指出极少数共产党员的自私、腐败、颓化等已经到了令人发指、骇人听闻的地步了。这是一个严峻的客观现实。

一位青年观众看完《焦裕禄》后,喃喃自语道:"我们还有这样好的共产党员呀。"这话虽然听起来有点别扭,但它却说明了一个问题:目前由于社会体制的不完善,以及一些党员干部脱离群众、损害群众利益的现象时有发生,人们盼望出现更多像焦裕禄那样的好党员、好干部。影片有可能在这方面成为化解群众和某些党员之间存在的对立情绪的力量。

另外,我们这个民族在长期小农经济土壤中生长出一种文化心理,即对"清官"有着天然的感动。

所谓"清官",就是那些鞠躬尽瘁、克己奉公、念念不忘社稷大业和平头百姓的贤臣。中国古代社会中,不仅官方文化竭力倡导宣扬"清官",就是民间文化也极愿接纳"清官",这是一种得到全社会认同的有着理想品格的理想人物。而中国的读者、观众、听众也是多少代以来一直接受着这种传统文化的熏陶,因而对"清官"的形象很敏感,有一种浓重的情结。

这样,当焦裕禄在银幕上再次出现,当这种共产党人的楷模重新矗立在观众的心头时,人们为之感动后暗自思忖并发现,几年来,由于种种历史的和现实的原因,党员干部和人民的那种血肉联系似乎有所冷漠,甚至被扭曲了。然而,中国人民对中国共产党的感情毕竟是深厚的、根深蒂固的,因此,他们越是意识到这种处于疏离状态的关系时,希望找回失落的这种关系的愿望就越是强烈。

此时,影片《焦裕禄》出现了,它以共产党人同人民群众苦乐与共、甘当人民公仆的生动感人的事迹,赢得了普遍的共鸣和喜爱。观众通过观看这部影片,更加强烈地希望现实生活中焦裕禄同志的那种牺牲精神、奋斗精神及其许多优秀品质不要被淡忘和背弃,真诚地期待今天能看到焦裕禄的生命脉搏跳动在新一代共产党人的胸膛里。

四、现实主义精神的胜利

在观看《焦裕禄》的过程中,我们愕然了,因为我们分明看到不少令人心酸,甚至残酷的景象——

在中国共产党领导中国人民建立了新中国的 15 年后,在一个普普通通的县里,扑面而来的竟是街头一堆蓬头垢面的乞儿、雪夜里火车小站上一群蜂拥着出外逃荒要饭的饥民,还有无处不在的风沙、凶似狂兽的洪水、苦涩不堪的大片盐碱地……

尽管它们远离了我们已有 20 多个年头,尽管它们仅仅是银幕上的一些光影混合物,但依旧让我们眼睛灼痛,心头滴血。

在这样一部极具反思意味的文艺作品中,对那个时代做如此深刻、无情的剖析,揭示和展露其阴暗面,将会产生什么样的社会影响? 不同的人,不同的时代,不同的政治文化背景,对这个历来很敏感的问题,就会有不同的看法。而其中,就涉及一个长期以来被谈滥了的但又没有谈清楚的创作命题——社会主义的现实主义创作方法。

像《焦裕禄》这样一部影片在今天出现,并在广大观众中间引起强大的震动,在社会主义现实主义这个问题上会带给我们一个什么样的信号? 提供给我们一种什么样的启示呢? 它又究竟说明了什么?

最近几年来,文艺工作者似乎都感到创作中有一种无形的困难。大家对能不能这样或那样地创作、创作什么、创作的结果会引发什么等,都有迷惑,心头也是戚戚然。

这是不是反映了文艺界创作心态的虚弱,对此我们不能简单妄断,因为造成如此心态的原因极为复杂,也相当敏感。

然而,真正的文艺创作应该是有胆识、有勇气的创造性活动。总有一些艺术家执着于正确的社会主义现实主义创作方法,总是以真实地、科学地、全面地反映社会主义生活的本质和规律为创作原则,在这个意义上创作出来的影片才有它的历史真实、生活真实和艺术真实,也才有强大的感召力和长久的生命力。

　　几乎在社会主义现实主义的创作方法确立之日的同时,这个名词却有另一番含义,即社会主义现实主义的一切必须从理想出发,把生活表现成我们想看到的那种样子,把现实生活当成理想的典范,这尤其在革命的中心工作进行得"轰轰烈烈""蓬蓬勃勃"的时候,把理想当作真实来表现就更是成了惟一的创作原则。于是,我们的一些文艺工作者不仅仅把头脑中认为应当有的事物写成是现实中实际存在的,而且把头脑中近乎幻想型的理想也当作现实的实有之事来写(如"大跃进"时期、"文革"时期的作品),因此,摆在读者面前的文艺作品中的社会主义现实生活,有不少是经过这种理想改造过的。

　　从这个定义出发,我们就不容易看到像《焦裕禄》式这样的影片了,即使能看到,也不会是像我们今天看到的这个样子,因为如果真是这样,就必然会受到诘问:为什么要把新中国的兰考县表现得如此落后、悲惨和不堪,是不是想给社会主义抹黑? 共产党的脸往哪儿搁? 这种诘问所基于的认识是:像《焦裕禄》这样表现生活是有违于对社会主义现实主义的理解的。

　　前几年,在把曾获得过全国优秀短篇小说奖的《犯人李铜钟的故事》改编成电影时,就因为在社会主义现实主义问题上认识不一致,或者说勇气不够,终于未能搬上银幕。情况是这样的,本来许多电影制片厂都抢着要把这部小说搬上银幕,但后来剧本从这个厂转到那个厂,转来转去,却终究未能有一家厂子敢于投拍。什么原因? 就是因为小说中暴露了社会主义现实生活中的一些阴暗面。小说就是因为它真实的反映、深刻的剖析而获奖的,如果具有极强视听功能的电影拍摄此题材,就大有渲染社会主义污点之嫌,这个罪名是够有分量的。

　　但毕竟,像《焦裕禄》这样有着现实主义力量的作品,在文艺百花园中始终没有销声匿迹,且一直蓬勃生长着,这种现实主义精神仍然顽强地体现在我们的文艺作品中,它们回答了什么叫社会主义现实主义、什么叫社会主义现实主义的生命力等问题。

　　其实,什么是真正的社会主义现实主义,只要稍作思考便能辨清是非。就《焦裕禄》反映的那个年代来说,如果回避着不去写,进而让观众看不到那个年代有如此严重的困难和令人发指的错误思想的影响,这是很荒谬的。试问,离开了那样的困难时期,离开了兰考那片瘦瘠而凄凉的土地,离开了那群豫东灾区的穷苦百姓,怎么能出现焦书记,怎么能有令人看见就想痛哭的那只深深捂住肝区的手,怎么能有这样一位"鞠躬尽瘁,死而后已"的"人民之子"。在那个年代里,积极面和消极面是不可分离的。只有更真实、更本质、更积极地表现生活中的另一面,才能更深刻、更有力量地展示正面。关键看你是站在什么样的立场上,用什么样的情感和态度去对待、去开掘作品的深刻内涵。

如影片中"车站"一场戏。漫天大雪中枯坐候车等待离乡的饥民,以及他们呼啸着挤上车离去后留在空旷站台上一只不忍一看的窝窝头,等等,这些难道不是对我们党有些干部玩忽职守、对我们党某些决策失误的活生生的谴责吗?然而,这种谴责在一方面是针对特定历史条件下发出的,另一方面又是诚恳善意的,把握的分寸也很恰当,因而没有带给观众对我们党在历史上所犯错误的更多怨怼,而是变为一种迫切的期待心情,即希望尽快恢复党和群众的血肉联系等良好愿望。

当然,《焦裕禄》也同其他一些文艺作品一样,在社会主义现实主义的道路上走得还不够彻底,仍有这样那样的回避、疑虑,这里当然也有思想认识水平的原因。我们认为,既然要写那个时代,就得提供对那个时代全面的认识价值。如影片中的吴书记,原型是一个靠以阶级斗争为纲过日子的共产党干部,现在则把他描写成一个个人品格有缺陷的人,这显然削弱了影片的历史真实性,也就不容易让今天的观众更准确地把握和感受那个时代的特征了。

五、感人心者莫先乎情

有一首诗是这样描写焦裕禄的:

焦裕禄站在县委办公室
手握一支削得短短的铅笔
在九十多万亩土地上
圈圈、勾勾、划划
圈住的是漫天狂舞的风沙
沟通的是泛滥成灾的洪水
划去的是寸草不生的盐碱地
留给兰考人民的

　　　是一片美好的蓝图

　　　他没握铅笔的那只手

　　　从棉袄的第三只纽扣处

　　　深深地捂着肝区

　　　就像捂住那些使兰考

　　　贫穷的自然灾害

　　　临死也没有松手

　　　许多许多年过去了

　　　我们也仍要被这个普通

　　　而又感人的动作

　　　深深打动

　　影片《焦裕禄》打动我们的,何止是这一个动作。

　　中国的老百姓是很容易被打动的。在现实生活中,要是自己的"父母官"为自己办个事、撑个腰、作个主、说个理之类的,那就会被感动得不得了。而银幕上的焦书记"心中装着全体人民,惟独没有自己",平头百姓们能不被感动得涕泗交流吗?

　　《焦裕禄》就是靠以情动人来获得"轰动效应"的。上海新闻界曾以"上海人拭泪观看《焦裕禄》"作特大标题。北京的观众被影片哭倒自不待言,倒是有许多洋人也被感动得落泪唱叹。

　　自从"文革"期间一部朝鲜影片《卖花姑娘》哭倒全国观众以来,这种盛况一直到了前不久的台湾片《妈妈再爱我一次》才重又出现。

　　一部影片能够调动起全国上下不分男女老幼、不分文化层次的观众的看片欲望,并引起他们的共鸣,确是当前一个值得重视和研究的现象。为《焦裕禄》流泪的观众虽然没有像为《卖花姑娘》和《妈妈再爱我一次》流泪的观众那么多、那么普遍,但因为它反映的是我们共产党干部的事迹,又是曾被无数次和各方面广泛宣传过的,至今却仍有那么大的轰动效果,这就不能不令我们深思了。而在这里,"情"的力量无疑是拨动观众心弦的一个重要方面。

　　应该说,中国人自古以来就有重情心理,那种父慈子孝、兄友弟恭的血缘亲情关系,都是些常情常理,自不必说。我们这里主要说说中国共产党人和中国人民的那种血肉联系和鱼水深情。

　　中国共产党是从中国的劳苦大众中间站起来的,它生来就同人民有着千丝万缕的联系。如果说人世间的一切神圣崇高的东西都可用"母亲"这个词作比喻的话,那么,人民曾发自内心地认为党就是母亲。不是许多首风行全国的歌曲就有这样的比喻吗?"我把党来比母亲""党啊,亲爱的妈妈"……这样,在党这个"母亲"有时也称"公仆"面前,人民就甘愿俯首称子。靠了这样一层"母子"之间的亲情关系,中国共产党才坐稳了江山,进行了大规模的社会主义革命和建设。也正是这样一种血肉般的关系才能轻而易举地动员全中国人民一心一意搞建设。

　　焦裕禄是中国共产党的优秀成员,是党的化身。在他心里,兰考人就是他的爹娘、他的兄弟、他的姐妹、他的儿女。他同兰考人的亲情关系使他随时都能把这些贫穷的庄稼汉拥进怀里,融进心窝。在这样一种党群关系中体现出的深厚感情能不感人吗?

　　当焦裕禄朝观众走来时,他穿着打着补丁的衣,背着硬冷的馍,踩着苦涩的地。一看到这样的党员,我们便不由得心酸万分。

　　在茫茫荒漠、丛丛荆棘、汹汹洪水中,焦裕禄从未获取什么,只是在奉献、燃烧着他的整个生命。

　　不是吗? 他自己饿着肚子,却扛着米,将希望送进低矮的土屋;

　　在风雨中,他自己忍受着剧烈的肝痛,将病中的农民父老兄弟送往医院;

　　……

　　这些镜头虽然一闪而过,但却以强烈的感染力打动了观众。观众常常在这些地方忍不住潸然泪下。这是为什么? 道理很简单,这些事情虽然看起来是那样平凡,那样琐细,但在焦裕禄这名共产党员的眼睛中,这就是他生活的全部意义。

六、青年电影工作者的"价值回归"

　　《焦裕禄》是由一群40岁左右的编剧、导演、摄影、美工、演员所组成的青年创作班子拍成的。

　　今天,青年电影工作者纷纷由"前卫""探索"而转向"传统"。《焦裕禄》的出现,更使我们看到一批青年电影工作者在创作方向有了一个新的转变,有人称之为"回归现象"。不管这些青年人承认不承认,这种现象已经是一种客观的存在。

回归的结果,一方面使他们的作品在艺术上有了更加扎实的支撑,而不再像过去那样,不管哪一位青年人拍出一部片子就大谈特谈其不知从哪儿搬来的、套来的手法;而另一方面,也是最重要的,是他们收获了更多的观众。

《焦裕禄》相比较于其他青年人拍出的影片,其回归程度可以说是较为彻底的。因为它不仅是体现在表现手法等形式层面上的东西,更是体现在思想、道德等内容的方面。

该片导演王冀邢在北京电影学院学习和回峨眉电影制片厂艺术实践的时候,正值中国电影界"新浪潮"的兴起,他不能不受其影响。因此,他在自己独立拍摄的第一部影片中非常注重形式感,力求用富有象征意义的画面组合及声、光、影等来传达人物的心理状态和情绪,并通过这些来表达导演个人对艺术的感受。而这部影片像当时大多数探索性影片一样,没有给创作者带来多少经济利益方面的喜悦,但作为现实主义电影创作却被谈得很多。

我们不会去随意否定80年代中期像陈凯歌、田壮壮、张军钊、张艺谋、吴子牛等一批青年电影工作者在中国电影探索道路上所显示出的积极意义。其实,这批被誉为"中国电影的前卫"们对电影特性、电影功能、电影语言及表现技法、表现内容的大胆探索和创新,对新的电影理论与实践的执着追求,对传统文化的反思、突破乃至反叛,都曾以不小的力量冲击了中国电影界,也形成了一定时期里电影的活跃局面,并在一定程度上影响、改变了中国电影的面貌,其现实的意义不可低估。

然而,在探索性电影自身发展的道路上,越来越明显地显示出问题的另一个方面,即本身既具有艺术又具有商品这样双重属性的电影,由于基本观众群的欣赏心理、习惯要求,以及电影面临的经济困境,迫使探索性影片越来越多地受到制约。譬如,那种常被探索电影的创作者们用来标榜和自我欣赏的新形式、新手法,在观众的眼里竟是那样地怪异、晦涩、枯燥、不可思议,于是,他们的影片常常在票房上遭到惨败。

中国电影在这个问题上没有及时汲取世界电影发展道路上的前车之鉴是值得深思的,其中一个主要原因是,电影理论、评论界对于探索性电影提供了一种过分鼓励的气氛,而忽视了电影为广大观众所接受的大众化属性。

使中国电影的"前卫"们意识到问题的严重性并自觉做出调整乃至"回归"的,并不是电影理论、评论界对这一问题的冷静反思(虽然当时也曾有人发出过注重观赏性强的常规电影的创作生产的声音,但可惜被"探索"一词的喧闹淹没了),而是市场上的拷贝数和上座率这个"测表"在起着调节阀的作用,它使创作者们清醒地看到了前进道路上的"不测"(此乃中国电影理论和评论落后于现实,以及其力量不能左右、指导创作的又一实例)。

自我否定从来都是痛苦的。青年电影工作者们开始了探索后的一种自觉"回归",其中虽不乏踌躇不前、驻足观望或执拗于探索天地的,但市场之"棒"的痛击使他们不得不告别过去,告别曾带给他们声望的、属于他们这一代人所独有的"探索"光环,为他们自己也为电影事业的生存和进一步发展进行自我调整。

从整个创作来看,这是一种"集体的回归"。其势头如此之大,步伐如此之整齐,形成了中国当代电影史上的一大景观。他们不仅"要故事,要情节,要人物",在表现手法上也将自己曾经不屑一顾、弃之如敝屣的东西重又捡了回去,而且大多数人还在意识形态上也完全回到社会主义电影的总体风格上来。

从后一方面看,更明显地体现出一种道德回归、价值回归的倾向来。《焦裕禄》便是其中一个典型的代表。

这是一部很标准的"老式"中国电影。年轻的创作者们通过一个早为全中国所熟知的基层党员干部带领群众改变贫穷面貌的故事,想重新唤起今人对这位党的模范的崇敬之心,把这位20多年前的县委书记的光辉榜样重新树立在今天人们的心头,将他的精神重新呼唤到今天人们的社会主义建设的具体实践中来。这种中国式的社会主义意识形态,始终贯穿于电影的各个方面。

另外,影片在叙事方面也有意识地在最大范围内适合每一个观众的接受水平。这里既没有将电影艺术变为一种个人化的意图,也没有像丁荫楠的《孙中山》那样用个人风格化与新技法加商业电影模式来一争短长,而是完全为了考虑群众性而放弃了在创作中的"自我探索意识"。

对像《焦裕禄》式的能争取到广大观众的"回归",我们当然报之以喜悦,对探索电影向传统电影、商业电影的"回归",如果不带任何偏颇看法的话,这种"回归"既不意味着不再给探索电影以容身之地,也不表明中国电影的素质在下降,它只是想重新找到一种新的起点,让电影更多、更深入地进入到更多电影观众中间去。

七、表演上的成功

影片《焦裕禄》的成功,在很大程度上,也是由于焦裕禄的扮演者——李雪健在表演上的成功。他的表演朴实自然,准确贴切,神形兼备,富有艺术的创造,出色地塑造了这一个为时代所不可忘怀的艺术形象。

很长一段时间以来,我们似乎已经很明确地意识到,要提高电影的创作质量,杜绝或至少多堵住一些使庸俗的、乏味的、低劣的影片出现在银幕上的渠道,就必须对创作的各个方面进行"综合的治理"。这就是说,我们不仅要在电影剧本上下很大的功夫,不仅要提高导演的修养、专长和技巧,而且要以最大的关注去创造条件,来帮助电影演员们发挥他们的创造性才能。

然而,在很多情况下,一部影片的创作集体——摄制组,或在这个集体中的中心人物——导演,很少有能力把这种创作集体搞成真正艺术意义上的志同道合的组织。就拿演员来说,他们有时不过是一些"临时雇来的、没有发言权的外请人员"。在创作过程中,他们也只是对即将付诸银幕的电影作品不能享有充分权利的共同创作者。

尤其是许多导演往往是一些"自我中心主义者",只顾沉浸在自鸣得意的电影语言中,或者陶醉于自认为高深的哲理表达中,而似乎忘却了影片的最终成败乃在于影片中的主角——"演员陛下"。

说一句很客观的话,电影的基本观众,对于一部他们刚看到的影片,最感兴趣的话题就是演员的表演。而就影片本身来说,演员是导演构思及影片的思想内容的最主要也是最直接的体现者。他们真实表露的情感和心灵能够传达出作品丰富的题旨,能体现编导们用以打动观众的一切手段。可以说,创作者在银幕上所倾诉的所有心曲能否成功地传达到观众中去,很大程度上要取决于演员能否成功地发挥好。

可喜的是,《焦裕禄》的导演王冀邢深谙此中道理。他在对待演员的问题上,不以导演为中心,不妄驾演员之上。他非常尊重李雪健表演创造,实实在在地为李雪健的表演提供尽可能多的自由空间度。他对演员的惟一要求就是演员必须全力以赴地投入到角色的创造中去。

这样,导演就自觉地将自己的创作与演员的创作同时进行,而不再是事先就把自己设想的角色框架套在演员的脖子上。由此,我们能明显地看到,李雪健表演上的许多"闪光"之处,都具有一种自如、松弛的特点。我以为,除了李雪健在表演技巧上有着扎实功夫之外,导演格外给予这位优秀演员充分享受"电影的共同创作者"的权利,是他得以成功的一个很重要的因素。

李雪健在最初接受焦裕禄这个角色时是不自信的,而且在越来越熟悉了这个角色,越来越体验了这位共产党员的伟大心灵后,这种不自信更变成了一种痛苦。然而,使李雪健得救的,是他作为一个演员更作为一个人在坎坷经历中磨练就的意志力和对表演事业的旺盛热情。

带着这种使命,李雪健全身心投入进了创作。他给自己立下原则"要用心灵感悟 26 年前这个人民心目中的伟人,用心灵来撞击出对角色的向往,用心灵的'外部零件'——眼睛来反映出焦裕禄的那种不为世人忘怀的精神状态"。

李雪健渐渐地发现,他所饰演的这个角色是集真善美于一身的一个"实在人",是那一代人的典型代表。

这个发现,使李雪健产生了极大的创作冲动。冲动化作了灵感,化作了内在激情。作为一个有经验的演员,李雪健知道,这种激情一旦产生,创作就成功了一半。因为,如果没有对所饰角色产生激情,或只是停留在平淡无奇的情感上,那么,即使饰演再伟大的人物,叙述再生动曲折的心理波澜,展露再精深美妙的思想,其结果也只能是引起电影院里平淡的情绪反映,更为严重的是,甚至让观众的心里反感、贬低、嘲讽这一类伟人及其思想,怀疑这种伟人或思想品德本身是否有价值,是否会对社会产生积极的影响。

显然,李雪健没有让这种情况有丝毫的发生,因为他已经对角色产生了强烈的情感,他能将这种情感化作强大的创作力量,使饰演过程处在一种不可遏制的、充满欲望的状态,并且在领悟和反映人物、事件时,有一种极为珍贵的高度和力度。不仅如此,也能够使观众重新发现那种早就熟悉但已经忘却了的思想和感受。这样一种结果,不论对演员、对导演,还是对观众乃至对社会生活,都是非常珍贵的呢。

　　李雪健以他的创造力实现了这一目标,因为影片无疑在当今时代里对党员干部和普通群众觉悟的提高、道德的完善和精神的成长着实起了不小的作用,其轰动的程度证实了这一点。

　　另外,李雪健之所以能把焦裕禄演到人们的心里去,是因为他掌握了扮演历史人物和英雄人物的一件法宝,正如他说的那样:"我要演活着时候的焦裕禄,不能去演经过了宣传之后的焦裕禄,也不能演人们仰头瞻望的那个焦裕禄。"

　　在电影作品表现历史人物方面,这是一个极有价值的见解。过去的文艺作品中为什么有如此多的"高、大、全"式的人物被生生地演成了"假、大、空",就是忘记了上述的原则,其结果只能是歪曲了历史人物的真实性,损害了作品的价值,抵制了读者和观众的欣赏情绪。

　　在饰演焦裕禄的过程中,李雪健为了不让形象有丝毫拔高的痕迹,他把焦裕禄的感觉缩小到生活在一个家里的感觉。带着这种感觉,角色就会始终把党性和人民性融合得很好,就会用人之常情处理具体问题。又由于焦裕禄是在如此恶劣的自然环境中、在极糟糕的身体状态下工作的,于是李雪健也确定了以焦裕禄的窘迫、忧郁、痛苦的感觉为情绪的基调。然而,正是在这种基调中,顽强地贯穿着一种燃烧自己的生命去温暖别人的无私忘我的精神。

　　为了演好焦裕禄这个生活中的"真人",李雪健力戒历史加给这个人物的"宣传腔"。应该说,这个工作的难度是相当大的,以致他也有疏漏的地方。如影片中"雨夜查灾情"一场戏,当焦裕禄因病痛跌倒在泥水中时,他在旁人的搀扶下站立起来并带头高唱《团结就是力量》以鼓舞士气。李雪健认为焦裕禄在这种状况下不会是这个样子的,然而拍摄时却没能堵住这一漏洞,这让他深为遗憾。

八、结语

　　影片《焦裕禄》引起的轰动可能很快就会平静下来,它引出的种种议论、话题也将会销声匿迹。然而,这种轰动、议论等留给时代的反省,带给人们的思考,毕竟会是很深远的。

　　说句不太客气的话,就影片本身而言,尤其是它的艺术性方面,可谈无多。由于影片的叙事方式等大多还是陈旧的,因此,它的艺术手段之于内容,体现不出更丰富、更深刻、更令人新奇的艺术表现力。而在思想内容方面,影片要重新宣传一位早就被宣传过的共产党员、重新树立一位早就激动过一代人的共产党员光辉榜样的主旨,也是异常明显的。在影片中,我们不容易看到创作者把焦裕禄作为一个有着普通情感的人来写的迹象,因此,说《焦裕禄》是一部真正意义上的人物传记式影片,似乎不甚贴切,它应当比人物传记片的概念还要缩小一圈。

为此,观众欣赏了这部影片后,就决不会再停留于影片本身来咂摸个中滋味,而更多是在思考自己所处的社会现实,并由此生发出诸多感慨,触动无限情思。大量的笔墨、大量的观点落在民众的心态、社会的心理(甚至包括官方心态)上。应该说,这也是一部文艺作品所应该起到的社会影响,《焦裕禄》的轰动就说明了它已经产生了这样的影响。

想当初,峨眉电影制片厂顶着社会上许多人的不理解,顶着电影圈子里的那些嘲讽目光,死死地抓住了这个题材不放。他们自信这样的题材并没有过时,社会还需要这样的题材。这说明,峨影有胆且有识。这样的胆识不是凭空而来,而是电影创作者和决策者们真正地用客观实在的而非主观臆断的判断力,估量了一部作品是否有它的政治需要和社会需要,从而才来决定题材的取舍。

谈到政治性强的题材,这里还想聒噪几句。任何一种艺术创作活动,其实都是一种具有社会性的思想与感情的交流活动。由此说来,电影工作者所反映生活的社会性、政治性越强,就越能满足广泛的社会需求,影片也就越容易为更多的欣赏者所接受,其共鸣和反响的程度也就越大。因此,它作为一个法则,提请我们应该防止另一种创作倾向,即将电影完全变成脱离社会需求、脱离政治脉搏的纯主观的自我表现与自我陶醉的工具。

中国电影"疲软"状态的形成已经有不少时日了,原因在于它大多脱离广大群众,在思想和品位上失信于民。社会上流传的一些说法对于电影工作者来说是有相当大的刺激性的,如有些观众调侃说:"在四项基本原则之外,还有第五项基本原则,那就是坚持不看国产片。"

中国电影要想走出低谷,走出困境,就得把镜头探进人民的生活中去,用艺术的手段表现他们关注的热点,反映他们真实的情绪,这样,才能赢得他们的喜爱,引起他们的观赏兴趣。唯此,影片才有轰动的社会效应,也才能实现它的艺术价值。

但愿在《焦裕禄》之后还会有类似的影片引起全社会的轰动,可谓"一花独放不是春,百花齐放春满园"是也。

(1991 年 5 月 1 日)

到大历史中寻觅赢得天下的真理

——《开天辟地》《大决战》
《毛泽东和他的儿子》综评

乌云低垂，黄河封冻。一个巨人的身影从山坳走向山顶，脚步声有如雷鸣，掠过沉睡的大地，震响了寂寞的天空。于是，冰层炸裂，巨大的冰排呈排山倒海之势撞向山岳。黄河，又一次咆哮了……

这是影片《大决战》（第 1 部）中充满浪漫色彩的开篇。毛泽东从陕北崇山大川背景中走来。

观众被镜头的气势震撼着。他们从毛泽东的脚步声中，感受着历史前进的铁的法则。除了《大决战》，还有两部规模宏大的革命历史题材影片《开天辟地》和《毛泽东和他的儿子》，同样提供了强大的思想力量和动人心魄的场景。

以毛泽东为代表的一批马克思主义先驱者、人民战争的统帅、共和国的领袖们，通过这三部影片，相继走上七月的银幕。他们那种大无畏的英雄主义气概、波澜壮阔的革命活动和功昭日月的伟绩大业，决定了影片的巨片规模，构成了中国大银幕气势磅礴的景观。

无疑，这是我们文艺百花园里新的果实，也是思想文化领域内的重要成果，在当前进行爱国主义、集体主义、社会主义思想和共产主义理想教育方面，三部影片提供了极好的形象化教材。影片所体现出来的民族自尊、自信、自强的精神，将激发人民投身社会主义建设的积极性。

一、跨世纪的人仍需要创世纪的信念和经验

回首中国共产党及其革命走过的 70 年漫漫路程，其间有多少值得我们

大书特书的雄浑壮阔的英雄活剧。它是一座巨大而珍贵的创作宝库,我们的电影创作乃至文艺创作将取之不竭。

《开天辟地》《大决战》《毛泽东和他的儿子》,就是从这富藏中采掘到的珍宝。这里有中国近代史上最伟大的事件——中国共产党的成立,也有使中国走上解放之路的伟大决战——"辽沈战役",更有新中国初期全中国有口皆碑的"毛泽东送子上前线"的动人佳话。电影工作者以艺术的激情和对革命的崇敬之情,赋予了这些题材以史诗气质和巨片格局,以及绮丽多姿的艺术魅力,使我国的电影创作跃上新的台阶。

三部影片均以"史德"为本。它们以现实主义创作手法,对历史作出总体把握,深刻揭示出历史发展的内在必然性。

《开天辟地》让我们看到了70年前发生在上海法租界望志路106号那栋小楼里的故事:陈独秀、李大钊、毛泽东等一批伟大人物诞生了,他们的名字与改造旧中国的使命联系在一起。影片追寻了这些"现代普罗米修斯"们勇敢"盗取"马克思主义"火种"的光辉足迹,告诉今天跨世纪的一代人仍然需要创世纪的经验、信仰、行动和力量。最后,南湖里那只小小的红船,寓意了这样一个坚定的信念,就像一首诗说的那样:"一个政党既然是从船上出生的,那么又怎么会惧怕形形色色的风浪。"

《大决战》(第1部),是电影艺术家用如椽巨笔抒写的"三大战役"的第一乐章。它在广大观众心中耸立起了一座庄严的血色丰碑。这场战争是两个阶级集团矛盾的最高层次和最大规模的总较量。在战争的硝烟中,代表正义和人民利益的毛泽东、朱德等一批革命军事家领导千百万军队和人民浴血奋战,创建了永垂不朽的业绩。两部影片从不同的历史时期和历史角度,反映出中国共产党、中国革命从虎狼横行、血迹斑斑、弹痕累累的苦难和战乱中坚定地走出来,用智慧、思想、行动乃至血肉之躯,把中华民族带出了地狱般的黑暗和苦难,送入朝霞般的金光大道。银幕上所反映的那些大历史,又一次激发起人们对逝去的光辉历史的荣誉感。

《毛泽东和他的儿子》形象地揭示出以毛泽东同志为代表的一批无产阶级革命领袖何以赢得人民、赢得胜利、赢得天下的深刻道理——那就是他们所具有的坚贞的革命理想信念、宽广博大的胸怀和革命利益高于一切。不是吗,毛泽东为了中国革命的胜利,不仅贡献了非凡的聪明才智和全部精力,而且牺牲了包括开慧和岸英在内的6位亲人。

二、从伟人们的品质意志中获取创作灵感

艺术地再现当年叱咤风云的伟人形象,是这三部影片倾心为之,并且,也取得了一定的成功。

为艺术家们提供了充分的创作激情和灵感的,是伟人们的品质意志、内心世界,以及他们的精神特质、他们的心理活动。

毛泽东,这位中国革命领袖的形象,虽然阶段性地出现在这几部影片中,但合起来看,则是一个合乎人物发展逻辑的、令人信服的整体形象。在他个人身上,包含有丰富而深远的时代意义。他由一个普通的农村青年成长为中国革命的领袖,完全是中国历史发展的必然。在《开天辟地》中,由王霙饰演的青年毛泽东,浑身散发着泥土气息,却内秉风雷之性。他那如饥似渴的求知欲,强烈的爱国心、家国情怀和忧患意识,坚定的意志,自觉地磨练毅力,顽强锻炼体魄……种种伟大的探索者、奋进者身上的特征,被演员演绎得相当充分;在《大决战》中,饰演毛泽东的古月比他以前十数次塑造的毛泽东形象更趋成熟,把一个在决定中国命运大决战时刻那种"运筹帷幄而决胜千里之外"的雄才韬略和"今日长缨在手,何时缚住苍龙"的必胜者信念,表现得淋漓尽致;在《毛泽东和他的儿子》中,演员王仁则以其深厚的艺术表演功力,成功地展示了这位领袖一切为祖国的宽广博大胸襟和极为丰富的心灵感情。三部影片中的毛泽东形象,神形兼备,各有光彩,也更为立体、深刻、血肉丰满,成为中国电影画廊中革命领袖形象系列的崭新塑造。

三部影片不同程度地采用了全景式、纪实性叙事方法。创作者们用"大手笔",浓墨重彩地描绘出一幅幅史诗般壮丽画卷,使影片透出革命的悲壮感、氛围的凝重感、历史的纵深感,洋溢着浪漫主义的诗情。同时,影片又善于把一些生动的艺术细节镶嵌在巨幅画面中,犹如珍珠般闪烁着动人的光亮。如《开天辟地》中的陈独秀深夜思子心切,为勤工俭学的儿子送去几个茶叶蛋;李大钊在五峰山下与孩子们嬉水欢呼,等等,这些闪闪发亮的精妙之笔,跃动着人性的光彩,使革命年代的峥嵘岁月平添了诸多生活的情趣。

三、有胆识的突破让革命历史更信实

在对历史的把握上,力争做到在既定的评价范围内更加信实,这是三部影片共同的追求,也是它们的成功之处。

这方面,主要体现在对众多复杂的、有争议的历史人物的客观表现上。这里既需要胆识,又必须很好地掌握艺术表达上的分寸感。比如陈独秀,在《开天辟地》中,他第一次作为正面形象出现。一级演员邵宏来准确把握陈独秀的风骨与风采。作为革命先驱者,陈独秀恃才傲物,刚愎自用,但为了革命,奔走呼号,为创建中国共产党作出了不可磨灭的贡献。对这一形象全面而客观的再现,使影片具有新的历史认识价值。林彪,一度被银幕视为禁区,而《大决战》对他大胆推出,并进行了新的塑造,"林总"被知名度不高的马绍信演得精彩鲜活,确如其人。应该说,这些形象之所以令人信服,就是因为创作者严肃负责地把握了历史真实和艺术真实的统一,做到既不贴金、不神化,也不丑化,这是很可贵的求实态度,也是创作者竭尽努力而取得的新的突破。

四、让更多大作品来滋养观众的心灵

七月银幕映出的重大革命历史题材影片,将同稍后陆续出品的一批革命历史题材影片大制作汇聚一起,构成了1991年中国影坛的大气象、大格局。这种景象的出现,一方面反映了革命历史题材仍然是中国文艺创作领域中永不过时的主题,而更重要的是反映了时代和现实的需要。

有人说过:"昨天是今天的历史,要想了解今天,就必须研究昨天。"中国是从苦难的昨天走进辉煌的今天。过去灾难深重、充满艰辛的革命斗争岁月中的桩桩件件,对于当今青年观众的父辈或祖父辈来讲,都是自身经历中的大事,而与青年人的阅历没有任何联系。因此,他们不可能感同身受,不可能充分读懂影片中的历史事件、历史人物背后的深刻含义。影片在创作中考虑到这一点,在对历史作深刻的形象分析等方面尤其下了功夫,以让青年观众有更形象、更感性的认识,并在潜移默化中获得理解。由于影片的创作者用今天的眼光来表现中国革命走过的那一段历程,并艺术地加以概括、总结、开掘、揭示,使得影片更富有当代的启示。

　　充满革命的英雄主义和浪漫主义,使七月的银幕生机勃勃。然而一个时期以来,有些影片在英雄主义的豪气和正气的反映上,应该表现而没有表现,或应当强化却反而缺失,因而感奋不了观众,鼓舞不起精神,激发不出力量,显得疲软、苍白、无力,这与电影本身具有的最积极、最能引起广泛影响的本质相矛盾。要改变这种状况,就应当呼吁更多的艺术家在创作中关注历史,关注时代,因为这是艺术作品不可或缺的根本性问题。

　　我们期待银幕上有更多深刻反映革命历史题材尤其是当代社会主义建设题材的伟大作品来到我们的生活中间,滋养我们的心灵,获得启迪和力量。

(1991 年 7 月 9 日)

一想农民心生暖

——评韩志君、韩志晨兄弟和他们的"农村三部曲"

"生活就像爬大山,生活就像趟大河。一步一个深深的脚窝,一个脚窝一支歌。"这荡气回肠的歌声唱红了荧屏,也让千家万户一时间竞相传唱。与此同时,电视连续剧《篱笆·女人和狗》(以下简称《篱笆》)、《辘轳·女人和井》(以下简称《辘轳》)也一扫荧屏上的奢华和虚娇,通过对东北无名小山村里几位姑娘朴素的生活和真实的命运的展示,迷住了万千观众。几年前,韩志君、韩志晨两兄弟还默默无闻,如今,他们以这两部充满改革时代农村生活气息的作品蜚声文坛艺苑。

一、他们并不是农民出身的作家

有不少人都曾这样问他们:"你们是农民出身的作家吗?"其实,兄弟俩不仅不是农民出身,而且是地道的知识分子。

韩志君现为长春电影制片厂编剧,韩志晨是吉林电视台文艺部导演。兄弟俩一样地喜爱写作,人也热忱、敏感、细腻和善于思考。他们作品中所表现的一切,是他们熟悉和体验过的东西,也是他们感觉过和思考过的东西。

志君和志晨在少年时代(50年代末期),曾随同父母来到内蒙古科尔沁草原上的一个小小村落,在那里生活了两年。在那片土地上,他们终日和庄稼院的孩子生活在一块。不仅了解了那里的山川风貌、民俗社情,而且也熟识了那些叔叔、婶子、哥哥、嫂子们的音容笑貌、举手投足和他们表达情感的方式,这使他们俩对中国农民有着很感性的认识。

　　此后,他们中学毕业后又一次下乡插队,成年累月地同那些普普通通的庄稼人摸爬滚打在一起。在共同的生活和劳作中,他们进一步熟悉了农村。不仅看到了生活所发生的历史性变迁,而且也看到了阻碍生活发展、变化的历史惰性力和文化上的负面性。他们也进一步熟悉了农民,不仅了解了那些各具情状的人,而且也了解他们的心灵和情怀。这些丰厚的生活积累,在他们所创作的《邻家嫂子》《雾满落雁岭》《长庚大叔和他的海骝马》《命运四重奏》等中长篇小说中,都可以看到。

二、农村改革生活给予的慷慨回报

　　韩氏兄弟俩在对农村改革生活的关注中,付出了极大的热情和心血,生活也反过来给予了他们慷慨的回报。

　　韩志君曾写过一部长篇小说《命运四重奏》,这是一个北方小山村里一群想要从闭锁落后的生活空间、身心倍受摧残的困境中挣脱出来的女性寻找应该拥有的人生价值的故事。兄弟俩把它改编成电视连续剧《篱笆》并由大连电视台搬上屏幕后,立即一炮打响。该剧以枣花、巧姑、马莲、喜鹊和枣花娘五个女人的命运为线索,通过茂源老汉"三世同堂"这个大家庭的分崩离析,展示了新时期文明和愚昧的历史性冲突,揭示了几千年历史带给人们沉重的精神负载。

　　同时,作品通过农村生活场景的真实描写和农民性格的生动塑造,深刻地写出了农民新的精神追求。如女主人公枣花与铜锁在一起,饱尝了无爱的痛苦,她与铜锁的种种矛盾、纠葛,说到底,都是文明与愚昧这个根本冲突所生发出来的。枣花的这种精神悲剧具有广泛代表性,不仅深刻反映了今天的农村、农民的现实生活与精神世界的冲突,也提出了当前经济改革中应重视革新我们民族的传统观念、传统心理、传统生活方式和思维方式这样一个极为严峻的课题。《篱笆》播映后引起轰动,赢得观众的热烈欢迎。它连续获得全国"飞天奖"三等奖、"金鹰奖"一等奖、东北三省"金虎奖"一等奖和吉林省"春光杯"剧作一等奖。

　　如果说,《篱笆》表现的是主人公枣花的第一次精神悲剧,那么作为《篱笆》剧的续篇,《辘轳》在原有人物和性格的基础之上,表现了主人公枣花的第二次精神悲剧。这次面对农村女性的悲剧,切进的角度更集中,揭示的主题更现实更深邃。小庚终于把枣花从篱笆墙的那一边娶了过来。他深深地爱着她,可是他又不会爱,不懂得怎样才是真正的爱。他按照旧的传统观念去思考和理解正在变化着的枣花,他把自己的爱变成了一条美丽的绳索,束缚了枣花的个性、情感和创造力。他实际上是把枣花放在了"附属型人格"的地位上,反对她向"自立型人格"转变。枣花又在新的层面上饱尝了爱的折磨,又经受了一次不同于上一次的精神悲剧。《辘轳》剧着意探索中国文化的深层结构。它在表现以枣花、茂源老汉、小庚、铜锁等各类农民形象心灵深处新旧观念和思想情感等两种文化形态的撞击时,较之《篱笆》剧更为深刻有力。生活的启迪,使韩氏兄弟又一次获得成功。《辘轳》不仅荣获全国"飞天奖"二等奖、东北"金虎奖"一等奖,而且在这两次评奖中还使他们获得"优秀编剧"和"最佳编剧"的殊荣。

其实,在《篱笆》剧的如潮好评尚未平息,他们又着手进行《辘轳》的创作时,许多朋友都好心劝他们不要马上搞,弄不好会有"狗尾续貂"之嫌。可是兄弟俩感觉还有许多话要对观众说,要一吐为快!因为他们在深入生活中还敏锐地发现,农村的大踏步改革,让相当一部分农民物质生活富裕起来,然而这些农民对富裕后的生活缺乏精神准备,使得精神生活并没有同步,从而造成了两者之间严重的失衡。他们便从这一独特的视觉切入,把笔触伸向更为广阔的社会背景中去,展示更隐秘的人生场景和深沉的情感角落。于是,就又有了12集的《辘轳》。

三、要想作品感人,就得沉到生活底层

一想农民心生暖。志君、志晨是清醒的。面对联翩而来的奖杯,他们并没有沉醉,也绝少向媒体袒露心迹。去年6月,全国"飞天奖"颁奖大会刚一结束,他们又立即奔赴农村,深入生活。辽南水乡、长山列岛、吉林省西部的查干花草原和达布苏湖畔,都留下了他们采撷的足迹。他们边深入生活,边开始了《古船·女人和网》(以下简称《古船》)的创作。

在这次深入生活中,他们发现了一个较为新异的现象,即伴随农村生产责任制的实行和经济的发展,当年那些曾同自己一起扶犁、点种、锄草、收割

的婶子、嫂子和乡村姐妹们，却有相当一部分重新回到了锅台灶间，这使他们陷入了深深的思考。妇女的解放，是"人的解放"的重要内容。妇女解放的程度，是衡量普遍解放的天然尺度。因此，他们决定选择这个问题作为"突破口"，来建构和创作《辘轳》的续篇——《古船》。

有不少朋友建议他们在《古船》剧中把枣花写成"娜拉"，让她割断同现有家庭的纽带，与小庚决裂；也有读者和观众希望他们把枣花写成一个"女强人"，让她到农村改革的大潮中"中流击水，浪遏飞舟"。但是，他们从自己对生活的观察、感悟、认识和理解出发，这两条路都没有走。他们继续顺应农村改革大潮的走向，努力塑造狗剩媳妇、铜锁、喜鹊、小豆倌儿、耿小川、翠翠等具有"新人"素质的人物形象。他们在展示时代前进的要求和历史发展的总体趋势的同时，把"逃脱中的落网"作为枣花命运的基本走向。既写她对旧的传统观念的挣脱，也写她自己的"心狱"，开掘出她自己对自身心灵羁绊和束缚的深层次原因。在他俩的笔下，枣花已经是一个没有足够勇气随时准备战胜和超越自己的人，因而，她总是不能同自己的过去挥手告别，义无反顾地奔向崭新的生活。实际上，这便是她这位善良而柔弱的女性的第三次精神悲剧。这样写，使剧作具有更为丰厚、深刻的内蕴，也使它包含更多的历史内容。

韩氏兄弟曾不止一次地说过："文学艺术创作是一场马拉松竞赛。"这确是一个很恰当的比喻，而让他俩更清醒地认识到的一个道理是，这么多年之所以能支撑自己在这长长的竞赛途中信心十足地跑下去并具有良好竞技状态的，便是尽己所能地拥抱了时代的生活！最近，他们又在畅想，再过几年，当农村改革有了进一步发展，农民的精神状态和文化心理发生了更为深刻变化的时候，他们还将再写一部《钻塔·女人和海》。

要想作品感人，就得沉到生活底层。他们相信，只有一步一个脚窝地踏在生活这块坚实的土地上，关注新时代农民的命运，才会有激情放歌于这个时代，创作出无愧于这个时代的佳作来。

（1992 年 6 月 22 日）

唱给时代潮头的歌

——大型政论片《历史的抉择》观后

以邓小平同志两次南行活动为主线,全方位展示深圳特区风雨历程的大型政论纪录影片《历史的抉择》,适逢中国共产党第十四次全国代表大会胜利召开之际首映,是其时也。影片以它形象的力量,令人信服地揭示了中国改革开放的艰难历程,也让我们看到了它活生生的发展全景,这确是一件幸事。

深圳特区从它诞生之日起,就一直是我们这个时代最富有魅力的城市。今天,这一城市被用纪录影片的形式搬上银幕。影片以小平同志今年南行深圳的几组活动为其叙事线脉,着力阐述邓小平同志建设有中国特色社会主义理论的正确性,铺展出深圳作为改革潮头的每一波挫折与凯旋、泣血与欢笑,展示了时代的改革长卷,为中华民族对未来命运的选择提供一个正确的方位。

每一波潮汐,都孕育着一场生命的躁动;每一轮日出,都完成了对历史的跨越。观众随同影片的层层推进,没有理由不再动容,一种强烈的愿望从心灵深处滚动而来,观众和深圳一起翘首企盼,企盼中国改革开放总设计师邓小平的又一次健步而来。的确,作为中国改革开放的试验场,深圳的昨天、今天和明天,乃至它的整个命运,都与邓小平的每一个思绪、每一步决策休戚与共。

影片让我们看到,中国这个曾经拥有雄汉盛唐、名扬四海的文明古国,在饱尝近代百年凌辱、战祸离乱、闭关锁国的深重苦难之后,终于以一个大国的睿智目光和坚定信念,再度推开了尘封网结的窗门,吸纳八面来风。然而,中国社会需要太多的变革,而任何社会变革都需要选择突破口,中国的改革开放同样需要一个排头兵。于是,就在1979年中国政局刚刚廓清雾障,完成了一次指导思想的战略谋定的时候,深谋远虑的邓小平就提出了试办沿海经济特区的总体构想。于是我们看到,1992年1月19日9时的深圳火车站,当小平同志走下列车,观众和月台上欢迎的人们一起,都沉入了思考。这时,镜头迅疾拉回到12年前,面对人民共和国的列车刚刚穿越过一段黑暗的历史隧道之后,中国向何处去的巨大问题,小平同志不无悲壮地说:"可以划出一块地方,叫做特区。陕甘宁就是特区嘛。中央没有钱,要你们自己搞,杀出一条血路来。"

"杀出一条血路来。"这一黄钟大吕般声音,来自于这位伟人对中华民族历史命运的深刻理解,对中国在历史关头发展契机的准确把握。办特区,乃至整个改革大业搞得成功与否,关系到中国这个古老民族的出路和新生,这是一场大决战。而作为改革的总设计师和伟大的创业者,体尝其中甘苦最为深刻。改革开放的时代之声也正是这样叩响了这片古老而贫穷的土地。

我们从影片中看到,当时的深圳特区,以深圳河为岸界,河的南岸是繁华的高楼,河的北岸便到处是破旧的村落。深圳的"拓荒牛"们义无反顾,开始了推动历史车轮前进的壮举。

在影片《历史的抉择》所展示的小平同志深圳一系列活动中,历史与现实对接,政论与抒情酬唱,整体与细部交糅,形成了气势恢宏、逻辑缜密的艺术魅力。影片正是用它真实的镜头,显示这种艺术的魅力:88岁高龄的邓小平千里迢迢,舟车劳顿,刚坐下喝完一杯茶就急不可待地说:"到了深圳,我坐不住啊,想到处看看。"由此引出8年沧桑,深圳巨变的图景;邓小平8年前第一次来深圳时,在深圳国贸大厦旋转餐厅登高望远,欣喜地看到深圳、香港可比肩,于是引出深圳的种种奇迹是怎样崛起的现实命题;小平同志参观深圳先科激光电视有限总公司,于是有了深圳奇迹的种种遐想;小平同志游览深圳锦绣中华微缩景区,于是有了这位改革开放总设计师的政治目光,足可覆盖整个中华大地;小平同志临别深圳时突然折转身来说"你们要搞快一点",于是有了机遇总是钟情于有特殊准备的民族的时代使命感。

鲁迅先生曾说过一句极生动极深刻的话:"中国,是一个搬动一张桌子都得流血的地方。"事实的确如此,中国的历史,每前进一步,都伴随着阵痛。深圳办特区,不仅仅是要搬动一张桌子,而是要搅得周天寒彻,要天翻地覆换新颜。于是,"这还算社会主义吗?""当年,帝国主义夹着尾巴逃跑了;今天,资本家又夹着皮包回来了""特区办成租界,国将不国"……一时间,山雨欲来风满楼。

全国关注特区的命运,邓小平同样关注特区的命运。1984年1月24日,小平第一次南行,有一种紧迫感、焦虑感。然而,他果敢发动的中国这场波澜壮阔、举世瞩目的社会变革运动岂能停止?"贫穷不是社会主义"等一系列新的理论和口号,伴随着深圳改革的一步步成功,声震宇内。面对深圳的惊人起飞,不仅国人赞叹,连外国人也连连惊呼"这近乎天方夜谭"。

纪录片《历史的抉择》,以无可辩驳的真实画面,阐明了邓小平将深圳作为中国改革开放的试验场和排头兵,并使其探索建立社会主义市场经济新体制的正确思路和正确部署。今天,深圳这块试验田里生出的种子已经在960万平方公里的中国大地上开花结果。党的十四大的胜利闭幕,人民共和国的这艘巨舰,正继续加大改革开放的马力,劈波斩浪驶向新世纪的黎明。

《历史的抉择》的创作者们敏锐深刻地捕捉到了这样一个时机,通过全方位展示创办深圳特区的坎坷历程,着力阐述邓小平同志建设有中国特色的社会主义理论的正确性,令人信服地揭示了中国现代化建设的辉煌前景。《历史的抉择》在作种种历史沉思和真实纪录的同时,时时显示改革开放的气势,处处激荡奋进搏击的灵感,因此,这是一部很好的作品。

今天,面临来自最具有大众传媒威力的电视严峻挑战的电影纪录片,如何突破自身的局限,获得新的生命力?大型政论纪录影片《历史的抉择》在这方面提供了很好的启示。它的成功之处在于突破了以往简报式的、纯纪录式的方式,冶政论、新闻、文献于一炉,成为大题材、大主题、大视野、大容量的综合体,从而使它从纪录时代的一瞬,到能纪录时代的全景。尤其在今天这个时代大变革的关头,人们更迫切地希望纪录影片能以极强的思辨力量,对社会历史作宏观的思考和总体的把握,而集纪实功能和综合结构于一体的《历史的抉择》,恰好适应了人们这种现实需求。因此,它的出现,既为时代所催生,也必将催动时代的发展。

(1992年10月31日)

改革之风吹动中国银幕

——关于当前电影创作的思考

以改革电影发行体制为中心内容的改革浪潮,今天正震动着整个电影行业。

这场改革被称为电影体制改革的"第三次浪潮",其势头之猛,步子之大,连许多电影人都感到吃惊。

何以如此说呢? 因为这场改革已经不再停留在提高电影票价、加大影片发行权费、调整行政性公司上下级之间的分配比例等表层上(尽管这些改起来也付出了很大的力量),而是选择发行这个流通领域作为改革的突破口,植入市场经济的组织形式,让电影厂断奶觅食,直接面向市场。

当然,这次改革也有其深层的内在要求,即长期运行在传统计划经济体制下的电影,到今天,其生存已发生严重危机,而要发展壮大更是空口说白话,不改革几乎就没有出路。

1992 年的电影市场数据显示,放映场次、观众人次、发行收入、放映收入四大指标均以百分之十几的速度下降,不说别的,仅关门歇业、另谋生路的放映点,全国就有六千七百多家。

来自电影生产单位的各电影厂向上级主管部门乃至社会发出的"救救电影"的呼声,更是不绝于耳。地处改革开放前沿的广东珠江电影制片公司,一向以经营有方、账上"趴"着数量可观的人民币而傲视影界,然而到去年 10 月份,却一下子沦为负债亏损户。

40 多年来,在 960 万平方公里的土地上到处遍布银幕,年产能力可达 250部以上,形成了一支 50 万电影大军的中国电影业,然而时至今日已发生很大变化。不言而喻,这个巨大的文化产业队伍,在长期的计划经济轨道运转中,形成了自身的缺陷:远离市场,远离观众,闭环运行,机能退化。一句话,缺少活力。

电影界有过一场"猫变"的讨论。很多有识之士认为,城里人养的猫为什么逮不着耗子,原因是躺在主人家的暖被窝里衣食无忧睡大觉,电影也是如此,习惯于在国家的怀抱里享受各种待遇而无需自寻其食。来自中影公司的消息,1992年中很多影片在影院演不了一天就卖不动票了。缺少活力就生产不了好片子,而缺少活力是因为缺少激励机制、风险机制。从发行看,长期以来的统购包销,单渠道,多环节,低速度,是活力不足的重要原因。改革的突破口必须选择在流通环节上。

实践证明,这个突破口选得是准的。发行的传统格局刚被打破,全行业迅速面向市场,增强活力。四川省电影公司经理带着中层干部一班人马去峨眉电影制片厂"拜访",北京市电影公司到北京电影制片厂"联谊"……一时间,过去制片、发行一开会便互相指责的逆向利益关系,立即变为风险共担、利益共享的协作关系。

由发行领域引发的改革,马上在电影生产上得到反映。由于制片企业已被推向市场,因此必须加快调整关系、转变机制的步伐。

作为中国电影最早发源地的上海,上影厂的改革早已领先一步。他们把改变经营机制作为电影企业改革的主要任务,率先提出逐步使电影厂由原来的事业型、福利型向产业型转变。中国最大的电影制片厂——北京电影制片厂也放胆把厂门打开,大搞"内引外联",仅外联一项,就让海外大批资金和摄制技术涌入北影,以致有人戏称北影快成了港台和海外资金的集聚地了。

被誉为新中国电影摇篮的长春电影制片厂,其困境比哪家电影厂都严峻。去年收入比上一年下降25.4%,每年光付给1000多名离退休干部的工资就有500万。他们可谓在相当艰难中推进体制改革。目前,长影在艺术片生产这一块成立了8个分厂,它们都是总厂委托法人实行经济承包,包死基数,超收留用。由于发行改革使各厂今后没有100万预付版权,所以各制片厂均面临一个很大困难是资金短缺,为此,长影大力发展多种经营,新成立的长影经济技术发展总公司,下设旅游、广告、音像、装潢、房地产等8个公司,他们将通过多种经营解决艺术再生产的资金来源。

改革,已经使电影界从稳态、静态进入一种临界状态和激发状态。这是当前电影改革的普遍状况。应该说,这种状态使改革正在由局部、浅表向更系统、更纵深处推进。

来自几乎所有的电影厂厂长们心头的反应是,这次改革的势头很猛,竞争激烈,适应市场的动作必须加大加快,否则将来难有立足之地。

"市场"这个词,以最高的频率闪现在电影厂厂长们的脑子里。为了赢得市场,峨影积极准备扩大组建新的更有力量的宣传发行部,并酝酿成立销售公司用以开拓市场。

北影厂明确提出,推行准制片人制度。所谓准制片人,就是在厂长这个大制片人的宏观管理下的不具有独立法人地位的制片人,他可以模拟有独立制片人的绝大部分职能,从组织剧本开始,到摄制组的组合,均由准制片人负责,把影片的风险和利益与准制片人和主创人员的利益挂钩,从而调动他们进入市场的积极性。

有"面向市场步步出新招"之称的上影,针对今年的自身情况,已经拟就了三放开:投资放开、管理放开、分配放开。单说分配放开,上影将每人平均下浮70元,在此基础上按多劳多得的分配原则,只有上岗才有收入。

比起那些大电影制片厂来,像深圳影业公司、福建电影制片厂等小厂小店,由于包袱少,小船小舟调起头来也不甚费力,改革的步履相对轻快,新的运转机制相对灵活,措施出台更为便捷。它们坚决摒弃小社会式的传统企业格局,依靠全社会的力量进行影片生产,在主创人员、后期制作等方面迅速走上了一条社会化生产的道路。因此,在今天的电影市场上,它们扮演着"快速反应部队"的角色,常能出奇制胜,赢得高拷贝量。

目前,电影界的改革气氛空前热烈,几乎人人谈改革,个个要出新。其中,既有成功的喜悦,也有风险和困难的重压,新的课题还将不断考验着各电影生产单位。特别在改革中如何处理和把握好经济效益和社会效益的关系,在电影走向市场后如何保持电影的高格调,如何更好地发挥电影对于社会的积极效能等问题,也成为电影管理部门苦心思索的重要课题。

然而,改革之风毕竟已经强烈地吹动了中国银幕,它必将转变为巨大的艺术生产力,推动中国电影业向新的航道上发展。

(1993 年 3 月 13 日)

深度的审视与叩问

——来自首届大学生电影节的话题

为期两个星期的首届大学生电影节日前闭幕。在首都北京大学生中掀起的一股电影热,正在变为种种冷静的思考。

一、主流文化与通俗文化的调和

作为主流意识形态的主旋律电影,承载着弘扬社会主流价值职责,担负着政治教化功能,是文艺作品在社会效益上的直接体现者。在首届大学生电影节上,主办者邀请到不少主旋律影片参与展映,如《蒋筑英》《老娘土》《中国人》等,它们面向广大高校师生经受检验。

在充满青春气息、弥漫学术氛围的大学校园里,我发现许多大学师生首先都不约而同地关注到主旋律影片如何大众化的问题,这不足为奇。在当今主旋律电影面临较为普遍的认同危机和生存困境的背景下,知识界人士敏锐捕捉了这个话题,是一种责任感的表现。从这几部作品不难看到,主旋律影片不再有以前那种较多的说教,而是在当代中国大众文化中积极塑造人们可以接受的英雄,这不能不说是主流文化面向大众所作的主动转身和自我调整。

以《新中国第一大案》为例,影片的叙事策略很独到,它采用巧妙的剪辑方式,将工地上民众饿饭、晕死的场景,与刘青山、张子善的贪污受贿、享受奢华进行鲜明的对比,具有尖锐的批判性,产生了强大的冲击力,拉近了与观众的距离,易于打动观众。这与过去为维护党的形象和历史的纯洁度,即便遇到问题类题材,也只是小心翼翼地触碰,不善于大胆直面问题本质,更谈不上敲开敏感题材坚硬外壳去表现丰富的人性有了很大的进步。

而在《龙年警官》《焦裕禄》等主旋律影片中,创作者已渐渐有意识淡化主人公身上被赋予的过于浓重的政治色彩,那种生硬、寡情、僵化、被观众看惯了的所谓道德完人,也被一些看起来亲切、有自身的苦恼、内心的挣扎等的人物形象替代,有些地方巧妙地将政治伦理化,有些地方还融入中国悠久的文化传统,因而得到了师生们的认同。这都是目前影片中主流文化与通俗文化相互影响和渗透中出现的一些新的景观。

师生们对当前仍有一些主旋律影片沿袭陈旧的叙事手法和文化观念提出了尖锐的批评。当然,学术上的批评和争议是健康的,至少是无功利色彩,也是值得电影界认真听取的。的确,在今天的时代里,概念式的政治表达,图解式的宣教,对主流意识形态作过于狭隘的理解,其实都是一种陈旧的、简单化的创作观念,终究会被市场冷落,被观众疏远。

二、艺术片与娱乐片的雅俗共赏

各高校的学术座谈会无一例外地谈及当前艺术影片曲高和寡而娱乐影片又吸引不住观众这一现象。一方面是张艺谋在国际上频频得奖,而《秋菊打官司》在国内市场却并不叫座;另一方面,在快节奏的现代生活中有着各种不适、承受各种压力的人们,想踏入影院寻求片刻的轻松却没有真正好看的影片。

这次参加电影节的商业影片,除《新龙门客栈》外,大都不尽如人意,有的甚至根本违反商业电影的创作规律。不可否认,我国的娱乐片创作受传统观念束缚太重,理念和手法仍停留在过去的状况没有得到根本改变,因而常常是,娱乐性没有得到足够重视,文以载道的传统使影片总是负载太重的说教内容,致使娱乐片反而没有娱乐,或拿娱乐当幌子忽悠观众。而另外,有一些电影又走向媚俗的道路,缺乏应有的思想含量和艺术品格。应该说,这两者都不是我们希望看到的结果。

电影创作者理应站在更高的立足点上,用深邃的思想和宽广的视野去揭示人生。尤其在当下,应该让艺术片与娱乐片两种类型相互借鉴,有机融合,使艺术片有较高的娱乐性,娱乐片则有较高的艺术水准。

当然,我们也不能忽视电影创作所具有的特殊规律,由观赏心理决定的类型片,也使雅、俗分流成为一大趋势。雅、俗共赏有做得到的一面,其实也有很难做到的一面,因此绝不能一概而论。我们一是要去寻求雅、俗的结合,二是有的时候不如大俗大雅,让娱乐、艺术分道扬镳。这次展映的《爱你没商量》,其尴尬之处就在于它原本是通俗性很强的影片,却又不堪为俗,结果反而排斥了通俗性所本应获得的那部分观众。其实雅、俗并无一定的界线,不同的时期,雅可能变俗,俗也可能成雅,与其让它们分高下,不如令其分层、分流,让雅、俗影片都按自身的规律去拍。

另外,随着电影一步步走向市场,商业片势不可挡地将成为中国影片的主流,在这种情势下,艺术片的处境将更艰难,我们衷心希望大学生能够为艺术电影的生存发展提供应有的文化关注。

三、商业片的本土化

当前市场较热的都市轻喜剧片赢得了大学师生的一片赞赏,被认为具有很浓厚的中国特色。他们一致认为,中国的商业片只有走向本土化,回归民族化,才有真正的出路。

首先,中国商业片刚刚起步,许多创作人员长久以来接受的都是非娱乐片的创作观念,对商业片缺乏真正的认识与研究,在许多主客观条件尚未成熟的情况下,即使学习西方也限于一点表层的模仿;其次,西方商业片往往与中国国情有着较大距离。西方通行的高成本、大制作,在中国很难做到,而西方动作片则完全趋向于个人化,孤独的英雄单枪匹马与国家机器相对抗,巧妙地行走在各种法律、道德和社会秩序的边缘,但中国警匪片中的人民警察则首先应是社会秩序的遵守者与维护者,这与西方式文化有着明显的冲突;再者,中国电影观众层有着自身的欣赏心理与习惯,西方人追求视听奇观,比如场面的新奇与宏大,中国的娱乐片却往往喜欢看重情节与故事。

以上种种差异,就要求中国商业片必须走自己的路。在这种情况下,以王朔风格为代表而出现的一批都市轻喜剧片,用最低经费的制作,最高要求的语言,开创了中国喜剧片的新类型。作为第三世界的中国国情,在特定的社会文化语境中靠说的方式吸引人,用说来排解观众的忧愁,又不具体落实到行动上,不具破坏性,却能给人口耳上的快感。相对于那些以下层老百姓为观众的陈强父子式的动作轻喜剧,王朔风格的都市轻喜剧似乎更切合当前青年人的观赏心理,也许同当年的武打片一样,是商业片本土化的一种探索。

四、文化转型期的电影使命

影片《中国人》的放映,让大学师生深切感受到了文化转型期的电影使命问题。的确,在当今社会由无序走向有序的不平静状态中,电影应该避免带来观念上的误导。如《中国人》,影片中的海运市 180 天的断水,可视为文化危机、生命危机的寓言,其解决危机的方式,是一种似曾相识的群众运动。影片片面地歌颂了为整体利益而牺牲个体的军事英雄主义,虽然不乏感人的场面,但其作为一种导向却令人深思,愚昧的热情可以战胜科学的论断,发动群众是战天斗地的法宝,历史遗留下来的思想糟粕被塞入崇高的牺牲与奉献精神之中。观众坐在影院观赏时,影片便会通过观众对银幕人物的认同而接受了其思想意识。因此,电影的创作者,势必要考虑到如何给出正确思想、积极引导观众的问题,尤其在我国目前的文化转型时期,电影应当承担的历史使命更不容忽视。

另外,在《大冲撞》等影片中显示出的文化价值观念也受到了一些批评,被认为较为偏狭、落后扭曲和非理性。

五、《三毛从军记》的创新与意义

影片《三毛从军记》以其独特的构思和表现形式令大学师生耳目一新,认为这是中国第一部明显具有后现代文化倾向的影片,其包罗着名曲、样板戏与电子游戏机的大杂烩音乐,故意做旧的黑白与五光十色的彩色相混杂的摄影,还有大量高科技制作的特技,都是后现代的显著特征。它在一种漫画式的夸张与反讽中消解着许多事物原有的伪神圣,从而在基本层次上满足了观众对喜剧快感的需要。另一方面,影片也写出了人类生存的荒诞境遇中一个小人物的悲哀。影片丰富的想象力堪称一绝,不拘一格的表现方式使之被称为"最像电影的电影"。一些青年评论家们也指出,《三毛从军记》是不必模仿的,但其反常规电影的创作思路,却对当今中国电影创作者带来一定的启示。

六、电影也应包装

既然电影也与其他商品一样要进入市场经济的运行轨道,那它必不可少地也得做一些包装,以往这方面做得不够。一部影片是否有价值,往往要看过以后才能知道,这就很难调动人们观赏影片的兴趣,容易让有些有价值的影片与观众擦肩而过,错失良机。

如今一些精明而有眼光的电影人已经开始注重包装并已尝到甜头,他们利用大众传播媒介展开强大的宣传攻势,把一部片子炒得沸沸扬扬,令人翘首以待,等到千千万万的观众坐进影院,满意也好失望也罢,起码是有人看了。在当今电影观众大滑坡的现实面前,这种短视和消极性的做法,实在是一种可以看得见的"见小利则大事不成"的不良后果,当然,这也可以看作是一种无奈便罢。

(1993 年 5 月 10 日)

影、视、录合流是世界趋势

——国外及台湾录像业管理扫描

我国的录像业管理体制是:广播电影电视部、文化部、新闻出版署"三驾马车"共管,由此也出现了一系列问题。如何更好地理顺管理体制,繁荣我国的录像事业,我就此问题有意识地广泛搜集、认真分析了国外录像管理方面的资料,感到凡是管理得较好的国家,大都采用电影、电视、录像合流的一统化、综合化管理模式。

10年前,有个外国人写了一篇文章,是讲美国电影和电视双方打了15年的仗,从1948年打到1963年,后来,整个世界范围内这场影视之战都先后不同程度地出现了。美国电影界终于觉悟到应该把电视剧纳入制片轨道,以后一直顺利发展到今天。现在,美国的电影公司既发行电影,又发行电视片,还发行录像带。这三个方面都是他们的本体业务,没有区别。

美国在这15年的影视战争中,经历过几个阶段,最早具有远见并寻求突破的是派拉蒙公司。美国自从1948年开始普及电视机后,使电影观众从每年每人看12次电影,到1953年一下子降到了五六次。这时候,派拉蒙公司首先突破好莱坞八大公司不许涉足电视界的约定,抢先派了一部分人去拍电视剧,于是,几个公司联合起来告它,用他们自己内部的法律惩治它。当时派拉蒙公司吃了一些苦头。但是几年以后,这些制裁它的公司渐渐感到自己做错了,于是也开始卖影片,卖自己过去拍过的影片给电视网。最初先卖1948年以前拍摄的,最后一直卖到当代影片。最后一家是福克斯公司,一直到1963年才把电视纳入到自己的系统。这个时候联播网本身的股份当中,八大公司的股份已经占到高达50%。直到这时,美国影视合流才完全形成。

　　影视合流后如何运转的呢？据有关材料透露：1987 年，美国联美公司的一般性影片（不是那种高票房片）的收入，待拍完以后制成录像带，其成本回收已经占到 40%。影片一般先上映一两个星期，或是几天，一看票房不行，马上制作录像带，向全世界发行，如果录像带发行好，刺激了观众看片兴趣，可再拿影片到电影院放映，然后再上电视台。

　　付费有线电视、付费点片电视和电影录像带为电影开辟了新的销路。美国的电影制片公司，特别是"独立制片人"制作的成本不超过 500 万美元的影片，即使没有多少票房收入，现在也很容易通过向有线电视出售播放权而达到收支平衡或盈利。所以，向生意兴隆的电影录像带制作商出售电影录像发行权，已成为美国各电影公司的新财源。

　　当年苏联的影视体制，应该说是比较聪明的。他们在 1965 年以后普及了电视机，到了 1970 年，电视机的普及率就更高了。这时，苏联国家电影委员会就作出决定，从 1970 年开始，在下达给电影制片厂的电影制片指标的同时，附上电视片生产指标。如莫斯科电影制片厂一年是 50 部电影的生产指标，这 50 部电影就要配上 200 部（集）电视剧生产指标。所以，苏联的电视剧从一开始就不去跟电影打架，而且主要的电视剧制作力量是电影厂。这个弯路他们没有走，他们合理地吸收了资本主义国家影视战争的教训。

　　阿根廷电影家协会根据国情，参照拉美其他国家的做法，实行电影和录像管理体制，他们的做法是：

　　1.根据电影法的规定，有关录像方面的权威管理机构只能是电影协会。

　　2.所有从事录像生产和交易的个人和企业，包括各类录像俱乐部，必须到电影协会登记注册。否则，将处以罚款乃至勒令停止营业。

　　3.同影片一样，录像带在发售时，必须注明其级别（分为三类，13 岁以上、16 岁以上和 18 岁以上）。

　　4.影片录像带的发行必须在影院发行 6 个月之后才能进行。如半公开性放映（如在宾馆饭店闭路电视），必须等一年以后。

　　新加坡的录像业，如同它的城市清洁卫生一样井井有条。新加坡是影、视、录三者由国家一个机构"电影电视检查局"（简称"电检局"）统一管理。所有录像制品都必须送"电检局"统一审查。通过者发给国家统一制作的标签。凡是出售、出版的录像带必须贴有标签。如有出售、出租时没贴标签的录像带予以重罚。如有伪造标签者,除重罚外,还视同伪造货币一样,依法严惩不贷。由此,敢于碰硬,以身试法者,是极少数的。

而我国台湾的电影、录像也都置于台湾的"新闻局"之下统一管理。早在1979年1月,台湾"新闻局"公布的"处理录像带节目要点"的文件中就曾规定,录像带节目要送"新闻局"审查批准后才可以发行。其检查标准,文件引用台湾"电影检查法"第四条规定:不得损害"国家"利益和民族尊严,不得破坏公共秩序、妨害善良风俗,不得提倡迷信邪说等。即使发行故事片录像带,也必须先由"电影局"审查通过才能发行。然而,台湾的录像业由于缺乏适度的管理法规,缺乏行之有效的管理措施,再加上处罚不严、执法不力、反击不快、贿赂舞弊、捉捉放放等诸多原因,便就成了所有行业中问题最多、最难管理、最容易藏污纳垢的一个行业。

(1993 年 5 月 14 日)

足音跫跫　问题多多

——关于我国录像业发展的思辨

中国录像业的起步很晚,但发展速度之快,规模之大,都出乎人们的预料,以致我们来不及对其进行更加科学有效的管理,出现了一系列问题。为了对中国录像业的现状有更清醒的认识,需要对其发展规律进行探索,对其前景作出预测,旨在唤起政府部门和社会对录像事业的健康发展给予更多的关注。

一、宏观失控　问题重重

中国录像业起步才10年,却以前所未有的速度,赶上了世界步伐。

目前,遍布全国城乡的录像放映网点已突破7万个。每年的录像观众高达12亿以上人次,这是世界上任何一个国家都难以企及的。中国城乡许多人群的晚间娱乐主要就是看录像。

然而,在中国录像业大步前进时,却问题重重。

近几年里,录像进入市场后引发了一系列社会问题。有关部门在数次部署"扫黄打非"行动中,把录像列入前列,我认为是非常及时的,特别认定那些有低级、腐朽内容的录像节目充当了"精神毒品和文化垃圾的渊薮和传播者"上,是有权威性的,这一点非常重要。

中国录像业何以到了这种恶名加身的地步,我在大量的调查中发现,它在制作、引进、出版、发行、放映等每道环节上都出现了一系列的问题,主要有:

1.走私猖獗。有许多走私录像节目的活动已从地下转向公开,如从沿海地带发出的一封封招买录像片的订单犹如"雪片"似的发往全国各地,远至新疆、西藏等地,小至偏僻农村的放映点,都能收到诸如《色欲狂魔》《强奸案件》等诱惑力极强的节目表。

2."仿洋制品"泛滥。这里对直接倾销西方色情、暴力、价值观念的内容暂且不说,为迎合相当多观众的低级趣味,制作者可谓动足脑筋。如前一段时间出现的一批所谓"海外题材"录像节目,其实都是国内人自己拍摄制作的,只不过是些"仿洋制品"。创作者利用了它们在时空跨度上的极大机动性和自由度作为"障眼法",随意夹杂或渲染大量感官刺激的镜头。

3."草台班子"应运而生。录像业的超速发展,使各类摄制组乃至"草台班子"似蚁群蚁阵般出现。由于许多录像片要自筹资金拍摄,因此大批的"掮客""穴头"人精般施展招数。谁能拉到钱,谁就能当导演、制片、演员,这样的例子比比皆是。摄制组一旦拉来资金,便尽量低质快速摄制完成,想尽办法"节余"出资金用来吃光、玩光、分光。许多录像片的极度粗鄙盖源于此。

4.畸形的发行。以上这类录像节目大行其道,结果是思想性艺术性强的片子进入不了市场。如中国电视国际服务公司曾拍过一部获奖的录像节目,征订出去900多盒,可接着有一半退货,原因是"封套没有设计好,没有女人的形象,片名也不够刺激"。如此发行,必将贻害无穷。

5.国产录像节目远远打不过引进版。这是可怕而又客观的现实。国产片如果没有那种乱七八糟的东西,十有八九要亏本。高投资、精制作、大明星的引进版占绝对优势。订货会上,凡发行引进版的柜台,早已排起长龙,而国内版的推销商,大都点着头,哈着腰,拜求人家订几套。基层的录像放映点,更是见不着像样的国产片。

6.掠夺式的私自复录。中国录像市场应该说是巨大的,然而许多音像出版社却经常为卖不出带子而叫苦连天,有时卖出的数量还不及一个电影的拷贝数。这种"大市场、小发行"的背后,是"代销制"惹的祸,因为代销商卖不出去可以退回供货商,这样,常常是卖不出去的一部分节目带被大量私自复录。有一家出版社卖给一家发行商50盒节目带,该发行商只象征性地卖出两盒,其余48盒全退给出版社,而出版社竟从退货中发现有30盒是复录的。像这种掠夺式侵权行为,相当普遍地存在于录像市场上。

以上粗列几点，虽不足以概括中国录像业问题的全貌，但它们纠结在一起所引起的尖锐的矛盾冲突，已严重影响到中国录像业的生存和发展。

造成录像业诸多问题的原因是什么呢？主要是宏观失控。

广播电影电视部音像处的一位负责同志曾告诉我有这样一个亲身见闻：一次他去江西某县检查工作，在县委书记陪同下到一条街上看看。发现那里的录像业特别"发达"，几乎二三十米就有一个放映点，街上到处竖着录像大广告牌，上面大都是"绝情片""巨型艳片"一类，录像厅里的大喇叭吵得人在街上说话都听不见。书记苦笑着说："没想到我们这个特别穷的县倒成了真正的录像城！"

如此大规模的畸形发展，必然使中国录像业带有"暴发色彩"，而实践证明，带有暴发色彩的事物往往伴随而来一些令人无法容忍的弊病。中国录像业就是典型一例。

何以如此说呢？因为其一，中国录像业诞生于改革开放的环境而文化经济相对困顿的时刻，它是带着紧迫的商业使命呱呱坠地的。所以，脱胎于电影、电视剧的录像，就一改前者的"儒雅面目"，沾了一身"商贾气息"。

其二，由于录像这个具有最先进的载体和传播手段很快被社会接受，形成了急剧膨胀的市场需求，以致远远超出了人们对其后果作出合理预测的速度，而实际上我们对录像的发展也没有足够的准备。这样，社会来不及规范它，它那最诱人的商品属性就会拼命地刺激起人们牟利的欲望。

事实证明，有关部门虽然采取了相应的措施，但仍然在宏观战略方向和具体调控措施上有所欠缺，拿不出明确统一的审查、版权、利税、发行等一系列法规或条例来，从而对录像业不断出现的新问题进行有效的钳制。

由此看来，如再不采取有力措施，扭转局面，中国录像业不仅无助于人们精神素质的提高，反而会有可能为害社会，毒化心灵。

二、把握当前　寻求出路

美国《视像》杂志曾发表文章说："如果说40年代为广播时代，50年代为电视时代，60年代为彩色电视时代，70年代为高保真度的立体声时代，那么，80年代肯定是视像时代的黎明。"所谓视像，就是指利用电视屏幕播放各种各样并非由电视台播出的电视节目。如果这在发达国家已经成为现实的话,那么它在中国也基本变成了现实。

基于这一现实,我们当然要做到从中得益而非受害。然而,事实证明,一段时期来,我们在享受录像带来的种种好处的同时,也尝到了种种恶果,这已经成为我国在今后发展的文化事业中必须加以重视的殷鉴。那么,面对现实,我们如何一面扼止住录像释放出来的邪恶力量,一面又充分地使这个现代化的"电子缪斯"利国利民呢?由此,寻求中国录像业的出路,充分开发其有益于人类的资源,拓展它的广阔前景,已经迫在眉睫。

当前,我以为需要着手解决的问题有如下几点:

1.确立录像艺术的文化品位。由于录像是适应于中国从产品经济向市场经济转轨变型的要求,适应于大众化、通俗化、商品性、娱乐性更强的要求而诞生,因此,它的商品外衣使许多创作人员一开始就没有把它当成艺术品来创作,而在这种观念意识下搞出来的录像片进入市场,被观众接受,也就使得观众一开始就把录像当成纯消遣品,用来寻求感官刺激,甚至与淫秽片等联系在一起。因此,当务之急是要从思想认识上把录像摆在与电影、电视和其他文艺样式同等重要的位置上。也就是说,录像同样要承担起建设社会主义精神文明、培养高尚情操的使命,录像本身同样应具有认识、教育、审美、娱乐功能的多种统一,同样必须坚持社会效益和经济效益并重。同时,在这一前提下,尊重录像产品的文化商品规律,逐步摸索出具有社会主义文化特色、被中国基层观众所喜闻乐见的录像制品的创作规律来。

2.必须给录像立法,以促进中国录像业管理的科学化、规范化。当前迫切需要建立一套严明统一的录像片审查法、版权法、利税法和发行法。这对于我们这样一个大国,对于一个各地文化经济发展如此不平衡,特别是有着一个在成千上万增长的观众市场,意义尤为重大。这几年录像业失控、滑坡的情况,就是和录像业的法制不健全有直接关系。虽然中央开展了几次声势浩大的全国性"扫黄打非"运动,但其效果毕竟是短期的、阶段性的,要使录像活动纳入有法可依、违法必究、执法必严的运行轨道,就必须进行经常、持久、深入的工作,这才是根本性的、持续性的,尤其在录像业尚处于三个部委"分而治之"和影、视、录事实上的"三位分离"的状态下,法制建设可以产生一个可供依据的统一执行标准,这样可以避免许多混乱的因素。

3.加强录像队伍的创作力量。一方面,应有计划、有步骤地组织优秀剧本和电影、电视、戏剧界的优秀创作人员,包括编、导、演等各路精兵强将,让他们进入到录像的创作领域,这样才能把社会上兴起的非专业创作力量尤其是"草台班子"挤出录像界,这对于提高录像业的总体水平有明显助益,也可以吸引更多的艺术家投入进来。另一方面,有计划分期分批组织实施对新兴的、非专业创作力量的培训,以提高他们的文化水准和社会责任感,并充分利用他们精通市场规律和观众欣赏情趣的优势,以及拍摄娱乐片的经验,使他们从另一途径上成为文化事业的生力军。

4.大力开展录像出租业务。全国除了有 7 万多个放映点外,另有三大块放映阵地不应忽视,即各大饭店、机关厂矿、住宅楼群的闭路电视网;过去在山区建设的三线工厂的工业电视台;大量的家庭电视机。它们均发展得异常迅猛,是录像发行的庞大市场,而其中家庭更是庞大的潜在市场。目前家庭大都通过私下流传、交换来观看录像。由于录像带的保管有极高的要求,其欣赏又是一次性和我国录像带售价过高,录像节目通过租赁来进行消费是必然趋势。西方国家均拥有大量的音像出租店,然而在我国京、沪、穗等大城市,出租业务才露"尖尖角",远远没有形成规模。广东算是发展较快的,但还远远比不上香港。据不完全统计,穗、港有录像机的家庭都是 70 万户左右,但香港的录像出租点有 600 多个,而广州才 100 个左右。因此,录像出租是大有可为的。

5.形成各系统出版社的出版专业分工,广开题材领域。目前许多音像出版社都在挤观众面积大的娱乐片这座独木桥。殊不知还有许多亟待开发的题材领域却远远没有涉足,现在作为知识读物、科技普及、儿童教育的录像节目远远满足不了市场需求。如儿童片问题,现在一到星期六,许多家长到出租店询问有否适合孩子看的录像片,结果常是高兴而去,失望而归。这种状况连外商都已经看不过去了,应当加大投资儿童片制作及发展出租业。现在录像出版单位中包括有教育、科技、军队、公安、司法、旅游、卫生等各个方面、各个部门,应坚持专业分工、合理分工进行生产,须注重在普及教育、传播现代科技知识、提高国民文化素质等方面发挥作用。

6.国家提倡或反对什么,应从录像生产的政策上体现出来。如对致力于民族文化的积累和传播、坚持正确的出版方针的公司,应给予多方面扶持,而对那些只顾以营利为目的的单位,就课以重税。

7.从速改变录像游离于理论、评论和舆论界视野之外的现状。目前这种游离的状态当然也有理论、评论的责任,当时它们对中国录像业的发展和产生的社会影响估计严重不足而导致对录像节目不屑一顾。因此,录像的创作、出版、发行从产生起到现在,一直缺乏这方面的经常性评论和舆论监督,常常处于一种放任自流的状态。今后,要建立一套批评、监督的有效机制,从理论的高度和评论的广度引导中国录像业健康成长。

8.加快管理体制改革的步伐。目前,我国录像业"三部共管",这只能说是录像管理体制的权宜之计。中国录像业真正科学的管理体制应该是与整个电影电视的发展规律相适应,应该纳入独立的影、视系统,形成电影、电视、录像三位一体的一统化、综合化管理,这是现代影视业应有的格局和体制,它的最终结果是真正的中国大电影文化市场,而在其中,中国的录像业才能得到正常的、合乎规律的发展。

(1993 年 6 月 14 日)

"境外书号"为何买不得

——开解违法交易何以在内地大行其道

最近一段时间,我国内地的一些作家、诗人、画家、书法家及教育工作者的案头,经常不期而至一些标有香港某出版公司的"书号"订购单。

它就是目前在内地流行的"境外书号",也叫"国际书号"。

一、非法与欺诈

这种"境外书号"通过各种途径来到了我们面前,慎重一点的作者会问,它合法吗?

根据 1987 年 7 月国务院文件《关于严厉打击非法出版活动的通知》:"除国家批准的出版单位外,任何单位和个人,不得出版在社会上公开发行的图书、报刊和音像出版物,违者属非法出版活动。"而且,即便是国际标准书号,也不能跨国跨地区出版图书。国际标准书号第一段是组号,即国家、地区、语言或其他组织集团的代号,由国际书号中心负责分配,中国组号为一位数字"7",外国的书号不能到中国用,中国的书号不能到外国用。中国现在通行的标准书号也属国际标准书号,世界上没有不受地区限制的所谓国际标准书号。按照我国的规定,用"境外书号"出书是非法的。

然而,这种"境外书号",已经令许多不明真相的作者屡屡上钩。

河北一名科技工作者,从香港某出版公司的内地代理人手里买来几经转手过的高价书号出了一本小说集并委托印制,共花去 15000 元,当时觉得挺风光,因为书上标着"香港出版"的字样,听起来真不赖,但当被有关部门告知这本集子属非法出版物时,他追悔莫及。

而在"境外书号"的非法买卖活动中,一些作者往往上当受骗。如江西一位教师花去 4000 元买了一个"香港书号",并将书稿一齐交给了书商,但至今那位书商没有露面,可谓文财两空。

而从香港直接邮寄兜售书号则更有欺骗性,如最近有关部门查获一些香港出版社非法邮寄书号案,经调查,案犯在香港既没注册,也无店面,更无编辑力量,邮寄的 1000 多个书号均为重复使用多次,有的甚至胡编乱造。

此类受欺骗的作者纷纷投诉到国家出版管理部门,要求帮助查处。

然而,更严重的是,这类非法兜售书号的活动,已经干扰了我国内地正常的出版秩序,出版界呼吁应尽快予以制止。

二、神秘的书号持有人

"境外书号"的持有人,只有极少数是港台人,其余均为内地人员,而后者有的是港台出版公司的内地代理人,有的则是干脆打着香港某出版社之名的冒牌代理人。

他们以牟取暴利为目的,从无到有,铤而走险地发展成一支规模相当的队伍。

我从有关部门了解到,目前,我国还没有批准过一家香港出版公司在内地出版发行图书的办事机构和代理机构。然而,这类港台出版社或其内地的代理机构,仅在北京地区就有 7 家之多,而活跃在我国内地的有近 20 家(仅掌握到的),如自称为香港国际名人出版社、天马出版社、亚洲出版社、黄河文化出版社、南洋出版社等。

那么,这类出版社和所谓的代理人是如何在我国内地严密的出版法规"眼皮"底下滋生出来的呢? 据有关人士分析,他们经历了从偷梁换柱、借鸡下蛋到委托代理、任意拼凑,再到寻找靠山、安营扎寨几个阶段。其间,那些兜售书号者利用原来的编辑身份到处拉书稿作者,建立关系网。开始还有委托代理证明书,后来连任何证明都不用,当稍稍站稳脚跟后,便腐蚀拉拢有关党政干部作庇荫,培植发展自己的代理人,扩大根据地,以合法的身份明目张胆搞起非法的炒卖"境外书号"、代理图书印发的活动来。最近有一个调查组到某省追查一本这类出版物,竟意外地查出 29 种非法书号,可见其猖獗的程度。

在某地,据被查获的一名非法出卖"香港书号"者交待,他干这一行只有几年,共利用"香港书号"出版图书 100 余种,码洋达 100 多万元,仅出卖书号就获利 12 多万元,涉及全国 23 个省区市的 70 多个县,160 多人。

三、"境外书号"何以愈演愈烈

非法倒卖"境外书号"者,大都利用了内地作者出书心切的心理。他们在各家报刊做的广告词经常是:"关心内地作家、艺术家,帮助出版作品,解决出书难问题。"另外,他们以优惠的条件吸引作者,如以一千元甚至三四百元的低价出让一个书号(有些高价书号是被炒卖后抬起来的),如作者愿意,还可帮助印刷、发行,甚至免费征订、发书讯等等。而在作者方面,不但轻而易举且便宜地买到书号,还能省去一切严格的资格和内容等审查手续,可以说自己想出什么就出什么书。

而在客观方面,一些外部条件和认识上的原因也导致了"境外书号"的流行,如有大量地下印刷厂能够非法承印这类没有任何出版证明的书稿;许多作者仍不知道用这类书号出书是违法的,即使知道也认为自己的书稿没有问题而不怕追查;还有相当数量的作者自掏腰包出书,也不发行,只为评职称或赠送亲朋好友之用,似乎并不违反出版规定。这些因素都不同程度助长了"境外书号"的畅行。

据有关部门提供的一份抽样调查显示,95 个购买"境外书号"出书的作者中,从事文艺创作的占大多数,其次是教育界,而文艺类中的一批青年诗歌爱好者占多数。

用"境外书号"出书,不但扰乱了我国正常的出版秩序,也损害了香港出版界的利益,香港出版界已发表了联合声明,禁止盗用香港出版公司的名义买卖书号,对这种非法出版活动应予坚决取缔,并从舆论上给予曝光、揭露,让广大作者认清其欺骗性和非法性,从而自觉抵制。

另外,这类书号的流行,客观上也说明我们内地出版业还没有发展到能够满足广大作者对出书的需求(当然国际上也并非什么人都能出书),虽然这几年的发展速度是惊人的,每年出书达 9 万多种的数量在世界上也是相当高的,但新形势下出版需求和方式仍需要我们在清醒认识的前提下,提出切实可行的思路和举措。我认为,出版管理部门应当加紧制定和完善相应的法规,以适应市场经济条件下的出版新要求。

（1993 年 7 月 22 日）

对"软销策略"应有必要规制

——辨析《京都纪事》中的软广告

（小饭店）二爷：刘老师，您再来两瓶可赛矿泉水，听说不错，它矿化了一万多年呢。

（回到家对丈夫）刘老师：我买了两瓶可赛矿泉水，听二爷说不错，咱们尝尝。

以上的对话，是正在播出的电视剧《京都纪事》中随手摘录的一段台词。这种不大为中国普通百姓观众认识的"软广告"，随着这部百集巨片的播出，已经很清晰地显示了其面目。它的出现，引来社会纷纭议论。

一、无奈的观众

《京都纪事》的片头片尾，镜头扫过"翰英街"，一色儿的赞助厂家的厂名和产品广告牌。该剧前几集，又呼啦啦出来七八个这样的软广告，从可赛矿泉水、乐百氏奶、梦丽达家具，到天津大发汽车、国际饭店等，观众一下子给弄懵了。"嘿，《京都纪事》嚷了半天，原来是让大伙儿看广告来了。"一位电视迷显然在诉说他的不满。

其实这种不满早已有之。今天人们一睁眼就是广告，打开报纸、收音机、电视机，这类媒介广告之多自不必说，你就是拿起电话急着想听天气预报，传来的先是产品广告。广告已经无时无处不在，和生活胶着在一起，你无法将它从人的身边剥离，于是，只好从无奈转向适应，但是，人们还是希望少受打扰为好。现在可好，连纯文艺作品也遭遇广告入侵，它以软广告的名分堂而皇之地成为一段情节、一个道具、一场对话的"主角"。

于是，一些观众对广告的耐受力显然到了极限。从海南大学来京出差的一位副教授看了几集《京都纪事》后对我说："软广告强迫观众接受产品宣传，是对观赏心理的摧残。"

二、生存的需要

就《京都纪事》做软广告问题，我也打电话询问过该片总导演尤小刚，他认为这很正常，全世界都有，包括美国好莱坞电影都有。美国一家肥皂公司用软广告拍电视剧，后来竟形成了肥皂剧这种艺术形式。哦，原来如此，不必大惊小怪啊，软广告是商品经济发展的必然结果。然而，事实真是如此吗？

仔细分析，软广告的由来也有它自身的逻辑：影视公司要投拍一部电视剧或电影，国家不投一分钱，全得自筹，而现在赞助厂家已不满足于在片头片尾挂个名来露脸宣传自己，需要在剧中借助艺术形式反复出现其产品的形象和宣传产品性能的台词才肯掏钱。虽然现在观众不满意软广告，可是如果没钱拍剧，观众又会骂没有电视剧看。

许多赞同做软广告的人有一种共识，就是"生存需要"。市场经济条件下电视剧的发展，要靠资金后援，没有钱，不说拍不成，即使勉强拍下来，质量可想而知。尤小刚说："我们有个做软广告的企业给了价值 13 万元的石英棉，用它隔音，才会有现在这么好的同期录音效果，如果没这个，这部剧还能拿得出手吗？"

三、应有政策法规进行规范

软广告的出现，确非今日始，而从今天软广告的内在需求看则是越来越大。在广告数量日益增多、渗透力影响力日渐减弱的 90 年代，广告人冥思苦想，寻找新的广告策略和方式，于是，广告的戏剧化软销策略开始大行其道，因为它采取的情感诉求方式更易打动人，因此有人把广告编成故事或连续剧来吸引观众，创意源于麦卡恩的雀巢咖啡广告系列故事片就是明显的一例。

显然，在软销中大得其益的是厂家，软广告一反硬广告的直白，让产品成为剧中人物感情、命运、日常生活的组成部分,形成观众强烈的关注点,在不知不觉中接受了产品概念和印象。另外,它能轻易挤上黄金时间播出,又省去庞大的广告片制作代理开支,从长度和频次来说,又比硬广告相对便宜,这样的好事厂家何乐而不为。而软广告效果更是殷鉴不远:电视剧《编辑部的故事》中,在李冬宝、戈玲出现之前,有多少老百姓听说过矿泉壶?

既然做软广告对电视剧生产和企业都有利,那么以后会不会导致软广告的泛滥和群起仿效,怀有这种担忧的还是大有人在。最现实的是,假如在今后的电视剧中到处出现汽车牌名、药品名称加上制药企业,还有诸如快餐店名、饮料保健作用说明等的镜头和对话的话,观众受得了吗?

其实,这种担忧并非没有根据,从已经掌握的情况看,在做软广告上《京都纪事》还算是节制的,且到后面已很少有软广告出现。而正在制作、不久将推出的大型电视系列剧如《广告人》《请拨315》等,那就不是在电视剧中加几个软广告的问题,而是反过来,专门将产品广告写成电视剧了。

因此,呼吁有关部门对电视剧组用做软广告的手段拉赞助的行为应当加以必要的限制,因为这种行为过多过滥破坏了艺术创作规律,是对艺术的伤害,不利于电视剧事业的健康发展。

那么,有关管理部门是否已经意识到这一问题,并对其性质有所界定呢?不容讳言,艺术作品中加进软广告对于管理者应该还是新课题,这种形式必须要受到一定限制,因为它毕竟是强加于人的行为。也有一种观点认为,应把软广告作为临时集资处理,这是有一定法理依据的。我们也希望更多有识之士提出思路,逐步通过正规渠道有效地加以管理。

四、数量与艺术性

从现实条件看,虽然软广告对观众来讲没什么好处,但如果我们将软广告一棍子打死,未必对电视剧发展带来百分之百的好处。

没好处却又得在现今条件下利用它,这样,就必须提出一个量与艺术性的规范来。一部剧中的软广告应限制在多少范围内,这种量的制定恐怕得由广告主管部门去裁定;而在尊重艺术性上,对制片人来说则是责无旁贷,太白、太露,置艺术性于不顾,恐怕对企业对观众乃至对电视剧本身的利益都有损害,因此软广告在是否伤害艺术性这个问题上不能含糊,否则就不是技巧问题,而是道德问题。

过去在《编辑部的故事》之前,某些影视剧、戏剧做软广告时,编导们还是要大动一番脑筋来巧妙伪装,可谓隐"身"有术,然而到了《编辑部的故事》,道具直截了当地用上百龙矿泉壶后,一些通俗电视剧开始群起而效仿,创作者们开始不顾艺术性,肆无忌惮地大做软广告,编拍电视剧这一创作行为,不再是从艺术角度出发而是纯粹从广告利益出发,这就构成了侵害观众权益的行为。而对观众构成侵害的任何方式和内容,都应当从电视剧艺术中剔除,以保持其艺术的纯洁性。

(1993 年 7 月 30 日)

擂台赛前先评说

——祖国内地、香港、台湾三地流行歌坛点评

目前，港台流行歌曲在内地十分畅行，而内地的流行歌坛却较为沉寂。那么，是什么原因让一些港台流行歌手在内地歌迷中频频走红，而内地流行歌手却在自家的土壤中发育不良呢，是内地歌手水平确实低吗？当然也有不少人认为，内地流行音乐虽处于低潮状态，但也蓄势已久。其实，三地歌坛究竟如何，各种观点各执一词。为了一争高下，9月份，将有机构组织三地歌手同台亮相。据了解，在擂台赛上，内地和港台三地青春歌手（各出6位）的阵容已初步确定，他们不仅通过舞台竞歌，还要通过MTV在全国城市电视台播出向全国观众展露风采。

我们暂且不论擂台赛组织者出于何种目的，也不管一个月后比赛的结果如何。到了今天，确也有必要对内地、香港、台湾三地的流行音乐和歌手的现状稍加梳理和评点，以求知己知彼，互补短长，共同进步。

从今天的音带市场看，大批港台歌星的盒带充斥内地的音像商店，内地每年投放到市场的音带3000余种，其中引进版只占10%，即300多种，但其发行量却达总发行量的50%以上，而在内地各大媒体的歌曲排行榜上，港台歌曲更是"占尽风情"。

情况的确如此，当年国门微启之际，邓丽君、徐小凤、刘文正等缠绵小调一夜之间征服了刚刚从政治运动中苏醒过来的内地青年。以后，随着国门的进一步放开，张明敏、奚秀兰、费翔等相继在内地各领风骚。"四大天王"及其同时代的港台歌星如香港的林子祥、王杰、梅艳芳、叶倩文，台湾的罗大佑、齐秦、齐豫、童安格等，已在流行音乐上相当成熟，具备了占领市场的一切因素，

如偶像气质、明星话题、经纪代理等一切运作手段无不用其极,为内地 70 年代末至 80 年代初的一代人上了一堂生动的流行音乐启蒙课。

20 世纪 80 年代内地曾经流行的歌曲如《在希望的田野上》《我的中国心》等还少不了以国家、民族作为主题,出现了不少大歌式的作品。而在流行音乐上,对于个人情感抒发还处在遮遮掩掩和试探摸索阶段,期间崔健的《一无所有》则是个人色彩极为突出的另类流行经典。但是到了 1992 年,特别是 1993 年,经过相对的沉寂后,内地歌坛开始走入一个新的里程。在经济体制改革的大背景下,音像业逐渐摆脱计划经济的束缚,开始了多元化经营,一批海外投资公司、中外合资公司、国内的私营企业及独立品牌公司纷纷成立,机制的转变带来了市场的变化,歌手们有了更多施展才华的机会。

近来,我们可以明显地看到,在港台流行歌曲依旧唱红内地歌坛时,内地原创流行音乐也开始了一次大爆发,一大批由内地音像公司制作推出的新偶像格外耀眼。尽管这些歌手的包装方式大多未能摆脱港台的模式,但已经在国内青少年歌迷中产生了很大的影响,打破了多年来由港台青春偶像独占青少年音带消费市场的局面。毛阿敏、李玲玉、那英、艾敬、朱桦、田震、屠洪刚等一批在 80 年代非常活跃的歌星经过海内外音像公司的重新包装后,便以新的面貌重登歌坛。这其中,以崔健、魔岩三杰、黑豹乐队、唐朝乐队为代表的摇滚乐,以老狼、高晓松为代表的校园民谣,以陈琳为代表的都市情歌,以杨钰莹、毛宁为代表的青春偶像歌星,迅速成长为内地流行乐坛的中坚力量。

然而,另一种现象值得我们注意,即不少大陆歌星也在海外走红,甚至影响远远超出祖国内地,如蔡国庆轰动日本,王虹名扬香港,毛阿敏风靡东南亚,艾敬更是在港台成名后走红内地的。另外,不少香港的影、视、歌明星都来自祖国内地,如梁雁翎、王靖雯等。这从另一个角度说明,内地流行歌坛还是有潜力,有实力的。

那么,何不让内地与港台流行歌坛各自编制出当红和颇有前途的歌星队伍,进行一次整体间的实力较量呢?这样,从中可以发现各自的优势,分析内地流行歌坛陷于低谷的缘由,寻找扭转这一局面的途径,同时也好让内地歌星有一次实地演练、比试、学习的机会,并推出自己的新歌星。有鉴于此,今年 9 月间将举行内地和港台青春歌手擂台赛。

不可否认,内地流行歌坛从无到有,始终在和港台歌坛进行激烈的抗争。

当然,我们也应清醒认识到,内地流行歌曲始终难以走出自己的路,一个重要原因是,长期直接或间接地模仿港台。如 80 年代初,虽然出现了风行一时的明星,如张行、张蔷等,但这毕竟是在传唱港台风味,没有形成自己的风格。

到后来,形势有了好转,1986 年郭峰为世界和平年推出了《让世界充满爱》,掀起了一波高潮,加上毛阿敏、韦唯、董文华等大批歌手和徐沛东、苏越等一批高产创作者的出现,歌坛一度兴旺。不久,一曲《信天游》唱红,歌坛西北风骤起,然而,这红红火火的声势,难以掩盖自身的局限,以致西北风一过,一大批风云一时的歌星黯然失色,内地歌坛陷入一场危机。

1.从大背景上看,成长在大陆这块文化积蕴深厚的土壤中的歌星有较强的实力。1992 年,"新时代"公司又推出了毛宁,杨钰莹的歌唱事业到达了一个新的高峰。从此"金童玉女"开始闪耀歌坛。

2.一些旧的东西的确阻碍着内地人才的发展,如果不很好地解决,人才外流的现象将会继续下去。无数的流行歌曲和歌手来去匆匆,有的也曾红极一时,但却如过眼云烟,转瞬即逝了,快得来不及给人们留下一丁点儿的记忆。浮华的东西太多了,当它充斥着流行音乐并成为主流特征时,美好与永恒便只能属于过去了。

3.大陆歌坛急需主动出击,以收复失地,在港台流行歌手"有组织、有纪律、有目标"地冲向大陆时,我们的歌手却如天马行空般独往独来,自生自灭。因此,在竞争激烈的流行音乐市场中,当仁不让以证明我们实力的意识和行动显得尤为重要。港台流行音乐之所以能够产生如此巨大的影响,是因为他们有比较成熟的"造星"机制,形成了一个比较完善的流行文化产业链。以四大天王为例,刘、张、黎、郭四人都是草根阶层中的普通人,只是通过参加艺员培训班或者歌唱比赛脱颖而出,再经过演艺公司的训练和包装,从此走上星途。大陆之所以流行音乐蓬勃发展,也是因为向香港学习的缘故。

一种社会现象将最终演变成为一股文化潮流,而一股文化潮流将最终催生一个产业。只要善于观察,把握先机,就能引领时代。

(1993 年 8 月 15 日)

一场不该发生的大战

——电影、电视剧、录像三位一体备忘录之一

　　提要:我国观众数量最多的电影、电视剧、录像"三大家族",在近10年中爆发了一场空前的大战。今天,随着社会主义市场经济体制的建立和国家宏观调控能力的增强,这场大战到了该结束的时候了。为此撰写的三篇系列述评文章《电影、电视剧、录像三位一体备忘录》,意在全面地揭示了这一大战的起因、发展和现状,并从国家利益和世界潮流的高度,来展示中国影、视、录这一文化事业的前景。

　　有80年历史的中国电影,在它"独霸天下"70个年头后,到80年代初,其老大地位被电视剧取代。而正当电视剧强力冲击着电影的时候,与影视几乎相伴而生的录像,又直逼影视业。

　　没有人怀疑,影、视、录之间只是载体和播映方式的不同,因此,它们之间不应引起一场大战,然而,事实上它却发生了。

　　这场大战所付出的沉重代价,我们可以开列长长的清单。其中有发行收入的惨痛抵消,基地设备的大量浪费,机构编制的迅速膨胀,作品质量的长期不高,管理体制的上下错位,以及文化市场的混乱无序等等。

　　人们还记得,在1988年那场《末代皇帝》电影、电视剧大战中,由于电视剧不顾电影正在公映,强硬地将大型电视连续剧放在电视台播出,中国电影发行放映公司眼睁睁看着成亿观众被电视拉走,据专家估算,它使国家损失了以百万元计的收入。

　　而发生在《红楼梦》上的影视之战,可能让人觉得更为荒唐。当时电影界

无视这部中国名著刚被拍成长篇电视连续剧,且前不久已播放的事实,执意投拍巨型影片,结果花了1300万元,北京电影制片厂一把就亏了500多万元。

如果说影视的这种直接冲撞所造成的损失还算微不足道,最让人痛心的是,大到摄制基地、制作设备,小到摄、录、美、服、化、道等各环节,电影的大规模建设投资,到了电视开始发展,又一次大规模对电影进行了全面的复制,其间所造成的浪费触目惊心。如当年曾是广西电影制片厂厂长、现任中国电影家协会党组书记的高鸿鹄回忆说:"几年前广西广播电视厅要建摄影棚、混录棚,需投资1000万元,我说我们广西厂有许多这棚那棚的长年不用,3个棚一年拍不到一部影片,你们借用拍电视剧只要交点电费和折旧费就行了,但最后,他们还是自己盖了。"

像广西这样的例子,全国非常普遍。据电影局规划处提供的一份资料显示,在电视剧生产大发展时期的1986年,湖北已有相当规模的电影制片厂,但省和市里仍一次性拨款4000万元和500万元用于兴建规模庞大的电视剧摄、录棚,并配备了各类设备。这份资料最后得出的结论是:如此庞大的制片规模,堪称世界之最,而投入产出效益之低,也堪称世界之最。据初步匡算,全国因宏观失控、重复建设造成的资金浪费,至少在8亿元左右。

我国计划经济体制下的条块分割,反映到制景这个小小的环节上,便形成一种原始形态,每部戏都要另搞一套制景、服装、道具。比如这么多年电影、电视剧投拍了无数的清朝戏,但从来都各做各的服装,这种昂贵的服装最后可能都在仓库里烂掉了。

从我国电影生产布局和建设看,今天电影界的创作力量,本来就雄厚且富余,如按创作人员2万人和每年有150个拍片计划,那么平均130人一年只拍一部电影。由此可见,本来电影界可以毫不费力地匀出力量进入电视、录像的创作领域,然而事情并非如此,正当北影众多的人员(普遍的说法是北影有"108将""72闲人",一度颇为流行)为每年的10多部影片的拍摄而争夺得不可开交时,电视、录像这两块新兴领域却自顾自地从电视台和其他文艺单位甚至社会上招募许多并不懂视像创作的生手加入创作生产队伍,于是,一大批导演、编剧、演员、制片人等等便一夜间呼啦啦从地下的各路冒了出来,尤其录像界的"草台班子"里更是什么人都有。这种"大跃进"式的发展方式,直接导致电视剧和录像的创作整体水平多年上不去,混乱的局面甚为不堪,观众抱怨没有好的国产电视剧和录像片看的呼声不绝于耳。据中央电视台统计,每年约有三分之一的电视剧因质量问题而无法播出。

由于影、视、录归属机构不一,电影、电视剧创作生产归国家广播电影电视部管理,录像则由文化部、广电部和国家新闻出版总署三家共管,导致本来属性相同、管理一体的影、视、录,在选题、创作、生产、发行、放映以及引进、审查等一系列环节上都各自为政,结果是有利益大家争,有问题各自推。这尤其表现在录像上,当文化部得知广电部常常利用管理上捷足先登的便利条件,一直从自己这棵"摇钱树"(指利用文化部部属的创作力量和市场)上获益时,便也迅速发展录像业,由此而引发两个部门间对录像的争夺。正当两个部门既当经营者又当管理者并在争夺中不断升级之时,又出现了新闻出版总署代表国家利益对两个部门的录像业行使政府管理职能,然而由于该署在录像业中最容易出现问题的引进版和市场上争不到相应的权力,更由于不能在省以下的各级政府部门大规模扩充自己的编制和增配必要的设备,因而不可能行使有效的管理职能,另外,由于文化、广电两部门将总署插进来视为"分一杯羹",因此形成三部门管理上的龃龉。

让业界有目共睹的是,这种三部共管的格局非但没有把录像有效管起来,管严管好,反而在争夺录像的权和利上矛盾越来越公开化,如在审查和引进版上就出现了不仅被多方钻空子而且让录像从业者无所适从的状况。

另外,由于各部门都站在各自利益上进行管理,因此常常忽视了影、视、录三者之间的总体利益关系,这就不可避免地造成互相削弱的局面,而受害最深的是电影,无论从哪方面看,电影界在发展电视剧、录像方面都最有条件和优势,而且在遭受电视剧和录像严峻的挑战面前,电影最需要保护,然而电影享受的却是最不公平的竞争,无论在企业化管理或是艺术审查标准上,电影都要比电视剧和录像严格得多;同样要发展录像业,电影界却拿不到一个引进版号。

电影界自己悔不当初,圈外人也责怪电影界痛失电视剧和录像这块领地是咎由自取,一致认为如果当时电影界及时发展电视剧和录像生产,就不至于有场战争,自己也不会有如此下场。

然而,他们似乎忘记了当时的计划经济体制这一事实。电影作为企业化生产是市场经济(当然不是真正意义上的),而电视台则是事业单位,播出电视剧基本上是白播,一部《渴望》让电视台播出却使生产单位亏了上百万元。各地送中央电视台播出的电视剧,每集仅仅给稿酬 500 元左右,还不够剧中一位主角的每集酬金呢。然而,各地电视台系统的电视剧摄制单位不怕这个赔本的买卖,原因是它的经费是国家拨的或社会上集资而来的,不求产出效益。这样,电影厂即使再人浮于事,技术、设备再闲置,也不能拍电视剧,亏了找谁去。这种管理体制上的双轨制,造成了电影厂的力量只能被电视界利用,而不能由自己发展电视剧事业。

从另一个方面看,当时电影厂拍电视剧、录像片只是从安排闲散富余创作力量和设备的角度考虑的,也把它当作第三产业来发展,这样厂里的正牌导演、演员、摄影和技术人员当然不屑去干,很多创作人员认为等多长时间都可以,只要给个正经的电影指标就行。这种观念在一定程度上也阻碍了电影厂抓住机遇发展视像生产。

影、视、录大战,反映在进口片上,则是口子越开越大,数量越批越多,标准越来越低。以录像为最甚,其次是电视剧。现在,录像的引进版已经跟国产带形成高达 1∶1 的比例,致使在全国 7 万个录像放映点上,绝大多数都因争相放映进口带而见不着国产带。随着观众对电视台播映的国产电视剧越来越不满,导致各地方电视台不惜重金购买大量外国及港台电视剧播出,以致有一段时间,在全国许多省市县级电视台,从晚上 7∶00 以后的黄金时间段里,观众只要在几个频道里选一下,准保有外国影视片在播出。而录像厅和一些电视台对外国和港台片的大量播映,使得电影院里的观众数量一再大幅度萎缩,即使外国影片,也已经招徕不了观众了,因为你花了钱买进来,又加工制作,待到公映,大部分观众早已通过录像看了个一溜够。更为可怕的是,由于录像市场的私录复录猖獗异常,已经到了外国的畅销影片刚在国外上映,它们的录像带却已经流传到了国内,这样的事实决定了国产故事影片在电影院里的境遇,其上座率也就可想而知了。

众所周知,世界几乎所有国家为保护民族电影工业,严格制定了国产片和进口片的比例,对电视台播出外国影片更有严格要求,即使发达的资本主义国家,也明确制定了比例。如英国 BBC 电视网和加拿大电视台,规定播放外国影视片必须只占国内影视片的 30%,这就在客观上保护了本国的电影工业。然而,我们想做却没有能做到。

　　当然,我们不能要求一个手里攥着外国录像引进版的发行商去为中国民族电影的活路着想,但我们完全有理由要求国家重新确立秩序,要求政府着眼于长远的文化事业发展,采取更为有效的措施,来去除影、视、录三位分离所造成的苦果。

(1993 年 9 月 2 日)

电视剧走向市场

——电影、电视剧、录像三位一体备忘录之二

　　中国影、视、录所出现的问题，根源在于体制不顺，需要靠改革来进行迅速调整。

　　社会主义市场经济的确立，为影、视、录三位一体创造了良好的外部条件。

　　如何操作这样一个一体化的进程？我认为，这三个门类中，影和录由于都是企业化生产，一体化程度较高，而目前电视剧生产和交换方式的计划体制则是三位一体的主要障碍，因此，第一步就是要加快电视剧商品化的步伐。

　　那么，电视剧如何实现商品化交换？就是首先要如何改变电视剧生产有价、播出无价的局面。今天的电视台虽然是事业单位，但它播出电视剧也有商业收入，广告就是最大的收入，一部长篇连续剧买来只花几万元，而播出去能收回几十万上百万的广告费，况且税务部门只收取它们百分之五的广告营业税，而同样作为生产单位的音像出版社，却要交百分之五十五的税，还要加上别的税。同样是创造精神产品，为什么要区别对待！这就如武汉音像出版社社长揭津荣等一批录像从业者的呼吁的那样，电视台播出电视剧应回报给生产单位以应有的价值。

　　而从电视台这一方来看，它也希望电视剧应是商品化的。曾任上海广播电视局局长、现为上海市副市长的龚学平算的一笔账非常有说服力："就拿上海电视台来说，我们每年要拨款400万元让台里的电视剧制作部门完成拍摄600小时的任务，不管剧拍得好不好，一律要包下来播映，如果拿同样这笔钱，可以买到进口电视片700多小时，而如果购买国产片，可达近3000小时，这就

相当于自己拍的五倍,而电视台每年也不过播放 1000 小时的中外电视剧。"
如按这笔账算,我们不难发现作为播出单位的电视台至少可得到这样几种好
处:①享有择优选购权;②可以节约经费;③可精简机构,将台里养的电视剧
摄制部门和电视台分离。

我们再来看看由各大电视台养起来的电视剧摄制部门的情况。目前,中
央电视台播出的三分之二的电视剧就是由各地这类部门制作的。由于产播
一体,生产经费和成品播出基本上不成问题,故比其他行业的摄制单位都有
优势。然而,在所有电视剧制作单位中最先提出改革要求的恰恰来自他们。
到现在,已有许多电视剧制作中心要求和它们的电视台分离,如北京电视艺
术中心,前两年就开始由"吃不饱、饿不死"的产播一体,走向以企业身份拍
片,在产销上完全按市场规则走,形成了投入产出的良性循环。最近,上海电
视台和它的电视剧制作部门也已经分离。可贵的是,它们自觉抛弃过去占尽
国家事业、企业单位的全部优势,将自己置于与电影和录像公平竞争的境地,
寻求新的发展天地,这为影、视、录合流打下了非常好的基础。因此,我们如
能有步骤地采取分离行动,将具有重大意义。因为这不仅可以减轻国家负
担,也可以把竞争机制引进电视剧生产以提高产品质量,更可以促进影视更
大面积的合流。

人们看到,由旧体制转换过来的电视剧商品化步伐正在加快,而一大批
应市场经济而生的民营电视剧制片企业,正以全新的姿态加盟中国的电视剧
生产。我曾与十多家这类企业接触,感觉到它们在文化产业化的市场运作中
如鱼得水。他们掌握着一套先进的生产管理手段,具有敏锐的市场嗅觉、准
确严密的市场调查方式和全面快速的信息反馈系统,尤其这些不是单一式经
营的企业,能够拥有雄厚稳定的资金来源,更为重要的是,它们的决策者大都
是中国文艺人才走向社会化的排头兵(他们原本也不是本单位的"池中
物"),或者在商战中得胜后以远大目光将投资转向文化事业的佼佼者,他们
以强大的实力四处网罗优秀创作人员投入电视剧生产。因此,在今后的电视
剧市场中,他们将迅速崛起,并将是最有竞争能力的力量,在推动电视剧市场
化方面必然发挥重要作用。

以上所有方面的电视剧制作系统,有一个共同特点,就是在转向市场化
的行动中,都在改变靠国家拨款和社会集资的传统做法,积极探寻一条"价格

化"的道路。目前,普遍采用的办法是,电视台给制片单位广告时间作为节目的收购资金,如《北京人在纽约》《京都纪事》等。当然也还有通过其他多种方式来完成"价格化"这一历史性进程的,像中央电视台以350万买下《爱你没商量》,这样的举动,虽然人们对此褒贬不一,但它毕竟是真正意义的商品交换的先声。

　　电视剧的这种市场化道路,不管是它的内在要求还是外部力量的驱动,不管将来是一步到位还是分步前进,都不可逆转地在影、视、录三位一体道路上迈出了最关键性的一步。如果我们在此基础上适时地加大推动力,就可以在整个机制上将它与电影和录像的生产发行轨道顺利对接,从而使影、视、录三位一体成为现实。

(1993 年 9 月 3 日)

迫切建立"大电影"体制

——电影、电视剧、录像三位一体备忘录之三

以电影为龙头,纳入电视剧和录像,成立国家影视统一管理机构,或中国影视企业总公司,交由文化部,实行影、视、录三位一体的一统化、综合化管理,由此建立完备的"大电影"体制,我认为,这是解决影、视、录矛盾的根本出路。

"大电影"的观念,就是影、视、录应有一个平等的竞争环境、共同的经济政策和统一的管理标准,以谋求三方协同发展。

建立影、视、录三位一体的"大电影"体制,需要相关部门着眼于国家利益,排除偏见,冲破旧有观念樊篱,特别是固有利益格局。

那么,我们如何认识影、视、录三位一体后交由文化部管理的体制,我与各方人士共同探讨后认为,影、视、录与戏剧、音乐、舞蹈等都同属艺术生产,将来"一个管天上"(广电部门管节目播出),"一个管地上"(文化部管内容生产),这个意义上的制播分离符合市场法则,便于用市场手段操作,尤其能够避免前述的那种因政企不分而造成的电视剧生产缺乏竞争机制和权力进入艺术的产销环节,也能顺应影视合流的大趋势。

如果确立影、视、录三位一体的"大电影"体制,首先要确立电影及其主管部门——电影局在统领电视剧、录像事业发展中的主导地位,不仅在组织创作、生产、出版、发行、引进、放映等环节,尤其在审查、立法等环节上,应具有相应职能,作为影、视、录管理机构进行一体化管理,这是比较符合实情的战略取向。

具体地说,"大电影"的观念是基于这样的考虑:

一、在影、视、录三者中,电影是最本位的东西,只是制作和观众观赏方式稍有差异,即电影是把观众请到影院,电视是把观众留在家里,而录像则是把电影、电视、艺术表演等文艺活动制成盒带掌握在个人手里。然而在创作形态上,视像完全由电影脱胎而来。

二、80多年的历史,使中国电影发展到了相当的规模、水平和地位,有着研究、教学、创作、理论、制作设备、基地、资料、发行网络、进出口渠道以及审查、立法、评奖等非常完备的体系,产品已产生了广泛的世界影响。如录像就能借助电影现成的遍布全国的专业化发行放映网络开辟渠道。同样,电视剧、录像能够轻易借助电影完备的进出口渠道把自己优秀的作品推到世界上或较为准确地选购物美价廉的外国作品进来,而这些恰恰是目前视像界比较缺乏的,即使要发展,也只能重复建立平行于电影的另一套渠道。

三、实践证明,电影厂、电影人拍摄的视像作品取得巨大成功,有非常好的声誉。如1985年至1989年5年间,电视"飞天奖"一等奖的获奖作品全部是由电影厂的导演执导或是电影厂所拍。随着电影介入视像创作领域越来越广泛深入,获奖作品比例将会更大。电影这一由不自觉到自觉地开辟第二战场的行动,被称为"诺曼底登陆"。它的成功为影视合流打下了扎实的基础。我们不妨再看得远一点,我国正在开辟的付费有线电视网和即将开辟的付费点片电视网,由于观众是掏钱看片,因此需要生产出量大质高的视像作品来满足这一新型市场,而具有专业化水准的电影界可以驾轻就熟。可见通过倾斜政策让电影界发展视、像业是必由之路。

影、视、录三位一体的建立,可以在更大程度上发挥互补优势,从而协同发展。50万电影大军和近30家"小而全"的电影制片厂,再加上约300家电视剧、录像生产单位,平均地分布在全国,这种分散式的制片产业在全世界是罕见的。在全球,几个电影大国的制片企业都集中在一个或几个地区,这是制片生产规律的必然要求。因此,影、视、录一体化后,其基地、设备及技术力量集中整合,以提高各种制片因素的综合利用率,降低制片成本,可望解决这一块多年来存在的大量重复投资而造成的闲置浪费。另外,还可以在更大范围内有计划有步骤地向专业化过渡,培育创作市场和技术市场,待条件成熟后按大经济协作区组建大制片托拉斯或专业公司、专业厂。这样可以充分利用信息,减少投资的盲目性和风险,更重要的是还形成了一个独特的文化环境,以利于创作和技术人员互相切磋,这样,因产业布局和协作不合理而造成的地域局限性所导致相当一部分国产影、视、录作品质量不高的情况也将得到避免。

三位一体后的影、视、录市场,将避免由于分割而产生的争夺,尤其在今年下半年电影形势恶化的情况下,加快体制转换步伐,与影、视、录协同作战进行市场、观众、阵地及发行放映手段的重新组织就显得尤为迫切。中国制片人协会袁小平对我曾说过:"虽然美国本土电影院的观众也在大幅度下降,从人均年看片20次降为1次,但它仍拥有世界电影收入的一半,原因是影视节目在电视播出和录像带市场的收入几年前就已超过电影院的收入。我国影院的观众虽然也在大幅度下降,但观看影视节目的观众在成倍增长。"这个事实提示我们,一部电影即使在影院没有多少票房价值,也可以转化成电视剧向电视台出售播映权而达到收支平衡或盈余,而把影视节目制成录像带出卖发行权,更是电影的新财路。因此现在已经有人在探索走这条路了,如50集大型电视剧《唐明皇》套拍出一部电影《杨贵妃》所取得的效益更是众所周知。以上这种互相转换或同时套拍的方式将继续发展。另外值得一提的是,现在作为电影的儿童片、新闻纪录片、科教片、动画片也几近末路,如果及时转向以视像方式生产,就为这类短片开辟了新的"生命之路"。

在审查、立法、引进版、出口、评奖等一系列问题上,影、视、录三者必须定于一尊,尤其在市场化的竞争中,政出一门,可以有效防止各种权力的介入而滋生不正之风。如在引进版上,可以缓解高利润和保护民族影、视、录工业之间形成的尖锐矛盾冲突,可以遏制引进版的数量互相攀比,统筹采取措施对民族影视事业生存发展进行保护。再如评奖,现在仅视像方面的评奖就达50多种,如果三位一体后,可以改变这种一窝蜂状态和评奖标准不一而带来的种种弊端,使评奖更有权威性,更有效地引导创作生产方向。

影、视、录三位一体后,交由文化部管理,能切实解决两个难度最大的问题,即管理体制的上下错位和放映市场的极度混乱。市场经济的客观要求是:政府的行政管理职能必须是行业统一管理。然而现在政府对影、视、录的管理是,中央的全由广电部负责,省及省以下的由文化部负责,新闻出版总署则部分地参与管理,这样的上下错位和多头管理,极大地削弱了管理功能。

如果由文化部一家管,那么它不仅应该统一管,而且有管好的条件,因为所有的电影院和总数占70%的录像放映点全在文化系统内,下面文化馆站和影院剧场等文化活动场所,也是录像放映的主要单位,即使上面千头万绪,一到下面全归于一宗,可谓"上面千根线,下面一根针",都得穿到文化部这个"孔"里。而现在,各级文化部门也相应地健全了文化市场管理机构,而且还配备了文化稽查队。目前,全国有文化市场专职管理干部近万人,专职和兼职的文化稽查队员近15万人,基本形成了文化市场有管有监的体系,而所有这些则是其他部门远不能相比的。因此,各地政府已开始逐渐将本由广电系统管理的音像市场成建制地划给文化系统管理,如来自文化部市场司出示的一份调查报告中显示,辽宁省的一些地市和其他省市就是如此做法。而更有一些地方,本来考虑新建编制让新闻出版系统管音像市场的做法也停止实施。由此看出,影、视、录必须建立从上到下统一的行政管理机构,才能发挥出强有力的政府管理职能,也才能有效地遏制当前因市场混乱所造成的对艺术生产的破坏。

影、视、录三位一体有助于精简政府机构,并推动政府职能的转变。三位分离的状态造成了多头管理,使得机构偏多,编制膨胀,更由于管理对象不是集中的一个整体而是分割成的局部,致使政府管理部门宏观把握少,微观管得过多过细,政府只有从影、视、录的行业角度进行宏观调控,才是政府所为,也因此而能够精简这方面的机构和人员。

三位一体毕竟是我国影、视、录从计划经济向市场经济的一次"革命性"转化,它将对部门、行业、单位的责任、权力、利益进行重新调整。这样,一些拥有行政权力的企业将会失掉那部分由于权力而获得的高额利润,这就可能成为改革的阻力。然而,市场经济要改革的,恰恰是计划经济时期遗留的两个难点——政企不分和市场垄断。

影、视、录一体化进程宜早不宜迟,应该加大改革的力度,加快步子早日闯过这一难关,因为时间拖得越长,利益分割越加精细,矛盾纠葛更加深厚,解决起来就越发艰难,如果到了有线电视付费点片电视的到来,各行业间的矛盾将更加尖锐激烈,新问题更会层出不穷。因此,那种在现有体制基础上明确分工、划定职责的想法注定是理想化的,实践证明不能长远地协调部门间的利害关系,如果在目前这种要改未改的状态下,制定适应这种状态的管理措施,只是权宜之计,必然是不稳定的,容易产生新的矛盾。

可以预计,待到将来影、视、录的市场发育成熟完备,体制的束缚将会不攻自破,那么,与其等待,不如尽早改革体制,更早地解放艺术生产力,这将功莫大焉。

(1993 年 9 月 4 日)

跨文化的启示

——评《北京人在纽约》

中国对世界的开放已经 20 多年了,中国与世界广泛交互形成了巨大的信息流,如何将这种无序的、碎片式的现实,以形象的方式呈现出来,满足人们心中不断累积起来的期待,这个时候就需要艺术的出场,进行典型化的展示。长篇电视连续剧《北京人在纽约》播出,正是契合了当下这种期待。

播放期间,观众的观赏热情被极大地调动,社会注意力被牢牢吸附在屏幕前。知识界的关注力尤其高。我想,这种近年来所少有的观赏热情,源自剧中人物的生活被搬离了以往熟悉的场景——来到了美国,观众跟随主人公王起明(姜文饰演),在北京和纽约两个大国的大都市中来回切换,从中深切感受到由地域差异、环境差异而带来的文化差异,其所形成的人物内心世界的激烈碰撞、交锋、挣扎,对当下的观众来说,是一种极为新奇的人生体验,也提供了多角度、多主题去分析去谈论的话题,但我更愿意从文化的角度谈论自己的感受。

一、文化,一个突显的主题

我在观看此剧时,有一个突出的印象,就是鲜明的文化主题。

文化的核心是价值观念和生活方式。对于以往只是从书本和美国影视片中了解美国文化的中国观众来说,总像是雾里看花,而当代表东方文化的中国文化与代表西方文化的美国文化相遇时,将是什么情形,会有什么结果,给人以什么启示,这是改革开放后一直牵动中国人的一个悬念。而《北京人在纽约》,正是以形象的图景和清晰的对比度,满足了观众这一渴求。虽然是王起明、郭燕到纽约寻找新天地,但也可以看作中国文化和美国文化的一次正面接触和深度撞击。在观赏过程中,很多观众觉得自己的命运被深深地牵了进去,自己就是剧中那个王起明,就是郭燕,就是其他人,经受着从未有过的全新生命体验,并不由自主地跟着剧情去作出各种价值判断和人生选择。

在我看来,这部作品的魅力正在于此——为人们提供了跨文化的认识。如果这类作品离开了跨文化这个主题,它很可能就变成一个普通的故事。正是由于王起明、郭燕同大卫、安东尼、卡特以及与阿春、姨妈、宁宁等在不同文化背景上的相交撞击,才使得观众对人物命运更有刻骨铭心的感受。

我们知道,发生在 80 年代的移民潮中,就有很多像王起明这样的知识分子,他们不仅仅为了谋生,而且要在价值观念、人生意义、生活方式等方面,作出新的文化发现和探索。因此,作品所展开的故事中就有文化这个深层意义上的主题。

二、作品显示出文化的开放气度

知识分子观剧,与普通大众的出发点和角度往往不同,令知识分子观众欣慰的是,该剧对中国文化和美国文化,显示出可贵的平等、开放的姿态和气度。它不去刻意为中国观众或者剧中人制造美国梦,也不偏狭地去击碎美国梦以讨好观众;对中国文化不作民粹主义式的虚美,也不作过分的批判。总之,主创人员是站在较高的层次上客观地观照和把握了东西方文化。这说明什么呢?说明了创作者心态上的成熟,这种成熟得益于我国改革开放所带来的新的文化精神和识见。

不可否认,我们的民族有着太长的屈辱史,很长一个时期在西方人面前惟洋崇洋、低眉顺眼甚至奴颜婢膝,以致在一些涉外题材文艺作品中,不难发现惟西方马首是瞻、言必称洋的现象,蛛丝马迹也好,明显倾向也好,都是不自觉或无意识地透露出来。而《北京人在纽约》,作为艺术家的主人公,虽然带着渴慕来到纽约,但当两种文化相遇并在互相适应的过程中,既不自大,也不低下,这是难能可贵的,显示出稀有的文化定力。

当然,接受别国文化的过程也是很痛苦的过程,因为各民族文化的特性有时会像遗传基因的信息,在人身上很难磨灭,因此王起明虽然能接受美国文化,但文化的冲突将时时存在,并且常常在适应过程中变形。《北京人在纽约》中的美国,毕竟还只是"北京人"眼中的美国,不是真正的美国文化,大卫也只是一个受过东方文化熏陶的爱尔兰移民,但它在展示西方文化方面仍然是较广泛、充分、真切的一部剧。如体现美国文化的,有像法治社会(为吉米吃中药卡特要起诉阿春)、契约社会(阿春借钱给起明要立字据)、社会阶层的流动性(王起明和大卫的老板角色置换)等。这种文化对中国普通老百姓有很强的新鲜感。作品在表现这些美国文化时,虽说是不动声色的,但仍看得出作者的倾向,王起明身上原有的道德观念与之撞击后不得不败下阵来,不能不服从西方法则,这确实说明了创作者文化心态的成熟。文化的交流共荣性,将是今后拍摄国际性题材需要认真对待的课题。

这部剧的成功,我更愿意归于演员表演上的成熟,特别在出色表现文化上的开放气度是过去同类作品中少有的。这种成熟已不是演技,而是文化,如果不是姜文等经常来去美国,王姬、严晓频不是在美国生活有年,刘欢不是对西方音乐的内涵有精深的修养,再好的技巧都达不到这种文化的高度。

三、王起明:东西方文化负面元素的结合体

剧中以正向的内容,呈现出跨文化的必要性和积极价值。当然,存在的问题也不能回避,正如王起明,在某些地方,他也是东西方文化结合过程中负面元素的结合体。

在我看来,或者在与一些知识分子观众接触和交谈时发现,王起明这个形象,在打动我们的同时,其本身也存在着一定的争议性,这种争议性往往体现在他对自己原有的价值观和传统作出让步和背叛的时候。比如,王起明踏上美国国土后,有时候变得不择手段,毕竟,商场如战场,在你死我活的丛林法则面前,王起明过得很沉重,责任感告诉他要养活这个家,要接女儿来团聚,违心抛弃心爱的专业到底层干脏活累活,身不由己进入商界后不惜一切击败对手,如利用前妻的感情去获得对手的商业情报等,这些都是出于生存的需要。他自知背叛了自己的理想到美国来,为自己变得残酷和狡诈而沉沦和痛苦。对于这一点,我们也不是一味去苛责,而是给予一定的理解,因为纽

约的商界特别是服装界,一旦置身其中便很难做到两全。有在北京生活的美国人也曾对此作这样的解释说,中国的中庸之道在美国商界根本不适用,你必须做到最好,这是美国历代新移民都要面临的挑战,也正是这种环境才刺激了移民的极大创造力,也培养了吃苦耐劳的精神。

然而,他为了自己的成功置他人于死地,而且他有时还以侮辱对手为乐,完全丧失了起码的人格,甚至把很多美好的东西作了东方式的反面改造。对于这些,王起明必须承担起道德的谴责。如王起明对夺妻之恨的大卫,他采取了连美国商业道德都不能容忍的报复手段;对照看女儿宁宁的邓卫,采用姨妈对他的方式接待;在性的问题上,他保持了东方的狭隘、自卑和紧接着的疯狂占有。

为什么很多观众反感和厌恶郭燕这个形象,可能出于中国式的性观念和她一度酗酒、消沉。这一角色的命运变化使得故事情节曲折而动人,尤其她在跨文化冲突中保持了很多东方文化的正面元素,坚守文化中优秀的民族性不被抹杀值得很好肯定。爱一个人并非那么简单,必须要跨越文化障碍,即要爱这个人的文化背景和祖国,必须接受和理解其文化传统。大卫正是了解并熟悉中国文化,所以才会爱上郭燕,郭燕也才会接受他的爱,尽管追求有夫之妇的行为需要被谴责。

《北京人在纽约》善于制造人物间的冲突,用随处可见的冲突制造矛盾,形成波澜,推动剧情发展,揭示人性主题,这正是该剧的吸引人之处。但有的地方不一定是文化的冲突,而是两种制度的冲突,对于后者,剧中揭示较少。而对于两种文化的冲突,观众很好理解,如在阿春夫妇身上表现得较充分,尤其在围绕孩子吃中药的问题上卡特指责阿春"疯"了,这是美国对中国文化的误解和偏见,显示了文化碰撞中的差异性,而由于双方不能作有效的交互沟通,致使差异性得不到及时弥合而更趋扩大,最终走向瓦解,正如阿春的婚姻一样,双方当初只是被对方的外在东西所吸引,但因为文化的陌生感很快会让彼此变得互相排斥。

另外,剧中也生动地反映了一些普遍规律,值得日渐走出国门的中国人深长思之。如在二代移民问题上,剧作采用负面困境来展示出非常有价值的警示。如王起明这一代为了实现他在美国的梦想,吃尽苦头,给下一代创造了优越的物质生活条件,而宁宁这些移民后代,却变得终日无所事事,消沉、反叛、颓废，与那些优秀的、充满向上活力的一代又一代移民形成鲜明对比，显示出创作者在主题上的丰富性和思考深度。

四、跨国题材——文艺创作的广阔领域

大多数知识分子都赞同这样的看法，即《北京人在纽约》在荧屏上打开了中西文化交流的新视野，开创了国际性跨文化题材的新领域，而且把电视剧制作水准推上了相当高的层次。这种带有突破性、拓展性的创作实践，使我国电视剧站上了一个新的高度。

这样一种创作形态和水准，是与我国当今改革开放的时代相吻合的。人们不再满足于旧有的文化空间，社会生活也已经提供了跨文化的现实性，艺术家面对这种变化没有无动于衷，而是积极伸出触角去进行多元文化交流的探索，善于用新的视角、新的发现对观众形成新的冲击，使观众获取全新的观赏经验。

通过这部电视剧，很多观众也欣喜地发现，中国部分文艺人才所熟悉和掌握的非本土文化和生活，已经为中国的域外题材创作提供了良好的条件。像该剧中的很多演职人员，不仅熟悉美国文化，而且有美国生活，如果让从未迈出过国门的演员去扮演，就会貌合神离，大打折扣。可见，文艺人才只有具备了跨文化的条件，才能使跨文化题材作品达到高度，可见一个跨文化作品的产生，不是想做就能做到的。

当今中国处在一个急剧开放变化的时代，国际化的生活为文艺创作提供了广阔而又崭新的领域，如何更好地发掘这个领域，这是文艺界需要严肃思考的一个课题。在创作上，我们最怕你来搞我也来搞，大轰大嗡，批量上市，直到让人看腻才肯罢休。文艺的百花齐放最好是你写这个，我非不写这个；你这么弄，我偏要避开你那样弄；或者你写《北京人在纽约》，我偏要写《纽约人在北京》，这样才能使百花园更加丰富多彩。

一部好作品并非全部都好，这部剧也有一些创作上的问题值得探讨。创作规律告诉我们，文艺作品要求形象塑造必须从人物的规定性出发才具有独特鲜明的个性，而剧中王起明的故事吸引人，并不等他身上应有的文化元素都揭示得好，相反，这个人物本身较多地脱离了文化背景，显得缺乏独特的文

化典型和个性表达,特别是他在谋生和热爱音乐之间的冲突流于一般,而不能从北京特有的文化和音乐家独具的素养出发去塑造特定的人物命运和性格,因而影响了人物的可信性和作品深度,如果要查找原因,这是由于创作者尚不能对中国和美国文化的内在精神作深刻的理解与把握。再如,王起明这个形象被演绎得有点粗野,凡是到美国去奋斗挣扎的人,都要极力表现得更文明,现在文艺界有一种以粗野为潇洒、把耍横当时尚、视狂妄为标新的创作倾向,这应当加以警惕,并自觉予以遏制。

(1993 年 10 月 27 日)

歌星高价现象面面观

——从香港某歌星赴渝演出
卷走巨额出场费看遏制的必要

香港一歌星在重庆演出卷走巨额出场费和主办单位出卖高价票一事,让这座山城一度民怨沸腾。即使事隔两个月后,重庆老百姓还时有议论,可见其影响之深之久。

该歌星重庆演出,带走的是巨款,留下的是一个大大的问号:为什么广大老百姓深恶痛绝的歌星高价现象非但屡禁不止,还有越来越高的趋势?

通过对这一事件的调查,我感到,歌星高价现象产生的一些原因应有深入的分析,我们应采取的对策必须及时跟进。

该歌星的出场费到底有多少? 较确切的数字是:根据主办单位香港一家公司和重庆某公司的协议,该歌星每场70万元,加上他为来渝而付给泰国的违约金22万元,还要提供他第一流的吃住行费用,加在一起每场近100万元,共演出3场即近300万元。据重庆市演出公司经理对我说,这个数字仅仅是公布的,按通常情况说,实际数字要高于公布数字。

既然出场费如此之高,票价就得大幅度上提,于是主办单位不顾宣传部门每张票价200元的限定,将约四分之三的票以赞助票的形式再加500元卖给赞助单位。而黑市票有的则加价到1000元以上。

票价如此之高,而重庆的城市居民平均年收入仅2000元左右,农村居民只有500多元。显然,如此高的票价与居民的收入水平反差巨大。然而奇怪的是,3场演出场场爆满。那么,这些票被谁买走了呢? 据反映,大多数被企业和一些单位用公款买走。

它们为什么有如此的"积极性"呢？通过了解分析，我认为大致有这么几个方面的原因：

1.为该歌星的演唱会重庆专门成立了组委会，该会主要负责人由重庆市某领导担任（据说也是为招商引资考虑），这里就有企业听命于政府而不敢不接受赞助票派购的因素。

2.这些炙手可热的热门票是进贡上级和拉拢关系户的极好手段，出于这种需要，一部分企业和单位买走了部分赞助票。

3.也有一部分企业赞助人，利用赞助将企业的一部分钱通过回扣的方式装进个人腰包。据业内人士反映，这种回扣方式非常普遍存在商业演出的赞助活动中。部分省市文化厅局长曾跟我透露，这种回扣有的高达50%。

正像重庆的老百姓所说的，脱离国情、民情的歌星高价现象，加剧了享乐主义，导致了拜金主义，助长了腐败现象，引发了本来就热得很不正常的"追星族""发烧友"们更加狂热的程度。有的老百姓说，过去是"一顿饭吃一头牛，一屁股坐一栋楼"，而现在是"一晚上听掉一个劳动力半年的辛苦"；歌星的巨额票价也引来了老百姓对重庆市有关方面的不满，许多老百姓责问为什么一边叫经费紧张，一边热衷参与这类容易"轰动"的活动。

另外，它的确助长了演艺圈内互相攀比之风。港台歌星这种巨额出场费，使得大陆部分歌星的出场费也跟着攀升，据部分省市文化厅局长们反映，有的已提到每场10万元。

上述种种，说明我们有关部门对于歌星高价现象不能再等闲视之了，遏制它已成为当务之急，因为它直接影响到地方的经济、国家的资产、人民的情绪和心理承受能力，以及青少年价值观的培养教育等许多方面。

那么，如何有效地遏制在大陆普遍存在的演员高价现象呢，我认为应首先采取以下措施：

1.制定政策，严格控制企业对这类演出活动的赞助。纵观各类营业性演出，满足演员索要高价的，都不是来自真正的市场——观众口袋里的钱，而是企业出卖的国有资产，换句话说，是企业拿国有资产参与了哄抬歌星的出场费，因此这种高价是由背离供求关系的非市场行为促成的。而大多数企业将这类赞助纳入生产成本，即把负担转嫁到消费者头上。应该说，这种赞助不仅是企业某些人对国有资产构成犯罪，也是对消费者利益的侵害。

2.严禁政府机构及其官员和工作人员参与这类演出活动的策划和组织,因为它弊端很多。如前所述,由于该歌星演唱会是由市里领导干部挂帅,这样,部分企业就得硬着头皮接受赞助摊派;而政府的"法外特权"又使得一些违法违纪行为得以"绿灯通行",如在税收上,目前通行"包税制",即演员拿的是税后款,税款则由主办者交纳,而主办者大多是政府,可以轻易地以政府名义给予种种免税特权。如重庆市文化局一位负责同志对我说:"这位歌星的文化娱乐附加费应由我负责,有人要我签免,我拒绝,后来市某位领导直接签免了一半,即2.5万元。"重庆市演出公司的负责人也对我说,上面有人要我对这位歌星演唱会应交纳的5%演出管理费全免,我坚决顶住,并取得文化部有关领导的支持,最后才如数征上来的。

3.取消"包税制",强化税收征管制度。如前所述,"包税制"是偷漏税的一个重要渠道,它很难直接向演员征收个人所得税。取消"包税制"后,应加强财产收入申报制度和税务部门对赞助单位及演出合同书的种种监督手段。

4.对"义演"要严格界定。现在许多高价演员都打着种种"义演"的幌子,而收取的则是营业性演出报酬,既然这次香港歌星来渝是为"见义勇为基金会"义演的,他拿走的就不该是数百万元,而是一点补偿性的劳务费,但情况不是如此。因此,今后凡是为谁义演的,受赞助者应同有关部门提前进入活动并监督,以停止这类"挂羊头卖狗肉"的事发生。

5.宣传上要控制。现在各类报纸的周末版和地方小报,还有部分电台、电视台及新开设的卫视中文台,为提高发行量和收视率,在港台歌星的宣传上处于失控状态,有很多已达到不加鉴别、分析而盲目推崇的地步,各地很多青少年受到煽动,变得痴迷癫狂。在这位香港歌星赴渝演出前,重庆各类广告媒体做了整整2个月的广告,致使大量青少年被吸引过去。有的学生不顾家庭经济状况,死缠烂打着要家长掏钱,有些没钱的女生不惜去卖血,有的女生说:"这位歌星什么时候结婚,我什么时候跳嘉陵江。"有的学生以不给买票就离家出走威胁家长。许多家长和学校也越来越担心孩子对港台歌星的如此迷醉,会造成一代人的"音乐贫血症"。

(1993 年 11 月 12 日)

那是社会可贵的良心

——从企业看公益广告的效益

许多读者大概都见过这样一则广告：画面上，明亮的排窗前，有一位孤独地扶坐在木椅里的慈母似乎等待着什么。画面下，两个大大的竖排黑字"回家"，左右分排着几行小字：

曾几何时

我们因为奔波事业

陶醉爱情

照顾子女

而冷落了终生操劳的母亲

看看母亲最欣慰的笑容吧

哪怕只打个电话……

再下面，署有"某某广告公司"字样。

确切地说，这是一幅公益广告。它提醒人们找回在紧张的社会现实中失落的宝贵亲情。的确，在人们被商业广告烦扰日深的今天，它却犹如一股清新之风，沁人心脾。

国际上，最常见的公益广告为慈善机构和保护组织所做。笔者见过美国的一则公益广告："不要浪费食物，纽约有成千挨饿的人们。"画面为一黑人妇女给瘦弱的孩子喂食，构图简洁逼真。尤其是那句广告语，采用了命令式语气，显示出问题的迫切性。

公益广告，是一颗社会的良心，这在我们的生活中已经被越来越广泛地认可。公益广告也是社会文明的反映，它在提倡社会道德、净化时尚风气方面发挥着特殊的作用。公益广告强烈地、敏锐地表现着人类当前普遍关心的问题——疾病、暴力、贫穷、灾害、人际关系等,已在全世界产生了强大的影响力。

有时,这种影响力往往是一些文章甚至一篇社论都无法比拟的。因为在任何一则引人注目的公益广告中所投入的思想、心血和财力,都大大超过了生产一篇甚至多篇文章的投入。

公益广告作为整个社会文明的标志之一,在欧美、日本及我国台湾都广为流行。

但是,目前我国的公益广告还很不发达。政府和社会组织由于财力和创作人员等条件所限,很难在这方面有更多的作为。许多有识之士寄希望于企业界和广告界联手。

从目前来看,企业界和广告界虽有雄厚的资金、优秀的人才、高技术的保障和强大的媒体推广力,但它们投资于公益广告的还为数寥寥,原因是尚未意识到公益广告带来的意义和效益。

更多企业也越来越认识到,公益广告的成熟是一个国家、一个社会成熟的标志之一,而投资于公益广告,也可见出一家企业的成熟和良好的社会形象。从今天的消费选择来看,可以说已经为企业投资公益广告提供了成熟的条件,因为消费已经进入新的阶段。过去的消费,属于数量阶段,其标准主要是看消费品的价格。随着公众收入的普遍提高,消费便进入了质量阶段,主要看产品的质量和服务的质量,等到很多企业都注重质量了,可供顾客选择的多了,公众便开始由过去的数量、质量阶段等理性选择进入新的情感选择,而企业投资公益广告,正是说明企业具有强烈的社会责任感,关注社会现实问题,有一副热心肠为社会作贡献,这时,企业虽然仍以推销产品为目的,但它的营销导向却已指向公众的情感领域,使企业的形象罩上了感情色彩,并以此联络公众。

一个可喜的现象是,目前一些大中型企业已经开始把目光转向这类公益广告了。很多观众可能已经看到,南方制药厂在去年洪水泛滥时,以"滔滔里风雨同舟"为主题做了一个公益广告,虽然仍以三九胃泰的产品作出承诺,但情意浓浓感人至深,收到了非常好的传播效果;再如,太阳神口服液选择教师节大做公益广告等等。这说明了公益广告可以带来丰厚的社会效益,进而间接产生经济效益,这一点正在为许多企业所认可。

当然,目前还有大量的企业只着眼于投资公益活动,而很少问津公益广告,即使像"三九胃泰""太阳神"等品牌制作了一些公益广告,但主要还是为营销产品服务。如果要让企业为了自己的公众形象而做纯公益性广告,还很困难,也不多见。

那么,如何充分地调动企业界和广告界的积极性参与公益广告的制作呢?我认为,公益广告在我国尚属探索性阶段时期,公益广告的创意还得着力寻求企业的性质和社会热点两者的契合点,这样才能既树立了企业的形象,又收到了社会效益。

要说现在公益广告中还存在什么问题的话,广告界为企业制作的一些公益广告,创意还真不错,而一些政府类或社会团体类制作的公益广告,内容仍嫌苍白,手段也较直白,而且过多地停留在理性诉求点上,显得说教较多。对于这一点,说明公益广告制作领域尚处于起步阶段,

我想,只有当公益广告真正为广大企业所广泛接受,才会提高创意和制作的水平,才能赢得大众更多的共鸣,也才真正体现出社会的良知。对于这一点,我们静观其发展。到真正成熟的那一天,我们一定会看到更形象、更赏心悦目也更有深刻寓意和打动人心的公益广告佳作。

(1994 年 1 月 7 日)

不能以精神失落和质量下降为代价

——如何看待今年文化体制将作重大改革

在 1994 年,文化体制改革将加大力度,以开创文化事业的新局面。

一、如何看待今年改革措施
出台最多、改革力度最大

在文化界,今年将是出台改革措施最多的一年,也是改革力度最大的一年。如果说,过去的一年是为加快和深化改革作了必要的酝酿和准备的话,那么,今年应当是改革取得更大进展和明显成效的一年。

今年要完成文化部内部机构改革,其中包括转变政府工作的职能,即要从适应过去的计划经济体制的管理模式转向适应市场经济体制的管理模式,文化工作的领导要逐步由微观管理为主转向宏观管理为主,把主要精力用在抓导向、抓总量、抓结构、抓效益上来,学会综合运用经济的、法律的、行政的和舆论的手段引导文化事业健康发展。另外,今年还要完成文化事业单位的体制改革,如文化部直属艺术院团都已经确定了改革方案并在着手实施。

1994 年是我国经济体制改革整体推进和重点突破的关键性一年,这使得加快和深化文化体制改革显得更为紧迫。这不仅是适应经济体制改革大局的需要,也是繁荣和发展社会主义文艺事业的内在要求。

二、国家级院团改革是重中之重

建立以政府扶持和补贴为中心的演出机制,集中力量办好代表国家级艺

术水平的剧团,是今年文化体制改革的重点,而艺术表演团体的体制改革,包括中央直属艺术院团的体制改革,乃是整个文化体制改革的重中之重。

去年9月,文化部发布了《关于进一步加快和深化艺术表演团体体制改革的通知》,就艺术表演团体的总体布局、领导管理体制、人事制度、工资制度、演出管理和思想政治工作等提出了明确的改革意见,今年,文化部将把这一改革向前推进一大步,切实抓出成效。

众所周知,中直艺术院团的改革,是多年来文艺体制改革的重点和难点,现在已进入实质性的攻坚阶段。文化部特别进行了中央乐团、中国京剧院、中央歌舞团、东方歌舞团4个院团的改革试点。去年成立的中直艺术表演团体改革领导小组,到今天已经拿出了中央直属院团体制改革的宏观思路和现阶段操作重点,并将经过讨论通过后出台。

中直院团的改革目标模式是:集中力量办好代表国家级艺术水平的剧团,在科学评估,优化结构和人员,集中人、财、物优势的基础上,总体性地合理调整中直院团目前的布局状况。

在具体做法上,文化部将建立以政府扶持、演出补贴为中心的演出机制。这一新举措,将有效解决长期以来干与不干一个样、干好与干坏一个样的"大锅饭"分配方式,这不像有些人所说的改革仅仅是增加演职人员的收入,因为钱少可以吃"大锅饭",钱多照样可以吃"大锅饭",而后者改革起来将更加困难。现在的一些艺术团体,不要说去适应市场经济体制,就是计划经济体制不变也活不下去。对传统的、民族的、高雅的、能代表国家水准的文艺团体,国家将给予重点扶持,通过增加国家投入和社会赞助,来促进其提高和发展,在这方面,通过这次改革建立起长期的、稳定的、可靠的物质保证渠道,彻底改变过去像要饭似的要到钱就演、要不到就不演的状况。

三、平稳有序地推进改革

文化体制改革的力度加大了,改革的难度必定也相应加大。当然,我们不奢望毕其功于一役,但应当有规则、有步骤、有重点地向前推进。

建立起与社会主义市场经济体制相适应的文化体制这篇大文章还刚刚破题,因此,在改革的问题上,不能犹豫彷徨,应以历史的责任感攻克难关,把改革这篇大文章做好。只有这样,文化事业才有希望。要完成好这一时代的课题,首先是各级文化干部和广大的文艺工作者具备一个良好的精神状态,能够正确处理好改革中遇到的个人和集体、个人和事业、当前和长远的矛盾,如果没有一个知难而进的精神状态,改革就很难坚持下去。

文化部部长刘忠德指出,检验文化体制改革的成功与否,要看三个有利于,即是否有利于充分调动和发挥广大文艺工作者的积极性和创造性;是否有利于出作品,出人才,繁荣社会主义文化事业,满足人们日益增长的文化生活需求;是否有利于促进经济发展和社会的全面进步。从刘部长的三个有利于来看,这场改革应给文化事业带来新的发展和新的局面,而不是无章法、无秩序地改,给文化工作带来混乱;更不能以文化人的精神失落和文化产品质量下降为代价去改革,这不符合文化体制改革的要求,不符合文化艺术自身发展的规律。中央对当前的文化工作包括文艺体制改革非常重视,非常关心,方针政策明确,很得人心。

目前,具体的操作还将包括建立以合同聘任制为中心的人事制度,在对中直各院团实行定编、定岗、定员后,对未聘、待聘、解聘的各类艺术人员,文化部将帮助解决其去向问题。对于人员分离的问题,将采取围绕艺术生产、实行动态分离的办法。具体地说,中直各院团在今年都要组织一批剧节目的艺术创作和生产,在节目组台和剧目建组时,将大胆采用新的管理体制,对艺术生产所需人员要合同进组,聘任上岗,在艺术生产的进程中实行人员的动态分离。由此看来,这次改革力度是比较大的,它将革掉中直艺术院团长期以来的积弊,有助于建立起一套新的、富有活力的运行机制,充分焕发出艺术生机,增强适应市场竞争的能力,并且树立表率作用,带动全国艺术表演团体进行改革。

（1994 年 1 月 23 日）

让观影之乐重回万千农家

——农民看电影难分析

农民看电影难，是当前农村存在的一个普遍问题。过去，在我国农村经济条件比较困难的情况下，农民每年都能经常看电影，而近年来经济状况改善了，农民反而看不到电影了。是什么原因呢？我们应采取哪些应对措施尽快解决这个问题呢？

一、农村放映队在流散

过去，中国广大农民在耕作之余，总有一件喜爱的事，那就是看电影。

哪怕走上十几里水路，或者翻越好几个山头，都挡不住农民们争睹电影的劲头。

然而，最近几年来，越来越多的农民开始见不着电影了。

前不久，河北省抚宁县政府给省里拍去一份明传电报，急报那里的农民已经有几年看不到电影了。

是什么让农民看不到电影了呢？是农村电影放映队伍散了。

河北省文化厅杨恩华处长对此列举出几个典型县的例子来。他说："河北省平山县，过去有放映队55个，现在只剩下8个，能坚持活动的只有3个，如今连这3个也顶不住了。再如临西县，过去是全国放映的先进典型，现在那里的电影队几乎全垮了。"

我们再来看看全国的其他省份。

四川，是中国最大的农业省，农业人口最多。那里的农民看电影情况又是怎样的呢？我找到四川省电影公司经理张北川，他也苦叹不已，他用数字说明："过去，四川农村电影放映点多达14000个，现在只剩下2000多个。四川有22个地区，188个县，现在到我们公司订购电影拷贝的只有4个地区，10个县。"张北川说："现在农村的老少边穷地区想看到电影的呼声很高。"

安徽省的农村电影放映队也几乎处于瘫痪状态。安徽省文化厅厅长陈发仁向我反映那里的情况时说："像金寨等革命老区，过去农民看电影的热情很高，现在没有电影放了，农民又回到了过去的'上山一把刀，出门一把锁，晚上一盏灯'的状况。"

湖南省电影公司经理黄明辉说："湖南过去有近万个农村电影队活跃在山乡泽国，把电影送到农民那里，然而现在，只剩下不到2000个。"

在对河南、黑龙江、内蒙古、贵州等省区农村电影放映队情况的调查中，无一例外地发现那里的电影放映队还在继续锐减。农村电影被称为"电影沙漠"。

电影对于当今农村精神文明建设和农民业余文化生活，是否还能起到以往那样大的作用？记者带着这个问题，走访了从事群众文化工作的同志和许多省市电影公司的负责人，他们一致认为，看电影仍然是当今广大农民主要的文化娱乐方式之一，而且电影在农村精神文明建设方面仍然是有效的渠道和手段。

文化部政法司司长康式昭述说他去陕西等地调查农村文化状况时说，那里的农民由于缺少最基本的文化设施和娱乐方式，因此流传一句顺口溜："耕田靠牛，点灯靠油，娱乐靠述。"

湖北随州市均川镇贺家楼村的农民说：现在生活好了，电影队却跑了，经济活了，电影死了。看电视经常停电，常常看不到一个完整的内容。我们只好白天扛锄头，晚上码砖头（打麻将）。

河北电影公司经理睢国强对我说："过去河北农村的很多地方在电影放映前开会，村干部们总要手执话筒，对群众讲上一些当前的时事新闻，或安民告示，或村民守则一类的话，这对于农村的文明建设有很好的作用，现在可好，电影队垮了，这些也一概没了。"

二、银幕往哪儿挂

我经过多方调查后发现,农民看电影难的问题有很多复杂的因素。

在发达地区的农村,由于农民有了更多文化娱乐场所和设施,电影队的减少就属正常。还有一种情况,如湖南省 500 万农村青年南下广州打工,农村中这部分电影的基本观众已经转移,使得农村电影队越来越少。另外,这几年电影创作缺少适合于农民看的片子,也使得部分农村电影队的放映活动日趋减少。

然而,在农村许多不发达地区,农民看不到电影是什么原因呢?归根结底是农村电影放映难。

由于农村绝大多数是露天放映,因此在收费上,以往都是以村镇为单位集中固定收钱,全年定额放映,即每个农民一次交齐 5 角—1 元,就能在一年里看 10—12 部影片。然而,这项费用在去年被砍掉了,昔日"两个鸡蛋"看一年电影的方法随之失效,放映队一下子陷入无钱购片的境地。其实,农民不缺这点钱,砍掉它,看来是在一定程度上以牺牲农民看电影为代价的。

另外,农村的改革开放,使农村放映人员有了更多的选择机会,而长期以来农村放映人员待遇低、任务重、劳动强度大,许多实际困难得不到解决,这样,一部分人员流走了,电影队也就散架了。浙江省电影公司总经理傅力耕向我出示的一组东阳市镇(乡)放映人员流动情况的数字很能说明问题:该市近 10 年来 90% 以上的农村放映员都有变动,因为待遇差、收入低、后顾之忧不能解决而要求调离的占总变动人员的 81%。

农村电影放映业内部机制尚未适应市场变革也是原因之一,过去传统的计划供片正在向市场选择供片转轨,新的片源点尚未建立,造成影片发行渠道不畅,片源受阻。据随州市的报告,农村 16 毫米影片月供应量比往年少 60% 以上,严重影响了正常放映。

农村社会治安情况的恶化,也是农村放映队萎缩的一个原因。据河北省电影公司经理睢国强和湖南省电影公司经理黄明辉反映,现在农村一些不安定分子专门找有放电影的地方寻衅闹事,聚众斗殴,侮辱妇女,纵火偷盗,搞得许多观众不敢来看电影,放映员若制止,常常要被打伤。这种事屡有发生,严重挫伤了放映员的积极性。有时,电影放着放着,没有声音了,一看,喇叭被人摘走了;有时放着放着,没电了,一看,发电机被人偷走了。现在,有些村长们一看电影队来了,赶紧制止,说:"钱照样给,电影就不要放了,一放村里就失窃。"

还有一些本来是很好的放映形式,现在也被某些地方禁止了。如农村喜欢在办红白喜事时请电影队放电影,有的放映队还利用这种机会向群众宣传精神文明,老百姓也容易接受,但这也被当作红白喜事大操大办遭到禁止。而实际上,请电影队演一场只花 30—40 元,而改请吹鼓队来,光付给主要的吹鼓手就要 500 元。

现在,由于电影机器的生产放开了,16 毫米放映机因为利薄,生产厂家越来越少,修理也很困难。在拷贝质量方面,现在洗印厂生产的 16 毫米拷贝质量很差,四川省电影公司经理张北川说,他们最近刚退回两部影片的拷贝,画面黑乎乎的,声音根本听不清。他说,现在怎么没有一个机构监督和处理这种事。

农村承包后,有很多地方的电影放映场地被挤占,或被挪作他用。湖南长沙县的农村影院建设过去在全国都是出了名的,设备很好,现在这些影院只剩下 20%,有些建成后就根本没放过电影。长春电影制片厂一位编剧告诉我,他有一次带着自己的获奖影片到贵州农村放映,却根本找不到放映员和场地放映。

三、换脑筋　喜盈门

让广大农民尽快看到电影,已经成为各方的共识。只有解放思想,才能使观片之乐降临到万千农家。在调查中,我形成了以下解决农民看电影难的思路。

谁掏钱谁看片,这是适应今天市场经济条件的农村电影放映的供求原则。那么,如何做到这一点呢?我认为,河南省的做法值得推荐,即有条件的乡、镇、村逐步实行固定售票放映;暂不具备规范放映条件的地方,可利用现有的文化大院、大库房或围圈简易广场组织售票放映;对难以售票放映的贫困、偏僻地区,在多数群众自愿的前提下,可采取电影票代售员和群众容易接受的其他办法,设法解决看电影的费用问题。其他省市的同志也曾提出过,如果是更加贫困的地区,县、乡政府能否在当地财政税收上,划出一定的比例,作为地方政府设立的农村文化基金,帮助农民解决看电影难的问题。

在解决了放映费用以后,制定倾斜优惠政策与激励措施,确保电影队伍稳定和放映活动的正常开展,并恢复乡办电影队,积极发展乡、镇固定放映场所,应当成为当务之急的工作。

在现有的农村个体电影放映队的基础上,鼓励更多的个人参与经营电影放映活动,包括夫妻队、父子队、兄妹队等,以此来扩大农村放映队伍,使更多的影片能够送达到农民那里。当然在扩大电影放映队伍的同时,也要注意提高农村放映员的思想素质和业务素质。

农村经济发展,使农民对文化生活的需求发生了变化,结婚、生孩子、祝寿、迁新居、上大学、参军、招工等"遇喜放电影"已基本代替了集体包场放电影,如浙江有两个农村放映队去年一年被个人出资包场的场次共达400多场,占这两个队全年总场次的90%以上。因此,要提倡乡、镇、村办和个体企业、富裕户、喜庆户出资包场放电影。

另外,在选片问题上出现了要求对口、对路,求早、求新、求好的新需求,这些问题若按常规排映办法是解决不了的,因此根据这一新的供需矛盾,必须改变旧的供片办法,如有的地方实行拷贝"按日计租""按质论价"等新办法,扩大农民选片的自主权。

改善农民看电影的环境和条件,切实使农民看电影由16毫米过渡到35毫米,由露天放映过渡到室内放映,现在有些地方把电影放映工作列入小康村建设规划,这是切实解决农民看电影难的好举措。

以服务促效益。针对农民和基层干部迫切需要解决与农民需求相适应的影片放映问题,应当要求放映员多动脑筋,多抓信息,多组织片源。如随州市南郊区有一个由3位农民组成的电影队十分注重以服务求经济效益,他们自制幻灯片,宣传区委和村组的中心工作,表扬好人好事、传播当前农情知识等达100多场次,放电影前加映农民需要的饲养鸡、鸭、牛、猪、鱼和种果树等一系列科教片500多场次,村干部们称赞说:无论是计划生育还是推广科学技术,一场电影比我们干部讲多少次都强。这个电影队目前已筹齐了1994年全年的放映经费。

理顺农村电影发行放映关系,保证影片拷贝的正常供应,要改变各电影制片厂自从自主发行后 16 毫米节目拷贝常常发行不畅或不愿经营的状况,要让一些有条件的电影洗印厂直接代售 16 毫米拷贝,以弥补农村片源严重不足,缩短过长的供片周期,也使得农村电影发行放映单位对节目有较大的选择余地。

在我们的电影创作中,农村题材电影的创作一度非常红火,也深受广大农民的喜爱。而到了今天,电影制片厂理应创作更多像《喜盈门》那样的适合农民口味、质量上乘的影片。电影主管部门在这个问题上也要早定规划,抓紧落实,创造条件使这类作品得以产生。

(1994 年 1 月 28 日)

国产动画业当思急起直追

——世界动画业发展对我国的启示

　　曾被国际评论认为"达到世界第一流水平,在艺术风格上形成了独树一帜的中国学派"的我国民族动画,令人骄傲地创造了当年的辉煌。然而今天,其光环一直被戴在美国的迪士尼和日本动漫画的头上。如若提及国产动画,几乎每个人的记忆中,都还停留在万氏兄弟的《大闹天宫》和《神笔马良》《哪吒闹海》等动画的开山之作。

　　近来,我国动画现状和发展问题受到社会各界的广泛关注,人们除对已有成绩肯定外,主要就如何提高艺术质量、增强观赏性、科学设置产业架构、打通国际合作途径、开发衍生产品等问题,提出了许多批评和建议,这无疑给动画工作者带来极大的压力。

　　作为一项待开发的"朝阳产业",我国的动画事业无论从提升民族文化精神的角度去审视,还是作为产业来培植,既离不开正处于变革中的大背景,也不能抛开世界动画业发展的大格局,这就需要我们从战略高度去认识,在这个问题上,任何封闭式的分析和研判都可能带来误导。对此,笔者搜集整理了世界动画业的有关材料和信息,特别是对美、欧、日在动画生产发展过程中的理念、路径、运作等进行考察分析,来看看国产动画业如何借鉴他人之所长,克己之所短,发挥自身优势,逐步将民族动画事业推向一个新的发展轨道。

一、美、欧、日动画产业发展现状

　　迪士尼公司的米老鼠影片始终在国际上长销不衰,显示出美国在动画行业独占鳌头，它的全球称霸地位是不争的事实。

美国动画片始终在世界各地走俏还体现在电视领域，国际市场对迪士尼公司的动画片产品始终都有强烈需求，特别是几部系列片，如《鸭子的故事》和《奇普和戴尔的拯救突击队》。还有《小美人鱼》《阿拉丁》、根据《狮子王》改编的《蒂蒙和庞巴》等影片，目前已在美国电视网播放，并将在国际上发行。

作为后来居上者，欧洲的动画业正处于热潮，5 年前才播放 200 小时，现在猛增至 1000 小时。为满足眼界更高的小观众的需要，制作费也大幅提高，半小时一集已达 60 万美元，有的更高达 465 万美元。但从整体看，美国动画影视片仍占据欧洲市场的主导地位，迅速崛起的欧洲片目前还无法与其抗衡。

欧洲国家，正在努力发展自己本国的动画业。特别是随着欧洲统一市场形成的进展，各国之间合作制片已成为标准方式。如欧盟的媒介机构对 1994 年动画片所作的统计表明，法国在欧洲制作动画片处于领先地位，有 40 多家动画片制作公司，1994 年共生产 237 小时传统的和电脑设计的动画片，是欧洲最大的动画片生产国，占市场的 30%；其次是英国，占 20%；然后是德国和西班牙。比利时有两大制片厂，其后是意大利和希腊。意大利的动画片近年有较大的发展。

西班牙可算作欧洲第四大动画片制作中心，但在制作中又将一些项目承包给美国和英国制片厂。总的来说，西班牙制作的动画片数量越来越多，领先的要算巴塞罗那的特奥康电影制片厂，它拥有电脑制作系统，每个月能制作 8 集每集半小时的节目。

再看日本，其动画业当初是从为美国动画片做加工起家。1960 年前后，日本每月从国外（主要是美国）进口 50 部动画片，为进口的全盛时期。以后，日本加强了国产动画片的制作。70 年代以后，进口数量逐渐减少，出口数量逐渐增加。80 年代，日本作出新的规定，不再进口动画片连续剧，只进口单集动画片。到了 1993 年，情况发生了逆转，进口动画片总量共计 2843 小时，而出口总量共计 19546 小时。

在日本，无论何时打开电视机，都可看到动画节目，特别是中午和 15—17 点之间，更是集中放映动画片的黄金时间。除动画片外，许多电视广告也喜欢采用动画形式，栩栩如生、活泼可爱、语言诙谐的动画片已成为日本观众日常生活中须臾不可缺少、老少皆宜、备受儿童观众欢迎的艺术形式。每年都有数十部动画片问世，其中不乏世界闻名之作。

反观我国的动画业，艺术创作有一定基础，在国际上也曾享有较高声誉，但目前相当不景气，如我国动画片生产基地的上海美术电影制片厂，由于资金不足，又加上港台和外国加工业的冲击，人才严重流失，原画设计人员走了近四分之三，处于难以为继的困境。其他的如上海电视台动画厂，也面临同样问题。

二、动画制作架构

任何一个行业，从低级到高级的发展都要经历相当长的探索、发展之路。在美国，动画行业分三个等级。第一级是策划公司和发行公司，属于大老板级；第二级是主创、设计人员，如设计师、导演等；第三级才是加工部门，这在美国很少，因为属于劳动密集型，大多发往海外去做。

德国以前没有制作动画片的传统，但在过去几年中，德国在一些有实力的电视台和媒介集团的支持下，动画领域也有发展。在柏林、汉堡和科隆，制片厂林立，地方政府向它们提供了可观的财政支持。德国电影观众已表现出对德国人制作的动画故事片的较浓兴趣，特别是对那些供成人和整个家庭看的片子。制片厂发现，他们光靠国内发行就可以回收资金，因而，德国成了欧洲动画片制作中心。

担任《机器猫》一片制作的是隶属于朝日电视台系统的动画制作株式会社"新艾侬"，参与《机器猫》制作的共 300 多人，其中担任动画制作的约 100人，62 人为"新艾侬"公司正式职员，其余从社会上聘用。

动画业生来就具有很强的知识经济特性，但反观我国，知识含量较低的加工工业的投资比例过大是我们这个行业的通病，例如，计算机、VCD 机、光盘生产线等产品的技术及配件甚至是成套设备都来自国外。其结果是用重复性劳动换取报酬，重复建设一拥而上，没有自己的品牌或有品牌但没有技术，原材料也是人家的，这已给国家产业结构调整增添了难度。

比如，全国从事动画片生产的单位近百家，其中只有中央电视台等几家电视台和电影制片厂具有独立创作能力，其他大部分单位无论是人力还是财力大都没有独立完成动画片的能力,其业务主要承接加工动画片的绘制工作,属加工性业务。这类单位大部分分布在北京、上海、广东地区。

动画业的中期加工业务易于在公司的组织形式下进行规模生产,且有市场需求,故在我国改革开放伊始,一些海内外人士出于商业目的开始成立动画制作公司,时至今日形成了一定规模,这是市场自发作用的结果,这是由于政府对影视业的管理主要放在了电影和电视剧上,而对动画业的管理仅仅局限于对进口动画片审查上,因而导致我国目前还很薄弱的动画行业出现了上、中、下游产业链上的结构失衡。

三、内容生产

应该承认,国外的动画业是在成熟的市场条件下发展起来的,他们注重创意和内容生产,认为只有在这上面大把投钱,才能赚到钱。而我们的动画业是在计划经济体制和尚不成熟的社会主义市场经济条件下逐渐发展起来的,不免要受到管理体制等掣肘,决定了在资金运用、人才实力、创意定位、企划宣传、后续产品开发等一系列高度市场化的操作水平上远远地被人家甩在后边。

美国和日本的动画业,除了资金雄厚、技术先进外,十分注重商业元素,牢牢抓住观众的喜好。而欧洲片崇尚艺术,曲高和寡,拒用好莱坞那套适应和迎合市场的制作模式,结果是虽在一些电影节、电视节上很叫好,却不叫座。

日本动画片的制作分两大类,一是电视台的制作组,一是社会上的独立制作所。电视台制作组的播放权归该电视台所有,独立制作所制成的动画片放到社会上公开出售播放权。选择剧本则由各制作组和制作所自行决定。好的剧本往往是动画片成功发行的关键因素。选择的标准是,原著最好,如改编,最好是名著,所讲述的内容是全球诸多国家共同关心的内容,最好不要过于民族化。

此外,美日动画片还在其他方面各自有特点,如美国的特点是资金雄厚,制作周期长,画质高,而日本的特点是恰恰相反,周期短,成本低(只及美国片的1/3)。日本评论家对动画片创作有一系列可供我们借鉴的观点,如他们认为,动画片之所以受儿童欢迎,是因为既以儿童为教育对象但又不硬灌,由于动画片大都采用口语化表达,能一下子抓住儿童的心理,便于向儿童教授科学知识和道德伦理,也容易得到家长们的共鸣;自明治维新以来,日本一直重视儿童文化教育,漫画极其普及,每年发行各种漫画数亿册,仅《少年跳跃》一期便能发行600万册,漫画的普及为动画片的流行准备了深厚的土壤;日本进口国外动画片时,一般不作简单的翻译,而是加以再创作,使之更适合日本儿童的口味。

还有一点与内容生产直接相关的,也是动画片最重要的要素,就是创作想象力。日本"新艾依"公司的小林先生认为,中国拥有悠久的历史和雄厚的文化遗产,同时又拥有世界上人数最多的儿童观众,中国发展动画片大有可为,然而确实也发展缓慢,除经费不足、发行渠道不畅外,更重要的原因在于剧本创作过于拘泥于原著,很少创新,如能进行再创造,取自科学幻想而又不脱离现实生活,定能创作出更多受各国儿童欢迎的动画片来。

今天,技术创新越来越成为动画业发展的关键点。比如,制片厂如果使用电脑绘制和上色,即可节省大量人力。欧洲联盟卡通项目经理科林·杰纳特说,那些不具备新技术的制片厂将在今后三四年内消失。风行于日本的《机器猫》每月必须制作4集新片,由于在原画制作过程中使用了计算机,速度大大加快。在拍摄过程中引入计算机后,提高了画面的连贯性与平滑性,大大提升了观赏愉悦感。

80年代末,欧洲动画片联合会对许多电脑项目给予援助,过去几年给欧盟15国提供4300万美元的电脑动画研究和制作费,其中三分之一是援助法国的,法国政府决定帮助研究和开发电脑动画片,于是法国动画设计师推出了更多的二维和三维软件。联合会的发言人马克·范德维尔说:"过去几年,欧洲电视市场上法国动画片数量上升了,而日本制作的动画片数量下降了。"

与动画片质量直接相关的是人才问题。在动画行业中,既有富于创造性的工作,如导演、人物设计等,也有一般加工性的工作。前者人才越多,则动画片越容易出精品;后者人才越多,动画片的加工业则越发达。在我国,动画片创造性人才有青黄不接之势,导致国产动画片质量常常受到指责,主要集中在编剧故事差、缺乏想象力、导演水平低、音乐粗糙等。而一部动画片成功与否的要素都处于这些环节中。因此,专业性人才的培养,特别是原画设计人才的培养是当务之急。

四、用好国际化合作和海外市场

在动画行业,国际化合作和海外市场是取得资金来源及成本回收的重要途径。总的说来,美国对动画业没有任何优惠政策,资金来源一般都是银行贷款、大公司投资和动画基金会。那么,它们是如何收回成本和赢利呢?通常,一部新出品的动画片,首先在国内三大电视网上播出,这能收回三分之一至二分之一的投资,以后再便宜地陆续卖给各有线电视台,一点一点地收进投资。两年后再卖给各地中小电视台,大概能再收回四分之一的投资。加上通过各种形式的重播,以及动画片衍生出来的玩具等相关产品开发,实现资金回收。而要做到赢利,则要取决于海外市场销售,赢利大都在这里。为了减少动画片的投资风险,有些动画片制片商先做5—6集的试片,拿到一定的范围内播放,听取部分观众的意见,观察他们的反应,如不行就赶紧停下,不再做下去。

据了解,欧洲动画片的世界各国联合生产和全球播出,令人印象深刻。英国制作的《托马斯火车头》是最受欢迎的外国片之一。该片将美丽的田园风光和人格化的火车头巧妙地结合在一起,很快便征服了日本儿童的心。几年中,该片在日本共出版发行150万盒录像带,相关玩具200万个,连环画册750万册。

法国动画片除依靠政府补贴外,为获得资金,也向海外市场发展。法国动画公司董事长克里斯蒂安·戴维说:"为了保持正常生产,我们每生产3部系列片就有1部与美国人合资制作。"由国家资助的加拿大国家电影局动画片厂,由于政府拨款减少,也正向国际市场寻找合伙人,如《鲍勃的生日》的制片人戴维·维罗尔说,在海外寻找合伙人已成为筹集资金的主要办法。

英国托尼·科林伍德公司制作的一部13集每集半小时的《奥斯卡管弦乐队》,通过一个冒险故事,让孩子了解各种管弦乐器。该剧已在欧洲预售,获得了450万美元的制作费。这是科林伍德首次使用电脑系统制作的动画片,所有预制工作和主要动画在伦敦完成,但描绘和着色使用法国PEGS系统,由英国、法国和中国制片厂完成。

动画最具有世界性语言,在各民族中普遍通用,特别适合于全球播映。由此,一部动画片常常在创作之初就已经为将来的全球播出推广预设了全部的要素。英国贝文菲尔德影片公司制作的 26 集动画系列片将在美国广播公司播出,这是美国首次播出英国开发的动画系列片;英国的希伯特·拉尔夫娱乐公司制作的半小时特别节目《被遗忘的玩具》已在世界各地包括美国预售;威尔士的赛里奥制片公司正在制作 26 集的动画剧《比利猫》供德国电视二台、法国电视三台和"新频道"电视台播出。

比利时最大制片公司之一"奥特克儿童卡通片公司"正在制作 26 集的"Mooukys",并与一家法国制片厂合作,利用法国动画电脑系统制作《卡兰特十字架》,这两家公司还将联合制作动画故事片《吉里科》。

俄罗斯电影制片厂也找到了与西方合作的机会,提供高质量的动画技术以获取股权。

日本制作的动画片大有席卷全球之势。《机器猫》《小甜甜》《西游记》《龙球》等一部又一部的动画片跨出日本国门,相继被搬上欧洲、美洲、亚洲、非洲和拉丁美洲许多国家的电视屏。仅以《机器猫》为例,至今在日本已连续播放 16 年,续集还在不断地被制作出来。一个来自外星的猫形机器人充满了智慧、友情与爱心,在它的帮助下,身体虚弱、学习成绩落后的主人公康夫成了一个无所不能的男子汉,机器猫从此也成了各国儿童心目中喜爱的宠物和智慧的象征。机器猫的故事不仅在日本家喻户晓,而且畅销世界 50 多个国家。日本为了推动日产动画片出口,还根据不同国家确定不同价格,每盒动画片录像带价格可在数百美元至一千多美元之间浮动。同时也要照顾到出口对象国的文化特点,如不向阿拉伯世界出口穿有超短裙一类人物的动画片。再有一点就是,绝不要在动画片中加进暴力一类儿童不宜的内容。

动画片的衍生产品生产,是一项巨大的产业。美国动画片不仅在国内外拥有大量的观众,它的衍生产品也有可观的顾客。如华纳兄弟制片公司就拥有著名动画片中的动物玩具,市场非常广阔,它们在 1994 年的世界各地零售店中销售额达到 25 亿美元,其零售店正在向全球扩展,在英国已有 9 家,在柏林有 1 家,目前正在巴黎和新加坡等筹建新店。华纳兄弟公司在德国建立的电影公园——"电影世界"正在全力经营一个电影制片厂,在澳大利亚的"电影世界"也刚完成扩建任务。日本动画片的走俏,也给其相关产业带来巨大经济效益,与动画片配套发行的漫画集、玩具和文具等销售量也成倍增长。于 1988 开始在日本放映的动画片"安帕曼",6 年中共创下 140 亿日元的巨额收入。

五、我国动画片的前景

动画业是一个朝阳产业,全球都在看好这个产业,并全力以赴加以发展。最典型的要数日本。60 年代以前,日本的电视节目曾一度被美国的动画片所占据,但随着《机器猫》等日本动画片的问世,不但重新夺回了被美片占领的日本国内市场,而且还大举走向海外。据日本有关部门统计,1992 年—1993 年一年中,日本出口动画片共计 11398.8 个小时,占日本同期出口各种影像软件总量的 66%,而电视剧和电影仅为 3028.6 个小时,占出口总量的 15.5%。有关知识竞赛和文化娱乐方面的影像为 14.8%。在全部出口中,西欧占 33.5%,亚洲占 26.5%,北美占 12.2%。相比之下,日本从国外进口的各种影像软件中,动画片约占 5.2%。在动画片进出口上,日本大大出超,仅《机器猫》每年就可为日本带来 1 亿日元的利润。

我国的动画影片生产虽然存在种种困难,但几年来仍在发展,有些也达到了较高的水平,如上海美术电影制片厂的《山水情》《超级肥皂》《独木桥》,八一电影制片厂的《毕加索与公牛》,上海电视台动画厂的《小兔菲菲》,福建电视台的《蚱蜢与蜗牛》,中国电视剧制作中心的《星星梦》等。特别是近几年电视动画片的发展,为动画事业增添了新的血液,中央电视台就是很好的例子。

兵临城下,不甘束手就擒;迎接挑战,振兴民族动画产业,这是一段时间来中国动画界的主旋律,而其中唱得最为响亮的,是来自中央电视台的那个声部。它不断注入创作力量,加大资金投入,设立播放国产动画的专业栏目,成为我国两大动画生产基地中的一支"主力军",是播放国产动画片的"国家队"。

中央电视台如何打造民族动画的"国家队"形象的呢,就拿"央视动画"10 年来的发展说,从每年的制作经费不足数十万元,到今年已累计投资两亿五千万元,制作了一批让中国孩子耳熟能详的动画作品,如《西游记》《千千问》《大头儿子和小头爸爸》《小糊涂神》《阿笨猫》《父与子》《小贝流浪记》等电视动画系列片、动画短片及影院动画片,目前正在制作继《西游记》之后的一部部电视动画大片《哪吒传奇》《梦里人》《小虎还乡》等15个系列片,从而在一定程度上扭转了沦为给国外动画片进行初加工的"血汗工厂"。

当然,作为动画界的"国家队",如何想要取得更大成绩,关键还是如何改变观念和开阔思路,特别是在产业结构,制作手段,建立完善、科学的市场体系等环节上,要学会用国际通用的语言打开市场,以优秀的国产动画精品抢占市场,让新的中国动画成为国际影视界的生力军,从而实现国产动画新的辉煌。

另外,电影、电视动画艺术工作者不能"鸡犬相闻,老死不相往来",而应携起手来,团结协作,这非常有利于增加节目产量,提高质量。从目前趋势看,今后动画片的传播媒介应当主要通过电视,切不可再把拷贝锁入电影片库中睡大觉。

(1994 年 1 月 29 日)

写出了历史和现实许多筋节处

——对 1993 年度国产故事影片的总体评价

对于过去一年的 1993 年度来说，如果稍作回顾，便会发现，全国电影工作者以"弘扬主旋律，提倡多样化"为创作生产指针，在积极参与、互动中主动调整与市场的关系，在多重挑战中寻找生存的空间，使全年公映的影片呈现出数量多、题材广、重点作品质量较高的好势头。

1993 年的国产电影日益明晰地显露出走向市场、关注现实和多元发展的趋势。电影的市场化进程已显示出某种新的创作模式，电影观念与体制的再定位也已有眉目。一些影片以其敏锐的视角，展现了 90 年代中国社会和广大民众在不断变化着的价值观念下形成的精神状态和生存现实。一些影片仍执着地继续对历史、文化、社会作广泛的探索，并且进入更深的层次。

两极化的制作和创作格局，是 1993 年中国电影又一个明显的特征。它较多地呈现在投资方式、制作规模、市场定位、创作主旨等方面。电影的投资分化表现为两种样式：一种是以海外资金为基础、以海外市场为导向的所谓"合拍片"；一种是立足于自身资金、自身市场的"本土电影"。而其中的自筹资金拍片，已成为 1993 年中国电影的一个新的重要现象。

对于 1993 年国产电影创作的特点，具体说来，可归结为两个方面：

一是多角度、多侧面反映变革中的现实生活，特别是关注当前中国普通人的生活情状和内心世界。有几部影片由于运用了诗化与写实相结合的电影语言，显示出鲜明的风格特征，这在致力于开拓国内市场、吸引观众上表现出独有的艺术追求。如反映农村生活的有《香魂女》《老人与狗》《凤凰琴》等；反映城市生活的有《无人喝彩》《股疯》《站直啰，别趴下》等；有反映知识分子性格命运的《蒋筑英》《女大学生之死》等。

二是重大革命历史题材影片有新的突破,如《重庆谈判》《刘少奇的四十四天》《秋收起义》等,不仅注重全景式地重现历史风云,而且坚持在平凡中体现伟人的风范,注重揭示敌对势力及领袖人物之间引发的品格与心理上的碰撞;在情节取向上也透露出创作者对市场因素的策略考虑。

三是一些影片越来越风格纯熟,样式新颖,手法细腻,艺术品位较高,如《三毛从军记》《站直罗,别趴下》等,尤其《三毛从军记》,以漫画式的喜剧形式提供了一套全新的话语体系和表意规则,其创新价值不容低估。

但是,值得指出的是,1993 年中国电影正处在文化体制改革的大力推进过程之中,杂沓而无系统的市场观念与市场本身之间的不相吻合,浮躁失衡的创作心态与实际能力之间的落差,使该年度国产影片在总体上打上了转轨阵痛期的深刻烙印。社会和经济"两个效益"矛盾的突出和商品意识的增强,使许多创作者显露出明显的商品化倾向。而娱乐性低和对娱乐性影片的浅层次理解,又使不少所谓的"商业片"实际上并没有产生多少商业效益,进而影片质量与市场需求形成强烈的反差和恶性循环。从整体来看,媚俗式的平庸之作、艺术品位不高之作仍占多数,不少影片题材雷同,概念化、模式化痕迹较重,缺乏新意,表现出过度注重世俗化与商业化的倾向,影片的总体质量仍然呈下滑趋势。

造成这种状况的原因是复杂的、多方面的,我认为主要还是由于在市场经济的考验面前,缺乏充分的创作准备、严格的质量意识和长远的战略眼光,没有充分发挥电影自身的优势,致使一些影片仓促上阵,迎合时尚,粗制滥造,聊以应市。因此,尽快调整创作心态与制片机制,熟悉和把握不断变化的市场与观众,也许是中国电影走出困境的关键所在。

(1994 年 6 月 21 日)

"电子缪斯"款步走来

——解析电子出版物的未来前景

以电子为媒介进行信息存储与传播的电子出版物,正在我国出版界崭露头角,并努力跟上西方发达国家的步伐。

一、高歌猛进的发展势头

电子出版物,是以电子信息的方式将图、音、文、像等多种形式的信息存储在光、磁等载体中,然后用计算机或电子通讯等方式读出。容量大、体积小、成本低、检索快、易复制和保存,存储音像图文信息在减少资源消耗和环境污染等方面,有着极大的优势。因此,它的出现,宣告了对以纸张为主要载体进行信息存储与传播的传统方式的挑战。

电子出版物的种类很多,主要分为两大类:电子网络出版和单行的电子书刊。前者通过数据库和电信网络,向用户提供即时的联机服务和传真出版、电子报刊、电子信件等多种服务;后者以磁盘、集成电路卡和光盘(CD-ROM)等为载体。近年来,能把图、音、文、像等有机集成并把结果综合地表现出来的多媒体技术迅速普及,使电子出版物更加多姿多彩。

早在 80 年代中期,我国就已有联机系统引进,1991 年初正式出版了第一种光盘出版物。虽然目前我国的电子出版物在实际开发和应用能力上与西方国家存有较大差距,但近年来的发展速度很快。

据国家新闻出版署提供的资料,我国一些新闻、科技等机构已建立了自己的数据库,开始向用户提供联机服务,并出版了光盘版。国内的多媒体制作公司如雨后春笋般发展,有些已具备了较强的开发制作能力。目前,全国已建成 30 余条 CD、LD、CD-ROM 生产线,出版品种已相当可观。

中国大百科全书出版社现正在投资建立"中国百科术语数据库",建成后将为广大用户提供联网服务并与国际有关数据库联网。许多出版社也纷纷与有关多媒体制作公司合作出版光盘等电子出版物,如已投入制作的《中国美术全集》等多部巨著及旅游、教育、辞书、工具书、文献等一批选题。前不久在北京举办的"中国社会发展成就展"上,海天电子图书开发公司等开发的光盘出版物,受到社会各界的关注。江苏、湖北两省出版总社也已经专门成立了电子出版物的开发机构。另外,我国计算机已越来越多地进入家庭,CD-ROM 驱动器的年拥有量正以近 200% 的速度增长,家庭电话开始普及,这些都为我国电子出版物的发展创造了很好的条件。据专家估计,到 20 世纪末,电子出版物在我国出版物中将占有相当大的比重。

二、出版业迎接挑战

为迎接电子出版物对出版业的挑战,我国必须从战略的高度抓住这次出版业发展的机会。

众所周知,我国是一个出版大国,3 千多年有文字记载的文化积累、世界最多的识字人口是出版发展的雄厚基础。近几年来,年出书 9 万多种、杂志 7 千多种、报纸 2 千多种、磁带 5 千多种,再加上台港澳地区的繁体汉字的出版物,我国出版品种规模和复制量规模堪称世界第一。

要将如此丰富的出版资源和庞大的出版规模转化为电子出版物,不仅是不久的将来迎来信息社会所需要的,也是完全有现实的可能和起步条件。我国汉字排版计算机化在 90 年代初已经实现,只要将排校过程中使用的电子文本作必要的整理和标引就成为电子出版物,就可以以磁盘或光盘为载体发行或成为大型综合数据库的一个子库供联机检索。

由于用数字技术存储和传递文字信息不仅在技术上是成熟的,而且在经济上是非常节省的,在信息覆盖面上又是充分的,所以以文字为主的电子书、报、刊等电子出版物将首先成为电子出版物市场上的主流产品。

当然,组织出版电子出版物要求出版单位有一定的规模,而我国的大多数出版社都具备这样的规模,也有足够的经济实力添置必要的设备来开展电子出版业务。这些条件特别有利于依托现有的出版单位发展电子出版,这是使中国成为电子出版大国的基础条件。

三、亟待解决的问题

目前,我国电子出版业的发展,基本上还处在一种自发的、各行其道的状态。因此,电子出版物需要高科技,大投入,多配套,这就需要政府出面统筹安排,协调好科研、试制、生产、推广、维护和设备、线路、技术、出版、流通各环节各方面的关系,组织多行业协同工作,这样才能有效快速地发展,才能防止信息资源的流失和重复建设的浪费,并消除可能产生的由不协调带来的各种障碍。在这方面,可以同国家的"金桥工程"作好衔接,规划好设备生产、线路建设和出版物的技术规范的衔接,规划好现有出版物转换为电子出版物的步骤。既要重视信息设备、信息技术及软件建设,又要重现信息处理、信息流通及其软件的建设,形象地说,在未来的信息高速公路建设规划中既要考虑"路",又要考虑"行车规则"和"货源组织"以及"国际联运"等一系列问题。

由于电子出版物的使用离不开计算机,因此,电子出版物的标准应当尽可能顾及计算机的标准。另外,电子出版物总要通过信息网络传输并跨国流通的,因而其数据结构要符合传输网通路的要求和国际通行标准。

电子出版物的另一个突出特点是复制非常方便,这对版权保护提出了严峻的挑战。我们理应做到未雨绸缪,必须有明确、严格的法律法规限定和强有力的执法手段以及广泛的社会监督,以保障著作权人和传播者的合法权益。如纸质出版物转换成电子出版物,须经过标引等编辑加工,从而产生原来不具有的检索、相关联系、文献统计等功能,进而产生新的知识,这就应该享有改编著作权。需要指出的是,一方面,著作权人应注意运用法律保护自己的利益,另一方面,编辑、出版者应事先取得版权所有者授权后方能出版。明确著作权归属,可以保护好作者、改编者、数据库服务程序设计者和出版者各自的利益,以鼓励改编者和出版者生产全文数据库以及其他类电子出版物的积极性。

电子出版物的管理也需要进一步加强。有些电子产品、通信网络所存储和传递的信息,格调不高,甚至夹杂淫秽色情内容,还有些单位以举办国际展览或代理销售的名义,推销境外的电子出版物,其中就有内容不符合我国意识形态的问题,这类问题需要通过强化管理来解决。此外,专业人才不足,发行渠道不畅,也是困扰出版的两个问题。如果要想在发展电子出版业方面取得主动,就须尽快把培养复合型人才和解决"发行难"提上议事日程。

(1994 年 11 月 29 日)

文化利益团伙抢分天下

——关于文化生产力与生产关系变革"前夜"述评

一、不是"北京口"就得换人

这是一个什么都可以用"大型"来形容的场面。

北京一家五星级饭店的大型宴会厅里，正在召开有千人以上参加的大型新闻发布会，一部早经传媒炒作的大型电视连续剧在这里正式建组开拍。

艳光四射的头牌女主角走上台来亮相，她是外省的知名青年演员。她很幸运，能到北京这个大舞台，就意味着拿到了走向全国大舞台的通行证。所以，她格外自信。

然而，这张新面孔的出现，惹怒了台前的一桌子人。这桌人不是剧组的编、导、制片人，也不是投资方的代表，而是与剧组有点关系的非影视界人士。他们首先发难："怎么？挑的这个妞不是北京口！"

按理说，拍北京题材的戏，需要纯正的京腔完全应该。但是，他们说的"北京口"，绝不是指这个女主角的口音，而是她的身份。其潜台词是：她不是我们"码头"上的人。

于是，这个发难立即引起一阵轰响："是呀，我们北京有这么多的演员，为什么非要挑个南方的演员。"

"必须换人。"剧组终于顶不住"友邻部队"的压力，让这位女主角拿上点精神损失费，打道回府。圈内人都知道，她的悲剧在于她事先没有到这个新的地界上找有关系的人疏通关节。

这种现象在当今的文化圈已较为普遍。据知情人士透露,围绕文化创作、生产、市场而自行组织起来的这一类利益团伙,不仅在电视界、电影界、音像界存在,也在编剧、导演、演员、广告商、音乐制作人、书商等各式人等中存在。

由于这类利益结盟,尚处于一种非自觉的、分散的、游离于体制外的状态,甚至是一种"草莽"式的野蛮生长,我们姑且称它们为"文化利益团伙"。

这种文化利益团伙的自行结成,首先是以"利益"为纽带的。这里的利益体现在各个方面,也以各种形式表现出来,如有的利益团伙只是为其成员提供更多的机会、更好的生存方式,以及能够增强个人的力量。如果游离于团伙外面的单个人,恰恰不能轻易得到这些机会。

人们不禁要问:这种文化利益团伙我们怎么看不见、摸不到呢? 当然,这种团伙有一部分是显性地存在于社会文化事业的格局之中,而更多的则是隐性的,它们如同一张张无形的网铺展在文化圈层底下。它们上不了台面,也不愿意上台面,它们用不着名正言顺地对外宣示,而是凭着相互形成的信誉,就可以与人、与机构、与单位达成"默契"。

二、围绕着大众媒体滋生繁衍

这些利益团伙,大都是围绕着大众类、生活类、都市类媒体,特别是广播电台、电视台等强势类媒体繁衍、滋生、成长起来的,因为只有这类传媒才能带给这种圈里人更多的影响力和各种名利好处。所以,哪一种大众媒体越有影响力,它周围聚集起的文化利益团伙就越多。如影视是最有影响的媒介,它周围的各式团伙也就最多、最强有力。

举一个例子,某人是一位公推的好演员,凭他的演技和人品,在剧院担纲负责演员剧团事宜,由于他的社会知名度很高,为人热情,信誉又好,社会上的一些影视剧的编导们,纷纷请他帮忙物色推荐演员,很多演员也慕名而来,让他看看有什么合适的角色给推荐推荐。就这样,几年下来,他成了这个圈子里的核心人物,这个圈子的范围早已不是单位所有制下的那一种,而是广阔无边的大社会。有了他,导演们不用满世界瞎转悠,演员也免去不少胡碰乱转撞运气。

起初,这类人的活动范围只是在国家的文化生产格局的空隙地带,而当他们的力量逐渐壮大以后,就开始自行组织文化生产和推销,抢占文化市场,赢得观众或读者,形成了抢分天下的局面。

比如,一台大型晚会,由于主办晚会的单位没有这么大的生产能力。因此除了晚会的核心人物是文化生产单位委派外,其他人需要大量从外面聘来,由于这种晚会影响大,各种名利的争夺最为激烈。于是,围绕着晚会迅速形成了一个庞大的利益团伙,他们依赖或继承原有生产机构的名分,但大部分生产操作都在机构的体外进行,这种附着在原有机构上的新的文化利益团伙,在运作上具有很大的自主性。

具体地说,其中围绕利益上的标价是非常明确的,如果没有利益上的默契,再好的演员和技术人员就是进不去。这就是为什么"黑马"常常出人意料地"杀"出来,或者早就让观众腻烦的面孔却又总能在舞台或银幕屏幕上频频露脸的内在原因。在这种情况下,如果缺乏适当的竞争机制和督查机制的引入,那么,这种利益团伙存在的弊端将是十分明显的。

在这里,集团核心人物的素质和责任感往往显得非常重要。如有一家电影厂的一位实权人物说,当年曾手把手教过他拍电影的老师,一天找到他办公室里来,关上门,扑通一声跪在他面前说:"我快60岁的人了,你给我拍一部电影吧,或者别的什么纪录片、专题片都行,不然,我这一辈子就再也没有机会了。"老师的这位学生听后,也扑通一声跪下:"老师,这个厂我得弄好它,钱是国家的,不是我个人的,您什么时候不起来,我也什么时候不起来。"而随后,这位实权人物悄悄地把钱给了属于他这个集团中的一个远在千里以外的很能干的青年导演拍片去了。应该说,这是一个有责任感的人,对文化生产来说是一种积极的力量。

三、文化大腕对文化生产的实力控制

文化利益团伙的出现,有相当多是伴随着文化能人、文化大腕而产生的。

刚开始,这是一群利益团伙中的逐利之徒,他们在各自不同的工作单位以各种稀奇古怪的理由让自己尽量不在岗干活,而结成团伙隐形地活跃在影视界。他们专门拉着企业老板替他们拍片挣钱,往往在片子拍了大半后,就对老板说,钱已用完,拍不下去了,老板当然不愿半途而废,便往往狠狠心继续往里投,而他哪里知道,原来的钱早被这帮人做手脚留下了。

应当看到,当他们在经济上的优势和创作上的力量显示出来后,就开始在作品中鼓吹和灌输某种思想观念了,并以他们的价值取向和生活方式进行很有影响力的文化示范。从目前的文化市场看,由这些利益团伙自主生产的文化产品大行其道。他们逐步掌握了大众媒体如电视台、报刊等以后,便控制了一定的大众文化生产,并广泛地影响着人们的接受方式,改变着人们的某些观念和情感。

人们记得近来有几部长篇电视连续剧,刚刚播出,人们便大吃一惊,因为他们看到了空前繁多的片头广告。这些广告已不仅仅是简单的布景、道具了,而是构成了剧中的叙事部分,说明了大腕们并不在于观众怎么看他们,而观众却强烈地感觉到自己完全是被动的、被控制的。正如一位学者所说:"这种电视剧强烈地表示,只有我才能生产出文艺产品,你坐下来接受就是了,不要再多说什么了,也只有在这种潜意识的作用下,才能有这么多广告出现,这可看作是对民众的公然蔑视。"

他们之所以做到这一步,是因为一开始,他们就悉心投合、揣摩、领悟大众的口味。后来,他们在大众心目中的地位越来越高,自己也变得越来越自信、强大,为了更有力地控制大众的文化消费,他们开始横向联合,集中人力生产出更多的产品向外扩张,抢占市场。这样,由某个大腕或几个大腕邀集相应人等组成了一系列有形无形的利益团伙,尤其在分工协作的基础上形成了一定的专业性操作,很受市场欢迎。

另外,由于他们生产的产品必须具有合法性才能上市,故他们一般都跟政府机构密切合作,国家的主流意识形态也常常通过他们的产品表达出来。

四、从政策上进行必要的约束

这些新型的文化利益团伙的产生,有其社会发展过程中的必然性,也就是说,正是社会大众的新的需求,催生了这股新生的文化生产力量。

大家知道,由于国家文化生产部门尚不能做到充分满足人们正在增长的种种更多更新的文化需求,也就是说,社会的需求已经为文化创作生产提供了更为广阔的天地的时候,现有的文化事业格局和机制却不能够让文化人或文化生产力有更大的施展本领的机会和舞台,这样,他们就以共同的利益为目标,结成一体,依靠自己的力量,进行力所能及的文化生产活动。

如果我们要对这类文化生产新生的力量进行分析的话,应该一分为二地看到它所具有的两面性。首先,我们应该看到文化利益团伙的出现,已经形成这样一个事实,即国家的文化事业部门、生产部门的职能和生产任务,实际上已经部分地被它们所替代,显现出从传统的部门单位生产向一种新型的社会生产过渡的迹象。应该看到,这种过渡是国外通行的文化社会化生产的雏形。这说明,业内正在走进关于生产力和生产关系悄悄变革的"前夜",它透露出一种要求摆脱陈旧、落后、充满计划经济弊端的"换轨"信号,朝向更为社会化的方向进发。实质上,现有的文化体制,正是经过它们的运作而悄悄地转轨了。

其次,我们也应该对它的运作及所产生的结果进行辩证的分析,并充分看到它积极进取的一面,和它常常以解构、破坏等方式呈现出来的另一面。

对于后者,如果我们放弃对这些利益团伙的必要约束,"利益"就会以一种丑恶的面貌楔进文化生产活动中去,团伙的形象就是面目狰狞的,会肆无忌惮地改变精神建构的固有准则,对文化生产的正常秩序也必将构成种种破坏力。

比如,文化大腕控制下的文化利益团伙,在做文化项目时,更多的是一种经济上的运作。这样,如果降低生产成本,以追求更多的个人利润率,或者更由于自认为是有极强的控制力,我唱什么歌,你们都得听,我说什么话,你们都得学,完全不顾及社会主流价值观,也无视民众的存在,在这种情况下如果我们一味拱手相让,不去进行有效的监督和制约,这对文化事业的发展将是极为不利的。

因此,从认识上重视这一文化生产现象,从政策上予以必要的管控,将这股新生的力量引导到积极的、健康的轨道上来,乃是管理部门的当务之急。

(1995 年 1 月 3 日)

挑战来自创作本身

——当前影视创作现象分析

一、市场为我们敲响了警钟

最近,影视界一批知名人士开始对影视创作问题提出尖锐批评。

曾因执导《香魂女》等影片而多次获得国际大奖的电影导演谢飞,在他观看了出自未来电影创作队伍生力军——"第六代"青年导演之手的一批得意之作后提出严厉批评。他说:"这批城市青年生活片除了在技法上有些新意外,一个突出的问题是剧作太差,人物不清晰,情节不流畅,特别是看不出今天这一代青年导演对生活的体会,不知道要对生活说什么,没有自己的见解。"

谢飞的批评是有相当的权威和代表性的。一段时间来,像他这样的批评还有不少。我跟影视界人士一起交谈中常能听到这些不满和抱怨。如北京电影学院教授周传基对电影创作问题更是直言不讳:"我们的影视片不好看,是因为我们还没有学会拍摄。"

曾创作过《被爱情遗忘的角落》等16部电影佳作的老编剧张弦最近也指出:"电影上不去,编剧首先得检讨自己。电影编剧有愧于这个时代,是到了坐下来冷静思考、调整自己的时候了。"

来自影视界自身的这些严厉批评和自我反省,反映出影视创作的问题已经变得非常普遍和突出,我们已经意识到,它不仅销蚀着我国影视产品的整体形象,也危及影视自身的生存境况。

　　这种批评并不是空穴来风。其实在广大的观众那里,批评之声早已不绝于耳。直到最近,我还收到过一封湖南读者的来信,它是那么沉甸甸,因为它在诚恳地给1995年的影视创作提出几点小小要求的同时,也尖锐地指出了在去年各种热闹的影视评奖背后,掩盖着源源不断生产着的苍白、庸俗、虚假的作品,它寄希望于新的一年里尽量少生产这类垃圾。虽然信上的说法不无偏颇处,但在观众中间还是有一定的代表性,它至少说明,我们的影视作品总体上依然不能打动观众,仍需要有更好的提高。

　　以上这些,是否给我们的创作敲响了警钟?

　　从世界范围看,视听类的影视作为"大众传播工具",其辉煌时代正在开始。就我国而言,单单12亿人口这个庞大的市场,就让西方片商们馋得直淌口水。电视更是老百姓们的"第四顿晚餐",大量的电视新频道正在开通或将准备开通。更重要的是,影视制片业正在向市场经济转轨,过去计划经济体制下绑在生产、发行、放映身上的绳索正在逐渐松脱,影视生产力获得新的解放。如此深刻的变革,影视界该庆幸躬逢其时。

　　然而尽管如此,我们的观众还是不买账,还是觉得影视片不吸引人。当然,这里的因素很多,但创作肯定是难辞其咎。

　　在过去,影视界对剧本创作这一前端的环节非常重视。但近年来,创作者们面向生活时,似乎要么游离在改革的大潮外自怨自艾,要么即使身处大潮中,却方寸已乱,要么对于火热的生活不热情、不深入、不研究,只能作蜻蜓点水式的浮掠。他们一谈起影视不景气,就激昂慷慨,不是抱怨于创作中受到这样那样的制约,就是归咎于发行、市场的不顺和混乱,把这些看成是形成当前困境的重要原因。

　　然而,恰恰是这方面的改革倒是脚踏实地、甩开步子走了有几年了,成绩也不小,但回过头来看,观众仍然不满意我们的银屏,影视与观众还在疏远、观众对影视作品日渐冷漠的局面依然存在,到这个时候,有的创作人员便把观众素质差、看不懂电影拿来作为挡箭牌。

　　至此,有些影视创作者开始正视这个现实,他们不得不坦言承认,如果影视的各种体制理顺了,市场干净了,资金充足了,要让我们拍胸脯保证拿出好作品来,仍是要打个大大的问号的。

　　就这样,创作,这个严峻的课题在新的历史时期又一次无法绕过地横亘在了我们面前。

当然,我们决不能过多地去责备创作人员。因为一方面我国的影视从业人员中的大多数,还是孜孜以求,敬业勤业,由于他们在重重的困境下认真地、执着地追求,中国的影视艺术水准有了极大的提高,甚至有一些作品开始令世界刮目相看;另一方面,在创作上还有更深层次的问题没有得到很好的解决,比如说,除了市场、发行还可做更多的工作以外,我们的影视制作水平本来就不很高,而观众的胃口却已被国外高水平的影视作品吊得很高,他们自然而然以此为标准来衡量所有片子。还有,社会心态的躁动,人文精神在商品大潮面前退守,使得创作环境嘈杂而不纯净;另外,我们也不得不承认,影视生产患有先天不足,使之形成不了创作上的本体行为系统。

但是,就影视创作而言,我们都可能感觉到,来自外部的困难和危机还好应付,真正的危机就在创作自身,它将是影视事业未来命运最深刻也是最致命的危机,我们必须清醒地面对发生在创作上的种种问题。

二、缺乏精神比缺乏资金更可怕

国内制片企业老大——北京电影制片厂,有这样一种现象:只要哪个导演在厂区四处溜达,或老站在显眼的路口逮谁跟谁聊天,或牵条狗到处转悠,不用问,他准是刚为厂里拍片赚了钱;要是谁导演的片子赔了,厂里绝对见不到他的人影。

听起来好笑,但它却反映了一部分影视创作人员的心态:憋足了劲拍赚钱的片,只有赚了钱才能风光无限。

于是,从剧作到导演,背后往往有着一只看不见的手——不是资金控制创作,就是资金操纵创作。结果制片企业收到不少商业片的剧本,内容无非武打、破案、凶杀和"三厅"言情戏(歌厅、餐厅、客厅)。也不知从何时起,出现了一种写戏比速度,拍片比速度,看谁的剧本写得快,导演接得快,内外景拍得快,最后呢,观众自然忘得也快。

有一位导演坦率地跟我说,他自己就干过一回这样一部戏,20天就拍完了,现在连自己都记不得拍的是啥,只记得当时在厂大门口碰上另一导演,互相客气了几句:"忙啥呢?""准备拍个戏。""啥时走?""过几天。"好像没几天又碰上了,还是那几句:"忙啥呢?""拍个戏。""啥时走?""拍完了。"

据说,有的拍片为省钱,不出外景,把厂里的犄角旮儿都拍完了。还有一种情况是创作不认真,几个哥们儿一时兴起,扎堆便"侃"出个剧本来。这种只凭小圈子里流行的热点话题和时尚来制造噱头,能引起广大观众共鸣吗?能有市场收益吗?

在这些问题上,或许美国的第二大卖座片《亡命天涯》能给我们启示。这部影片被我们中国电影界包括中国观众尊称为"美国大片"第一部。片中有一场火车撞击汽车的戏,据称耗资达 400 万美元。除了充裕的资金和高超的技术外,它吸引人的地方还在于:紧张曲折的故事情节、精彩幽默的对白、鲜活丰满的形象、演员出色的表演等,而更重要的是,它那隐藏在故事情节中的惩恶扬善、英雄主义、沉着智慧、坚毅勇猛的性格和精神,让观众深为感动,久久不能忘怀。

而我们的影片,让广大观众不满意的,还在于,无论是风格样式的多样、人物塑造的生动、题材开掘的深度、表现生活的真实,还是最根本的如主题积极、健康,格调高尚、激人奋发等方面,都存在明显不足。

这里有创作人员对观众需求理解不深、判断不准的原因,但普遍的情况是,创作和投资上存在的短视和短期行为、纯商业行为等,加重了影视业的困境。如为追求票房收入,创作者不去下功夫从思想内容、创作手法上寻求创新和突破,而是把兴奋点集中到"娱乐"元素的大胆突破上。一时间,若拍打斗、凶杀片,便比着谁拍得更凶残、更血腥;若拍爱情片,便比着谁拍得更裸露、更性感;若拍鬼怪、惊悚片,便比着谁拍得更恐怖、更刺激……如果真是剧情需要,那另当别论,但可怕的是,创作者错就错在把这些当成了群众观赏的第一需要。据电影局一位参与年终审片的人士透露,前不久一些格调不高、形象侏儒化的媚俗之作接踵送来候审,观之令人悲哀。

在创作上,有一种更为值得思考的倾向是,有些创作者似乎不再把自己当作社会灵魂的守护者和传播者,而是无脑似地跟着社会上某些混乱的价值观念跑。

这方面的问题星星点点地反映在各类影视作品中还不少。例如,一些作品在处理正义与邪性、英雄与罪犯、美与丑、善与恶的时候,观众看到的正面形象往往是弱小的、歪瓜裂枣式的;而在表现一些社会边缘人物时,却又把腐朽当神奇、浊流当新潮。因此，当此类作品出现在银屏上时，没有了以往那种人在做了恶行后在灵魂深处的反省，而是喜滋滋地做着他们认为自己能做、该做的一切，毫无羞耻、躲闪和遮蔽，精神的准绳已经大大地松弛了。

总而言之，这种状况下创作生产出来的作品，必然是一种思想内容和艺术形式的滑坡。如此下去，必然对复杂的社会思潮和多元的价值观念既测不准也纠不偏，起不到精神产品应有的认识功能，也丧失了本应有的价值导向作用，其结果也必然是先断送艺术，再断送质量，接着断送市场，然后断送事业，最终断送创作者自己。

三、蚂蚁追赶大象

在每年大量生产的影视作品中，占一半以上的是反映今天社会生活的现实题材，如果拿出其中的优秀作品，再加上反映重大革命斗争业绩的历史题材影视片，就构成了"主旋律"作品，应该说，这一部分很重要，它的优劣直接影响到当年度影视创作的总体质量。

然而我们看到，社会就像一头大象奔腾向前，而反映时代的某些影视作品有时像蚂蚁，我把这两者关系戏称为"蚂蚁追赶大象"。

其实，从各级主管部门到各制片部门，对现实题材这一方面格外重视，因而它能吃到其他题材影视片无缘得尝的"偏饭"。比如能容易获得拍片的指标或许可证，在各类评奖中有时享有优先权，甚至有的地方和部门的领导披挂上阵，亲自督导，给予人力、财力、物力的支持；还有的在发行中能争取到"红头文件"这只推手。不可否认，这类影片虽有佳作出现，但除了少数几部能在人们心目中留下印象外，绝大多数还走不出为广大观众所诟病、摇头的平庸泥淖。有些影视片看完后觉得它还不如中央电视台的《生活空间》好看。

如果坐下来冷静分析，就会发觉这里有着创作人员对社会观察是否深刻、视野是否开阔的问题。当然，观众也有自己的视野，但通常局限于自己的生活经验和认识范围，艺术家的视野应该在开阔和深刻上超越观众，这样，才能使作品打破观众既定的生活经验和认识局限，给予他们更多的东西，从而为他们所喜欢。

比如，在现实题材上，常常号召创作者贴近生活，但由于思考的深度和视野的广度不够,他们在这种"近距离"反映中往往形成素描式速写、热点式追踪和活报剧式的创作,并容易形成久治不愈的"题材雷同"病,这正像上海师范大学中文系教授王纪人先生所说的:"现在的银幕屏幕上都写股市股民,商海商战,爱孤领孤,都写民工潮和洋行白领等。"

而从大量的现实题材作品看,时代精神和艺术精神的贫弱也开始暴露,这不是说作品中缺少这些东西,而是说在表现上显得苍白、单调。如我们常常会看到那种故作压抑的高深,人物的内心世界太多褊狭、矫情。尤其电视剧作品中常能看到为表现一些小事就大动干戈,人物说话做事慢条斯理,看电视剧就像看舞台上的古典戏曲。

由于这类作品缺乏内在魅力,即使靠外在的手段支撑,还是招徕不了观众。这里摘录杭州一家影院前不久发给我的一则情况反映:

"令人遗憾的是,这两部影片(这里不点名——作者注)均为重点发行影片,但映出成绩都不佳,因为影片本身缺乏震撼人心的力度和感人的情节,只是单纯的说教,加上演员表演不自然,最后下文件组织专场,观众还是不来。"

有必要专门提一笔的是,现实题材中的改革题材影视作品,至今仍有不少令观众厌倦之作,这里的原因除了有一般现实题材创作中的一些通病外,创作人员缺乏丰厚的生活积累和情感体验,因此不是对火热的生活来不及掂量便急于拼凑,就是有意无意地回避乃至掩盖生活本身需要回答且不断困扰着人们的矛盾、紧张、冲突,因而明显地显出顾此失彼,力不从心。试想,如果我们剥去了以男女主人公恩恩怨怨的故事,还剩下些什么呢,不就是改革中的一些常见场景,这些场景又往往被一些简单的观念加以安排,这样,这些作品就难逃改革生活的单纯记录和拙劣翻版的可怜命运。而有些改革题材作品在观念上竟与时代错位,如最近一部尚未公映的新片,里边所推崇的新生价值观念与当今社会主流价值观有一定距离,这不能不令创作界深长思之。

搞创作的最怕两条,一是没想法,二是没有体现想法的招法。目前,有些影视作品的创作手段相当匮乏,如前一阵颇有影响的电视纪实片《9·18大案纪实》,如果作为新的形式,无可厚非,但非要捧为艺术上的重大突破,就过了,观众说:"这不就是《焦点时刻》一类的放大吗?"

创作手法的"模仿风"历来是影视界的一个顽疾,而到了今天还在大行其道。这种风气源于不费力就能讨好的惰性。拿一些想奔着国际奖去的作品的模式来看,导演何群对我这样分析说:"张艺谋害了不少人,如果《秋菊打官司》中的碗大得像只锅,那么后面模仿的影片中的碗就恨不得大得像口缸。"这种跟进名牌、巧走捷径、不求创新、急于求成的现象背后,是艺术创造精神的委顿,也说明这些创作人员正在变得越来越实际,不愿付出真正的努力,按照国际得奖作品的路数设计,再把自己的一些故事人物套上去就成,这些做法和心理在一些青年创作者那里更为普遍。

现实题材和主旋律作品在稠密的娱乐片中挤开一条道已经很不容易,如果不光要挤上跑道,还要领先于跑道上的同道,那么,必须得靠自身的魅力不可。

四、为影视创作绘制蓝图

所幸的是,影视制片业已经开始重视存在于创作中的这些问题了。他们意识到,面对新形势的影视创作,有太多新的课题需要破解,很多旧的陋习和新的恶习必须抛弃。

正如著名导演郑洞天对我所说:创作界要开始从"投资观念、质量品貌、剧作方式、文化目标等方面,都来一番脱胎换骨,让国产片重新回到观众的掌声中,中国老百姓最终还是要看自己的电影的"。

目前,国家的一些制片企业和社会投资者已经清醒地认识到电影界前辈夏衍关于"电影可不是小本经营,而是艺术上的重工业"的含义,尝试采用国际通行的做法,尽可能走高投入——大明星——精制作——大市场——高效益的路子,使精神产品上档次,重新征服观众。

有些制片企业开始明白,过去厂里一年如果有 10 个拍片指标,每个指标按 130 万来投拍的话,全年需要 1300 万的资金,这样,用制片界的话来说,这是一个"死数",产出上的风险很大。如果用这 1300 万资金只拍两部片子,就是 600 万以上的一部大制作了,这种情况下生产的作品就不会太差,资金的利润回报率是有保证的。而更重要的,是减少了平庸作品的出世。

现在的社会投资拍片这一领域,具备这种眼光的已经较为普遍了。它们以其雄厚的资金、熟练的商业运作,加上详尽的市场调查、分析、预测,已成为影视界异军突起的新生力量。如万科文化娱乐公司最近正在拍摄的影片《兰陵王》,投资就有 200 万美元(合 1700 万人民币),这个数是 10 部国产片的投资数啊。由于在创作生产过程中采用众多的高技术和一系列高标准,使它能够以精品的质素来达到市场的预期值。

许多影视专家还认为,要出精品,就必须舍得在剧作上投资,哪怕几易其稿,几易其人。好莱坞制片人一向把剧作提升到很高的质量上去才敢投资,尤其是大制作,所以他们能花很多钱把剧本搞得特别像样。我们今后的影视创作再不能像现在这样,由于剧本缺乏,导演们随便抓到剧本就仓促拍片,这样肯定不会有好作品出现。电影导演谢飞说:"斯皮尔伯格的《辛德勒的名单》从看小说到拍电影,前后花了 10 年功夫。"

讲一个好听的故事似乎是我们影视创作界很难的事。难怪戏剧理论家余秋雨说:"讲故事的人可能是最神气的了!"由于缺乏这种讲故事的编剧,因此在影视作品中,人物虚假、情节漏洞百出、细节不真实的情况比比皆是。

要扭转这种状态,就要打破现有的剧作方式,引入新的创作机制,即逐步实行剧作各部分的专业化分工。这是因为编剧个人都有素养、经验、阅历、技巧等各方面的局限,不可能适应专业性和综合性都很强的影视剧作需要,因此过去的那种不分片种、不分故事、不分剧情、不分对白,编剧一人大包大揽剧作全过程的"垂直垄断"方式理应受到挑战。实行专业化分工后,每个门类都可拿出最优秀的部分,避免了个人化的局限,使得影视剧作保有高质量。据说美国就有一个一生不署名的作家,他改了许多电影剧本,说自己不能打个字幕说这几个或那几个镜头是我写的,算了,咱们定时交货。晚年时,他的事迹被写出来,很多编剧、导演都感谢他。这对我们的创作有很大启发。目前,各地成立的新型剧本策划机构,有的也在朝这方面努力了。

当然,要注入创作新的活力,最关键和根本的,是确立影视的基本品格,即让它的思想艺术美有助于营造整个社会高尚的人文环境,要更深刻地反映今天人民最关心的问题,更强烈地打动观众的内心,这样的创作,才能成为人们生活中不可分割的一部分。

要做到这一点,创作者不妨多多地沿着生活的"干线"去观察、思考、研究问题。如果习惯于从日常生活的琐事去再现现实,从一般的心理去反映普遍的心灵,这种旁枝侧节式的写作并不能真正地"反映生活"。如果把艺术的任务理解为供人们消遣娱乐,这样的"反映"虽然也是可以的,但是,如果回到艺术崇高的任务,即如江泽民总书记提出的"以高尚的精神塑造人",那么,这种反映是远远不够的,离艺术的本质相距甚远了。

　　总之,在建设精神文明、重铸现代人格的历史进程中,影视艺术家们必须要通过自己的创造性劳动,把心中理解的时代精神发为刚劲纵横之笔,在银屏上抒写出更加光彩的篇章。

(1995 年 1 月 22 日)

不仅存容写照　更请手下留情

——《老房子》展览及出版漫评

　　江苏美术出版社在北京举办了一场"老房子"的展览,让人们从图片及新出版的《老房子》图册上,去观察中国传统民居的现状和今天仍然生活其间的居民们。我深以为这一文化活动功莫大焉。

　　"老房子",是老百姓对祖祖辈辈居住的古老民居的称呼。无论是乡土建筑还是城市居民建筑中的"老房子",都不同于大型公共古建筑、石窟等其他遗产类型,它们具有更强的综合性和活态性。老房子中承载的记忆和历史,有着极为可贵的民间史料价值和社会学意义上的重要信息,甚至在一定意义上能让它们的历史告诉今天的社会发展和我们的民族未来往哪里走。

　　然而今天,"老房子"确实老了,与现代化的距离越来越远,连它们主人的后代也不想要了。特别是今天经济的大规模发展,一种来自于建设性的破坏,呈现出愈演愈烈的趋势。农村和城市的老房子正经历着史无前例的拆除,人们浩叹它们将像濒临灭绝的珍稀动物一样越来越少,即使如名人故居也在保护的呐喊声中被一点一点地蚕食。

　　然而,更多的人对"老房子"的亲情却不是那样容易割舍的,这在最近一次规模不大却影响不小的图片展览上得到印证。在北京,一场以"老房子"命名的图片展,办得确实很精心。"老房子",作为一个形象是那样地触动人心,作为展览的主题是那么别出心裁,一下子勾起人们无限的乡愁,尤其是那些当年从"老房子"里走出来,来到京城,一住就是几十年的人,站在展厅里,温馨的回忆便会从内心弥漫开来。即使没有"老房子"经历的人,也完全可以从一帧帧"老房子"的图片里透出来的丰厚的文化生活气息和拙朴深远的审美情感中,感到陶醉和迷恋其间。因此,虽然仅仅是六天,却引来无数的观众驻足留连。

参观过这一展览的人,大概对这类民居正在受到不可避免的破坏有着切肤之痛,他们意识到老房子在现代化进程面前会越来越少(少数名人故居方可幸免),随之而失去的是珍贵的文化遗产和建筑艺术,以及宝贵的旅游资源,等到我们醒悟时,恐怕已经晚矣,老房子那种特有的时代氛围和文化气息都将一去而不复返,即使今后建造了许多新古董也无济于事。

在展览现场,漫步于一幅幅"老房子"的图片前,犹如徜徉在老村古镇间,穿梭于深巷高墙下,仿佛呼吸着民居中飘出的家乡的味道,如饮醇醪,似醉其中。我们深为一批全国各地的"老房子"之精、之美、之多而震撼。老房子的珍贵价值中蕴含着先人的自然哲学观念,反映出与周围自然环境的关系,透射出当时人们注重人与天地、与祖先、与左邻右舍的关系。尤其是乡土建筑遗产,让人倍感有一种来自心底的温情。如安徽南部边陲还保留着大量风格独异、特色鲜明的明清民居,透射出了数百年前中国民间建筑的风致和韵味,好似一块被现代社会遗忘了的边地。当我看到这些图景,如见"桃花源里人家",深为古徽州土著先民们在这个山高水险、天然封闭的环境里有如此美妙的建筑营构而惊叹。当然,这都是因为天蹙地促的地理环境成了接纳北方士族躲避战乱的栖息之地,才有了文人仕宦纵情山水、寄身林泉而筑成的祖庐旧宅,包括令人难以忘怀的寺、桥、塔、书院等遗址,面对它们,内心不禁生出相见恨晚之感。

由此,这个展览给了我一种极为强烈的感觉,不仅是为了让人们欣赏那些妙不可言的"老房子",更重要的是传递了一种保护"老房子"迫在眉睫的紧迫感。在今天,我国的城乡到处传来毁坏、乱改、拆装"老房子"的消息。我们知道,代替昔日精美老屋的或许就是残垣断壁,或许是现代新房。当美如同流星陨落般稍纵即逝时,留在人们心中的将是抹不去的惆怅和无尽的遗憾。

当然,保护城乡的"老房子",绝不是一件文人心头留连的轻松之举,它将是一项十分繁重甚至是几近不可能马上就能完成的重任。就拿农村里的"老房子",它们是传统村落的核心构成要素,也是保护工作中最为复杂棘手的问题之一。近年来,虽然政府投入、保护力度持续加大,但效果并不十分理想。保护资金和技术力量主要用于乡土遗产中的高级别文物,大量级别较低的乡土建筑保护状况仍旧堪忧,老房子的主人们则面临着"修缮老宅缺资金、经营老宅缺能力、转让老宅缺政策"的尴尬局面。乡土老屋的保护需要更为全面、灵活和细致的保护策略和方式。

30年代鲁迅先生重印明代《十竹斋笺谱》时,因忧虑具有传统技艺的雕工、印工只剩三四人,曾屡次表示"要赶快做"的焦急心情,最后由于鲁迅和郑振铎的苦心,才使今天的人们有幸目睹那部濒于失传的明代遗产。如今,鲁迅当年发出的"要赶快做",应成为我们的共识。其实,有实体的老房子总有机会等来真正的保护,更脆弱的是藏在老房子中的历史故事,是居住在老房子中居民的回忆,这是最易散佚,也是最珍贵的,它们复原起来可能更困难。虽然,国外的老建筑保护,为我们提供了很多可资借鉴的范例,我国也总有一天会有实力开展建筑保护,但到那时候建筑里面人的历史就慢慢消失,再也找不到了,这是殊为遗憾的。我们需要为鲁迅等人这种保护行为呼吁,因为它体现了对历史文化的尊重,哪怕尊重的对象还没有上升到文物法保护的高度;我们为这种保护行为叫好,还因为它在几千年的集权文化背景下、在人们似乎马上就习惯了"权力和帝王审美"、在保护王城和王陵的同时,还要在意寻常巷陌、百姓人家的一砖一瓦一屋,这无疑是对"平民价值和平民审美"的极大尊重。

其实,作为图片展的主办单位,江苏美术出版社早已有了宏愿,要用出版图集的方式来唤起人们对古民居价值的重新认识。该社早在1989年,就开始投入巨资,组织了一批有志于保护老房子的摄影艺术家跋山涉水,深入偏远山乡,行程3万公里,拍摄了中国十几个省、区的30多个地区、100多个县镇的约2万张"老房子"图片,建立了中国目前最完整、最庞大的"老房子"传统民居建筑图片档案库,并开始出版列入国家八五规划的重点图书《老房子》系列图集。目前已出版了《江南水乡民居》《皖南徽派民居》《山西民居》《土家吊脚楼》等八卷《老房子》图集,它们在图书市场上一直畅销不衰。《北京四合院》《四川民居》《侗族木楼》等卷也即将出版。

用出版社的话说:"退一万步讲,即便老房子全被拆完了,好歹也让它们留下一些遗像给后人吧!"的确,即使存容写照,中华古老农耕文明的宝贵遗产也能得以一定的长久保存和延续。

（1995 年 9 月 20 日）

降低"门坎"迎大众

——关于我国高档娱乐业发展的忧思

近几年来,随着改革开放和经济的迅猛发展,作为对此反应的晴雨表,全国各地高档娱乐热急剧升温,特别是在一些大中城市,奢华歌舞酒楼、豪华卡拉 OK 厅、高档户外运动项目,甚至大型夜总会等风起云涌,一些更显"档次"的高尔夫球场、保龄球馆、超级度假村等也在大规模兴建中。据了解,北京市仅对外营业的歌舞厅就达上千家,海口市有此类场所 250 多家,若按海口市 50 万常住人口计算,每 2000 人就有一家。

然而,这种畸形的生长、过度的繁华到了今天,似乎盛况难再。在我的专题调研中发现,全国许多高档娱乐场所目前都不同程度地出现了"门前冷落车马稀"的景象。

前不久,海口市一家有名的娱乐场所宣布大幅调价,各类消费下调近百分之七十,其他钟点费、服务费、点歌费、节目费等也一律取消。然而尽管如此,仍是门可罗雀,少人问津。即使在周末,可容纳 200 人的卡拉 OK 厅也只稀稀拉拉不到 30 人。一个侍应生说,这里去年上座率基本都在百分之七十以上,每天营业额不下三万元,现在每天收入常常只有一两千元。

在四川,有一家投资达 500 多万元的大型豪华歌舞酒楼,老板望着空荡荡的大厅,愁容满面地说,近半年来,经营额大幅度下降,最近两个月日营业额仅在 6000 元左右,有时一天仅一两个人来此,除去支付服务人员、保安、串场的歌舞演员、厨师等的费用,还不够偿还银行利息。

许多表面上金碧辉煌、霓虹灯闪烁的夜总会,同样掩饰不了显见的"窘境"。舞池里仅有寥寥几对在慢步,许多 KTV 包厢内空无一人,有的已上锁好长时间未曾开过。有的老板指着门内两排开业时"有关单位"送来的花篮说,热闹过那一次,就再难见到他们来了。

在北京,有一些高档歌舞厅已经冷清了好些日子了,有的甚至整晚没有一个客人,过去爆满的 KTV 包间尽管一再降价仍然客人稀少。来自海南文体部门最近的一项调查表明,今年以来,海口市的夜总会、歌舞厅、卡拉 OK 厅有近一半停业或已关闭。

面对如此冷落的局面,高档娱乐业开始放下架子,纷纷打出"实惠消费、朴素经营"的口号,大幅降价。像海口一些过去竞相标榜为"国际标准、帝王享受"的高档夜总会、歌舞厅,因生意萧条而纷纷打出"大众牌"。但是,一些经营者仍然称,虽然降价已是无奈之举,可生意还是很不好做。

在众多经营者感叹市场低迷的同时,一些新兴的中低档娱乐场所,如网球场、保龄球馆、旱冰场、游泳场等却十分火爆。另外,加上高档娱乐场所开始降低"门坎"迎大众,吸引了一部分消费者,因而,在整个娱乐业"冷"的背后,仍有"热"的一面。

娱乐业为何有冷有热?我认为有如下原因:

一是畸形发展,大大脱离了我国经济实力和消费水平。在仍属发展中国家和仍有数千万人口没有脱贫的我国,高档娱乐业超前发展,兴建得太快太多,现在已到了需要总量控制和结构调整的时候了。有人在深圳作过统计,在围绕深圳国贸大厦 1 平方公里的范围内,档次较高和带饭市的卡拉 OK 就有 100 多家,它们简直是"肩并肩、背靠背、面对面"而立。僧多粥少如此之甚,经营之艰可想而知,一些卡拉 OK 厅便使尽招数揽客,有的甚至派店内小姐到街上给过往行人发"优惠打折卡",但问者仍寥寥。

二是人们对唱卡拉 OK、泡歌舞厅的兴趣降低,而新颖有趣的运动健身项目更有吸引力。许多人士对高档卡拉 OK 歌舞厅开始感到厌烦。他们认为,卡拉 OK 已经兴盛七八年了,玩来玩去都是老一套,里面闹哄哄的,空气污浊,噪音刺耳,去多了使人心烦意乱,于身体无益。更有一些人士认为,高档娱乐场所在很多人眼里,就是豪华包厢、贴身舞等代名词,灯光昏暗,人员复杂,有一种进出那种场合本身就意味着有不健康目的之嫌。所以现在一些谈生意、想聚会的人也主张到外边来,这样可以"对得起老婆见得了人"。也有相当一部分人认为,高档娱乐场所虽然装潢精美,但眼下却普遍给人一种压抑感,本来白天的工作就很累了,若再到那些豪华场所去,又好像应酬什么活动一样紧张。因此,人们开始将健康摆在首位,休闲性、保健性活动成为他们业余时间的重要内容。由此,一些新兴的娱乐、健身场所应运而生,周末到海滩或外地度假消闲的也多了起来。

这就是娱乐休闲场所和消费方式有冷有热的情况,其背后是经营者为适应新的消费趋势而带来的主动转型。

高档娱乐场所受到冷遇、纷纷改换门庭的另一个重要原因是:由于我国的社会主义市场经济日趋成熟,"一夜成富翁"的暴发户越来越少,而中央下大力狠刹公款吃喝风,又堵住了那些花公家钱享受高档娱乐之人的路。这样,高档娱乐场所面对的消费者就不再是"大款"和"公款",而是普通老百姓,这一人群则绝不会花几百元甚至上千元去那些高档场所消遣消费的。一些搞接待、公关的人员,现在也都很少领着客人去高档场所,他们说,这一来为了节约经费,二来即使被人发现,档次低一点也还"说得过去"。

高档娱乐场所的火爆暂成明日黄花,代之而来的中、低档娱乐业异军突起。许多娱乐界人士正在看好这块新天地,意欲重振旗鼓。这种转变,应该说是我国的经济和娱乐业走上健康发展轨道的标志。中、低档娱乐业如何进一步赢得顾客,是摆在他们面前的一个新课题。业内人士称,如果始终把价格和优质服务摆在经营的重要位置,"大众牌"也能打成"名牌"。

当然,目前中、低档娱乐业也不可忽视地存在着一个正确引导其健康发展的问题,比如街头的卡拉 OK、台球桌管理等。低档不是低级,如果选择得当,管理有力,就不仅能满足广大人民日益增长的娱乐需求,也可使娱乐业经营者摆脱目前困境,走出经营低谷。

(1995 年 11 月 1 日)

为了中国电影再度辉煌

——1996 年全国电影工作会议随想

3 月下旬的长沙,湘江两岸春雨迷蒙,橘子洲头万木葱郁。参加全国电影工作会议的 200 多名代表,汇聚于此,在这生机勃发的季节里共商繁荣电影大计。

一、抓住机遇　重振电影雄风

会议期间有一次令人难忘的长时间鼓掌,这是代表们听完中共中央政治局委员、书记处书记、中宣部部长丁关根所作的题为《关于进一步做好电影工作的几点意见》的报告后发出的。

发自电影工作者由衷的掌声,首先说明了代表们对党和政府大力支持电影事业、关心电影人表示衷心感谢,也对寄予厚望的那般信任之情予以热切的回应。著名电影导演谢铁骊跟我说:"这次会议是在中央高度重视电影工作的大好形势下召开的。从去年纪念电影'双周年'会上江泽民总书记的重要讲话,到这次会议上丁关根同志的报告,我们深切感受到了中央对电影事业的关心。"

会议的精神化作与会者要重振电影雄风的动力。在讨论中,我发现代表们思路开阔,精神饱满,信心十足,认真剖析自身存在的问题,潜心探讨繁荣电影的良策。从会上会下活跃的气氛、频繁的交流,以及代表们急切的话语、深沉的思索、忙碌的身影中,我们看到电影界孕育着在新起点上再出发的决心。

或许,用北京电影制片厂导演黄健中的话能概括当时的心情。黄健中说:"新中国电影史上两度辉煌有个共同特点,就是国家处于蓬勃发展时期,党和国家领导人对电影事业非常关心。这次会议,我有一种奥运会点燃第一把火炬的感觉,感到有了多么良好的创作环境。"

抓住机遇,努力繁荣创作,是这次会议一个集中的话题。电影界人士认为,中央这样关心电影,给了电影很好的政策,大家应各展才能,在电影创作、生产、发行、放映的各个环节中去争先,创一流,踏踏实实落实制定好各项行之有效的措施。要总结研究近几年一批优秀电影的创作经验,克服一些低劣影片中出现的问题,努力使我国电影在思想艺术的整体面貌上有较大改变。

二、电影没有理由再搞不上去

电影是一门综合艺术,中央决心抓电影事业是选择了一个很好的切入点,电影上去了,可以带动起一批相关的艺术样式思想艺术提高质量。在艺术上,塑造积极健康向上的人物形象,体现发展进步的时代精神,是电影工作者的不贷之责。凡是能够震撼人心、流传下去的作品,应该与时代的脉搏一起跳动,甚至还要站得更高,看得更深,从宏观上把握和反映历史的走向和未来的方向。这就要求电影人必须扎根生活,加强学习,真正认识我们所处社会深刻变革的内在逻辑,认识民族振兴、英雄辈出的必然性,惟此,才能创作出符合时代要求和人民愿望的作品来。

会上,代表们尽管承认电影仍有不少困难,但他们不再抱怨这个,呼吁那个了,讲得更多的是守土有责。他们有了更多的自信,当然,这种信心是建立在党和国家为电影环境的改善所作出的努力之上的。他们感到,今后的电影市场将会更干净,资金更充裕,党和政府更重视,优势更强大,施展才华的天地更宽广,再也没有理由说不能把电影搞上去了,电影人没有退路。

尤其让代表们感动的是,广大人民群众仍一如既往地对优秀国产影片表现出迫切的需求和渴望。如果还不能拍出优秀影片,就上愧对中央,下愧对百姓,无颜面对这个时代。

广播电影电视部电影局副局长王庚年说:"电影是'三大件'中难度最大的工作,它的成功可以带动整个文艺的繁荣,可以对精神文明建设起到好的

推动作用,电影上不去,我们能坐得住吗?"峨眉电影制片厂厂长吴宝文说:
"摆在我们面前的任务和目标很明确,现在就看我们的本事了。"天津电影制
片厂厂长韩振铎对我说:"面对党和人民的期望,我们要抓住这次历史赋予的
机会,谋求更大的发展,我们最新的奋斗目标是,脚踏实地,顽强拼搏,跨入争
创精品力作的行列。"

三、真善美永远是电影创作的主题

会议期间,许多电影艺术家集中谈论的一个话题是:观众看了我们的电
影后将会得到什么。

与会电影工作者们认真反思他们过去的创作和正在投拍的作品,努力寻
求观众远离电影的深层问题。答案并不难找,只要作一下简单的比较就能明
白,即我们的电影是使人更加热爱党、热爱社会主义祖国,还是产生疑虑和不
满;是有利于陶冶情操、提高精神境界、以饱满的热情创造美好的新生活,还
是污染心灵、丧失道德、对生活感到厌倦;是得到美的享受、带来欢乐,还是在
胡编乱造、荒诞无聊的情节中耗费时光。

对照是那样鲜明,使得许多编导和厂长们受到很大的震动。上海电影制
片厂导演张建亚说:"我在今后创作中要考虑让观众看了我的影片能得到什
么。现在有些影片中弥漫着消极情绪,这对孩子们是很可怕的,我要思考我
的电影如何能让观众受到更加积极向上的感染。"

繁荣中国电影事业,必须要在创作思想上,真正树立起电影全心全意为
广大人民群众服务的思想,牢固确立电影为社会主义建设和改革开放擂鼓助
阵的信念,电影才能拉近与观众的距离,成为社会文化生活中的重要组成部
分。有的会议代表指出:"假如我们的电影工作者缺乏对时代发展的深刻理
解,对人民的伟大创造性实践无动于衷,那么我们的电影作品就没有激情和
力度,就不能使电影回到广大观众中去,就不可能占领最广阔的阵地。"

为电影创作注入新的活力,关键之处还是要让作品的思想艺术之美有助
于创造高尚的人文环境,要更深刻地反映今天人民最关心、最牵挂的问题,这
样的创作才能成为社会生活中不可分割的一部分。要做到这一点,艺术家应
更多地沿着生活的"主航道"去观察、思考、研究。如果把电影的任务仅理解

为供人消遣娱乐,或者从日常生活琐事中"旁枝侧节"地再现现实,这就离电影艺术的崇高任务、离江总书记提出的"以高尚的精神塑造人"相去太远了。曾导演过《周恩来》《孙中山》等有影响影片的珠江影业公司导演丁荫楠说:"我在创作中选择的是歌颂民族优秀人物、歌颂伟人、弘扬中华民族优秀文化的路子,今天,我们国家和人民更需要这些,我将继续沿着这条路子走下去。"这一感慨具有相当的代表性。

现在,国外不少人了解中国大都是通过我们拍摄的影片这一渠道,对此,怎样让世界通过我们的影片更好地了解发展的中国、真实的中国,也成为与会代表的热门话题。珠江影业公司总经理黄勇说:"我们的电影究竟是拍给谁看的? 别人在盯住我们的市场,而我们自己却盯着国外的某些奖项。这种现象要改变。作为厂长责任格外重大。"八一电影制片厂导演李俊认为:"如果你仅仅为迎合某些外国人的口味而拍一些有损中国人形象的影片,即使你今天得了奖,也许到了明天你在国人面前就会抬不起头来,因为你曾经干过外国人喜欢而中国人不喜欢的事。"说得多好,这些话题都带有"我是谁""为了谁"等根本性的探问,他们都将重回电影的起始点上来校正今后的创作目标。

四、为精品工程献计献策

会议期间达成的共识是:多出精品力作是繁荣电影的唯一出路。为了真正启动和实施好中央提出的"九五五〇工程",无论大会发言,还是小组讨论,无论是用餐后还是就寝前,大家都有点言必称"精品"的劲头。因为他们都意识到,只有拍出了思想性、艺术性、观赏性相统一,能受群众欢迎和经得起历史检验的作品,才是"硬道理"。

另一方面,来自宣传、文化、广播影视部门的负责人还认识到:推出精品除了要发挥艺术家们的创造性劳动外,各个部门还要紧紧抓住生产精品的主要环节。长春电影制片厂厂长李国民向我历数了他"精品兴厂"的最新打算。他说:"我回去以后,要把全厂职工的注意力和兴奋点引导到出精品上来。剧本、班子和资金是三个主要环节,哪一个环节搞不好都会影响全局。因此,我厂将层层落实精品生产的责任义务,并实行质量否决权。"

这次会议的重要改革成果是影视一体化、制片基地化、拓宽电影资金渠道等五大方面。代表们对中央提供这么多有利于电影繁荣发展的好政策深受鼓舞，表示要尽快落实到创作、生产、发行、放映精品电影的全过程中去，使政策真正成为推动"九五五０工程"的动力和保障。

会上，我也注意到最让各厂着急的是缺少优秀的剧本。但代表们冷静地分析认为，精品不仅是有好题材就万事大吉，过去那种对火热的生活来不及掂量就急于拼凑而形成素描速写、热点追踪和活报剧式的作品，看来要坚决摒弃，因为它们在时代精神和艺术品格上贫弱苍白，观众不喜欢。他们十分明白，其实好剧本就在身边，就看你怎么去抓。八一厂导演李俊对我谈了他的实践心得，说："好剧本的产生十分不易，要求作家一定要深入生活。如我所参加创作的《回民支队》《闪闪的红星》等剧本，都是深入生活的结晶。黄宗江同志写的《农奴》剧本，至少去了三次西藏。陆柱国同志写《海鹰》，为了体验生活，在舰艇上呆了四个月。不到生活中去，不对生活中的人和事产生兴趣，是不可能写出好剧本的。"长影编剧王兴东说："现在是坐在家里侃的多了，深入生活的少了；想当导演的多了，想做编剧的少了；审查剧本的多了，帮助修改剧本的少了。长影现有能拍戏的正副导演100多人，而实际编剧只有六七人，这好比10个种田的要供应100个厨师。这种结构关系应该改变过来。"

要多出精品，还需建立一个行之有效的机制，既积极又稳妥地继续推进电影行业改革，这也是参加座谈会电影界一些人士的呼吁。他们认为，电影界一方面要集中力量抓好一批精品，另一方面也要重视产生精品良性机制的建立。要使创作人员将精力集中在创作上，要重视电影队伍的思想艺术上的培养，要促进影视合流工作，要研究电影市场的销售方式，特别是如何更有效地发行放映好优秀的国产片，充分发挥两个效益增强制片厂自身的造血功能，从而使电影行业不至后继乏力，打好繁荣电影的基础。

建立一个适合电影发展良好的舆论环境，开展健康有力的电影评论，应该是繁荣电影事业的重要一翼。电影作为一种深受群众喜爱的艺术样式，要意识到自身在群众文化生活中的作用。在舆论上，既要鼓励和提倡优秀影片、抵制和批评低劣影片，也要注重培养观众健康的鉴赏趣味，使国产优秀电影有一个良好的生存发展环境。

（1996年3月29日）

喜见影、视"握手言和"

——论上海何以能够轻易终结一场"错误的战争"

上海科学教育电影制片厂多年来生产了大量优秀科教影片,然而,放映次数很少,与观众见面机会更少,只能长年默默地躺在片库里,一任散碎堆积,网结尘封。

然而,近半年多来,这些影片却突然变得分外抢手。而改变了它们的"可怜天下不识君"命运的,恰恰是过去电影的竞争对手——电视。电视伸出的简直是一只"魔手",只消稍稍动作,就让众多的优秀科教影片在观众那里"重见天日"。

科教影片的命运说明了什么呢?

首先还得回到从20世纪初至60年代,那时,人们清楚地记得,是电影把人们从家中吸引到电影院里;进入70年代末,到了80年代,特别到了今天,电视却逐渐地把电影院的观众拉回到家里。

于是,在电视机普及的大中小城市里,电视凭借着它比电影不可企及的优长,挑起了一场激烈的争夺战,开始与电影争夺观众,争夺资金,争夺市场,争夺影响力。一时间,电影院便立刻"门前冷落车马稀",而电视则成了人们的新宠,有人形象地称它为老百姓的"第四顿晚餐"。在这种情况下,常常加在故事片前面放映的科教片、美术片、纪录片等短片,其命运就可想而知了。

然而,一门真正的艺术是绝不会被后起的艺术完全代替的。这一点,事实已经证明,上海不仅有了清醒的认识,而且正在付诸行动,这就是让电影和电视这两个冤家"握手言和",走上协调发展的道路。

上海方面的影视界人士认为,电影、电视本来就同属大众传播媒介,这两个现代化的传播工具在社会政治、经济建设、文化生活中的作用越来越大,因此,只要理顺体制,转换机制,优势互补,就应该完全能够结束这种"错误的战争",推动电影、电视共同繁荣。

现任上海广播电影电视局局长叶志康对我说:"从上海来看,电影尤其是短片,虽有实力,但产供销脱节,缺少'窗口'和市场;而另一方面,电视有'窗口',有市场,有影响,但人才和节目制作能力与社会需要不相适应的矛盾较大。我们就是要通过体制改革,把两个在制作、技术、装备等方面有许多共同之处的系统有机地结合起来,合理配置人才、资金、技术、物资等资源,既可实现优势互补,产生规模效应,支持影视创作,丰富荧屏和银幕,又可在体制上和中央统一起来,解决上合下不合并由此带来的种种问题。"现在看来,这在弥合两种大众媒体你争我夺所造成的鸿沟方面,既很有眼光,也很有识见,更有实际操作价值。

目前,上海的影视一体化已经平稳地度过 6 个月了,在这段时间里,首先从机构上完成了 6 大改革:

(1)先做加法,后做减法,将原上海市广播电视局和上海市电影局合并成一个新局,成立上海市广播电影电视局;(2)上海科学教育电影制片厂和东方电视台糅合重组;(3)上海美术电影制片厂和上海电视台合并重组;(4)撤销原上海电影乐团和原上海广播电视乐团,再以此为基础,实行公开招聘,组建上海广播交响乐团;(5)组建国际性大型活动办公室,将原上海电视节、音乐节、电影节三个国际性的节办公室合并成一个;(6)组建上海电影电视(集团)公司,该公司以上影厂为母体,吸收上海电影技术厂和上海电影发展总公司,加上新成立不久的东方发行公司,形成影视录一体化,产供销一条龙。另外,正筹备组建上海永乐电影电视(集团)公司,它以永乐公司为母体,吸收上海电视台的五个电视剧制作部门和东海影视基地,以拍摄电视剧为主,兼摄故事片,也形成影视一体化。这样,在影视创作上成立两个公司,旨在引进竞争机制,繁荣影视创作。

从目前的情况看,上海的这次影视合流不是简单地叠加,搞物理反应,而是互为补充,融为一体,搞化学反应,是一次较为彻底、力度很大的影视一体化。

比如,在故事片生产方面,制片厂已经推出了一系列举措,其中包括改革劳动用工、人事和分配制度,按照"准制片人""准自由职业者""准摄制基地"的原则重新设置生产机构,组建东方院线等,大大地调动了创作人员和职工的积极性。在电视方面,由于实行了产播分离,社会上摄制的电视剧按质论价择优播出自不必说,即使本局自拍的电视剧,同样按照市场经济规律,按质论价收购,由此更好地促进了优秀电视剧的竞争生产。

利用影视合流的优势促使科教片、美术片等短片摆脱困境,在上海已是见得着的成果了。如上海美影厂与上海电视台重组后,为提高美术片的生产能力,今年将投入1000万元改造美术片的生产设备,这样大的投资对于过去的美影厂来说是不可想象的事。另外,上海电视台少儿部和美术片中心合并后,调整和加强了少儿节目的内容及在电视台播出的时间,仅播出时间一项就从原先的每天20分钟增加到50分钟,使美影厂历年来生产的优秀动画片包括引进的都可以播出,发挥了应有的作用。

上海科影厂与东方电视台合并后,科影的编导中90%的创作人员从以电影为手段转向了更为先进的以电视传媒为手段,参加科学普及栏目的制作,大大丰富了科技电视节目。科影厂过去拍摄的大量科教片也将有窗口,在荧屏上播出。同时,电视台还在经济上大力扶持科教影片的创作生产,将直接投资100万元在年内拍摄4至5部科教电影精品。值得一提的是,科影厂原有的动画车间在影视合流后有更大发展,1995年产量仅为100分钟,今年由于增加投资300万元而产量跃升至400分钟。

上海从改革行业的体制机制入手,破解了较长时间内没有解决得了的难题。我相信,这条影视一体化的新路,将为中央和其他地方树立起了很好的标杆。

（1996年4月17日）

让琴童弹奏中国钢琴曲蔚然成风

——我国孩子弹奏外国作品可以弹得比外国人还好却弹不好中国作品的思考

"钢琴热"骤然兴起,各种"考级"、比赛此起彼伏,但曲目中所选中国钢琴曲很少。

中国孩子弹外国作品可以弹得比外国人还好,却往往弹不好中国作品。

中国不仅需要在世界上多产生一位钢琴家,更需要多产生一位弹奏中国乐曲的钢琴家。

我国近年急速出现的一支非常庞大的学钢琴队伍,让钢琴的故乡——欧洲都要咋舌。其中有不少佼佼者在国际钢琴比赛中屡屡登上领奖台。然而,这喜人景象的背后,也常令人有一丝酸涩之感,那就是学琴的孩子们弹奏自己民族的钢琴曲子太少了。

就在几天前,被誉为"天才少年钢琴家"的朗朗在北京音乐厅举行赴美告别独奏音乐会,他所演奏的钢琴曲无一例外全都是外国钢琴曲,包括加奏的两个曲子。

其实,这种情形早已为中国钢琴界的许多有识之士看在眼里,寒在心里。中国要真正发展本民族的钢琴学派,而目前这种状况是很难达到目的的。

最近,在青岛举行了一次"'96全国青少年中国钢琴曲演奏邀请赛",这项活动就是针对中国孩子不熟悉中国钢琴曲、不愿弹奏中国钢琴曲而举办,意在借此活动促进中国钢琴曲创作的繁荣。

笔者为此与本届邀请赛评委倪洪进教授进行探讨。这位曾于50年代毕业于莫斯科柴可夫斯基音乐学院的钢琴家,在回忆她当年在莫斯科学习时的情况时说："我的教授总是把俄罗斯的钢琴作品放在第一位,即使教学法、弹奏法,也都是俄罗斯优先,这种强烈的民族自豪感至今仍让我敬佩。"

造成中国孩子较少接触或有意疏远自己的民族钢琴曲,是因为中国的民族钢琴曲目太少或质量不高吗? 如果跟欧美比,它们庞大而优秀的钢琴作品及其体系,我们确实无法与之相比。但是跟非欧美国家比,我们的民族钢琴作品的数量和质量都是排在前列的。据钢琴专家统计,从 30 年代开始在中国钢琴之树上开出的第一朵鲜花——《牧童短笛》起,到现在至少有 1000 多首,其中不乏优秀之作。不说别的,仅上海音乐学院刚刚离任的副院长王建中根据民歌等音乐素材改编的钢琴曲,就不亚于李斯特的改编曲。

我们确实不应该妄自菲薄。但我们的孩子连起码的中国钢琴曲都不熟悉,或者弹不好,或者干脆不爱弹,这是事实。客观上讲,原因有很多,如外国乐曲是七声音阶,适合于钢琴弹奏,而中国乐曲是五声音阶,弹奏起来总感到别扭,等等。然而有一点不容忽视,即我国的整个钢琴教育体系已经完全是西方化的了,当然这是有原因的,因为西方完备的教材为钢琴教育提供了良好的条件。也正因为如此,在教师队伍中,不熟悉中国钢琴曲的不在少数。

除了教学外,在所有的钢琴"考级"曲目中,在大量的钢琴比赛中,在音乐学院的钢琴专业招考中,在各类音乐会的钢琴演奏节目单上,外国曲目几乎统领所有,中国曲目只是点缀,或者干脆没有。这些都给人一种印象——学习和弹奏中国钢琴曲可有可无。

这种局面已经到了非改不可的时候了。我曾与钢琴理论家魏廷格研究员交谈时,他提出:"中国钢琴家演奏中国钢琴作品,应该成为中国钢琴界的第一等事。"我认为这个观点很重要,因为今天的时机很好,目前社会上孩子们学钢琴非常普遍,形成了热潮,我们如果抓住了这一大好时机,把中国的音乐通过钢琴深入到孩子们的心里,就能做到事半功倍,音乐工作者应该乘势而上,切实把这项工作抓起来。

著名钢琴家鲍蕙荞、中央音乐学院钢琴系主任杨峻对此分析说,中国钢琴作品创作的数量和质量都在呈上升趋势,但我们对它们没有花很大的力量去研究,去介绍,去到音乐厅演奏,这容易挫伤创作者的积极性,作为钢琴家应向作曲家道歉。现在要做的事就是把现有的中国曲子精益求精地弹奏好。

应当承认,中国的钢琴创作水平还远远落后于外国。许多作曲家为此感到愧对这个时代。没有优秀的钢琴作品产生,是无论如何不能怪罪于别人,也推诿不到别的什么地方去。因此,创作应该首先起步,只有有了足够的优秀作品,才能尽快走出恶性循环,才能使我们的孩子喜欢弹奏中国钢琴曲,才能让他们以弹奏中国曲目为荣,久而久之就成为一种新的自觉。

(1996 年 11 月 12 日)

不能眼看"朝阳产业"夕阳西下

——简谈连锁租赁在我国录像业市场的新定位

东北辽宁的农村,一进入 10 月下旬就天寒地冻。像许许多多的往年一样,农民开始了漫长的"猫冬"。

一家农户门前,清脆的车铃声划破傍晚的宁静,邮递员带来了主人租订的一盘录像节目。一家人煞是欢天喜地。

这一幅图景虽然还没有变成现实,但在中国音像协会会长刘国雄和中国邮电邮政总局局长盛名环那里,却早已是烂熟于心。他们认为这与现实仅仅是"一步之遥"。

一、警惕"朝阳产业"夕阳西下

1969 年,第一盘盒式家用录像带问世时,传播学家就兴奋地指出:这将是 21 世纪人类用图像传播历史取代铅字传播历史的革命性曙光。经济学家也自信地预言,这意味着一个新兴的"朝阳产业"将在全球兴起。

20 多年弹指一挥间。现实证实了专家们的预言。随着家用电脑和音像设备的普及,卫星发射技术、信息高速公路及数码压缩技术的产生,已经很少有人再怀疑看不到 21 世纪人类用图像传播的那一轮朝阳。

比如音像业,经过 20 多年的发展,在发达国家和地区迅速成为巨型产业。据有关资料显示:美国的音像产业 1985 年在国民经济中排列第 11 位,到 1994 年已跃居第 6 位;香港 1995 年的录像业收入就超 20 亿港元。

值得欣慰的是,我国音像业的发展也几乎跟上了世界的潮流,有的地方甚至超前发展了。然而它又是悲哀的,因为每年上百亿元的巨额音像收入被卷入一个巨大的"黑洞"之中。

据中国音像协会的测算:我国现有 10 万个录像带出租点,8 万个录像播映厅,每年这两项就需要录像带 8400 万盒。而我国 1995 年自编、引进和合作三种方式生产的正版录像带品种总计为 356 万多盒,这与实际需求差距很大,由此看出大部分被盗版所占据。有识之士呼吁:再这样下去,音像这个"朝阳产业"将会过早地夕阳西下。

二、中国音像业的市场定位有误

审视过去,造成音像市场混乱的原因确实很多,但有一点很重要,那就是定位在播映市场肯定有误。音像界的许多人士把问题归为没有走"连锁租赁"道路。

那么,我们为什么没有及早选择"连锁租赁"呢？其中有一个重要原因是,80 年代初,由于家用录像机不普及,录像一开始就参照电影的办法,在社会上公开收费放映,走的是播映市场的路子。而到了 90 年代,随着录像机、影碟机大量进入家庭,群众要求租片观赏,录像业却没有根据市场变化及时调整经营战略,加上正版盒带 150 元的价格偏高,租赁商店无法依靠正版带赚钱。在利益原则驱动下,非法音像制品在几年时间里迅速覆盖了中国大部分地区,正版带则被赶出了租赁市场。现在看来,这套以营业性公众放映市场为主定位的录像产业体制,违背了录像产业的经营规律。

今天,非常好的机运已经降临在"连锁租赁"的头上。因为随着人民生活水平的提高,各种音像设备如录像机、LD 机、CD 机、VCD 机等进入家庭的比例越来越高,对各种音像制品的需求量也越来越大。另有一点也很重要,即录像的播映市场其实是一个侵权市场,因为所有的录像制品只供家庭使用,随着法制的健全,这种播映市场将被取缔。

而如果录像制品采取租赁的方式,归结起来有以下几点好处:

一、能最大程度地实现音像制品流通和传播的特点,尤其有利于资源的共享和优化配置。

二、音像制品"买"不如"租"已成为普遍的消费心态。

三、音像制品已经在内容和形式上大大丰富了,不仅有故事片和音乐,还有大量的教育、娱乐、科普节目,而迎合这种市场需求的最佳方式就是低成本、低投入的"租赁"。

事实证明,如果录像带、影碟等故事片作为个人或家庭观赏,一般看一两遍就可以了,它最适宜租赁,自己购买它则没多大意义。即使是能够反复欣赏的音碟,租赁也有非常多的好处,因为世界音乐宝库浩如烟海,仅贝多芬的9部交响乐就有多少版本啊,对于一个搞作曲或音乐发烧友来说,很想全部听听,但买得起吗? 就算买得起,也没有地方放啊。

据专家分析,音像租赁是国际上成功的经营模式。在美国,录像租赁的产值和利润都比销售市场大。美国共有2.5万个录像租赁店,规模都很大,设在居民方便的地方,租看录像带是美国中产阶层以下收入者的主要娱乐方式。美国每个租赁点的品种都在几千上万种,以录像带为主,同时也有VCD、LD和各种计算机软件。香港人口只有600万,但1994年的录像业经营额却高达近6亿港元,它之所以有如此规模,主要在于有一个发达健全的租赁网络。

三、音像制品"连锁租赁"谁来做? 怎样做?

中国庞大的音像租赁市场将是世界上无与伦比的。在不断富裕起来的12亿人口的大国,音像进入家庭蕴含着难以估算的巨大财富。现有那些灯光昏暗的十几米店堂,几百盒污垢的老带子,靠随手翻录几盒赚两壶酒钱的个体或变相个体的摊点,无疑是不能适应现在的形势的。

正像本文开头提到的,最近中国音像协会与中邮总局联手,在全国邮政系统的网络上培育一个可控的音像租赁市场,它被定名为"中邮音像租赁有限责任公司"。

何以选中邮电邮政作为开展大规模音像租赁的切入点? 中国邮电邮政总局盛名环局长说:中邮在全国有6万个网点,"点"多"面"广"线"长,连锁体系严谨,企业信誉高,人员素质好,百姓的日常生活离不开和邮局打交道,因此,除了在邮政营业网点办理音像租赁外,还可以利用现有的报刊零售网点试办这项业务。更为有利的是,邮政部门还可以利用它的投递网络的优势,在农村带出一个广阔的音像租赁市场。我们的邮递员不仅可以送带下乡,还可以背着放映机下乡,让农民看到碟片或盒带。

中国音像协会会长刘国雄认为,邮电邮政是一个主渠道,能体现"国家队"的作用。这就从组织结构上保证使音像市场受控,可以抵制非法出版物,遏制盗版,净化音像市场。

据了解,中邮公司已开始在辽宁全省、南京、杭州、福州试点,首批以500—1300点逐步安排,于12月底开始运转,然后每一季度以一定数量扩大网点,五年内将发展成为国内最具规模的音像制品租赁经营网络体系。

许多音像出版界人士认为:中邮公司的组建,是音像界的一件大事,因为它将保证正版音像制品顺畅地进入市场,提高正版的市场占有量。他们估算,全国若按初建2000个点计,一个出版社在每个点配置2套,那么每个节目发行总量就在4000套,这种规模经营带来的规模效益是音像出版业以及整个音像界走出困境、步入良性循环的切实有效措施。

(1996 年 12 月 22 日)

贺岁"大宴"叫人如何不欢享

——中央电视台 97 年春节联欢晚会谈片

　　轻松,是沉重、紧张、压力、负担时的第一选择,是人的内心和社会氛围必不可少的状态。因为受邀写稿的缘故,今年的中央电视台春节联欢晚会(以下简称"春晚")提前看了,我的总体感觉就是轻松欢悦起来了。要说这是办春晚而不是别的节目的初衷,实在不是那么简单。

　　欢乐、祥和的晚会气氛,使观众头脑中绷得紧紧的"弦"开始松弛下来,在编导营造的平和、自然的艺术氛围中,整场晚会显示出难得的素朴协调之美。

　　多年来春晚之"弦"由紧绷到松弛,绝不是主办者和编导者的主观意愿所为,而是社会文化生活发生了深刻变化所致。如果要作一次调查的话,尽管还会有很多人表示除夕夜要坐在电视机前看春晚,但过去那种好像春节能不能过好,甚或这一年能不能过好全押在这一台晚会上的情形肯定不会再出现了。

　　其实,春晚本来就可以有很多种办法。不能绝对地说这种办法好那种办法不好。过去无论是编导还是观众,对春晚的那种紧张感是来自于特定历史条件下过高的心理期待,因为春节晚会就是春节的标志。另外,过去人们好像时刻生活在口号宣言中,生活在宏大叙事中,曾经作为人们文化生活中的大事盛事——中央电视台的春晚,必然要承载起很多思想性、社会性内容。然而,有时又感到不该有沉重的负荷。因此,每年的春晚,尽管编导者动足了脑筋,而观众却总有思想大于形式,沉重有余而轻松不足之感。

　　今天,社会的空前发展和文化的丰富变化,使许多东西在重组,在归位。思想性社会性自有它特定的形式去承载。而赋予人们以欢娱的东西,同样也在寻找它更为有效的形式。若对央视春晚作纵向考察的话,后者是其发展的轨迹。因此,尽管我对今年春晚的总体感觉是传统多于创新,但是,另一个特点也很显著,这便是欢娱性浓度在增加,我认为这对于春晚这一特定形式而言,十分重要。

过年的气氛好

开场歌舞《大团圆》,的确很有过年味道。演员们一身节日装束,过节气息四溢。他们手持红烛、黄绸,在激烈而欢快的律动中闪烁翻动,跳跃腾挪,有节日般狂欢的眩晕,令人陶醉。一声"过年啦",酣畅淋漓吼出了人们积蓄一年的期待,喊出了人们生活自信的喜悦。尤其在牛年里看到一群小演员的"牛"装打扮,憨态可掬,惹人喜爱,把人们带进了一个充满希望的"牛"的意象中。《大团圆》营造节日气氛,要做到闹而不乱,浓而不俗,也是很见编排者的艺术功夫的。

节日气氛,是每一台春晚创作者刻意营造的事。没有喧闹热烈的气氛,就拨不动电视前观众欢度春节的心弦,就宣泄不了他们心存已久的期待,正像有的观众表达的那样,看以往的春晚,总有一种满意但不满足、过目而不过瘾的感觉,这不满足不过瘾也许就有节目中缺少酣畅热烈心绪表达的"气口"。今年的晚会节目,观众会感受到编导在这上面的用心,歌舞节目就有《青春世界》《红绸大舞》《民族欢歌》《风调雨顺》等,都是缤纷中有韵致,热烈中有内涵。即使晚会中穿插的几个精巧的小串场,如《送春联》《送福字》,也不是一般的安排,而是将喜气、福气深含其中,让人在轻松的笑声中,尽情释放"欢欢喜喜过大年"的欢畅。这就是编导的艺术追求,他们深知,欢乐的节目多不等于欢乐多,它需要创造出艺术的丰富性来,那些直白、浅近地表现欢乐,只能给人以艳俗之感。

社会的主题广

我们不能要求央视春晚负载过重过大的社会主题,但不等于说不要社会主题,反过来,社会主题也不可能不反映到晚会上来。而用好用足社会主题,往往让春晚更耐看,更有艺术的隽永。事实证明,有时恰恰紧扣社会热点,用好社会主题,晚会更容易引起观众强烈共鸣,赢得更为长久的喝彩,甚至成为新的一年里人们乐于谈论的话题。因此,主办者如何把握好社会主题与快乐原则之间的度,使春节晚会在质的方面有所提升,是不得不认真对待的一个课题。

1996 年,社会重大主题是社会主义精神文明建设,而其中历历可数的就有反腐倡廉、职业道德、文艺工作者深入生活为人民服务、捐资助学、农民文化创建活动等等。这在这次春晚的几个语言类、歌曲类节目中得到生动而艺术的展示。如由三位新人主演的小品《戏里戏外》,堪称优秀之作,它表现了农村乡里干部的吃喝风日盛,这是普遍现象,以致干部一张嘴竟成了久治不愈的病症,但节目在针砭时弊中表现出敏锐和深刻,在揭露干部腐败中把握巧妙,艺术结构上多有独到之处,最后那位乡干部的警醒,是缘于偶尔看到了由他自己扮演的一位当年吃馆子的八路军战士的榜样,这个绝妙的构思产生了强大的艺术力量。

香港九七回归,是今年的一大政治主题,这在春节晚会上也有体现,如歌曲《归航》,唱出了香港回到祖国怀抱的殷殷之情。

时代的气息浓

央视春晚,历时 15 届,虽然在它走过的旅程中不可能全部是鲜花和掌声,但有一个不争的事实,那就是它已经成为中国老百姓过春节的新民俗,成为人们热心关注的一大文化事件,成为广大观众年末岁初总要谈论的热门话题。这里的原因当然很多,但其中有一个很重要的原因就是晚会的编导构思、节目内容、表演样式,都是紧随时代脚步,紧扣生活脉搏。如果离开了这些,而只是像港台或新加坡等国家和地区,把贺岁节目搞得欢快热闹就成,那么央视春晚就不可能像现在那样深入人心,在社会上拥有重要地位。

"总把新桃换旧符"。不用说别的,倘若把 15 年来每一次的歌舞节目作一番比较,必能看出生活的节奏在变化,在前进。倘若把每一年的小品节目逐一比较,也能看出其中凝聚着急剧变化的深刻思想,刻印着时代的烙印。今年的晚会同样不例外。

在歌舞节目中,像《青春世界》《青春季节》等,从演员的着装、舞蹈的编排、音乐的节奏看,都仿佛给观众注入了时代已经进入 1997 年的新感觉。从审美看,它们更成熟、更清新、更热烈,较少过去的那种浮躁和纷乱。

在经历了市场经济的冲击以后,人与人之间的关系正在激浊扬清,呼唤美好的人间真情成为时代主旋律的一部分,只有同心同德,才能携手并进。这些都体现在了主题歌《手挽手心连心》、微型音乐剧《天长地久》、歌曲《真情永存》《走到一起来》等节目中。观众在观赏中,这种时代的气息时时弥漫心头。

地域的元素多

春节是传统的,它是全国各地和 56 个民族独有的至尊节日。地域和民族文化中的心态、礼仪、习俗、性格,都浓缩到春节里了。因此,表现它们的各种文艺节目是春节联欢晚会最直接的任务,也是春节晚会最基本的美学原则。

今年春晚一组开场歌舞《大团圆》,跳出了非常地道的民族味道。节目一路演下去,民族的元素层出不穷,目不暇接,美不胜收。

虽说今年相声的好作品不多,但它的地域风味却是浓重的。在很出新的一种形式——相声联说里,李伯祥的段子让观众重新领略到传统相声技法的魅力。这类段子在今天的相声界已很少听到了,因而听来很是亲切。稀有必显珍贵,这次安排进来,可以见出编导的用心。

民族文化浩如烟海,如何在其中细心挖掘,撷英采珠,以奉观众,是对每一届编导演的一次重大的文化考验。

在今年的晚会上,采用民族样式、体现民族精神、取自民族文化宝库的节目可谓多矣。歌舞类除了《大团圆》外,还有《中国娃》《黄河鼓震》《民族欢歌》《东西南北中民歌小唱》,以及《老唱片、激光唱盘》中的"老唱片";戏曲类有少儿京剧《菊坛新蕊》、京剧名家名段《流派纷呈》、地方戏曲集锦《梨园送春》等。节目可谓琳琅满目,即使几个小串场的节目,如《送春联》《送福字》,也是一眼看去就是我们中华民族独有的。

当然,地域性民族性的表现还有不少遗憾,如有些节目有的还是缺少个性,形式也有老套之感,看来艺术的创造力需要春晚导演不断培养提高才是。

群众的观念强

听过不少人说,各地的春节联欢晚会是低俗的、流行的文化的一次大展露,它简直在以一种无法饶恕的方式败坏观众的胃口,弱化人们的艺术审美,因为它在一年中最宝贵的时间里使最广大的观众失去了一次与真正艺术接触的机会。

不言而喻,持这种观点的大都是文化人。我们不能说它有什么错,但它至少是偏激的、片面的,甚至有失公正的。

欣赏历来都有高下之分,文野之别。春晚的观赏对象首先是定位在中国的所有人,尤其是中国的普通老百姓,这个观众数量不是以几千万计,而是以数亿计;在地域上,不仅有广大内地的观众,也有港澳台地区观众,还有分散在许多国家的海外侨胞。面对如此数量庞大、类型众多的观众,没有大众化的观念,春晚是断然不能办好的。同样道理,如果忽视群众中不断提高的文化欣赏素养,一味将低俗平庸的作品引入晚会,也是一条死胡同。因此,群众的观点也应是全面的而不是片面的。

今年的春晚,在大众化与艺术性、民族化与观赏性、社会化与精神性等之间一系列关系上,处理得比较好。除了潘长江的小品《开学》,在表演上稍嫌俗了一点外,其余的大都能做到雅俗共赏。拿其他几个小品来说,《过年》《鞋钉》《红高粱模特队》,它们都有非常严肃的主题,有生活化的切入角度,也有较为深刻的思想性体现在里边,而在表现这些的时候,小品的艺术手段用得恰到好处,风格上均是自然流畅朴实,因此笑过之后往往令人回味良久。

舞美的样式活

对于97春晚的舞台、灯光、美术设计,如果单从演播室内看,这届与历届晚会相比,是比较成功的一次。

这次把舞台的旋转部分设计成环形的扇面状,并在扇状部分上大做文章,使其承担起众多功能。如从正面看去,扇面上用阶梯组成,扇面的前部也立有阶梯高台,阶梯上布以彩光使其闪烁发亮,这些都是演员在上面理想的活动区域。

如果扇面的背后通过180度旋转,朝向观众,又别有一番洞天。这时它可以是一个节目的背景,也可以是一个节目的场景,在前后节目的转换中,扇状的舞台在不同角度的旋转过程中成了迅速切换场景的道具,能够做到转瞬间换了天地。

我们注意到,一般情况下,小品的节目大都安排在扇状的背部,背部有可供演员进出的各种口子和通道。在色彩上,舞台美术把它定位在与正面截然相反的风格上。如果正面是重峦叠嶂、色彩斑斓的话,背部则平坦简捷、朴实无华。由于小品节目的题材、人物、场景大多是取自社会现实中最普通的生活断面,扇形的背面恰好符合了小品特定需要的场景。而歌曲、歌舞组合等节目,均安排在扇状的正面,发挥了大景场和丰富性的优势。比如,当开场歌舞《大团圆》和紧接着的主题歌《手挽手心连心》等这类华丽喧腾、热烈欢快的节目在正面场景上结束后,扇面迅速旋转至背面,作为小品《过年》的另一种场景;当微型音乐剧《天长地久》和歌曲《走到一起来》的正面场景节目结束,舞台又旋转至背面,安排小品《鞋钉》,待小品结束,又出现歌曲《珠穆朗玛》这种壮丽辉煌的节目……如此反复,导演在调动扇形舞台的正反面时,使节目的静动、强弱、华实风格得以充分体现,同时显示出舞台的节奏感和鲜明亮丽的场景感,让各类节目根据风格类型各擅胜场。

（1997年2月3日）

热切拥抱新时代的契机吧

——评音像业在新技术面前经受挑战

信息社会的脚步已经踏进音像产业的门槛,里面的很多东西正在被互联网络和数字化等新技术重新定义和定位。一段时间内,人们需要从新的角度对它进行认识或者使用。如音像市场的整体拓展、广大艺人及节目的宣传推广、音像制作的方式、出版发行的渠道、消费者的欣赏习惯、作品的版权保护等,都从不同角度、不同程度地被新技术改变着。

一、正在被重新定位的音像业

这种改变让人们感到惊喜的同时,也使一些表演者和录制者感到颇不习惯。由于网上传输的作品是数字化的,这就非常容易被改编,有时候会变得面目全非。一些文字作品上网后,其版权信息在网上被改来改去、转来转去后,竟找不到原来样子了,一些音像制品同样存在这种遭遇,而这种情况在纸介质和磁光电介质时代是不会出现的。

还没有上网的乐迷们可能不知道,很多音乐已经开始在网上被免费地送来送去了,而且不再是地域性的,而是全球性的。据一位新加坡的音像界人士透露,现在一些国外的音乐网站就有中文歌上网,包括美国和英国等国家。

压缩技术的不断出新,使音像节目的载体越来越小了。现在的音碟(CD)已经嫌大了。MP3,这种通过新的压缩技术制造出来的播放器,可装进150首左右的歌曲,比一般的 CD 多出 10 多倍,令人惊奇的是,我们在 3 个月以前还没有感到特别严重，而现在已在市面上迅速铺开。

更为严重的是，MP3 音乐非常便于在网上传送，据介绍，每天至少有 15 万名世界各地的人在网上欣赏 MP3 音乐，其中有一半的人将这种音乐免费下载。虽然 MP3 拓宽了音乐的传播渠道，但唱片业却视其为大盗，因为都去免费下载音乐，表演者、录制和出版方的回报从何而来，因此，音乐创作和录音制作将受到重大打击。

VOD 技术的出现，也给音像业以沉重的打击。VOD 是影视节目的点播系统，用户只需向 VOD 系统交纳费用，就可以全天候 24 小时点播节目。目前，我国一些城市的小区已经开始使用这种 VOD 系统。

二、新技术带来新机遇

当一项新技术在市场推出的初期，总免不了让受新技术影响的行业产生忧虑——恐怕已有的模式被全面淘汰。然而，大可不必恐惧的是，新技术同样也会带来新的思路、新的机遇。音像行业如果能充分把握新技术带来的新机会，那么，行业发展的潜能必将因新技术而得到更大的发掘。

其实，音像业一向重视科技，它本身就是科技的催生物。激光唱片、激光视盘这种科技含量极高的数字技术最早就是用于消费者的，并为整个行业注入新的活力。今天，由互联网络和数字化所引发的革命性变化，使它又一次面向新技术带给它的发展契机。

比如市场推广，据一些具有相当规模的音像公司介绍，他们过去的传统做法是，公司在发行新节目之前或初期，都需要花费巨大的人力物力，在不同的媒体宣传及推销，以引起消费者购买的兴趣。一般的宣传方式不外乎是电视台电台广播、报纸杂志的广告以及演员的现场表演等。而有了互联网，灵活性就明显增强，音像公司可以利用各种网站，花较少的钱就可集中向网络用户宣传最新节目，网站可以详列出歌手或演员的个人资料，为浏览者提供下载的演职人员的照片，也可让他们听听歌曲的选段，（现在一般长度约为半分钟）。更新一点的网上传送技术还可以让阅览者及"歌迷""影迷"在网上对话，直接收看艺人的访问录像及现场表演。这种网络渠道使音像公司接触的消费层面比其他传统媒体更广更专，更广是指互联网不分国界，能辐射全球的消费者,更专是指所有到有关网站阅览的消费者本身对艺人及公司的节目有一定的兴趣,使公司更有针对性地推广宣传。

我认为,新技术带来的好处至少表现在这几个方面:1.音像节目可以全球同步发行。这在过去是很困难的,这里有运输的问题,有寄送母带的麻烦,海关税收的不一等等,至少要作两个月的准备,而现在网上传送很快,回收资金也快;2.不用中介,不用店面,可直接面向消费者,节目也不用包装,成本大为减少;3.一张音碟容纳10多首歌,而听众往往只喜欢其中一两首,到了网上,消费者可方便选取,节省大量费用;4.刺激音像节目创作向更优秀的方向发展,因为网上的淘汰将更加残酷,没有好作品就休想立住脚,因为消费者只想下载他想要的好歌好音乐。

三、数字化环境下的法律保护

司法界有一个古老的法理:"法官不能拒绝审判案件。"然而,新技术对于音像业的挑战,其强度使法律界深感压力很大。如果从司法角度看,新技术不仅对整个音像业构成了巨大的冲击,也是对法律、司法构成严峻的挑战。网络的发展使你不能有时间去考虑,迫使你必须迅速作出反应和表态。

事实的确如此,网络和个人电脑的迅猛发展,使音像节目的传播难以控制。尤其对音乐的使用和传播,破坏了正常的制作和演出市场,如消费者对网络中的音乐进行捕捉、存储、改编和再次传播。虽然由于对声音下载存在着速度和质量方面的技术局限,在一定程度上限制了这种侵权行为,但对作品的权利人仍是一个潜在的威胁。

传统的地域分割已不复存在,外国人在网上的作品是世界的,中国人的作品在网上也同样是世界的。数字化音像作品的保护将更多地依赖技术保护措施,因而突出地需要规定新的法律制裁措施。

从新技术来看,音像制作方式的变革,使法律问题变得异常复杂,如一首音乐作品(包括乐队)的各种元素往往可以经多种方式采集后用电脑合成,再被上网传送,这给法律界提出新的课题,即如何使音像制品合法地放到网上传输而避免侵权之嫌。

从未来发展的角度看,随着音像的压缩及防盗录技术的进一步成熟,音像节目无需依靠载体,它们将通过互联网络、卫星及有线频道等渠道,将数字音像制品直接传送到消费者的电脑及播放设备。这并非只停留在理论阶段,在两三年内,经由互联网或有线频道等渠道传送附有防盗录技术及版权信息的音像节目将成为该行业发展的新动力。为防止网上 MP3 的疯狂盗版,音像业已与电脑公司、软件商及音响器材商联手研究数字音像的反盗版系统,并于明年内完成。这套系统将有效减少由网上盗版引起的法律纠纷。

目前,互联网上的反盗版活动已拉开序幕,如来自国际唱片业协会提供的材料:该协会设在伦敦的总部已有专门机构定期在网上寻找非法的 MP3 节目,找到后将这种节目及其所在"网站"的资料分发到该协会在各国的办事处,各办事处会发出警告信件给非法 MP3 节目的提供者及它的网络供应商,要求将其撤掉。如遭到拒绝,各地办事处将按照当地法律提出诉讼。

(1999 年 5 月 20 日)

如此下去　还会有传世之作吗

——建筑中严重缺失"高附加值"的思考

当我们站在中国 20 世纪末的城市街头观察如雨后春笋般新出现的建筑，可以明确地得出一个结论——遗憾得很，将来能够传世的建筑太少。

不可否认，现在大量的建筑物，艺术含量、思想含量、文化含量很小，缺乏同总体文化背景、文化追求的内在联系。如果一旦缺失这些"高附加值"，就决定了建筑物的寿命不可能长久。

建筑是一门最大的、最综合的艺术门类之一，也是同精神生活关系最为密切的物质形态之一，这早已经为绝大多数的建筑界人士所认同。历史上，我国和世界上的大多数国家都留下了许多伟大的建筑作品，这些建筑其实就是不同国家和民族文化的代表，它们的华光穿越历史，长留人间。但是，进入本世纪，欧美的许多建筑名家仍都留下了优秀并必将传世之作，而为什么我国近年来留给 21 世纪的东西如此之少呢？

这里的原因除了缺少资金，除了人的浮躁，更重要的是城市总体规划和设计没有同民族传统、没有同人文精神融汇起来。建筑艺术是最大的艺术，它可以把所有的艺术形式都融汇其中，融汇得越多，建筑的"含金量"就越大，它的寿命就越长。

当然，城市建筑缺乏文化是同中国城市化政策的摇摆有关，也同我们对城市化的认识不到位有关。我国城市化将要在幅度和深度上会有很大提高的。现在城市化指数低，去年是 30.4%，不仅大大低于世界的 48%，也低于发展中国家，但绝对量很大，城镇人口 3.6 亿，世界第一，尤其大量的农村人口将进入城镇。然而农村文化的城市化远比转户口的过程来得漫长，现在只是简单地"化",对因人口膨胀而带来大发展的城市建筑,就不会提出很高的要求。

从目前来看,城市建筑缺乏文化的很大因素是没有特色。虽然建筑的这种趋同性还不可避免,而且还将延续,因为它有趋同的基础,如文化交流的快速频繁,如制度上仍属"行政建筑"等,都使建筑相互模仿、抄袭。但还有更深的原因就是,城市规划缺乏文化思考,如中原某市的规划就欠当,本来是古城,完全体现出中国都城的规整有序,然而新建的建筑物却已经出现三角形和圆形等各种奇形怪状,显得杂乱无章。

历史经验告诉我们,建筑的个性特质是从市民社会生活和城市历史中挖掘出来的。而现在的模仿之风,将使建筑更加没有特色,并留下难以治愈的硬伤。如近年来各地城市建筑设计上又盛行一种所谓"欧陆风格",即西洋新古典风格,这种运用西方古典建筑的外在装饰,实质上与运用仿古大屋顶并无二致,它们同样是对创造本民族的现代建筑文化缺乏自信。

我们的创造跟不上建筑发展的需要,是与整个规划建筑师队伍素质有关,我们应该呼唤大师,呼唤能够长久流传的一些理念、方法和作品。如果要解决问题,当首先要从问题入手。如郑州市是铁路枢纽,城市不好规划,房子不好建,然而这恰恰就是解决郑州市建筑缺乏文化特色的契机,你可以给它的未来功能作新的定位,城市地处交通要道,四通八达,就应把它建成运动型城市、开放型城市,所有建筑,都要按照这一定位尽可能重新设定。

据专家们透露,目前许多大中小城市对建筑的特色不是不去追求,恰恰相反,是操之过急了。对此,建设部总规划师陈为邦认为,城市建设要根据实际情况放慢一点。他说:"我常常接到不少城市邀请,要给他们规划有文化特色的城建,但我都是泼温水(冷水泼不得),因为特色是文化问题,很深厚,不是急出来的。现在急急上马的如雕塑工程,如许多广场,都以为这样城市就有了文化,其实里边存在很多问题,还不如先把脏、乱、差的环境治理好,把绿化搞好,再逐步从重复中求变化。"

一个值得注意的现象是,现在资本的力量太强大,往往是规划听了领导的,领导听了老板的。就拿被视作城市的"客厅"——广场来说,文化人认为这是实用空间向心理空间需求的体现,是生存层面向精神层面的提升。然而,现在的广场被建得大而无当不说,大都被打扮得俗不可耐,商业气息太浓。据报载,某城的中心广场很像北京的天安门广场,但检阅台上却竖着6

个大酒瓶模型,上面还飘着广告彩球,市民说,生活在这座城市,酒不醉人人自醉。还有一个大城市的广场两边,原有的两句庄严的标语已经变成了两条大幅药品广告。作为地处中心的城市标志性的广场尚且如此,其他建筑物可想而知了。

今天,经济发展的成就也要靠建筑来体现,哪个地区哪个城市的高楼大厦多,哪个地方就显得繁荣,大家脸上就光彩。城市景观演变的程度与速度上的所谓"日新月异"成为管理者政绩的体现。但问题就出在"快"上,首先是经济实用,美必然叨陪末座。这在国家技术政策中是一个缺陷。没钱的情况下,确实受到一定的制约,但在制约中仍能把事情做得好,这才是水平。

城市建筑同样应该担负起提升市民精神文明的重要职责,城市建筑文化品位的降低,应该看作是我们留给社会的最不体面的遗憾。我们应该竭尽全力,和各级政府一道,把中国城市建设项目的安排由越来越强烈的经济利益导向逐步扭转到经济和文化融合的导向上来。

(1999 年 6 月 10 日)

到国际市场上"开枝散叶"

——评中国电视节目健步走向世界

中国电视节目在国内已经成为老百姓的"第四顿餐",这早已是不争的事实。然而,让海外了解中国是一个电视大国,是有着丰富的电视资源,才只是近年的事;而中国由过去的电视节目受片国(即买方)逐步变为销售国,中国的电视节目正健步走向世界,更是近而又近的事。

走出这一步,其实很艰难。试想,以美国为代表的西方传媒利用电视技术发展迅速的时机,把他们的电视节目制作成多种语言配音或配成多种外文字幕,大举进入世界市场。而我国的电视节目制作的历史相对短暂,要到强势文化所控制的地盘去抢市场,谈何容易,因此,用业内人士的话说:"空中斗争的局面十分严峻。"

然而,中国电视工作者看到显示本领的舞台比以往任何时代都更加宽广,作为中国电视节目外销的成员们,加速研究对策,捕捉机遇,尽可能多地把中国电视节目推向世界。在越来越显示出骄人的成绩的背后,我们看到的不仅是辛劳,更是一种智慧和自信。

一、到国际市场上"开疆拓土"

据中国国际电视总公司 1998 年一年的统计,这家公司共签署外销合同上百份,售出节目 3777 小时,5059 集,其中向海外发行家用录像带 1565 小时;节目输往以亚洲为主的约 20 个国家和地区的 60 多家电视机构。而在 1992 年以前,我国的外销电视节目可以说凤毛麟角,收入也近乎为零。

我们应该看到,1998年里这一成绩的得来,还是在东南亚出现金融危机,多数海外电视机构紧缩节目预算,主要客户频频要求暂缓执行合同等不利形势下取得的。

抢占市场不容易。全国各地的电视节目外销人员马不停蹄地参与国际上有名的各种电视节,如美国NATPE电视节、法国戛纳电视节、新加坡电视节等,他们充分利用这种面对面的机会,扩大国内电视台和电视机构节目的影响,进行节目销售活动。

巩固市场同样需要付出百倍的艰辛。过去越南、缅甸等国家常常大量盗播我国节目,说明该地区对我国节目有较多的需求。为把盗版转变为固定播我国电视节目,电视外销人员想方设法,利用当地的代理,连续向当地推出了《水浒传》《东周列国》《康熙微服私访》等多部连续剧(计270小时以上)在其无线电视网播出,既取得了可观的收入,同时从一定程度上扼制了该地区对我国电视节目的盗版活动。

市场失而复得,又得而复失,这是电视节目外销中经常碰到的现象。拿日本来说,过去有专门电视频道播出我们的节目,后来取消了,几经努力,重又与其他公司合作把中国电视节目推进日本市场。播出的节目是从《东方时空》《夕阳红》《旅行家》等6个栏目中选出的300个小时专题节目。同时,对过去未曾涉及的国家和领域,也采取了慢慢渗透的方式,将《我的朋友》《智慧小行者》等多种节目销售到瑞典、科威特、比利时等国家。

虽然,我们的节目还局限在动画片、惊险刺激的古装片、纪录片等品种,我们的地盘大多还在东南亚一带,我们的海外知音大多还是在华人圈里,但市场的进入毕竟在一步步深入。

二、利用海外实力把我们"带入场"

这里先说一个数字:在1996年全世界电视节目出口总额中,亚洲地区所占比例仅为全球的0.8%,这个数字充分说明我们面前的机会有多大。

那么,是什么使我们的电视节目长期以来没有在海外市场上崭露头角呢?应当说,不是中国题材打不到世界上去,也不是中国故事外国人不爱听,而是人家不接受你讲故事的方式。的确,中国是一个电视资源大国,然而长期以来中国电视节目在国际上悄无声息,"瓶颈"在哪里?这种困惑终于在不断地与海外电视机构交流接触中得到答案,那就是必须改变中国电视节目的"讲话方式",即让海外观众方便地接受的一种表达能力。

不仅改变"讲话方式",还要"利用渠道"。这就是利用海外实力较强大的发行公司和制作公司,按照国际电视市场的要求、适应国外电视观众的收视习惯来改编我们的电视节目,并利用他们的庞大而有实力的发行网络,来把我们"带入场",从而达到对国际市场开疆拓土。

就拿新近拍出的大型电视动画片《西游记》来说,海外版的《西游记》已交由加拿大一家颇具规模的动画公司——西纳公司进行新的编辑,然后向全球发行其海外版。再有中央电视台目前刚刚拍摄完成的50集大型电视连续剧《太平天国》,早在去年就和美国一家著名的影视公司签订了意向性的海外版权协议,利用它的全球发行网络向世界发行。

很多中国作品并不是题材或故事不行,就像《花木兰》《图兰朵》等,中国题材被西方人以他们的视角诠释后,马上能进入其主流社会并风靡全球。10年前,德国一位小商人杜尼约克从中国购买了《哪吒闹海》20年的版权,改版后在欧洲发行,现在他已经盖起了令人羡慕的杜尼约克大厦,成为欧洲举足轻重的发行商和制片商。

充分利用现有的节目资源,启用高手汇编包装节目,不仅把节目送出去包装,还可以把海外的人请进来做包装。用电视界人士的说法,这也是一种"借船出海"。他们认为,现在要把我们的节目直接打出去,成功率很低,只能寻求合作,要敢于和外国大公司打交道,进行节目包装和发行代理,这是一大进步,我们的目的就是要从这种间接地开拓国际市场过渡到直接进入国际市场。

三、外销的红火得益于节目量的充足"储备"

这几年,国内电视生产的极大繁荣,使得节目量越来越充足。充足的节目储备让外销人员兴奋不已,因为这要比起缺这缺那的节目库存来,更让海外客户购买时有信心。一位电视节目外销人员对笔者说:"没有充足的货源,没有较大的挑选余地,很多国家和地区的客户是不会跑到你这里来耽误功夫的。我们经常会遇到购买大宗同类型节目的客户,如有一年台湾一家公司一下子就买走了《抗战陪都》《巨人的握手》《解放》《张学良与赵四小姐》等近100个小时的节目,这在以前是不能想象的。由于我们手头这类节目已有储备,并能及时提供试看带和文字资料,当时就拍板成交。我们还多次遇到客户把我们手中所有动画片全部买走的情况。纪录片也一样,按类别一揽子购买的情况也经常会碰到。"

四、精品节目受欢迎出效益

电视剧外销的基本特点之一是,畅销作品仍以古装剧为主,尤其以中国古典文学名著及为世人熟知的历史事件和人物改编而成的古装剧,如《西游记》《三国演义》《唐明皇》《宰相刘罗锅》等,在很多国家和地区普遍受到欢迎。电视剧《水浒传》还没制作完,提前一年左右的时间就已经被卖到泰国、韩国、美国、新加坡,以及香港和台湾,销售额达200多万美元。

自1997年以来,香港亚视的声誉开始提高,就是因为播出了《三国演义》《孔子》等电视剧。特别是在播出《三国演义》时,该台的黄金时间收视率第一次超过了香港无线台,使无线台非常被动,以致该台下决心无论如何也要把电视剧《水浒传》拿到手,所以后来的《水浒传》的销售价格竟比《三国演义》高出三分之一,达到每集一万美元以上。

精品出效益,这在电视节目外销中同样得到了证明。从中国电视节目代理公司出示的一份统计数字看,外销收入的主要来源是这种精品大戏。在中央电视台三年来的节目外销总收入中,仅电视剧《三国演义》《水浒传》两部戏,就占了总额的约一半。经验证明,通常只要有大投入和大制作,在海外一般都能火起来,仅在海外市场就收回投资是不足为奇的。此外,越是好的电视剧寿命就越长,因为可以反复地卖,每次播出都要续约及付款。如日本NHK三次播出电视剧《三国演义》,每次都要签署新的合约。

五、纪录片越来越被看好

纪录片是让海外观众了解中国国情的最好途径,也是中国对外宣传的最佳手段。在所有各类节目中,纪录片最有可能进入发达国家,也最容易进入他们的主流社会。

近年来,中国电视节目的外销中,纪录片占有很大的一块。欧美市场主要以纪录片和家用录像带为主。的确,反映我国的人文、自然及风土人情的纪录片比较容易进入欧美市场。如反映大熊猫生活的《我的朋友》、反映村选题材的《海选》等,还有《中国奇人》《中国一绝》等,在欧美市场上卖得很好。

不少好的纪录片还在被埋没着,因为纪录片不像电视剧目标那么大,不容易被发现。目前,一些电视人正在做着这方面的挖掘工作,最近,中国与澳大利亚南星公司的合作就是一例,这项工作是把我国过去的一些优秀野生动物纪录片,按照国际电视市场的要求,重新专门配乐和撰写解说词,以新的组合方式编辑节目,很快在法国戛纳电视节上产生了轰动效应。

(1999 年 8 月 12 日)

自多佳趣　终成人间胜景

——桂林"愚自乐园"地景工程漫步

艺术能让山水更有灵性,也能让人与自然有更为别样的互动。漫步在广西桂林大埠乡一个名叫"愚自乐园"的大型纯艺术视觉地景工程,我便有着这样强烈的体认。这项工程自 1997 年悄然动工以来,迄今已完成首期工程——一个拥有 16 个国家和地区 77 位艺术家创作的 78 件高水准艺术雕塑作品的国际雕塑园,仅这首期工程已耗资人民币 1000 万元。

桂林雁山区大埠乡,有着得天独厚的多层次岩溶景观,属典型的喀斯特地貌。山形水系犹如天工之作。岛状峰丛平地拔起,有的毗邻相接,奇峰阵列;有的孤峦独峙,亭亭玉立。更有绿水萦绕其间,俨然片片镜湖,条条碧练。人入其境,大有身在画屏之感。在这样的背景上,艺术家们以自然地貌为依凭,将雕塑作品选择、放置于园区风景最优也是最恰当处,形成田野画廊与山水景观相互呼应、相映成趣的开放式地景景观。

穿行在这些雕塑作品中,任思绪飘散,想象着来自各国的雕塑艺术家,是带着怎样的艺术背景和情感体验,在这里各自展开一段新的艺术生命旅程的。他们一定会感觉到,这里的可贵之处在于,不仅不受材料、题材主题的限制,更可以充分发挥自己的艺术想象,能够最大限度地释放艺术创造活力,驰骋自己独特的艺术构思。从眼前的作品中可以清晰地看到,有的表现人与自然的融合与对抗,有的着意于将灵魂深处进行真诚袒露,有的通过自然的石、木、金属等材料来表现人与社会的不确定和可变化的感受,有的力图寻找新的视觉艺术所蕴含的文化内涵,有的则探索将自己的作品与自然环境相辅相成和谐统一。

在碧空暖阳下、青山绿水间、花树草木处，我面对一件件雕塑品，不仅用感觉去触摸它们，更是用心去感受它们。在我看来，它们既是个体的，又是整体的；时而觉得它们是静默的、冷峻的，时而又觉得它们是喧闹的、温热的；它们既孤独，又相互运动；有时认定它们就是砂石的无生命体，有时又真切感觉到它们便是生命的符号，富有极强个性的生命象征体，充满着活泼的生机……

如画的风景，一定极大地激发了艺术家们来自心底的膜拜。"自然"，毫无疑问地成为他们首先要表达的主题。在工业化、城市化及旅游市场过度商业化的影响下，对纯自然美景的渴望，已然成为社会的追求风向。艺术家是时候需要做点什么了。来自法国的克莱尔·爱氏肯娜依在她的《风之林》中，用一些直立的柱子在雾气缭绕的山间"种植"了一片大理石森林，以实现自然的永恒；来自日本人的砂川泰彦专注于在花鸟草虫中发现自然界原初的秀美和素朴；祖国台湾的壮普为了寻找灵感，遍览园区各式美景后，为自己的作品《你是心头，我是石头，他是骨头》找到了载体，将水牛骨头重新结构后，使之成为自然进化过程中的视觉隐喻；中国艺术家秦璞用两条抽象的曲线，表达了对山水轮廓的神往和女性形体美的赞颂……这些雕塑作品，犹如一个个被唤醒的灵魂，吟唱着天、地、人浑然一体的赞歌。我想，看过这些，会给当代都市人以一种怎样的新鲜而强烈的回归自然、亲近山水、感谢造化的愿望。

桂林，是中国山水的典型代表，"中国"作为意象，在这些雕塑作品中则体现得相当充分。艺术家们用手中的刻刀和采集的石料，对中国的传统文化，包括哲学、神话、宗教、传说等作一场对话，意在将自然界的物质和中国的精神结合成一种新的元素，进行时空上的广泛探索。如中国的伍时雄把黄铜棒和打成圆形的石块相结合，反映出中国道家的"阴阳"原理；来自澳大利亚的安东·布隆思玛的作品《风之穿透》，则从《易经》中获得灵感，在掏空的石头里重构关于"自我"的思考。

当前，雕塑公园创立，已经成为世界现代美术馆向公共艺术发展的方向，也是造型艺术拓展新空间的重要路径。如美国的 Laumeier 雕塑公园，其宗旨就是为展示当代艺术家创造的与环境相和谐、相交融的雕塑作品；挪威的 Guslav Vigeland 雕塑公园，其目的就是为自然景观花园和个人雕塑创作进行完美结合。除此而外，还有著名的日本箱根雕刻公园、瑞典的卡尔迈耳雕刻花园等等。但像愚自乐园这样将整个雕塑园区融入极美的自然理念中,尤其与天造地设的桂林山水进行如此大面积的地景结合,还是雕塑史上的宏大创举。按计划到2004年,这个园区最终从所有创作的雕塑作品中选取300件左右,布置于群山环绕有若世外桃源的桂林山水之间,将是世界上最迷人的自然人文景观。这样的规模与气势,连目前世界上最大的雕塑公园——日本箱根公园也不能与之相比(是箱根拥有量的两倍),成为世界上现代雕塑拥有量最大的雕塑园区。

这个国际雕塑园的实际推动者,是来自台湾的杰出企业家曹日章先生。他曾在台湾创建了文化广场、雕刻公园与千佛石窟。1992年春,他只身遍走大江南北,投入大量精力、财力。他来到桂林,惊异于山水的秀丽,产生了在这里建造永恒的历史文化园区的想法。这个想法在当时很难被理解,有时往往被误解,甚至遭嘲笑。然而,从他的生命历程来说,又是十分自然的。他自幼神往艺术创造,认为只有创造才有勃勃的生机和盎然的生趣,尽管他后来所学专业是土木工程,但还是认为艺术才能实现其个人生命的终极价值。在桂林,他梦想让这些自然山水呈现出更高层次的人文价值,用中国美学传统融入西方视觉造景技巧。他只为理想的实现,不为利益的获得。这样的理念自然被讥笑为愚痴,传为笑柄,他不以为意,反将以愚为乐,坚持把这梦想中的雕塑园区命名为"愚自乐园",他说这不过是愚人自乐罢了。

不仅"愚",还很"痴"。对于他的计划,家人视他为"痴",曹日章先生也同样乐意一痴到底。若不弄清楚他的思路,那就不知其何以为愚,何以为痴。我与曹日章先生作过较为深入的探讨。其实,他有十分清醒的思路,他最厌倦的是有人把他的文化理想等同于一般的旅游文化消费。曹日章先生认为,卢浮宫的建立,对欧洲现代艺术的发展乃至使巴黎成为人类现代艺术的中心,起到了至关重要的作用。但是祖国大陆的经济水平还在发展之中,现代艺术的发展与大规模呈现受到了难以突破的限制,愚自乐园此时要做的正是为之准备一个规模盛大的载体,把20世纪中国人民的生活用艺术的方式留传给后世,让21世纪蓬勃发展的东方现代艺术成为世界的骄傲。

我认为,一个企业获得了巨大成功,并不代表完全的成功,只有进入文化层面上的成功,才是企业家更高层次的成功。而文化需要远见,曹日章身上,具有这样的远见。他怀揣理想,凭借自己的智慧及创业精神把事业发展至顶峰后,开始思索更深刻的文化问题,这与企业以赢利为目的迥然不同,是完全非功利行为。一个偶然的机会,使他作出了改变自己后半生的决定:倾一生积蓄,去祖国大陆选择大面积非耕作之地,在秀山丽水间建一座超大型的中国现代文化露天雕塑创作园。

桂林大埠乡,为多层次岩溶地貌,风景奇美,但地质很差,无法开耕。曹日章征得此处为建园之地后,首先对该地环境进行综合治理,从 1997 年起开始实施国际雕塑园工程后,在这里已经举办过六届国际雕塑创作营,邀请过世界各国和祖国各地包括台湾的知名雕塑艺术家来此创作。已有国际著名雕塑大师卡尔·弗兰德和捷克 78 岁高龄的雕塑界元老米斯拉夫来此创作,国内美术界、雕塑界的专家如靳尚谊、钱绍武、王克庆等都曾到大埠乡考察,面对山水间的件件艺术品以及人与自然和谐一体而构建的纯雕塑园区,无不称奇。

为使国际雕塑公园的作品突破 100 件,雕塑园于近日开始了第七届国际雕塑创作营,这届创作营共邀请了 20 位来自 12 个不同国家和地区的优秀艺术家来桂林进行为期一个月的驻园创作。这些艺术家包括捷克雕塑界元老米洛斯拉夫、英国皇家雕塑者学会会员柯林费格、美国纽约州立陶瓷学院教授格兰威戈、南斯拉夫最有潜力的雕塑新秀瞿帕雅等,还有愚自乐园艺术顾问之一朱铭先生和该园的艺术总监萧长正也将一显身手。

整个愚自乐园园区最终将占地 6000 亩(现已征用到 1900 多亩),建成包括艺术家创作中心、国际会议中心,并配以壁画宫、景观花卉、温室苗圃、世界花廊等多种设施的文化机构。他说,他只想把园区建成像巴黎卢浮宫一样的文化载体,使之为全世界接受,作为东方现代艺术的权威重地,他梦想把人类所创造的最具水平的雕塑和绘画精品在这里集中展示,并留给后代。

著名雕塑家钱绍武先生对曹日章及愚自乐园分外赞赏,他撰联表达了内心深深的敬意:"愚少偏执能集天下精粹,自多佳趣终成人间乐园。"

(1999 年 8 月 26 日)

这样的"新家"不值得欢天喜地

——评处在一片误导中的居室装饰文化

是中国还是外国？

是住宅还是宾馆？

是高档还是低俗？

是设计还是牟利？

……

一系列的问号，在当前居室装饰中被提了出来。

作为日本年轻的室内建筑设计专家，吉本俊雄对当前中国居民流行的室内装饰设计的文化品位提出严肃批评。他举例说："比如我在很多朋友家中看到客厅里做了精致的吧台，我就跟他们说，你这里还缺两样东西，一是小姐，二是广告牌，不然你就可以开张营业了。"像这样的批评，在最有权威的室内建筑设计专家那里随时都能听到，而且非常强烈。

当前，新的"家"已经成为人们生活中追求的一个现实目标。住户们节衣缩食后买到了新房子，自然要欢天喜地装修一番，然而，在当前的居室装饰文化的一片误导声中，被装饰一新的住房成了什么模样了呢，广大的住户们可能还陶醉其中，而一批真正的室内建筑设计专家却大摇其头。

笔者最近在一些室内建筑设计专家那里明显感觉到，他们在充满可惜、遗憾和无奈之外，更有振臂一呼的冲动。他们认为已经到了该重视文化品位的时候了，因为在住宅装修设计的背后，还有一个更深层次的问题，即在这个时代大发展的历史机遇面前，我们将如何使这个深入到千家万户的阵地成为提升人们精神文明的一个载体。

一、是中国还是外国

大到图书城，小到书报摊，人们稍作驻足，便不难发现欧美及香港和台湾的有关家庭装修的书、刊、报纸等摆得花花绿绿一大片。

本来，引进、介绍国外和港台先进成熟的家居装饰是很正常的，但我们的室内建筑设计专家看出了问题。他们认为，如此铺天盖地地宣传这种豪华、新奇、出众的住宅装修，它所带来的崇洋风不可低估。住户们处在这类"误导"的包围中，将如何选择他们的家庭装修？

住宅室内是生活方式的一个部分，也是建筑文化的一个部分，这里就不可避免地存在着"是中国的还是外国的"问题。中国人构筑家的历史，堪称久远。据专家考证，早在四千多年前，原始社会的半地穴住宅，如西安的半坡村，其布局不仅满足了当时的生活要求，而且还从挖掘出来的色彩缤纷的各色彩陶器皿及各种图案纹饰中，可以看到我们的祖先在当时技术极端落后的条件下依然追求到了非常合理的装饰美，即一种符合历史文化、风俗习惯、自然环境的家居审美。

然而在今天，令人苦恼的是，人们的家居装饰唯外国马首是瞻，什么"欧洲古典式""日本式""法国式""西班牙式"，令人啼笑皆非。虽然有些室内装修不是这式那式，但也有随意拼贴外国的饰件，如任意在墙面上挂贴着大罗马、维纳斯像，以及乱七八糟的似是而非的"洋"味饰件，更有甚者，有的在家里乱用感官刺激的西方裸体浴女画像和雕像等。这些装饰与我们所处的环境多么格格不入，既不符合传统和国情，也背离了祖国独有的建筑文化，这股不断漫延的风气反映出一种人文的畸形。

中国人有自己的生活方式，自己的传统文化，不是什么外国的生活方式可以替代的，所以除了个性型住户的特殊选择和需要外，一般职工住宅的住宅装修应该立足于中国——中国生活方式。

二、是住宅还是宾馆

人们通常通过"家"，来沟通家庭成员的情感，生成亲切温馨的氛围。因此,它既是倾诉衷肠的场所,也是相互依存的空间,因而在家居设计中"温馨"的意境,则是创作的主要根据,同时也是衡量家庭装修好坏的重要标准。

过去都说"金窝银窝,不如自家的草窝",而今天广大住户纷纷要把自家的草窝变成金窝银窝了。然而,在这个历史性的转变中,不少住户反映,有些装修公司主动为住户策划设计,推荐高档材料,结果花了很多钱,买到的却是一个很不实用的宾馆客房。

在现实生活中,已经有很多家庭把豪华宾馆中的设计手法和材质加以搬用,如大吊灯、大灯池、大贴脸等一系列的金碧辉煌的效果,让人感觉不到一丝的家庭温暖。因为宾馆是人们暂时逗留的地方,人流熙攘,不可能存在家庭气氛。甚至有的家庭还一味地模仿 KTV 歌厅的装修效果,把家庭变成了娱乐场所,很是文不对题。

三、是高档还是低俗

以为高档就是高雅,是目前装修问题上的一大误区。许多家庭想通过多花钱做高档装修来提升自己的文化品位和生活水准,我想,许多室内建筑设计专家会一致给予否定的。家庭文化生活品位的高低不决定于使用材质的好坏,而应以高超的设计质量取胜。

然而实际情况是,为了高档,许多装修普遍存在着片面追求高级材料,盲目购买大尺寸家具,随意堆砌装饰成品的倾向,而不注重真正有水准的设计。比如,一般标准住宅的开间进深尺寸不会太大,然而有些住户为了追求豪华高档而不惜堵塞人流活动的空间,购买大型办公室专用的老板写字台、大型沙发等,把起居室挤得水泄不通。还有,在装修中有时需要一些装饰性的线脚、贴脸、花饰等,但在有些家装中刻意追求,拼贴大尺度的顶角线、粗笨的门套线、超尺度的圆型顶棚线,这种装饰所产生的后果是,既缩小了本来不大的居室空间,又失掉了典雅大方的气韵,还丧失了家庭装修应有的温馨情调。

在家装问题上,一定要改变"花钱是对的,不花钱是不对的"这样一种误区,花钱有时买来的不仅是低俗,还买来了损害,因为室内装饰也是一种污染性装饰,使用的材料都会有对人体有害的气体放出。

四、是设计还是牟利

当前住户面临的最大也是最苦恼的问题,是住宅装修价高而质差。家居涉及千家万户,由于广大住户缺乏对家居装修的常识,加上装修设计公司或施工队不实用的装饰噱头,把居室装饰成宾馆、小酒楼模样或"洋"味十足的居室,不能排除这里有牟取高额利润的意识在作祟,因为不照旅馆装修和用材,就赚不了钱,于是他们往往鼓舌如簧,诱导住户按照宾馆来装修住宅,从而使老百姓深受其害。不容置疑,这也是"误导"。

现在有些家居装修还存在着色彩繁多与装饰满密的缺点,因为这种色繁饰密的装修除了使人的视力消耗过多而感到疲劳外,更重要的是忽视了整个空间环境中突出个性的作用。而这种装修的背后也隐藏着牟利的因素。

现在一些电视台和报纸杂志刊播很多样板房向观众推荐,而这些被推荐的恰恰是应当要批评的。它们大多美轮美奂,豪华之至,却不实用。为什么都是这种样板呢,原来在电视台承办这些栏目的大都是装修公司,他们鼓励住户们照此装修,推波助澜的背后很明显是以营利为目的。

那么,21世纪的家居应该是什么样的呢? 我在与室内专家谈及这一话题时,他们一致认为:未来的家居装饰将是一种符合人类生活需求的全新的生活观念和生存方式,说到底,它就是一种文化现象,作为21世纪居室文化和家具文化的主流趋向和美学底蕴,仍将始终体现在返璞归真、回归自然和追求愉悦恬适以及最大方便的生存空间当中。那种千篇一律、生搬硬套、缺乏个性化和美学形态的家居配置形式将被时代彻底抛弃。

(1999年12月9日)

银发浪潮中如何实现"精神赡养"

——我国跨入"老年型社会"忧喜录

刚刚过去的 1999 年,关于老年人,有两件事情值得关注。一是在被取缔的"法轮功"组织中,参与者绝大多数是老年人,而据有关调查显示,在全国近万所老年大学就读的老人几乎无人参加"法轮功"组织;另一个是一首呼唤代际间真情的流行歌曲《常回家看看》,赢得了老年人的强烈共鸣。

这里传达出一个信息,这便是今天的老年人在初步摆脱物质生活之忧以后,开始关注起自己的精神世界,从老年人对"常回家看看"的期盼中,人们能够感觉出老年人渴望得到"精神赡养"的隐隐呼声。

一、老人中也有"新人类"

别以为追求时尚只是年轻人的事,老年人如今也有人开始追求新的生活方式。成都一位老年知识女性,子女出国,自己独住,既感到孤独,又不愿意到福利机构与年纪更大者为伍。她说,那样会使自己信息减少,脑袋僵化,便选择通过媒体,征得与一个三口之家同住。她觉得这样既可以把她教育子女的成功经验再次付诸实践,又可以感受与社会同步的生活节奏。

有一位原在大企业工作的高级会计师,退休后受聘一家私人企业,工作起来经常是有家不回,其实她所获报酬并不多。子女们说她没退休前是以家为主,退休后倒变成以工作为主。她自己说,找到了过去所没有的事业"黄金时期"感觉。

生活方式,如今常常被人们提起。但是,当说到"老有所养"时,人们注重的往往是"养",而并没有更多地注意到老年人对生活方式的选择。

我们已经习惯了老人们早上做一点锻炼,然后是买菜,干家务,文化娱乐活动也就是老人在一起聊聊天,下下棋,跳跳舞,除此以外的娱乐方式,恐怕别人和老人自己都会认为,那是他们中的另类。

二、老人该有怎样的生活方式

在我国,人们习惯将60岁以上的人称为老人。在人的一生中,老年占有相当长的时期,随着生活水平的提高,寿命延长,这一过程将会更长,如何让老年人过得充实、幸福,这是一个需要认真关注的问题。

从工作岗位退离休,老人进入了一个相对清闲的时期。过去一天的时间,工作和上下班的路途占去了一大半,现在面临着需要重新分配一天的时间。据统计,从工作岗位退下来后,老人较过去用于干家务的时间增加了一倍,娱乐时间也增加了一倍,而用于学习的时间,虽然各类人群层次不太一样,但日平均不超过一小时。尤其是城市老人,由于社会化服务的不断完善,家务的重负正在减轻,他们有更多的时间来安排自己的退休生活。但怎样才是社会提倡的充实的晚年生活呢? 我认为,应该大力提倡文化学习的风气。

如今的社会,孩子们面临"书包越来越沉"的学习压力,年轻人要考托福、考职称,就是中年人也在社会转型和生存竞争中,在繁重的工作之余,进行着知识结构更新的努力,似乎只有老年人才可以不用学习,社会和他们自己都似乎认为,文化素质的提高对他们已经不很重要了。

最近,学术界提出"继续社会化"的概念我认为应当广为传播,"继续社会化"的核心要义是老年人应有文化学习的必要性。人的一生需要学习三万天,第一个一万天是在1岁到27岁之间完成,第二个一万天是在27岁到54岁之间完成,最后一个一万天学习是在54岁到84岁间完成。它认为,对一个人来说,学习是一个整体过程,不应因退离休而割裂,对老年人来说,退离休并不影响他们希望融入社会的愿望,而实现这一愿望的途径就是学习,学习是老年人适应社会的需要,也是丰富自身精神生活的需要。通过测试还表明,学习的老人,有助于防止大脑的早衰。

三、社会为老年人想到了什么

我国是一个人口大国,跨进新世纪的是一个"老年型国家"。根据国际通行的说法,一个国家60岁以上的人口占总人口的比例超过10%,这就是"老年型国家",目前西方主要发达国家都已进入这一行列,所不同的是,他们走过这一过程,用了近一个世纪的时间,而我国仅用了不到30年的时间,这在人类史上是少见的。

进入90年代以后,"银色浪潮"的提法开始出现。我国现在已有老年人口1.2亿,到了2025年,这一人数将接近3亿,那时,社会平均每五个人中就有一个是老年人。

面对"银色浪潮"的到来,我们的社会是否作好了准备。这些年来老年事业发展很快,我国的老人也基本做到了"老有所养",但如何使老年人"老有所乐,老有所学,老有所为",仍需社会创造各方面的条件。"法轮功"事件给社会提了一个醒,老年人是个脆弱的社会群体,如果社会对他们的"精神赡养"跟不上,他们的精神世界很容易受到社会不良思潮的影响,今天是"法轮功"的欺骗,明天也许就是别的什么影响。

另一种类型的"精神饥渴"来自于文化涵养较深的专业人员,由于我国处于社会转型的特殊时期,在世纪之交,一大批具有专业技术知识的老知识分子从岗位退了下来,他们中的不少人都还处于干事业的"正当年"。前几年,社会上对老年专业人才的"发挥余热"给予了肯定,而现在这一群体不断扩大,他们有丰富的实践经验,有扎实的专业知识功底,是一支重要的力量。而就我国整体而言,专业技术人员多集中在东部地区,目前中央已经发出了西部大开发的动员令,我们如何使这部分的智力"西移",这既是社会发展的需要,也是"精神赡养"的内容。

另外,老年人也面临着知识老化,需要更新的问题。国外大学中,十几岁的年轻人与七八十岁老人同在一个课堂学习的情况并不少见,任何一个人只要愿意,他都可以随时进入大学学习深造。值得注意的是,国外并没有专门针对老年人的大学,国外学者认为,老年人与年轻人一起学习,不但有助于老年人接受新思想,而且有助于老年人与年轻人的沟通,而且证明,老年人可以学得好,而我国现在还没有这样的条件,虽然我国现在已有"老年大学"上万所,但这些学校针对专业人员的却几乎没有,老年专业人员如何"继续社会化",应该引起社会的重视。

四、需要纠正的认识误区

对待"老有所乐",我们常常认为,老人有的是闲暇时间,只要他们愿意,他们就可以找到快乐。其实,有了闲暇并不一定就有快乐,快乐也需要人们为他们创造一定的条件,随着老年产业的兴起,这方面会有比较大的改善,希望不久的将来,老人们能从单一的跳秧歌舞过渡到更多样化的娱乐健身方式。

另一个认识误区认为,老年人由于衰老,学习的能力就会减弱。其实,专家们认为,老年人由于感觉器官的衰退,使他们愈来愈和周围世界隔绝,造成信息闭塞,但智力并不随感觉器官一起衰退。其次是与年轻人相比,除了图像自由记忆和定向记忆较差以外,逻辑意义记忆和顺背数字的能力相差并不大。这表明,老年人的智力减退是非常缓慢的,社会应该鼓励老人成为"学习的老人",老人自己也要有这种努力的动力和自信。

当前特别应当纠正重"物质赡养"、轻"精神赡养"的倾向,不要认为我国还刚刚摆脱物质贫困,"精神赡养"还是以后的事儿,现实已经表明,不重视"精神赡养",就会带来一系列社会问题,对老人的"精神赡养"应该引起全社会的格外重视。

(2000 年 1 月 1 日)

不能从风而靡　要在舒筋强骨

——如何提振低迷已久的文艺批评

一、文艺批评何以筋骨不强

不能申张科学、客观、有价值的观点,把正常的批评变成商业炒作,是当前文艺批评存在的普遍通病。究其原因,就是人情评论、金钱评论盛行,使评论骨软筋松,陷于媚俗。

造成目前这种状况,就是许多文艺评论充当了作品商业炒作"急先锋",其结果是,炒作带来了文风不纯,危言耸听,意气用事,惊世骇俗。好话说得很满,缺乏评论气质中应有的学理性和科学性。

比如,电影评论之所以没有很好地开展起来,就是评论的权威还没有树立起来。文艺创作界和观众看了一些电影评论文章后反映,觉得有的连评者自己都并没有弄懂。有些文章夸一部作品夸得怎么怎么好,实际情况并不是怎么好;也有相反,把一部作品说得如何如何差,可这作品中也有一些好的闪亮的地方。评论应该是真正去引导和帮助观众如何正确地欣赏,或者把本来会被轻忽而过却很有价值的地方破解、揭示出来。

不可否认,很多读者和观众都在不知不觉中习惯并接受了这种炒作。然而,在这类炒作下,作品可能一时走红,但终将昙花一现。有人称这类作品为"热寂",热了媒体,寂了本身,或者说刚热一阵,就马上冷寂下来。

批评的商业化,这应该是向西方学来的。著名油画家靳尚谊曾说过,西方前几年出现了画廊、评论家、收藏家三位一体的局面,这样大家都能赚到钱。过去我们是不卖画的,现在也形成了市场,先是卖给外国人和我国的港台商人,现在中国人自己也要收藏了,这个市场很大,字画的评论也就不可避免地染上了商业色彩,结果必然带来对艺术本身的研究不够深入,有时还有误导创作,甚至把假冒伪劣的东西抬出来,到头来大画家漫天飞,浮夸风遍地刮,倒霉的是消费者和艺术本身。因此,我们呼吁评论也要打假。

当然,文艺批评本身也有苦衷。许多作家就曾指出过这方面的症结,如拿文学评论家来说,他的劳动和所得报酬不成比例,要评论一部长篇小说,光看书就得一星期,再写一篇2000字的评论文章,才得100元稿费。这种反差使一批评论家另选他途,纷纷"触电",投奔到影视剧创作队伍里去了。

二、让批评在更健康的界面上前行

文艺批评的冷寂,带来的负面东西相当多,特别表现在使一些不良的文艺现象和风气得以畅行。我们应该看到,真正的文艺批评其实是一种监督和倡导。现在有很多不健康的东西,可以说都是由于批评的偏差甚至是缺席而造成的,也有很多非常好的苗头由于没有批评的鼓励、呵护和倡导而不能健康成长。

这几年,文艺创作都有好作品问世,拿尚长荣来说,他虽然只演京剧,但也很喜欢小说、诗歌和歌曲,也希望看到精彩的评论文章。他表示,京剧百年,之所以去粗取精,不断完善,就是因为它有幸生长在良好的批评环境中。而到了今天,京剧面临着严峻的挑战,许多新的课题摆在面前,如何让京剧精美地保存在广阔的舞台上,而不是保留到博物馆里去,紧迫的理论研究、深入的评论分析、真诚的呵护环境,是永葆京剧这一古老艺术之树长青的必要前提之一。

80年代初,刘心武的《班主任》问世时,让陈建功记得一批评论家集中就作品所作的思想和艺术的分析,就作品所蕴含的文学本质的发现,对广大读者新的审美培养起到了非常大的作用,不仅许多读者以当作家为荣,而且文坛能够发现更多新人,并及时推上文坛,繁荣了文艺,更重要的是对当时的思想解放运动起到了推波助澜的作用。

文艺批评另一个作用是,一批理论评论家对海外文学的评价推介,以及对外国作家们艺术道路的分析总结,培育了莫言、刘震云、苏童、余华等一批中青年作家,使他们在丰厚的滋养中迅速成长。今天,我们处在一个非常好的时机,新的评论家站在两个文学潮头之后,应该有更深的文学思考和更新的评论手段。

三、有组织地建立文艺批评机构

在目前尚未强健起来的批评环境下,我们应该有组织、有针对性地开展健康有序的文艺批评活动,不失为解决目前放任文艺批评的一种有效方法。表演艺术家李默然指出,一个国家,一个民族,评论工作开展得好不好,涉及民族文化、文艺建设过程中一个风气问题,应该用这样的高度来认识。党的实事求是的方针,用在文艺批评上也是再合适不过的。批评者和被批评者应有很高的文化素养问题,现在常常是被批评者一听不同意见,就暴跳如雷;而评论者使用批评武器往往也是随心所欲,如此态度就没办法使文艺批评正常开展下去。如果现在小燕子走红,有多少评论文章能就其艺术创作得失作一点分析,没有,而不厌其烦地大炒她的个人生活,哪里有科学而言,不仅会毁了她的艺术前程,也败坏了观众的口味。这种情形如果靠某个人的力量看来是远不能扭转的。

在文艺批评整个气候不太好的情况下,应该尽快组织机构建立批评队伍,中国文联今年的十大实事之一就是要筹建文艺批评学会。著名歌唱家才旦卓玛指出:"有了这样的机构,大家可以心平气和地坐下来,互相倾听。我永远认为,文艺批评对创作也是一种有力的支持和促进。过去,音乐界的老同志搞音乐评论是不错的,我们这一代人唱了这么多年的歌,一代又一代的人都能听下来,这离不开当时的音乐评论,他们对艺术分析比我们自己挖掘得还要深,看完评论就能看到自己的差距。如果大家都说好,艺术就会停滞。"

最近,文坛出现一种哗众取宠式的批评和恶俗谩骂式的批评,如果听任其抬头,让它们成为文艺批评的时尚,是非常要不得的,将使文艺陷于乌烟瘴气之中。对此,为了推动文艺批评的正常开展,中国作家协会最近成立了"中国作协文学理论与评论委员会",筹集文学理论批评基金,以建立以马克思主义为主导的文学批评力量；另外，鲁迅文学理论批评奖、冯牧文学奖还下设青年批评家奖，所有这些，都是为了推动健康的文艺批评。

在新世纪到来之际，迎来文艺批评的新气象，开创文艺批评的新局面，让活跃而健康的文艺批评蔚然成风，已经成为文学艺术界共同期盼的大事。

（2000 年 1 月 26 日）

靠什么擎起抗衡美国好莱坞大旗

——评日本新电影越来越国际化的趋势

日本电影进入 20 世纪 90 年代以后,一批诸如北野武和黑泽清等才华横溢的电影作家频频亮相于国际影坛,它标志着这个曾经有过辉煌电影历史的经济强国又迎来第三个"黄金时代"。如果借用市场来说话,那么相对于美国电影在日本市场的占有率,日本国产片的占有率已经高达 36%,远远高于欧洲各国国产片占有率,即使国产化占有率最高的法国也才有 33%。因此可以说,日本电影正在最强有力地抵抗着美国电影。

那么,日本电影靠什么重新擎起与美国好莱坞抗衡这面大旗的呢?是什么使日本电影重现"黄金时代"的迹象?当然,原因固然很多,但有一个重要原因,就是随着经济全球化的趋势,日本电影也变得越来越国际化,越来越适合当今紧随世界潮流的日本广大青年的口味。

一、日本电影不再代表国家或制片厂的利益

90 年代以来,日本电影与以往有一个明显的差别,就是这个时期所产生的作品,其导演的首选条件是个人才华。据日本东京大学校长莲实重彦分析,这种选择甚至到了不一定代表国家也不一定代表制片人或电影厂的利益。这种倾向表现在影片中已经大量地运用了英语。而这同当今日本语言中汉语成分逐步减少、英语成分逐渐增多的现实是密不可分的。

像《谈谈情,跳跳舞》和《孩子归来》等一批备受日本观众喜爱的影片,其片名完全或部分地使用英语,这种做法是否有积极的意义暂且不论,但在 90

年代以前是难以想象的。而获得过日本《电影旬报》十佳影片第二的《孩子归来》,摄于1996年,由北野武导演,安藤政信、金子贤、石桥凌主演,描写的是两名游手好闲的高中生一段不可思议的逃学经历。像这样贴近日本中学生观众生活的影片,也在大量使用英语,这可以看作也是为适应这类观众生活和欣赏口味的一种迎合心态吧。

这类影片还有黑泽清的《救赎》、诹访敦彦的《母亲》、青山真治的《无助》等,都属于年轻一代的优秀作品,也都用了英语片名,这也许是今天日本电影的特征之一,而这恰好反映了日本以全球化、国际化为时尚的潮流。

二、大量非日本本土的外国艺术家参与创作

今天日本电影的另一个特征是,许多日本人以外的外国艺术家参与创作拍片。事实上周防正行编导的《时尚舞蹈》中,就有美国人出演了次要角色。这是一部讲述都市里的一个现代青年必须接替任住持长老的父亲继承寺庙的故事。影片中表现了严峻的人生选择,有跌宕起伏的情节和撼人心魄的思考。

另外,崔洋一导演的《月亮在哪里》中,除主角是菲律宾女性之外,许多旅日外国人也在片中饰演角色,而小栗康平导演的《沉睡的男人》里则有韩国著名男星安圣基和印度尼西亚著名女星克里斯蒂·哈基姆的表演。很明显,日本电影已经不再仅仅依靠日本人自己创作生产了。

三、艺术野心让位于商业成功

日本电影在创作上还有一个显著的特征,那就是一个使电影作家个人的艺术野心和商业成功不至于陷入对抗性矛盾的体系正在形成。电影艺术家的纯个人的创造性、探索性、艺术性创意,必须服从于未来票房的预期,再好的电影创见须让位于商业成功。

莲实重彦的这一分析,说穿了,就是暗合了好莱坞对电影的创作模式和经营理念。如平山秀幸导演的《学校怪谈》、渡边孝好导演的《酒馆幽灵》、阪本顺治导演的《将一军》等一批影片,显然是期待着市场、票房、观众支持而完

成的作品。我们拿《酒馆幽灵》(获原健一、山口智子、室井滋、三宅裕司主演)这部影片来说,它的故事是一个老套子,讲述了一位老板在妻子病逝后违背了自己不再续弦的诺言,于是妻子以幽灵的形象返回人间骚扰丈夫新组建的家庭和生活,但是幽灵并没有伤害他们,暗中却帮助当老板的丈夫重组家庭。这种幽灵扶助生者,在暗中教化生者要谨守道德规范的束缚。创作中,尽管主创人员想突破这种传统的观念模式,但市场的固有意志使创作者只能屈从。

四、以旅日外国人为题材的影片不断出现

由于战后日本经济高速发展,特别是进入 90 年代以后,社会高度文明带来的国际化程度越来越高,许多国家形形色色、有着不同文化经济背景的人蜂拥而入,到日本寻求发展。对此,日本电影研究学者陈梅女士认为:"由此应运而生的在日外国人影片便成为日本电影新的题材之一。"

我们看到,这批影片比较有影响的代表作有:崔洋一的《月亮在哪里》、大友克洋的《世界公寓》、天愿大介的《我爱日本》、柳町光男的《爱在东京》、岩井俊二的《燕尾蝶》等。综观这些影片,它们的主题可以说是社会发展某一侧面的真实反映,既有新的人群融入而带来社会的丰富性、复杂性,又从不同的角度映射出进入现代社会后日本仍然存在的种种弊病。有些内容还反思了日本在国际化进程中的种种问题,有的影片还着力刻画了那些在日本人歧视和偏见中仍然顽强生存的主人公们。还有一些影片,反映了日本人开始将目光移向周边国家的民族,并重新审视本民族的价值观和道德传统。

反观我国,目前也正处在经济全球化的浪潮中,电影这种天生具有国际性的艺术品种无不受其影响,那么,我们在今后的电影创作中,是否也从刚刚走过的日本电影发展变化的进程中受到一点启发呢?

(2000 年 5 月 31 日)

文化人大举进军电视制作行列

——制播分离为电视业带来人才和节目重组

目前,全国各地的电视台正在进行一场以电视节目制播分离为内容的改革。它带给电视业的积极意义是多方面的,比如说,拓宽了制作经费渠道,引入了公平竞争机制,降低了节目制作费用,增加了节目生产产量,扩大了节目选择范围,吸纳了更多社会人才参与制作。而本文所要着重探讨的是,制播分离将带来人才结构的调整和总体节目的重组,应该说这是制播分离带给电视界最具深刻的影响所在。这种影响表现在以大量专业化人才为主体的高素质文化人进入电视节目制作中来,使电视界迅速形成新一轮的大文化含量、高文化质量的冲击波,电视机构传统的人才结构和节目编创都将随之发生重大变化,这种变化再通过电视传媒本身所具有的巨大力量辐射到社会上,使精神文明建设和广大观众的素质必将有新的提升。

所谓制播分离:即电视节目(新闻节目除外,电视剧基本上已经实行制播分离)从电视台剥离出来,由社会上的独立制作企业按栏目进行专业化、社会化生产,而电视台主要从事节目播出。这是电视行业作为一种产业所必须建立和完善的与市场经济相适应的产业体系的必然结果,也是电视媒介主要作为党和政府喉舌之外也要体现出其经济属性一面的需要。它的目的是要在现实的阶段进一步优化配置生产资源,最佳组合生产要素,按产业机制运作,最大限度地提高电视行业的生产力和竞争力。电视界这一改革举措,将极大地刺激电视节目水准的提高。

近年来,社会上电视台越办越多,电视频道越开越多,然而,不少观众仍在抱怨可看的节目不多,这反映出电视节目质量普遍不尽如人意。就拿电视剧来说,我国不可谓不是电视剧生产大国,但是精品节目少,平庸之作多。即使在社教类、纪实类和专题类节目中,也都充斥着要么是大量低水平的自制之作,要么是重复引进的外国早期之作。以上情况显示出,作品艺术质量的提高明显滞后于作品数量的增长,创作思想水平的提高明显滞后于群众鉴赏水平的增长。这种双重反差说明,电视节目要想在短时间内迅速提高质量,拓展节目领域,以满足广大人民群众日益增长的文化需要,必须要利用新的生产运营机制,使电视节目的文化含量明显加大,而要达到这一目的,就需要有大量的富有文化学养的人才参与到节目创作中来,需要有大量的文化因素介入到节目生产中来。而制播分离就能够较好地解决这一问题。

在原有体制上运行的电视节目生产方式中,其实也早已从社会上吸纳了一些文化人参与节目创作了。但这种吸纳还只是停留在"借脑"式的初级阶段,也就是说,电视台或者台里某栏目在其创作人员相对紧缺或原有人员的创意不够理想的情况下,特别聘请社会上的文化界人士,或者在前期共同参与策划、创作节目,或者在后期进行评价节目、总结成败得失。但这种节目制作与文化人的联系毕竟是一种松散的联合体,实质上文化人是游离于节目之外的,他们不是直接的制作者,更不是节目的所有者,而只是节目的雇佣者。在这种状态下,思想文化等要素进入电视节目也只能是片断的、即时的、浅表性的、非结构的、非本质的。就拿中央电视台的一批叫得响的栏目来说,文化人的间接参与一度成就了这批栏目在社会上的影响力。像《东方时空》《实话实说》《新闻调查》等,它们的制作实体的外围无不形成一个文化人的包围圈。但囿于电视台编制和其他各方面条件的限制,这批文化人是成不了真正意义上的节目制作者的。

而今,文化人真正进入电视圈的机会已经来临,文化人开发电视产业的时代已经来临。不言而喻,这个机缘是由制播分离带来的。电视节目的社会化生产将吸引一大批文化人直接参与到这一文化产业的创造中来。这是一次人才资源在电视业界的重新开发。社会已经给电视业储备了大量的文化人才,这一库存在今天将得以大面积、大规模的开发利用。而且,社会上十分完备的专业人才进入电视界,使得电视节目制作更为专业,总体水准更进一步提高。

制播分离所带来好处的另一面就是由于文化人的介入而使电视的传统

节目的总体结构将被调整。以往,我们老是抱怨平庸的电视剧太多太滥,知识性强、纪实性强、趣味性强的专题片和纪录片也太少太差,而今,这种人文类节目在荧屏上的长期缺席现象将得以改观。

纵观这几年,荧屏上出现了一些人文类的专题和纪实性节目,尽管大多数是外国买来的,我们自己制作的很少,但调查表明,在荧屏到处充斥着被看腻了的平庸、虚假、远离现实生活的电视剧时,它们犹如吹来的清新之风,格外受到广大知识分子尤其是求知欲很强的学生们的欢迎。在节目市场上,中国的人文类节目尤其受到海外节目商的青睐,但是,它们至今仍是散落在数千个电视台的各种频道里,形不成规模影响,很少有系列的、历史跨度很大的人文类节目,也缺乏系统性和完整性,更没有树立起响亮的品牌效应。在海外,我们自己制作的节目更是进入不了人家的主流社会。应该说,这种局面将随着制播分离的体制改革而得到扭转。

电视文化在过去人们的印象中就是"快餐文化",然而,在制播分离的时代,这一历史之页也将被翻过去。过去由于频道少,体制旧,社会上大量的文化人进入不了电视节目的制作。而现在体制正在松动,加上频道越来越多,导致一方面分工越来越精细而使得每个节目都要求做得最好,另一方面观众已由被动接受者变为主动接受者,电视人已不再能够随意安排观众的观看时间和欣赏习惯,这样的局面使得电视业界不得不更多地考虑哪些节目具有潜在的市场。而在我国,恰恰人文类的专题片和纪录片有着不可多得的巨大市场潜力。像政治、经济、军事、历史、文学、艺术、科学、卫生、发明和探险等,都可以做成引人入胜的人文类专题和纪录片节目。

从外国的电视发展来看,人文类节目是在不断壮大着自己的体量和观众群,有的电视网可以以一个主题频道播出,而且这个频道的利润和收视率不比电影频道、音乐频道、体育频道低,有的相反还要高,像美国的国家地理频道等都有着非常庞大的观众群和影响力。

最近,电视人杨澜正在做一档以历史和人文传记为主要内容的专题节目,叫作"阳光文化"在北京电视台播出,这是制播分离意义上的一档非影视剧的人文节目,她这几年在国外和香港的电视界闯荡后对中国如此匮乏的人文类节目感到惊讶,她说:"我不知道为什么整个大中华地区没有人在做这件事,人们对历史人物关注的程度非常高,却为什么没有相应的节目播出?西方的这类节目到处都是。即使美国仅有 200 年历史,而它的历史和人物传记就可以支持整整两个频道,播出也已经有五六年了,而且收视率还在一路上升,利润也一路上升,中国有 5000 年文明,现在连一个有影响的系列都没有,看来关键是人才和制作手段。"这个问题问得好,原因在什么地方,不是观众对人文类的节目缺少欣赏口味,而恰恰是电视没有做出地道的有人文气息的节目来,而做不出这种节目的背后正是人才和制作体制问题。因此,制播分离正是在这个意义上为我国电视界在这个领域里带来充满成功的机会。

的确,我们不能再一边守着一座文化宝库,精神富矿,一边却到处找饭吃——大量播出花钱买来的人文节目播出。今天,我国正处在一个文化昌明的时代。物质文明的提高同样需要精神文明跟上来,当今的人们都想创造自己的精神路径,这时,电视迫切需要文化,电视必须成为真正意义上的精神导师,而不仅仅是播出缺乏深度的脱口秀和速朽的电视剧。我国有着巨大的文化创造力的人群,有一大群精神追求者,他们乐意追问事情的由来,寻找问题的解决方案。作为社会具有最大传媒力量的电视,不仅没有理由将这批文化人挡在门外,而且应想方设法搬走障碍,将他们吸纳进来,共同完成时代和历史所赋予电视的伟大使命。

(2000 年 7 月 3 日)

人文化育　锦绣铺地

——常熟抒写文化新篇章踏访

从来被奉若吴文化主流的江苏常熟市,素有"文开吴会""道启东南"之美誉。历史上,这座江南文化名城的上空,始终以文运昌盛、人才辈出而弥漫着经久不衰的氤氲美感。历史的册页已经翻到了新的世纪,文化,作为精神的花朵,在常熟的土地上开放得如何呢? 最近,我踏访常熟后惊喜地发现,这里的人民正在接过先贤卓越的笔墨,再次挥写常熟人文的锦绣篇章。

一、传承文化血脉　回应时代召唤

在灿烂的中华文化里,常熟文化以其钟灵毓秀、源远流长、内涵深厚、积淀富足而闪耀独有的光辉,它一代又一代地涵养着常熟人的文化精神。

这些常常被证之于史。明末龚立本纂修的 15 卷《常熟县志》这样记载常熟:"士之飞诗书者,诵读之声比屋相闻,纠盟结社,蜚英海内。贫不负诺,富不易交,吐纳风流,意气横溢。表人胜士,千里命驾比比,人物显晦殊途,或矜名节,或树熏庸,或敦学术。"

常熟名人迭出,艺派纷呈,世代不衰,我们只要对这块以虞山和尚湖为代表的丰饶土地稍作回望,就能轻易看到黄公望、王翚、吴历的山水画,严澂的琴学理论与艺术,钱谦益的诗歌,毛晋的私人刻书,正是他们,开创了曾经独领全国风骚的虞山诗派、虞山画派、虞山印派、虞山琴派;另外,还诞生了(自唐代至清代)483 名进士、状元 8 人、榜眼 4 人、探花 5 人,而其中又涌现出一批在科举取士年代里具有高度文化素养、出类拔萃的政治家和行政管理专家,最杰出的代表当推中国近代维新变法先驱、两朝帝师翁同龢。如果说,这些尚属过去的辉煌,那么今天,我们仍能看到常熟贡献出了18名中国科学院和中国工程院院士,并有25人被列入《中国大百科全书》杰出学者予以介绍,数量居全国县(市)之首。以上这些,对于昔日那个小小的县城来说,何等荣耀。

今天的常熟儿女,如何接续文化血脉,再创曾经有过的人文高峰呢? 在常熟,我多次听到这样的话:"常熟人历来看重和拥戴知识和德行。如果不重视文化,是当不好常熟的领导,也站不稳脚跟的。"通过踏访得知,常熟历任领导都十分重视文化,并通过它来树立自己的形象。看来这也是常熟人选择领导干部的标准。比如说,注重读书是常熟人最古老的传统,市委、市政府对此高度重视,把它作为文化工作的一项重要内容来抓,倾注了大量的精力,不仅有工作上的促进和经费上的投入,还包括自身的积极参与。在常熟市举办的两届十佳藏书评选活动中,市委书记徐国强(当时为文化局局长)、市人大副主任言公达先后当选为个人藏书十佳。

常熟文化研究有着自己的一支人才队伍。而令人感动的是,这些学林中人背后都有一段热爱常熟文化的动人故事。最富传奇色彩的要数周公太,他是从一个走村串巷的换糖人走上了文化研究之路的。当年这个货郎以一根竹笛代替了声声吆喝,他不仅收取破铜烂铁旧衣布头,还收旧书——为留下自己看。后来,他考取了北京大学考古系,毕业后回到常熟,担任文管会考古部主任,从此献身于地方文物事业,潜心研究,学术成果不断推出。在常熟,还有一大批以读书、写作为生存方式,视文化为生命中不可缺少的组成部分,甘愿为此鞠躬尽瘁的人。正是他们,常熟的人文生态更显茂盛。

常熟人热爱文化,创造文化,而过来,常熟从文化中也得益不少。比如,以儒家思想为主体的吴文化,使这里养成了尚文重教的思想观念和务实态度,因此,常熟的各项工作起点较高,进入改革开放后,浮躁较少,一步一个脚印地走过来,非常注重可持续发展。今年,财政可望超过29亿元,人均收入农民为5000元,职工为8000元,居全省第一。

二、开掘人文资源　再塑文化名城

丰厚富庶的历史人文资源,对常熟人来讲,是骄傲;对常熟文化人来讲,则意味着责任。

责任,就是要充分做好人文资源的挖掘工作,为当代社会所用。常熟文化人提出:依托历史文化资源,进行纵向开掘,横向拓展,为常熟的现代化建设服务,同时在服务中扩大文化的有形资产和无形资产。

我听到常熟文化人一个很形象的比喻,就是不能把文化资源当作"口香糖",嚼完了就吐掉,而是要一步一个脚印,一代一代传下去,不然,积淀虽厚,传之不远。

由此,常熟人在做文化这篇大文章时,立意高远,放足眼量。虽然在国家级历史文化名城的行列中,常熟只能算是"小弟弟",在江苏省内,也是既不能与"六朝古都"的南京比,又及不上邻近的苏州和无锡,而且落实到文化上的编制和经费只是县级市的量级,但他们没有因此而却步,责任使他们格外清醒:工作的起点绝不能定在这里,否则思维空间和定势就会受到局限。于是,他们跳出县级市,向苏州、南京、上海、西安学习、看齐。由于定位准确,这几年常熟的文化工作有许多是大手笔,并且从中大有得益。

他们做的开篇文章就是翁同龢:把翁同龢故居中的"彩衣堂"申报为全国重点文物保护单位;由中国史学会和常熟市分别召开了"甲午战争与翁同龢""戊戌变法与翁同龢"学术研讨会;拍摄了8集电视剧《翁同龢》;扩建了翁同龢纪念馆,将原先的700多平方米扩大为5500多平方米,使之成为常熟这座历史文化名城的标志性建筑之一。

在认识历史文化资源上,他们觉得这不仅是常熟的资产,而且是全国乃至世界的资产。因此,要把常熟的历史文化名人从故纸堆里请出来,为现实服务,在精神文明建设中起示范作用。比如,他们把翁同龢看作是"读书成才"的楷模,这样就把100多年前的翁老先生与当今莘莘学子联系了起来。他们还要通过多种形式,将扩建后的翁同龢纪念馆办成读书人景仰先贤和青少年立志求学报国的"圣地"。

当然,标志性工程不能光为好看,不仅要把屋子造起来,还要让阵地活起来,这样群众才能热起来。比如围绕翁同龢,他们就搞了许多活动,今年观众一下子就达到一万多,许多观众就是冲着活动来的。

除翁同龢外,常熟已故的中国工艺美术大师庞薰琹,以及黄公望、曾朴、言子、瞿式耜等文化名人也将"活"起来。常听到常熟的文化干部说,作为今天常熟的文化人,不能只做历史文化遗产的消费者,而要通过大量的发掘工作,做这笔遗产的积累者,使之更显丰厚,让常熟这座历史文化名城再次焕发荣光,使后人受用无穷。

三、植根市场沃土　陶铸经济之犁

常熟的文化人,为沐浴着先贤的文化光泽而欣喜,也为迎来明天的希望而奋发。今天,他们又毅然迈向了市场经济的沃土,去耕耘、开垦、播种新的文化。

常熟市是改革开放最早的先驱者和最大的得益者之一,财政收入雄居江苏省榜首。然而,常熟的文化人懂得,文化如果只是固守在自己狭窄的圈子里,就不是现代的文化;他们还懂得,一个城市如果只是珠光宝气,钱袋鼓胀而远离文化,那也不是现代的经济。只有将文化植根于经济的沃土,让经济浸淫于文化的养液,用创造性的工作来推动文化与经济的结盟,这样才能做好常熟当代文化这篇大文章。

我们看到,常熟文化发展的着眼点放在了为当地经济提供精神动力和智力支持上,努力形成与经济发展一体化的文化建设新机制,以产业带动文化全面繁荣的新路子。事实也是如此,让我们先来看看乔新谔——常熟市文化馆年轻的馆长。他对文化工作的最大感受就是"忙得不得了",他说10月份的文化活动就已经排了六七个了。问他文化在这里何以如此吃香,他说:"经济跑得快,文化也跟得快。由于适时调整了思路,改变了文化馆原来只是唱唱跳跳的娱乐场所,把阵地搬到了市场经济这个大舞台上,为其提供有效的文化服务,为社会提供公共产品。"

目前,常熟的文化工作除了节庆活动外,每年直接为经济建设策划组织大、中型文化活动就有40多次,如常熟一类港开港仪式,常熟经贸洽谈会开、闭幕式,沙家浜旅游节等。另外,常熟文化工作者热心为企业创名牌服务,前后为王市镇策划组办了六届"农民服装节",为国内驰名商标"波司登"及许多常熟的企业创作歌曲、小品,组织专场晚会。企业文化活动在常熟开展得煞是红火。

文化不仅为企业服务,还为优秀人才服务。在经济发达的常熟,科技进入了经济主战场,科技人员备受市里重视,为科技人员服务是文化工作的题中应有之义。常熟市图书馆包岐峰馆长介绍说,市里有一个 30 多名优秀中青年科技人员的名单,我们决定利用图书资源为他们服务,现在,馆里每年给他们每人 500 元钱,让他们自己购买科技书,用完后还给馆里就是。这样做不仅加强了为科技人员购书的针对性,又克服了馆里购书的局限性,一举两得。众多的创造性工作,为图书馆赢得了声誉,该馆曾作为唯一的县级图书馆参加了第 26 届世界图联大会。

在常熟,作为文化工作者,他们的经验是,如果你没有正确的定位,那么再有作为也没有地位。文化如果还停留在原有思路上,不能跟上形势,就只能落得个无足轻重,可有可无。实践证明,由于经济为文化提供了物质支持,文化为经济增加了文化含量,从而使经济与文化走上了良性互动的轨道。这不由得使我们强烈地感到,全国很多地方还普遍存在着文化的经济贫困和经济的文化贫困现象,而常熟早已找不到这种踪影了,文化与经济是那样的紧密协调,它们形成了常熟振翅腾飞的双翼。

（2000 年 9 月 20 日）

人民走进了艺术盛会

——第六届中国艺术节综评

金秋十月，无论是历史悠久的南京，还是充满人文气息的苏州、无锡、常州、扬州等江南江北的名镇古城，第六届中国艺术节的举行，一台台精彩剧目争奇斗妍，一个个名家各展技艺，使这里人文弥漫，锦绣铺地。广大人民群众在欣赏精品纷呈的文艺演出、感受多姿多彩的文化生活之余，也深深领略到了社会主义文艺百花园的生机盎然。

一、让艺术与人民贴得更近些

纵观本届艺术节的各类演出，不难发现，让艺术贴近现实、贴近观众成了各艺术团体和艺术家们的共同追求。"到普通百姓中去争取观众"已不再是句口号，而成了实实在在的行动。

对于很多年轻的观众来说，京剧是一门比较古雅难懂的艺术，而这次艺术节期间由北京京剧院演出的京剧《宰相刘罗锅》却场场爆满，原因就在于《宰相刘罗锅》的主创人员针对都市人的审美习惯和娱乐需求特点，将此剧的整体风格定位于"好看、好听、好玩"，紧贴普通市民在国泰民安的社会大环境中的精神生活，因而让更多观众入得古老艺术的堂奥。

与《宰相刘罗锅》不同，京剧《吏治惊天》则以题材取胜，它以历史上加强吏治、大力反腐为主题，以古喻今，契合了当今中国人强烈要求惩治官员腐败的要求，同样吸引了很多观众。为什么这些传统艺术在今天依然有魅力，观众也乐意自觉地亲近它们，其实道理不复杂，只要你始终把服务的对象看准、演好,就能做到与观众不离不弃。北京京剧院院长王玉珍说的一番话很中肯:"要让古老的京剧艺术吸引当代都市人的目光,至关重要的一点就是要把观众放到首要位置,使艺术的创作与表现既能具备较高的艺术水准,又能摆脱为艺术而艺术的积弊。"

让艺术走近人民,成为第六届中国艺术节的一个亮点。艺术家们的心血之作不再是"也无风雨也无晴",它终会换来观众的掌声。在本届艺术节上,黄梅戏《徽州女人》轰动扬州,在扬州大剧院里上演此戏时,连过道都挤满了观众,仍无法满足更多人的观赏需求,只好又加演两场;也有观众对眉户戏《迟开的玫瑰》报以长时间的热烈掌声;苏州歌舞团的舞剧《干将与莫邪》、上海话剧艺术中心的话剧《商鞅》等高质量剧目更是呈现出场场爆满的盛况。

台上真情演绎,台下座无虚席,艺术与观众真正走到了一起。中央民族乐团演出的民族音乐会《金色旋律》在新落成的南京艺术学院音乐厅演出时,众多南京市民闻"乐"而来,聆听艺术家们演奏的经典民族音乐。琵琶曲《彝族舞曲》、高胡曲《夜沉没》、笛子独奏《牧民新歌》等一曲曲民乐在音乐厅内奏响,台上的演员和台下的观众都沉浸在民乐独有的情感、氛围之中,这就是喜闻乐见。

从来自艺术节的消息可以看到,本届艺术节的大多数剧目很受观众欢迎,除前面提到过的剧目外,还有京剧《贞观盛事》《骆驼祥子》、川剧《金子》、话剧《厄尔尼诺报告》、儿童滑稽戏《一二三,起步走》、解放军总政歌舞团的歌舞《祖国,请检阅》等剧目受到普遍好评。观众对部分剧目提出了加演的要求,也从一个侧面反映出艺术创作走近观众的真实反映。

二、民族艺术深受人民喜爱

在尽情欣赏话剧、歌剧、舞剧、京剧等大剧种的同时,人们也会惊喜地发现地方小戏的独特魅力。山东的吕剧《苦菜花》,古朴、明快中透着俏皮;浙江的婺剧《昆仑女》,生活气息浓郁,声腔优美,精彩的特技让人眼花缭乱;陕西的眉户剧《迟开的玫瑰》,既高亢激越,又细腻优雅;内蒙古的蒙古剧《满都海斯琴》,悠扬婉转。这一台台来自不同地方的小戏同样让参加艺术节的人们流连忘返。

发源于苏州的评弹是在全国有较大影响的曲种,已有近400年历史。评弹艺术由于通俗上口,演出不受人数和场地限制,所以特别受当地百姓欢迎。苏州评弹团踊跃下基层、去农村、到社区为老百姓表演,去年,评弹团共演出8800多场次,取得了良好的社会效益和经济效益。

苏州滑稽剧团是一个只有47人的小剧团,社会关注向来很少,可他们却"不以无人而不芳",自1986年以来,年年出精品,仅《一二三,起步走》一出戏,就在全国各地演了2300多场,观众多达百万以上!"只为馨香重,求者遍山隅"。今天的"苏滑",演出合同就像雪片一样多。苏州滑稽剧团导演陈继尔说:"我们感谢国家'百花齐放'的文艺方针,也感谢定期举办的中国艺术节,它为我们提供了充分展示自己的机会。"

三、争取获奖也争取观众

第六届中国艺术节首次对参演剧目进行三个奖项的评比,也调动了各地艺术表演团体派出具有竞争实力的剧目参加艺术节演出的积极性。然而与以往各类艺术评比不同的是,不少参评的演出团体已不再把获大奖作为唯一目的,而是把这次评比作为开拓市场、争取观众的大好机遇。还有一些艺术团体非常看重江苏及其周边省市作为东部经济发达地区所具有的广阔演出市场。

市场和观众才是文艺团体生存的首要因素,无锡市歌舞团艺术室负责人杨民麟对此感触颇深。前几年,无锡市歌舞团编排的歌舞《江南好》的舞蹈诗《太湖鱼米乡》获得文华奖后,受到了市场的欢迎。这个团从中得到启发:创精品获大奖是开启市场大门的一把金钥匙。后来,歌舞团又投资编排大型舞剧《阿炳》。在文化部第九届文华奖评比中,这台舞剧荣获全国舞剧类唯一的"文华大奖"。《阿炳》从此名声大震,引来了很多演出订单。目前,《阿炳》演出场次达到了80场,已收回了全部投资。杨民麟说:"既获大奖,又占领市场,是能够实现的。社会和经济两个效益双丰收,使无锡歌舞团步入了良性发展的轨道。"

四、名副其实的"人民节日"

广大群众的广泛参与使第六届艺术节真正成了"人民的节日"。艺术节期间,南京、扬州、常州、无锡、苏州5地的30多处演出场所灯火通明,人头攒动。本届艺术节参演、展演、祝贺和邀请剧目、节目共有105台,总量超过了以往任何一届,而且门类齐全,包括话剧、戏曲、歌剧、舞剧、儿童剧、音乐、舞蹈、曲艺、木偶、杂技、皮影等众多的表演艺术形式。国内参演的剧目、节目大多是从参加新中国成立50周年大庆展演的作品中精选出来的,在去年的基础上作了进一步加工、提炼,艺术上更趋成熟。此外,戏剧票友演唱会、灯会、时装表演、广场舞表演等异彩纷呈的群众文艺舞台演出也在各个会场积极地开展起来。艺术节期间,漫步于古城街头,到处洋溢着欢乐气氛。

在南京闹市区、开放园林、居民小区,特别是大型广场,文化活动可谓五彩缤纷,吸引了成千上万群众参演与观赏。中山陵音乐台的广场歌舞,汉中门广场的民族音乐会、民间鼓乐会演,洋溢着浓郁的金陵民俗风情;月牙湖广场群芳争妍的戏曲演唱,夫子庙广场吟唱千古秦淮的诗歌朗诵音乐会,反映了广场文化活动正在受到热烈追捧。而鼓楼广场翩翩起舞的少年、雨花广场抖擞精神表演的夕阳红艺术团以及青少年广场大学生摇滚节的青春旋律,则生动地体现了广场文化广泛的群众参与性。

在人潮涌动、灯火辉煌的无锡八佰伴广场,人们穿红戴绿,载歌载舞,孩子们随着欢快的节奏手舞足蹈。"十月放歌——广场文艺演出"活动在这里举行。艺术节期间,像这样的群众文艺活动比比皆是,并辐射到各个区、县。此外常州的"龙城神韵"大型群众性文化巡展活动有6000人直接参与,吸引了30万人涌上街头喝彩。苏州"十月阳光"广场文化周活动中,校园节目、少儿节目、业余戏曲节目轮番登台,高潮迭起。

与此同时,扬州举办了"二分明月文化节"和"第三届少儿艺术节",它还充分发挥人杰地灵、人文荟萃的独特优势,以民族英雄史可法事迹展、唐城考古成果展、扬州八怪书画精品展、古籍线装书市、扬州图书馆馆藏精品书目展等8个展览,集中展示了扬州深厚的文化底蕴。无锡举办了文物展、书法精品展及无锡人著作展、美术展、紫砂展、奇石根雕展等各式各样的展览,使市民在长见识的同时更加为自己的家乡而感到骄傲。常州还承办了国际中国画大展,并举办首届常州艺术节。苏州则注重突出"吴文化"特点,推出了"江南中国书画名家作品展览""苏州现代美术书法作品展"等展览展示活动。

　　丰富多彩的文化活动与艺术节的演出活动交相辉映,增添了艺术盛会的浓厚文化氛围,也增加了人们的参与兴趣。当你漫步于这些城市的街头,当你置身于这兴高采烈的人群中,你会由衷地感到第六届中国艺术节真正成了"艺术的盛会,人民的节日"。

（2000 年 10 月 10 日）

创造良好的文艺评论舆论环境

——兼谈光明日报加强文艺评论阵地建设

我来自新闻宣传第一线,面对的又是文化文艺宣传领域,在这里我结合光明日报文艺评论的实际,来谈谈加强阵地建设,创造一个良好的文艺评论舆论环境的问题。

我所从事的新闻宣传任务中,既涉及文艺批评本体,又有很强的工作性,我主要从工作的角度谈谈体会。当然,它也能从一个侧面反映出文艺评论的基本态势、存在的问题和今后的走向。在这里主要谈三个问题。

一、近年来光明日报直接参与和开展的文艺评论活动

报纸历来是文艺评论最主要的阵地之一,它一方面直接面对纷繁的文艺创作实际和文艺现象,一方面又紧密联系着广大的文艺理论评论家。因此,报纸不仅掌握着丰富的文艺评论的资源,而且能够最敏锐地触摸到文艺创作和文艺评论的神经,而更重要的是能够最直接地参与或开展文艺评论活动。

光明日报作为一张主要面向知识分子的报纸,历来注重文艺理论和文艺批评工作。报社编委会深知文艺理论评论在报纸中所处的重要地位和作用,因此,不仅给出固定时间和固定位置的专版,而且在新闻版面中,也经常注意发表文艺评论的相关言论、话题和观点新闻。下面从六个方面概括光明日报这几年来如何开展文艺评论工作的。

1.传达党的文艺方针。光明日报的文艺评论工作必须准确及时地传达党

的文艺工作的方针政策,密切关注文艺创作的最新走向,坚持"二为"方向和"双百"方针。坚持以正面引导为主,努力做到让主流文艺评论不缺席,不失声。我的体会是,主流文艺评论如果冷寂,它所带来的负面东西相当多,不仅使一些不良的文艺现象和风气得以畅行,也使很多正常的东西由于没有评论的倡导扶持而不能健康成长。在工作中,更为重要的任务是,任何背离党的文艺方针政策的声音,我们都是坚决把住。应该说,这几年我们编辑部收到的有关文艺理论评论的稿件什么样的都有,如有为官场小说张目的,有为新新人类小说正名的,尤其在全球化名义下种种滑出轨道的理论探讨,或者谩骂名人、远离崇高、嘲讽理想、消解经典等种种观点,基本上都没有在我们舆论的管道里发出来。

2.努力服务知识分子。我们注重光明日报读者相对的特殊需求,注意研究知识分子特点,立足为知识分子和广大读者服务。一般来讲,我们所发的文章,强调宏观性,讲究学术色彩,贴近文艺理论动向,跟随创作实际,积极参与文艺理论评论的最新课题,这些也是作为我们拟定选题、组稿和编辑的宗旨。我们尽量做到版面体现一定的理论深度和学术探讨气氛,拓展专题研究的空间,增强自由争鸣的气息,所有这些,都有利于形成光明日报文艺理论评论版面特有的品格,在一定程度上成为广大知识分子所欢迎和乐意参与的阵地。

3.敢于举起批评武器。我们尽可能地负起申张科学的、客观的文艺评论使命,力戒把正常的评论变成商业炒作,避免人情评论。光明日报基本上很少出现过哗众取宠式的评论和恶俗谩骂式的批评,也从没有让它们成为光明日报文艺评论的热点。同时,也力戒文艺评论筋骨不硬、陷于媚俗,对一些作品及创作现象包括评论本身的评论,用一些读者的话说,是很见力度的,有对文艺批评的困境提出质疑的,有对喧闹一时的"私人化写作"提出批评的……

4.评论报道两重开路。"两重"是指文艺观察专版的重点文章和新闻版面的重点报道。文艺观察专版头条的安排都是我们精心组织的重头文章,基本上都是综合性强、有一定学术深度、体现一个时期以来文艺发展趋势或者对新出现的创作现象加以评述的文章,它是一个版的主打文章,也是我们重点经营的文章。如近期刊发的有《高科技、全球化浪潮中的文化创新》,在社会上产生了积极的影响;重点报道则是利用光明日报新闻版面,有针对性地对文艺界创作和评论状况进行报道,这类报道常常引起社会较大的反响,它们以其鲜明的观点、快速的时效性和极强的现实针对性,成为文艺评论的另一种重要手段。对于重点文章和重点报道,我们都以重要版面的重要位置推出,形成了文艺评论的舆论强势。

5.开展学术争鸣讨论。正确对待评论的敏感性,避免其负面效应。对有争议的作品和现象敢于涉及,在学术的范围内用争鸣、商榷的方法反映各种观点,以活跃学术气氛。这也是光明日报一大特色,不能轻易放弃。前不久我们就武侠小说进行的一组唇枪舌剑的争鸣文章,由于双方立论和观点都很尖锐,因而反响可观,刊发后来稿不断,在网络上也引发热烈的论争。

6.建立多样评论格局。在光明日报整个文艺评论的格局内,我们不仅从评论的多种角度、多个侧面拓展其领域,不仅从评论的视点、评论的方式力求其变化,而且在评论的文体等方面进行各含个性的探索追求,以适应读者不同口味的需要。有一个栏目叫《艺文心语》,均约请从文学到艺术领域里一批著名作者撰写,由于角度独到,触摸深入,以及富有独到的创见,因而读来亲切,很有美感,在读者中有较好的美誉度。当然,为适应报纸作为新闻纸的需要,我们还开设了理论评论性的文摘专栏《新论辑录》,以短论的方式对文坛作快速扫描,还开设了新的栏目《专家聚谈》,它的好处不像文章那样需要穿靴戴帽,几个专家围坐一起,直奔主题,观点密集,议论风生,以话题的方式谈艺说文。当然,我们还有其他栏目如《观者有心》《文艺随笔》《作品短评》《作家自述》,从而使文艺评论呈现出形式上互为补充的多样化局面。

二、目前文艺评论工作存在的问题

媒体在整个文艺评论界,本身既是一个较为重要的阵地,也是一块较为敏感的园地,它直接受到来自文艺机构、创作人员、评论界乃至社会各界方方面面人和事的影响,同样也受到社会大环境的影响,这些都不可避免地反映到我们的文艺评论工作当中。我们做了较多的文艺评论工作,但实事求是地说,还有不少工作与当前文艺的发展形势不相适应,与党对新闻宣传工作的要求尚有差距,与我们自身的工作目标也不甚契合。这里我想从四个方面谈谈我们的文艺评论工作所存在的问题。这四个方面可能在其他媒体上也有一定的代表性,仅供参考。

1.从认识心态看,还不见到位。也就是说,对于文艺评论工作,在推进繁荣文艺事业中所应负的重要职责还没有提到应有的高度来认识,由于认识不到位,对文艺评论工作的总体把握、主动精神、独立品格等等,都不能不受其影响。当然,这里也有个心态问题,这就是普遍认为,文艺评论这几年出现了这么多的问题,如风气问题、队伍问题、机构问题、机制问题乃至小到稿费问题等,都有其深刻的社会背景和深层次的历史原因,不可能是文艺评论自身所能独自解决得了的,因而对现状表现为无奈和认同。有人说,现在谁是最大的评论家,是王朔,这是对真正评论的缺席和现状的无奈和解嘲。

2.从版面内容看,还不见风骨。有相当一部分文艺评论的选题远离文艺界的热点,一些文章缺少广大读者的兴奋点。对优秀作品的评论不温不火,热度不够;对不良作品的批评不疼不痒,锐度不够;对新的文艺思潮和倾向的反应不紧不慢,速度不够。总的一句话,为求稳妥,有时也要牺牲独立的精神和风骨。有时虽然信息掌握得快,但一到版面上往往迟迟不能作出反应,不能从版面上占取先机。另外,现在经过 70 年代末到 80 年代初的文艺评论新时期,又经过近 20 年的时间,文艺评论已经从多种角度、多个侧面、多种方法、多个体系方面大大拓展和深化了,然而,这种新的评论景观很少在我们的版面上得以展现,更多的仍然运行在原有的社会学的旧有轨道上,观点旧、方法旧、文字旧的文章占据大量版面,难以吸引人,不能更多地做到让读者眼睛为之一亮,精神为之一振。说到缺乏风骨和独立品格,还表现在有相当多的媒体被操纵,有人说媒体充当了庸俗评论的急先锋,实事求是地说,我们对此也看得很真切。

3.从工作方式看,还不见主动。面对飞速发展的社会生活和纷繁多变的文艺创作,我们的文艺评论工作相对滞后,形式传统而简单,缺乏求实创新。往往是,选稿来自专家的多,兼顾群众的少;日常埋头编辑的多,主动出击的少;被动接受的多,策划组织的少;工作程序的多,研讨交流的少。现在书评界很热闹,虽然它有其经济支撑,但丰富而有实效的操作手段也是可供借鉴的,比如绞尽脑汁地搜寻社会热点,探摸读者的兴奋点,在这些方面,文艺评论工作应该勇于思考和实践。

4.从成效反响看,还不见热烈。我们虽然做了较多的文艺评论工作,但总的感觉,经常是圈外冷,圈里也难见其热,也有同志认为不容易办好文艺评论版面,应该再削减一些版面。更多的情况是,一些文艺评论只是几个评论家和评论对象的事,与广大读者离得较远。有时往往是新闻报道式的文艺评论反而公众影响大,社会效果好。

三、新世纪加强改进文艺评论工作的思路和设想

在新世纪到来之际,我们要以江总书记"三个代表"的重要思想为指导,多做扎实细致的工作,以迎来文艺评论的新气象,开创文艺评论的新局面,让活跃而健康的文艺评论蔚然成风。

作为报纸宣传的一项重要内容,文艺评论的确面临加强和改进的紧迫性。在反省中调整,在批判中建设,对整体评论局面逐步更新和不同评论形式开放竞争,收复失地和开拓进取并举,这些都是时代摆在文艺评论工作者面前一个不可绕开的艰深课题。从我们的实际工作看,有 10 个方面的工作要做:

1.明确一个思路。面向新的世纪,文艺评论工作总的思路是,要以创新的意识,改革的精神,把文艺评论工作推上一个新的台阶。这里的创新,当然有方法的创新、观念的创新、版面的创新、机制的创新。没有创新,文艺评论工作将不可能前进,不可能发挥其应有的作用。比如机制的创新,我们编辑部怎样建立一套与评论家和创作者三位一体的紧密型的联系机制。

2.突出一个重点。进一步关注重大的文艺理论问题和创作现象,包括文艺评论自身的理论和实践的建设问题,这是需要我们在工作中时时记取和加以突出的。适时组织理论评论家对重大的文化文艺理论评论问题作深入的探讨,拿出新成果,以促进对广大读者新的审美培养。多做贴近创作实际的文艺评论工作,以实现理论评论的宏观指导作用和导向作用。这就是评论工作的重心和重点所在。

3.催生一批力作。宣传优秀作品,繁荣文艺创作,鼓励新生力量成长,催生精品力作,是文艺评论宣传工作的题中应有之义,也责无旁贷。我们将选择一批有实力的创作人员,跟踪其创作的全过程,多角度地给予报道、推介、评论、总结、提高,为营造一种产生精品力作的良好的生态环境作舆论准备。

4.扩大一片阵地。不仅要办好专版,也要充分利用好新闻版面,因为这里有相当的潜力可挖。短平快地反映文化文艺界以及广大读者的文艺批评心声,重要的是扩大阵地,开辟言路,多发时效性强的观点新闻,多倾听来自群众和基层的声音,办好《观者有心》栏目,这是新的思路,要求三言两语,把话说清楚,有好说好,有坏说坏,说重说轻没太大关系,这是一条独特的评论言路。

5.树立一块品牌。力争将有较长历史的《文艺观察》办成文艺理论评论的精品版面。在迎来新世纪前,光明日报明年的改版已成定局,有一些新的调整,但《文艺观察》版没有被调整掉,应该说,这是光明日报侧重于教科文理方面的具体体现。但是要改进工作,首先要活跃版面,做到既严肃又亲切,既权威又服人。要加大信息量,要见人见事见问题,还要尽量做到全国主要的文艺学术动态在版面上都有反映。

6.带起一支队伍。团结和扩大理论评论作者队伍,尤其是中青年作者队伍。在光明日报这个阵地上,曾经成长和成熟起来不少的文艺理论评论家,这一点上有传统的。今天,这支队伍不仅要有地域的扩大,还要有领域的扩大。过去社会科学各界的作者少,自然科学更少,过去在这方面没有太明确的规划,今后要作为一种目标管理去实现。虽然一张报纸力量有限,但也要从一点一滴做起,比如说给评论工作者开设个人专栏,容易树立个人评论的信誉。

7.倡导一种文风。评论的文风应该是健康的、积极的,是坚持学理性和科学性的,我们将坚决杜绝文风不纯,危言耸听,意气用事,故作高深,话语霸权,介入矛盾,互相攻讦的观点和文章。

8.提高一个素质。这是对编辑部编采人员自身工作的一个要求,讲提高素质不仅是业务素质,更重要的是提高思想素质,以求适应新的形势发展的要求。现在复杂的社会思潮和文艺思潮都会影响到编采人员,对同一事物的不同判断和看法是常有的事,因此,这里讲思想素质首先是文艺评论的责任意识和大局意识。

9.把握一根尺度。文艺评论一定要把握好度,否则容易把好事办坏,办砸,要让文艺批评真正成为对创作的一种制约、一种监督、一种保护、一种倡导,如果没有对分寸的把握,率性而为,意气用事,就不可能发挥好文艺评论的作用,这也是文艺评论工作的一种艺术。对不良倾向要抓苗头,要有预警;对优秀作品和好的现象,要不失时机地给予热情评论;对恶劣的,要旗帜鲜明地加以批评;文艺评论切忌生硬嘲讽,要与人为善,多做引导工作,成为一面旗帜。

10.形成一股合力。实践证明,评论的合力是让优秀作品深入人心的重要保障。现在我们处在争夺眼球的时代,人们的注意力已经成为文化产品制造者激烈抢夺的资源,文艺评论本身处于弱势地位,如何在竞争中树立形象,显示力量,这里的确有一个以合力形成舆论强势的问题。事实证明,去年各大媒体对新中国50周年国产优秀作品进行成功的合力宣传就是很好的例子。在明年建党80周年,也应通过组织、协调,充分利用合力宣传评论的有效性,使一批优秀作品更见其风采。

(2000 年 12 月 8 日)

迎来文化大潮的"涨点"

——评新世纪文化生活现象

中国文化,在新世纪曙光的折射下,是那样的绚烂多姿,璀璨夺目。透过百年中国文化的烟云,我们看到曾有过的多少风雨,多少曲折,多少先贤奋力地求索呐喊,多少昭示后人的悲烈坎坷;我们更看到了精神家园的清朗明媚,文坛艺苑的花开映天。岁月赋予了文化这座丰碑以庄严与前进的意义。

一、分享文化的繁荣与欢悦

"五四运动",是中国文化在 20 世纪初的一次新生命的转机。它铸就了文化强国新民的精神。以鲁迅为代表的一大批先进知识分子发出深沉的呼吁,强国在于新民,新民必先铸魂!

然而,历史上,文化产品更多的是王侯将相、才子佳人享用的专利品。旧中国,由于战乱频仍和经济贫弱,享受文化仍然被衣食无着的劳动人民视为奢侈品。何况,那时的社会生活中有太多的"文化空白点",像公共图书馆、公共博物馆、公共娱乐场所之类非常罕见。

国运兴而文化兴。新中国成立后,以繁荣的文化事业、优质的文化产品,来团结人民,教育群众,陶冶心灵,丰富生活,始终是我们党和政府文化工作的着力点。中国社会科学院文学研究所所长杨义分析说:"从这个意义上讲,文化是一个民族堂堂正正地生存于世界民族之林的身份证。"

文化建设开始大踏步地追随时代,贴近生活,服务人民。人民不仅是参与文化事业建设的主人,更是文化成果享受的主体。尤其改革开放 20 多年,是我国文化事业快速发展的黄金期。这里只拿文化娱乐品消费一项来说,据统计,1994 年社会文化娱乐用品零售总额已经相当于 1978 年改革开放之初的 16.5 倍,1994 年书报刊的社会零售额已经相当于 1978 年的 12.7 倍,均大大高于同期国内社会生产总值 3.6 倍的增长率。对于普通老百姓来说,在节假日,是看电视、上网,还是旅游、听戏、看展览,或者是参加社区文化娱乐活动……他们面临太多的选择。

今天,城市的文化生活之丰富、文化样式之多样,是有目共睹的事实。即使在农村,哪怕最偏远的边疆,文化场所、文化设施和文化生活也开始变得越来越丰富。据 1998 年不完全统计,全国万里边疆文化长廊建设工程共投入 63.73 亿元,其中国家投入 50.9 亿元,建成国有公共文化设施 3582 个,面积 211.73 万平方米。

二、推进文化的发展与创新

今年春节前夕,地处新疆维吾尔自治区的边远小山村小阿合雅村完成了"村村通"设备的安装调试,小山村沸腾了,人们奔走相告,孩子们欢呼雀跃。全村年龄最大的吐尔地·谢衣木克老人动情地说:"我活了 80 多岁,今天头一次在自家听到了广播、看上了电视,这是我一生最难忘的事。"

改革开放的伟大实践,极大地带动了文化的快速发展。中国社会科学院文学研究所研究员杨匡汉在接受记者采访时说:"新中国 50 年的成就,改革开放的全面发展,可以说是一部伟大的叙事诗。祖国大陆文学各个门类,其作品数量之可观,其形式风格之多样,其题材主题之丰富,其作者读者之广泛,都是前半个世纪不可比拟也是中国文学史上前所未有的。统计表明,中国作家协会会员 1949 年时 401 人,到 1999 年达 6647 人;文学作品总量印数 1950 年为 214 万册,1999 年近 1 亿 5000 万册;文学刊物 1949 年为 18 种,1999 年达 537 种。诗歌创作也相当丰富,进入 90 年代,新体旧体诗词每年有 70000 多首发表,一年的作品就超过《全唐诗》收集的总量。自然,数量不能说明问题的全部,但至少可以证实,中国依然是个泱泱的文学大国。"

今天,中国文化越来越以崭新的姿容亮相于世界文化的大舞台。在国际许多文化艺术的颁奖台上,频频站立起中国艺术家的身影。就在两个月前,我国年仅 18 岁的钢琴选手李云迪一举夺得第 14 届肖邦国际钢琴比赛金奖，这一下子让肖邦故乡的波兰人惊呆了，他们惊呼要重振波兰人在这项大赛中的地位。

高科技、全球化浪潮中的文化创新，已然成为当今文化进程中的一大主题。迅速跟上高新科学技术发展的步伐，尤其是大众传媒在文化领域的运用，创造了众多崭新的现代文化形式。数码技术也越来越广泛地进入广播影视、舞台艺术、文物考古、出版印刷及音像、娱乐等众多门类的制作过程，大大提高了文化产品的高效生产、观赏价值和市场竞争能力。去年新中国 50 周年国庆期间，一批主题重大、场面壮阔、制作精良、投资高、技术手段先进的鸿篇巨制联翩而出。首次放映国产献礼影片《横空出世》，当一开场那一段排雷般的音响回旋在电影大厅里时，观众惊叹道："嘿！我们的电影还有这效果，真是国产大片了。"

三、代表先进文化的前进方向

百年来的中国文化思想，始终处于激浊扬清、去芜存菁的演进过程。世纪之交，江泽民总书记在"三个代表"的重要思想中，提出中国共产党要始终代表先进文化的前进方向。这不仅对文化建设作出了科学总结，而且对在新的历史条件下搞好有中国特色社会主义文化和精神文明建设具有重要的指导意义。

必须看到，先进文化，应该是健康的、科学的、向上的，能够代表人民根本利益、指示未来发展方向、推动社会前进的文化。实践证明，中国共产党在领导文化事业的过程中，特别注重文化建设的先进性。

我们的主流文化就是要负责任地为社会的稳定发展建立一套价值体系，以此来团结广大群众，规范社会行为，创造出健康向上的社会精神风貌。因此，在文化思想建设方面，我们必须同腐朽的、落后的、颓废的、灰暗的等不良文化作坚决的斗争。只有这样，才能使文化成为凝聚社会共识、鼓舞人民奋发的精神力量和智慧源泉。

以"五个一工程奖"为代表的各项文艺评奖，以"中国艺术节"为代表的各项文艺节庆，以广播电视"村村通"为代表的各项基层文化建设，以"社区文化""企业文化"为代表的群众文化活动……所有这些,都唱响了文化文艺的主旋律,都以优秀的作品鼓舞人,为全社会营造了良好的文化氛围,为经济建设等各项社会事业发展提供了良好环境。

在未来的世界,经济的大国必然也应该是文化的大国。五千年灿烂的文明史,使中华民族曾有过令人叹为观止的人文高峰,今天,文化文艺工作者正在以新的姿态攀登新的人文高峰。21 世纪的中国文化事业必将更加灿烂辉煌。

(2000 年 12 月 13 日)

.COM 时代　凡人说话

——对"草根批评"取一种什么样的姿态

今天,我们一头撞上了互联网,它带来了无穷的新变化。比如在文艺界,经常能够听到这样的谈论:今天网上对某某文艺作品是怎么怎么说的,或者都市生活类媒体如何如何对某文艺事件评价的。而在社会上,不少人也津津乐道这种来自网络和非主流报刊文艺评论的内容、话题和观点。

一、"草根批评"的悄然兴起

我们不能忽视这样一个事实:在今天的文化生活乃至社会生活中,有关这种批评的声音开始密集起来,人们对这种批评的关注越来越热切,人们参与这种批评的机会也越来越广泛。对此,有人不无自豪地宣称:"在网络这个林子里,大多数鸟儿正往这里飞来。"在一些文艺评论网站上,可以看到它们的广告词:"这里是人气指数最高的。"

然而,这类批评还处于边缘,而边缘文化的处境是,它虽然能得到社会的接纳,但很难得到文化的尊重。同样,今天仍有很多人不屑于谈论这些"网评"和生活类报刊的"媒评",认为它仍较低端,缺乏传统文艺批评正宗的地位和品位,其基本内容和话语方式不能登大雅之堂,所论及的观点、所涉及的材料都是一些文字垃圾……类似的轻蔑之词还可以列举很多。

为了深入探讨问题起见,我们得给这种文艺批评一个相对意义上的概念。为了有别于传统文艺批评,或者主流文艺批评,人们已经给了这类边缘性的批评足够多的名称,有的叫它"大众批评",也有叫它"民间批评"或"民间表达",还有的称它为"另类批评",也有称它为"在野批评"。我在这里权且叫它"草根批评"。需要声明的是,这仅仅是借用一种称谓,不关乎意识形态。

有关对"草根批评"的认识,一般来说,还只是停留在人们的印象里。首先要说明的一点是,之所以提出这一概念,并非有意要把它同我们的主流批评对立起来,更不能说它相对于"官方"以求获得它作为"民间"的确认,而纯粹是一种学术上的区分。

如果对"草根批评"进行形象的描述的话,有一句话较为准确,这就是一本畅销杂志中一篇文章的话:".COM 时代,凡人说话"".COM 时代,弱者狂欢"。也就是说,这类评论的言说者是身处主流批评队伍之外的,有较少功利目的的。他们最基本的发言冲动,就是有话要说,有可以说话的地方,说自己想说的话。

自我标榜不同于主流批评声音的"草根批评",应该说是伴随大众文化的兴起而生长起来的,同时得益于网络文化的普及和小报小刊的蜂起。它目前的基本状态是,不去同传统文艺批评的主渠道拼抢,不以占据大报大刊大台等各大媒体为目标,而是以网络传输、小报小刊为主要载体,以言路相对自由为基本前提,以真评实论为金字招牌,来扩张它的新的地盘,抒发它自己的声音。

事实上,"草根批评"尚未构成对主流批评或者是精英批评在意识形态上的对立,也没有在观点情绪上的逆反、在立场上的分道扬镳,应该说,还远远没有形成气候,而基本上取一种不同的表述方式来确立自己的形象。它更多的是以自己的方式向前发展。它还无意向主流批评发起挑战,但却开始影响文艺批评新的受众。

二、"草根评论"的成长理由

事实上,这一大众式的批评已经对传统文艺批评的景观形成了不可逆转的改观。如果说,精英文化是我们当代社会的传统主流文化,大众文化是我们时代的新主流文化的话,那么,"草根批评"则可能是新主流文化中的一个建构者。

"草根批评"的意识在成长中绝不是一个唯心主义的过程,而是由时代的意识和实践的一系列活动所促成的。尤其是,主流批评在社会存在层面上所表现出来的某种危机,必然为今天文艺批评的丰富甚至转型提供了可能性。

为什么这样说,因为一方面主流批评在某种程度上存在着四个"失去":心态失衡、阵地失守、人员失散、学术失范。而另一方面,文艺创作需要批评,社会人群需要批评。批评不可能有长时间的真空。

我们处在相对世俗化的时代,其中产生的"草根批评",也是文艺的一种世俗化批评,它启发了广大文化受众的自我意识的觉醒,把更多的人从文艺批评的被动者变为主动者,把批评的旁观者变为参与者。由此,文艺批评在更大范围更多层面上展开了。

"草根"最为明确的定义之一,是联系着一种新的社会群落或者说社会身份。尤其80年代后期形成的新的社群,如技术打工族、白领阶层、海外学子、大学生、中学生等,他们是"草根批评"的主力队伍,并通过这种对文艺的批评方式进入文化舞台。他们使数千万沉浸在网络中的青少年,和热衷于街头报摊的最大多数人群通过这种文艺批评的方式,来逐步形成有关美丑、是非、善恶等审美观念和价值观念,并且以这种方式确立自己与当代文化的关系。正由于此,社群的文化权利通过"草根批评"的方式而得到了属于自己的表达。

另外值得一提的是,文化文艺的产业化步伐和文化的工业化进程,也使得文艺早已走出狭小的圈子,加上社会文化环境的相对宽松气氛,也激活了"草根批评"这种民间表达。

三、"草根评论"的优势特征

"草根批评"的发展态势是迅速的,影响力也是相当大的。这就不能不看到它相对于传统文艺批评而言,在外部形式上所呈现出的优势特征,概括起来,有以下8种:

1.就时效而言——快速。每当文艺界的一种思潮、一部作品、一种现象、一位新人、一个事件刚一露头,就迅速成为"草根批评"的目标,而且迅速变为一种实实在在的文字和声音,所需时间非常之短,这与主流文艺批评的反应缓慢迟钝的状态恰成鲜明对照。说到快速,这种批评快得有时让我们连被评论的对象都还没来得及听说过,而倒是经常反过来通过这种评论来获悉文艺界新的动态。如近期网上有一段对新新人类创作态势的评价:"卫慧文学了没有我很快就忘了,因为那堆攒动的美女头像中又冒出了姚雅馨,除了要做卫慧那样的文字描述,还要我们眼见为实,把真正的肉体暴露出来给大家看。"这段新潮表达的文字,虽然让我们真不知道卫慧、棉棉们热闹过后还会是什么,但它提供的不仅是评论,还有新的信息。

2.就领域而言——面广。在它的评论所涉猎的范围和视野上,可谓是兴之所至,无所不包,大大突破了传统文艺批评的格局和领域,在很多新兴层面上攻城略地。

3.就数量而言——量大。由于经济的原因,近年来主流媒体对文艺批评所给出的空间大为紧缩,很多报刊电台的文艺评论版面和时段都纷纷被撤掉和缩减,从而导致周期长、阵地少、可供评论的范围小,这是很多大报大刊特别是权威类、专业类报刊的基本现状。然而,"草根批评"在非主流媒体上尤其在网络上被视为其信息资源的"新贵",备受宠爱。它不受任何时间也不受任何篇幅的限制任意地海量发布。

4.就风格而言——轻松。"草根批评"天生就是一副大众的面孔,它大大不同于主流批评常有的令人生厌生畏的生、冷、硬、隔、涩。可以说一出生就顺应了今天社会已然发生的变化,适应了文艺批评在内容、方式、特点、表述上的求新求变的需要。

5.就接受而言——便捷。由于"大众批评"是生活在生活类报刊和广为普及的网络土壤中的,因此使得更广大的人群接受起来易如探囊取物。

6.就目的而言——非营利。这是一块还没有被各种名利所操纵的地方,因此还没有主流批评身上的各种世俗毛病,显得较为单纯。

7.就追求而言——时尚。无论从批评语言、方式、观点、一身打造的行头是最具有时尚的。目前,它很少学理性,但充满丰富的社会性,如果说传统批评离社会和创作现实比较远的话,"草根批评"的前额上却是紧紧地贴上了社会性的标签。

8.就交流而言——互动。经常是互动式的交流大大推衍了多种观点和视角的生成,这种网络上的集体合作和多次创作,使得文艺批评进入了全新的方式。就一部新作、一个话题,我们能看到不断往上跟帖评论的情形。

四、"草根评论"的问题所在

"草根批评"客观上是文艺批评的一种补充,是文艺批评的新的资源和力量。然而,它一开始就呈现出十分明显的"个体化"倾向,喜欢用个人的意识、心理、感觉、经验、设定等来解释、判断、评价文艺产品和现象,因而往往被传统批评者认为是无知识、无思想、无理性、无系统,或者有的干脆说它是非文化,被认为是任意性或情感性的固执的自我确认。

从事实来看,网评和生活类报刊的一些评论不仅观点芜杂,而且有较浓重的精神和文化的颓败感,其中反映出来的观点、心态和话语方式不能被主流价值所接受。特别是那种极端的个性化、个人化、私语化倾向,使读者强烈感到一种社会责任感的缺乏。另外,这类内容大多缺少历史感,缺少文化记忆,有较明显的民族虚无主义和历史虚无主义倾向,因而对传统有较强的破坏力。我们从一些网站和报刊专为文艺批评而设的栏目名称,就可以看出意识形态裸露的倾向,如"乱弹广场"等。

"草根批评"作为自我表白的话语,它一开始就拆除了既定的艺术经验和经典话语筑成的篱墙,它是传统批评的一次现实的断裂。虽然反对精英文化并走向通俗和大众化,然而似乎又与大众隔绝,沉湎于讲述自己的感觉,玩弄自己的游戏,对自身以外的事物一概持否定、拒绝的姿态。从这个意义上说,这种批评更多的时候只是一种释放,形成一个集中话题时便是一种狂欢。因而,这类"草根批评"图的是感官的快感,而非精神的美感。它们以不混淆于传统批评的叙述腔调,来追求反讽、随意性和黑色幽默的审丑效果。它们刻意标榜自己有关文艺观的新的价值取向、话语风格和审美判断。

"草根批评"也是一种走捷径者的乐园,它缺乏传统批评所必须具有的整体性、前景性和系统性作基础,因而在"大众化"过程中,总给人以一种无根基的、飘浮着的非确定性存在的感觉。

五、"草根评论"的发展趋势

"草根评论"正在浮出水面。如北京的一家报纸在显著版面上辟出专栏,专门刊载择优下载的网络评论,这就像许多传统媒体也开始下载网上作品发表一样。虽然在网上我们也可以看到一些有质量的文艺作品的"网评",拿书评来讲,有的网上评论的确有点 20 世纪 90 年代美国《纽约时报》书评的味道,但当然也有一些网站专门集纳报刊上带有草根色彩的评论并加以推送。

从目前情况看,"草根批评"同主流批评会在相当长一段时间内,将分别在各自层面上展开它们的活动,我们不能要求主流批评也去挤上"草根批评"的跑道,同样也不能要求"草根批评"挤进主流批评的跑道,但实际的情形是它们正在自发地在各自优势的层面上进行一定的互补。例如,目前许多艺术门类的批评网站开始有目的地同主流批评家签约,如作为美术网站的"世纪在线"将当前一流的美术评论家"一网打尽"。

由于文艺批评方式的进一步开放活跃,更多的成员将被吸引并涌向这块领地。一方面,我们应该相信,人是能够通过自我教育,使自己更加有文化,相信人是能够对自己进行精神"立法"的,"草根批评"也终将走过它无序的阶段,到达真正的批评的境界;另一方面,也可以通过签约批评家的方式,让更多的主流文艺批评家进入网站和生活类报刊,使得"草根批评"从观点表达的不同,走向方式表达的不同。

(2001 年 3 月 26 日)

"配角"如何转求"主角"

——从画框业悄然兴起看人的品位提升

艺术品市场越来越成熟,不仅使得绘画作品的消费需求明显增大,而且以往作为创作和加工辅助材料的画框也被催生成与绘画作品同样重要的艺术生产要素,以致今年8月底将在北京举办"中国艺术博览会"的同时,还要举办"首届中国框业暨装饰艺术品博览会"。由此看出,过去常常担任"配角"的画框正在中国艺术品市场上扮演着不可或缺的重要角色。

有一种不无道理的说法:要看一个社会的绘画艺术品消费质量,只要看一看当地的画框质量和销量就能得到回答。的确,在发达国家,由于绘画艺术品市场的高度细分,画框的专业店到处都有,专业的画框展览会也相当多。据专业人士说,发达国家画框需求量很大,比如在美国纽约,每年要举办一届名为"FRAMEORO-MA"的画框博览会,展馆有数万平方米,足以供参观者饱览一天,汇集了国际上最有影响的画框生产商和经销商,从中可窥画框需求量之一斑。

目前,中国画框制品的生产发展势头很快,并正在以产业化的姿态独立地参与到整个艺术品市场的发展洪流中去。就拿即将开幕的"首届中国框业暨装饰艺术品博览会"来说,当招展的消息一经发布,便引起社会各界尤其是相关企业的极大关注,举办者惊喜地发现,画框业不仅企业众多,而且极有品牌意识,对这次博览会有极强的认同感,认为"终于有了自己的行业展会"。不仅北京厂家如此,各地均不落后。

上海有早期经营画框并形成一定规模的"上海凡大利""上海逸扬木业有限公司"等企业,而处于改革开放最前沿的广东沿海城市,特别是广州和深圳两个城市,既有企业的密集性,又有品种的齐全性,还有品位的世界性,像"深圳雅廊画框木艺有限公司""广东番禺美华宝胶粘制品有限公司""广州东方画框工艺厂"等等,在画框界已经形成独有的"广东方阵"。

如果说沿海城市的企业有高度发达的市场经济意识是意料之中的话,那么地处浙江的县级市——义乌,则实实在在让人震惊。"义乌画框工艺城"居然聚集了约200个常年展位,相当一部分展商的目光关注着海外市场,同时也向国内各主要网点批发,很快便形成了一个画框批发经营的集散地。如"浙江华鸿工艺品有限公司"就是其中的典型代表,企业员工已达到1500人,年产3000余万件,年销售额1亿多元人民币,产品远销中东、中亚、欧美、俄罗斯、澳洲、非洲。这家企业文化氛围浓厚,还有自己的《华鸿报》。

在以往举办的各类艺术博览会上,画框生产商和经销商只能作为从属部分参与,得不到应有的重视,如在展位的安排上,只能处于边边角角的位置,影响了展示的效果和参展者的情绪。而这次作为画框业自己的行业展会,与绘画展形成一个互有助益的格局。展会同样高擎艺术市场的旗帜,但更注重艺术与生活的结合,选择艺术市场的细分化和专业化作为主打方向,这样会更有利于这个新兴行业的发展壮大。

在西方发达国家,"少装修,多装饰"早已成为普遍共识。相信随着艺术品市场的更趋成熟,以及人们艺术品位的逐步提高、艺术兴味的更加浓厚,我国的家庭装饰需求量将大大增加。由此,它必将助推一个更加文明的中国、文明的中国人的形成。

（2001 年 8 月 7 日）

重提文化格调

——聚谈"人类如何审美地把握世界"

沈卫星:光明日报文艺部主任

冯骥才:全国政协常委、中国文联副主席、中国民间文艺家协会主席

仲呈祥:中国文联副主席、中国电视艺术委员会副主任、秘书长

雷达:中国作家协会创研部主任、研究员

黄式宪:北京电影学院教授

单纯:中国社会科学院海外华人中心研究员

一、文化,理应是人类审美地把握世界,但时下却出现了一种迎合低级趣味、满足于刺激受众感官的非艺术非审美的媚俗倾向

沈卫星:今天,广大文艺工作者以投身改革开放伟大实践的激情,以作为灵魂工程师的庄严使命感,装点着我们的时代,装点着人们的精神家园。在他们的作品中,不仅有雄奇、奔放、瑰丽、俊逸的篇章令人倾心,更有崇高、理想、正义、健康的精神给社会以导引。然而,伴随着浩荡前行的文化主潮,也出现了一种与倡导先进文化的氛围、人民日益提高的欣赏水平不相协调的低俗格调。在这个问题上,我们有责任予以纠偏,有担当重提文化格调,使文坛艺苑更加清朗繁荣。

雷达:的确,就我的眼界所及,我觉得有一些作品和现象确实存在格调低下的问题。如一些所谓新历史小说和影视中的清宫戏、唐宫戏、民国戏就非常风靡,也许数量多还不算什么,真正的问题是,有些作品把皇权思想、人治思想、专制思想抬得很高,奴才味儿很浓,把一些皇帝搞得可亲可敬,十分的

高大全,这就不对了。我倒不是用批帝王将相的老眼光苛求它们,而是它们与 21 世纪人类文明的大趋势和现代化进程未免太不协调了,但就是改变不了,据说因为老百姓欢迎。再比如,一些侦探类、法制类的文学或影视作品,罪恶暴露得淋漓尽致,杀得血淋淋,极富感官刺激,有的已经滑向诲淫诲盗、泄密教唆的边缘。还有,反贪小说的风行总体看是大好事,也出了不少好作品,但也有在反腐名义下对腐朽东西采取戏谑的游戏态度的,或者堆砌大量荤段子,这就把一场极为严肃的斗争化为笑谈,不惟态度不端正,更谈不上什么力度。

仲呈祥:对此我也深有同感。艺坛,顾名思义,理应是人类艺术地即审美地把握世界的圣坛,但时下由于那只"看不见的手"的作用,艺坛出现了一股迎合低级趣味、满足于刺激受众感官的非艺术非审美的媚俗倾向。如荧屏接连出现了 10 余部描写男女两性关系题材的长篇电视剧。其中不乏置社会道德规范于不顾,公开渴望婚外"激情"的;又如,某省电视台的综艺节目中,居然让两男两女去抢睡一张床,结果出现了一对男女抢睡到同一张床上,主持人还故作斥责"你们怎么在光天化日之下干出这种事"的闹剧;再如美术界,竟有自称"行为艺术家"的人当众剖开牛腹,自己钻将进去,然后让人缝合起来,鲜血淋淋,惨不忍睹,还名之为《娘胎》……

冯骥才:如果把目光更扩大一些的话,我们每天一出门看到的城市面貌,尽管较以前得到迅速的发展,但依旧能看到与之不相称的粗劣的新建筑、庸俗的街景、脏乱的匾牌,等等,尤其是一些小区,其审美是由开发商决定的,其结果可想而知。什么罗马花园、美国小镇、威尼斯小区等,触目皆是,一种伪豪华、充满享乐主义的气息扑面而来。还有些旅游景点的解说词中,充斥着封建、迷信、落后的色彩。走在大街上,各种店铺的名称粗俗不堪,什么王二哥、小老大。多姿多彩的民居和古镇正在变成廉价的、不伦不类的所谓小洋楼,连农村也是遍地这种小洋楼。这些都透出文化上的低俗、心理上的媚洋,显示出文化主体性的缺乏。

二、尽管对于"代表先进文化前进方向"的文化主流来说,这股非审美的媚俗文化倾向,还只是支流,但影响大,且有蔓延之势,不可小视

沈卫星:在我们有目共睹文艺繁荣兴旺的同时,这股粗劣、低俗、洋奴的文化气息阵阵袭来,并渐渐弥漫在我们生活的周围,构成了与作为文化而存在的进步健康的意义、与中华民族长期以来形成的特有审美情趣迥然相异的景观。一些文艺工作者也逐渐对社会流俗无奈屈从,甘心泯灭自己的创作理想,肯于降志屈身,随俗俯仰,与世浮沉。尤其在一些电视台的各类综艺性节目中,关于人的精神情感、性格气质、价值取向渐渐迷失。

仲呈祥:这就足以说明,当今确实出现了一股值得我们高度关注的非审美的媚俗文化。尽管它们对于"代表先进文化前进方向"的审美文化主流来说,还只是支流,但影响大,且有蔓延之势,不可小视。今天,我们的主流是对爱国主义、集体主义、社会主义和传统美德的呼唤,但中华民族毕竟有过两千多年的封建文化传统,有过一百多年的半封建半殖民地文化影响,还有过十年"文革"浩劫的遗患,因此,在当今人民群众的文化鉴赏心理中,确实还残留着某些落后的、愚昧的和不健康的东西。这股非审美媚俗文化,主张消极顺应,势必强化群体鉴赏心理中的不良一面,而它又反过来助长了这股非审美文化。

雷达:就拿"美女作家"的风靡来说,这很让人费解,文学是看作品好坏的,与写作者本人的相貌能有多大关系呢,但有些人总是乐此不疲,偏在这上面大做文章,美女作家闪亮登场啊什么的。当然他们兜售的并非仅仅是容貌,主要还是某些炫耀式的性经历,对性事的渲染,或标榜用身体写作之类。我看到一位女评论家就此提出批评,文章题目是"警惕新的文学红灯区",很好。我个人认为,要把必要的道德约束与扼杀人性区别开来,一切皆开禁,一切迎合欲望,屈从欲望,不是人性复归的证明和尊重人性的表现。欲望不等于人性。

沈卫星:中华文明的长河中,涌现出无数的优秀作品,如《诗经》《论语》《老子》《孟子》《庄子》《史记》《全唐诗》《红楼梦》《鲁迅全集》等等,不一而足,它们以其经典的光芒,穿越历史的烟云,至今依然如心灯般烛照在我们的心灵深处,成为全人类共同的精神财富。这些作品之所以有如此高的价值,就是因为它们有着极高的思想品格和审美格调。以这样高的标准来检讨我们当下的文化品质,自然不会使我们的文化文艺界甚至受众愉快,但还要是从鼓励我们的文化文艺工作者从继承和维护我悠悠文明古国当对人类有较大贡献的尊严出发,一步一个脚印地做好文化产品的生产,逐渐提升受众的审美境界,这是一项功在当代、利在千秋的事业。

黄式宪:在时下的电视媒体空间,任何一个对于文化风向变化稍稍具有一定敏悟性的人,都不难切身地感受到,一种以"生产快乐"为标榜,却解构了任何精神、价值思考的"纯粹消费性的快餐文化",正在广为传播。所谓的"戏说风""豪华风""滥情风",乃一度而再度地漫卷我们的荧屏。面对此情此景,正是"几家哟欢喜几家哟愁"。

三、我们不能简单地把这种倾向归咎于大众文化,而应该归因于有人借大众文化来适应和抛售人性中的低级趣味部分并牟利

沈卫星:作为文化商品化必然结果的大众文化,突然覆盖社会各个角落,而由大众文化中产生的这类格调低俗的现象,一定会有其深刻的社会背景和根源的。当前,我们迫切需要对文化格调低俗现象予以足够的重视,不仅从本国本民族的角度,还要从全人类的审美标准来判断,我们所出品的东西是不是真的、善的、美的,如果是的,那就可以而且应该大写而特写;如果不是,那就没有必要如此追腥逐臭地去搞,如果放任自流,其结果难免会成为别人的笑料,也成为自己民族痛苦的记忆。作为理论界和批评界,是时候严肃地看待这个问题了。

雷达:为什么现在格调问题变得比较突出呢? 事实上,不是现在变得突出,而是20世纪90年代以来创作中的格调问题一直比较突出,我认为这是文化转型和价值重建过渡期中的必然现象。随着市场化、商品化、城市化潮流对人们日常生活方式和精神生活方式的深刻影响,随着实惠化、消费化倾向的膨胀,在文艺上的一个突出表现是,大众文化的全面登堂入室和文艺的消遣、娱乐、休闲功能的上升。在审美意识方面,则呈现出世俗化、日常化、平民化等特点。当然,这些并不意味着格调一定有问题,问题的症结乃在于,当我们在向市场靠拢时,当我们在大力肯定人的商业化操作下从事写作时,当我们片面追求"上座率""发行量"和寻找所谓"卖点"时,当我们热衷于追求新奇、刺激、有趣时,往往可能会出现冲淡甚至放弃对人的精神价值、对高尚道德理想、对人性全面发展、对人的终极关怀的追求的倾向。与此同时,在某些作品中,还会出现对纵欲主义、颓废主义、虚无主义、享乐主义的有意无意地放任和玩赏的态度。当然,文艺的思想意义是分层次的,侧重于娱乐性的作品有它应有的位置,格调未必低,这里无意于要大家都绷起面孔说教或玩深沉的意思。

冯骥才：其实，说到文化格调问题，还有其更深层次的历史原因和民族心理原因。清代300年来，是文化品格逐渐降低和粗鄙化的过程，如果说家具是一种文化的话，明代是高峰，到了清代就粗鄙不堪。五四运动以后，我们对民族文化的财富没有精心整理。"文革"中的文化更是成了革命对象，改革开放后，西方文化又凭借电子产品大举进入我国，年轻人一下子感到外面的世界很精彩。这样，没有任何准备的民族文化受到冲击是理所当然的了，今天娱乐文化上的低格调就是盲目追逐模仿西方的结果。另外，旧的不去，新的不来的农民意识，封建皇帝在改朝换代时总要跟前一代彻底决绝，改国号，迁首都，总认为这样自己才是开天辟地。这都导致民族文化难以有深厚的影响力，而只是碎片。

黄式宪：倘若沉静下来思索一番，则不难发现，在这种现象的背后，恰恰深藏着一些耐人寻味的、具有本质性的东西，其一是媒体以急功近利的广告收益为"驱动力"的媚俗倾向，其二则是在媒体丧失自身主体性的前提下，广大受众"感官式的视觉文化消费性"导致"欲望的膨胀"而一发不可收拾。

四、我们提倡文化多样化，但前提是作为文化生产和传播者，不能放弃对受众作为"领航角色"的作用，不然将会对社会，尤其是青少年一代产生不良的影响

沈卫星：广大受众尤其是青少年如果沉浸在这种文化环境中认识社会，认识生活，在其中形成有关美丑、对错、是非、善恶等价值观念和思维判断，以这样的方式确立自己与当代社会秩序和体制的关系，这将会导致什么样的结果，则是可想而知的。因此，我们都要从诸如常识感、责任感、历史感、幽默感、正义感、哲学理性、审美情趣等这些具体的内涵着手，来培养大众的素质，以使我们文艺作品能持久地有益于世道人心，包括文化工作者自己也要对流行、热闹、获奖、排行榜甚至与之相反的批评等抱有冷静、理性和积极的态度。

黄式宪：在一些文艺作品中，连篇累牍地呈现出所谓"都市生活情感，世纪之交的欲望"的私密化景观，而留给观影受众的人文空间，实在是微乎其微。其后果便是：感官与精神的日渐失衡，欲望的膨胀与道德文明的陷落。特别是那些五光十色的"综艺性栏目"里，当看到那些庸俗、低级的"搞笑游戏"时，简直难以令人卒睹，而见主持人带领着在场的观众笑得前仰后合，面对此等景观，真为这些被无端领进此等"娱乐场"，听人摆布、任人愚弄、供人笑乐的男孩、女孩今后人生的健康成长而感到忧虑。我们的孩子们在智慧的开发、情操的冶炼、人格的培育上,又有多少生长的空间呢。

雷达:都市文学的兴盛,使文学的市场化、时尚化比较严重,正如有人形容的"写口红、写手袋、写时装,时尚散文风行;演秘书、演老板、演大腕,白领电视走俏",这格调自然不高了。还比如,出版业的恶性炒作现象,直接影响文艺产品的格调,最近神童作家、娃娃文学、少年写手、低龄化写作、少年写作成人化等口号非常时髦。我认为善于在儿童中发现人才是好事情,不必苛求,更不必大惊小怪,也别动不动就说是"伤仲永"啦之类,但麻烦的是,孩子身后的某些炒作者,看到销路好,就拼命拉小孩的稿子,与媒体联手,制造热点,达到赚钱的目的。在12岁小女孩的长篇小说里出现了"我找的男朋友要富贵如比哥(盖茨),潇洒如马哥(周润发)",这固然不好,但孩子说的也许是实话,责任应由社会的文化环境和大人们来负。

黄式宪:由媒体的"媚俗"与受众在"快乐诱惑"下的"欲望的膨胀",两者相依共生,在以商业性操作的类型化、流行化电视剧创作的层面上,乃渐渐形成一种可名之为"文化想象缺席"的"感官的盛宴"。这类"感官的盛宴",大体不外如下几种市场屡试屡爽的模式:一曰"搞笑剧",这类"戏说搞笑"的作品,一部、两部倒也无关痛痒,怕的是陈陈相因,成了"时尚",成了"风气",那么,所有的历史俱遭解构,这些看"格格剧"长大的孩子,将来还能严肃地面对我们的历史或现实么;二曰"武侠剧",有识者不禁为此忧心忡忡,这类剧中崇尚、礼赞的所谓"江湖义气",所谓效忠"山头"、效忠霸主的盲目的"英雄主义",恰恰散发着某些封建主义的陈腐气息。这对于那些少不更事、童蒙未开的孩子们的文化心理的正常发育,显然是无一益而有百害的;三曰时尚化的"青春偶像剧",它们独独缺少对生活"慧眼独具"的发现,缺少历史感和现实感,缺少真切的生命体验和人生况味,那些如痴如醉的青少年"偶像剧迷"们,何处去寻觅自己的社会身份和脚踏实地的人生之路。

单纯:如果说我们的文艺是社会精神生活的一片大天地,则可套用《中庸》上的一句话"小德川流,大德敦化";就文艺评论的眼光来看,经典作品比流行作品更有价值,也是因为它表现了文艺作品更深刻、更本质的特征。哲学家冯友兰说,凡为一事物,必有该事物成为该事物者,即其所以然之理及其当然之则,这就是理。对于文艺作品来说,这个理就是文艺作品本然的样子。

哲学家所说的文艺作品的本然样子是指在具体的文艺作品都被穷尽之后而从其中抽象出的特点之全,这个集实际作品特点之大全的本然样子本身不是作品,但却是实际的作品或将来要创作的作品的标准,也是评判文艺作品的最高依据。

仲呈祥:这股非审美媚俗文化完全背离了江泽民总书记关于"三个代表"的重要思想,放弃了文艺的神圣使命和社会责任。它不是着意于提高全民族整体精神素质的长远利益和根本利益,而是在"赵公元帅"指挥下迎合低级情趣和不健康的欣赏心理,与先进文化和优秀作品争夺受众,宣扬以追求感官享受为人生内容、以"跟着感觉走"为人生哲学,造就一种浅薄、浮躁、油滑、媚俗的群体性鉴赏习惯,营造一种与改革开放和现代化建设需求相悖的贪图私利、寻欢作乐、玩物丧志的文化氛围。上述种种不健康的文艺作品,作用于执政党中的意志薄弱者,很可能导引他们走向赖昌星们的"红楼",走向腐败堕落;作用于广大受众,将败坏国民的审美修养和精神素质。

五、时代对文化的需求空前提高了,各种需求也从未变得如此多样化。但我们不能仅仅满足于放任式的"并存",或把"并存"当终极目的

沈卫星:中国文化人的优秀传统非常宝贵,他们为社会进步奔走呼号的情景至为动人。文化若不能作用于世道人心,将最终剩下的只能是一种无聊的涂抹和感官的消遣。今天,有些文化人却正在毫不可惜地放弃自己的优秀民族文化,同时也轻率地对待正在被创造着的文化。这使我想起了150多年前俄罗斯的文学观念,这个时期也正是伟大的文学批评家别林斯基文学观念的成熟期,在他看来,一个优秀的作家,就是一个摆脱了低级的生活形态的人,就是一个鼓舞并引导人们高尚地生活的人,他认为文学不是一种属于个人的孤立的偶然现象,而是与一个民族和全人类的整体的精神生活密切相关的伟大的文化现象。尤为深刻的是,别林斯基特别强调个人生活和文学的"普遍性":"谁具有更多的普遍性,谁就更富有生命;没有普遍事物的人,就是行尸走肉,虽生犹死。"这里所谓的"普遍性",在他的词义里,就是一种高尚的、有教养的生活态度和生活方式,是开放的、包容的、利他主义的,而不是封闭的、狭隘的、利己主义的。这种堪称经典式的文学理解,应该被我们重新找出来,作为对当前文化格调进行纠偏和校正的一面极好的镜子。

冯骥才:一个民族对待自己的文化如此轻率是很可怕的。中华民族有非常优秀的文化宝藏,却没有去挖掘利用,如汉唐文化宝库就没有很好地去打开。我们现在用的大多是西方文明。我认为,这是人类用了偏狭的大脑的结果。东方知识分子有责任解释好东方文明。江总书记在"三个代表"中,提出中国共产党要始终代表先进文化的前进方向,是非常有眼光的。我认为,融入世界的不仅是经济,而是文化问题,它才是最本质的。民族文化是和民族精神联在一起。加入 WTO 以后,外来文化将更加冲击和融入我们的文化,我们的经济已经进入人家的游戏规则,我们的文化不能再进入人家的游戏规则,文化是自己民族的王牌,不能玩人家的扑克牌。要知道,文化一旦断裂后,要重新树立起文化情感是很困难的。

雷达:文艺创作和文艺产品的生产,从来都有个格调问题,但我认为,在今天,我们如果不正视它,不认真抓一抓,就会影响文学艺术的健全发展,影响到能否真正给人民提供丰美的精神食粮的程度了。过去从"左"的眼光出发,动不动指责别人格调低下、消极颓废,当然让人反感,那只能阻抑文艺的真正繁荣。但是也不能走向另一种极端,连对艺术作品思想性和艺术性的高低、美丑、精粗、文野都吓得不敢讲了,连分一分精品与庸品的勇气都没有了,以为一讲格调高低问题就是打棍子,那样下去也很可怕。在艺术问题上,我赞成多样共生,海纳百川,只有多种流派、风格、样式、方法的相互激荡和互补,才是艺术发展的坦途。但不能仅仅满足于放任式的"并存",或把"并存"当终极目的,艺术毕竟有它的客观标准,我看格调问题就是重要的衡量标准之一。艺术没有鉴别、比较、必要的批评甚至批判(科学意义上的),还怎么向前发展?事实上,由于对格调问题谈得不深入,对格调低下、粗制滥造的作品缺乏打中要害的研究剖析,时间长了,无论读者还是批评家,都会像舌苔太厚丧失味觉一样,分不清什么是精华什么是糟粕了。鱼龙混杂,精华与糟粕一锅煮,无所谓好,也无所谓不好,大家在一片叫好声中和光共尘,这是很可悲的,给时代留不下多少真东西。

单纯:柏拉图在《会饮篇》中说:"世间有些人在心灵方面比在身体方面还更富于生殖力,长于孕育心灵所特宜孕育的东西。这是什么呢?它就是思想智慧以及其他心灵的美质。一切诗人以及各行技艺中的发明人都属于这类生殖者。但是最高最美的思想智慧是用于齐家治国的,它的品质通常叫做中和与正义。"在目前这个社会的转型期,每个行业的人都面临素质提高的问题。文艺工作者同样面临提高个人素质的问题。要求他们有垂范人伦的责任,特别是"星级"文艺工作者,他们对大批青少年"追星族"的成长起着潜移默化的示范作用,要求他们为社会去探讨价值标准,有责任去思考社会公义并以身载道。

雷达:如何正确认识和处理市场法则与审美规律的关系,仍是解决格调问题的一条重要途径。不能无视市场法则,也不能无视文艺作品主动塑造读者的能量。"生产不仅为主体生产对象,而且也为对象生产主体"。它们的关系是互相制约,互为促进的。没有需要,就没有生产,这话是真理。但任何时候都不能忘记文学艺术提高全民族道德情操和重铸民族灵魂的责任。现在不少趣味低级的东西,大都是假借"满足最广大读者的阅读趣味"名义出来的,因此应对"读者趣味"求实地进行分析。

六、文艺工作者理应从改革开放的伟大实践中激发诗情画意,从世界范围的眼光捕捉创作灵感,从而创作出优秀作品,导引受众超越世俗的感官享受,升腾到人类精神和理性应有的审美殿堂,提升人民大众的整体素质

沈卫星:作为文化人,不能回避自己承担的那份感时忧世的责任,目前文化品格低下的感觉,犹如一条鞭子正在抽打着文化人自己,使他们站立在新世纪的曙光下难于以欣喜之情激发起文化人的庄严感。今天,文化和文艺界要自觉地高擎起作为时代的精神引路人的旗帜,自觉生发出文化精英意识,以极大的责任感提高自身的创作水准,也以极大的热情帮助民众提高文化鉴赏力。在这些方面,要勇于对自己的时代和社会作出关注和承诺。

冯骥才:保持对文化的尊严就是一种爱国主义的体现。因为一个民族的文化中蕴含有最深的民族情感。有了对自己的民族文化的自尊怎能不爱国。世界上许多国家对自己的文化是那样的挚爱。作家写东西不行,就是缺乏精神。文化松懈后,国家感也就淡漠了,就没有事业心、责任心,就容易走向极端个人主义、自私和没有公众精神。对于责任感的藐视,好像被人强加的。责任感是人的良知,文化人的存在价值就是长远眼光,体现民族的良知。今天,知识分子应当站出来,进行一次文化的精致化行动。

雷达:其实,格调的高低与写什么没有必然的直接联系,不能说写世俗的、小市民的、新言情新武侠的,格调就一定不高。格调的高低与体裁样式也没有直接联系,不能说通俗文艺、大众文化,格调就一定不高,纯文学就一定高。事实上在有的纯文学作家笔下,不是也有格调很低的东西出来么。问题的关键仍在于"怎么写",怎样处理题材,作家艺术家把怎样的价值观、审美观、哲学观寄寓和渗透在其形象世界中。那么究竟什么与格调问题关系最密切呢? 我认为,作品的格调与作家的人格精神的高度直接有关,甚至可以说,作家的道德情操、审美趣味有多高,他作品中的格调就有多高。当然,人格与风格、人品与文品分离的现象也不少,大体而言,人格决定文格这话是没错的。

单纯:经济学中有个"劣币驱逐良币"的"格鲁什姆定理",就是说人们不能等待市场被彻底破坏了、无法进行正常的商品交换了才来整顿市场、打击劣币,那样社会的成本就太高了,没有一个正常的社会能承受这样高昂的代价。文化市场也一样,受众也不能等待低劣的文艺作品已经败坏了整个市场才起来纠正它,而应未雨绸缪,接受各个方面的批评。我们不能以为只要有市场就可以不接受批评,因为回避批评的市场很可能是个假的、短期的市场,低劣的作品也可能在某个时期有某些受众,但是我们还应记住林肯说过的那句至理名言:"你可以在某些时候欺骗某些人,你可以永远欺骗某些人,你可以在某些时候欺骗所有的人,但你不能永远欺骗所有的人。"我们的文艺工作者、明星以及他们的作品都要面临持久的受众市场,那就非要具备止于至善的精神不可。"取法乎上,仅得其中;法乎其中,风斯下矣。"要求作品的格调高雅并不是说每件具体的作品都得达到这个标准才行,而是说我们要确立一种文艺创作的价值取向。如其不然,反以作品或人品的格调低劣为荣,投好某些暂时的受众市场,这样的文艺作品绝对长不了。

黄式宪:电视剧作为一门诉诸形象、诉诸心灵的现代大众艺术,其商品属性显然不应被无限膨胀,还是要兼顾到它作为精神文化产品的一面,应坚持"寓教于乐",使之在感官与精神之间取得某种平衡,不应忽略了媒体所担负的社会主义精神文明建设的使命和责任。我认为,克服媚俗弊端,首先应当强调媒体的"自省""自律""自重"。所谓"自省",就是要敢于面对自己的失误;所谓"自律",就是要在"当下、终极"之间突出人文的终极关怀,而不是一味地去炮制所谓的"感官盛宴";而所谓"自重",就是要注重媒体自身的文化品格和形象。

仲呈祥:伴随社会的进步,人民群众的文化需求日益多样化,这是历史的必然。只要是健康无害的,都应给予一席位置。但我们首要的还是大力倡导能提升和激励全民族的审美文化,惟此,才有资格进入先进文化前进方向的行列,才能完成文艺工作者的神圣使命。文艺工作者是人类灵魂的工程师,理应自觉地从人民群众和时代前进的脚步声中获取力量,从改革开放的伟大实践中激发诗情画意,从世界范围的眼光捕捉创作灵感,从而创作出优秀作品,导引受众超越世俗的感官享受,升腾到人类精神和理性应有的审美殿堂,提升人民大众的整体素质。

(2002 年 1 月 9 日)

"打榜"如何重归健康之路

——"音乐排行榜"频遭揭幕、备受质疑的分析

　　一张大众文化的"晴雨表"——"音乐排行榜",目前已发展到沸反盈天的地步。这个由歌手、唱片公司、经纪公司和媒体组成"四位一体"的庞大产业链,在走过短暂的 10 多年后,由于利益的急剧扩张,经济成分在相当程度上参与其中,导致很多榜单存在种种不规范的操作,并正在扭曲和改写这一文化形式的健康走向,成为与暧昧、黑幕、操纵扭结在一起的文化怪胎。就此而言,近来它频频遭遇揭幕、备受质疑是必然的。而从积极的方面看,这也是一次让音乐排行榜重归健康之路的纠偏契机。

一、推荐榜、宣传榜,榜上有名

　　这里所说的排行榜,特指在流行音乐这一范畴。具有鲜明的时代特色及通俗性、易唱性的流行音乐,因其同大众有着先天亲和力而受到广大听众的喜爱。从第一个本土流行音乐排行榜诞生之日起,就宣告了它的身份是建筑在大众传媒文化上的。作为流行音乐最得力的传播工具,各家电台、电视台等传播媒体滚雪球般推出了名目繁多、大小不一的"音乐排行榜"。据不完全统计,这类排行榜在全国各地已达 2000 个左右。

　　近年来,包括电台、电视台、报刊在内的各种媒体依托自己的传播网络,推出了一系列大同小异的音乐排行榜。这些榜单的诞生,对国内乐坛产生了强大的刺激和推动作用。如拿上海声像出版社来说,在收听依然是受众接触音乐的主要方式的今天,它所推出的唱片,要经常去参加各式各样的打榜活

动,这样的打榜其实也是一个传播渠道,如果没有这个渠道,制作的唱片就宣传不出去。而通过打榜,不仅做了推广,更重要的是还可以检验唱片的市场前景,这对今后的批量生产具有指导意义。

流行音乐市场的急剧扩张,使得音乐排行榜应运而生。综合地来看,我们可以列数排行榜的以下好处:

1.对歌手来说,排行榜可以打单曲,并有听众的点评,这对将来出专辑,是市场前景极好的试金石;另外它还可以在推出和引导新歌和新人,以及促使歌手之间展开竞争方面,是重要的推手;

2.对制作者来说,排行榜有效地刺激了公司的创作和制作的欲望,因而对繁荣歌坛起到了推进作用;

3.对媒体来说,它是一种别具特色的节目类型,能够有效丰富了播出种类,因而备受媒体青睐;很多创作者、制作者和歌手通过排行榜这一风向标,自觉地朝着公众喜爱的方向去创作演唱;

4.对听众来说,公众可以通过排行榜的了解,更深入地去欣赏流行音乐。另外也可以对音乐自由地表达自己的喜好和意愿,因为排行榜的互动性强,能使听众方便地点歌、投票,这比听一场晚会和听 CD 更能亲近自己。尤其它能让听众先听为快,这在将来购买音乐制品时选择余地会更大;

5.对歌坛来说,歌坛涌现的新歌新人,要靠“排行榜”这一传播渠道推向社会,各类排行榜通过对新人、新专辑的宣传,有效刺激和推动了流行乐坛的发展,产生了积极的社会影响。

由此可见,音乐排行榜在新歌新人与创作市场之间起着相当大的作用,如果处理得好,形成良性关系,则能相互促进,共同提高。

当然,维护好音乐排行榜对流行乐坛的积极面,就需要排榜的实际操作者抱定宗旨,坚持自己的立场。目前一些健康的排行榜如“中国歌曲排行榜”等,之所以得到广大歌迷及唱片公司认可,主要是有一套严格的评选办法。这个排行榜每次发榜都要依据专业的评选小组、声讯台点播、听众网上投票以及群众来信等四项内容,进行综合而公正的测评,最后才能出榜。

二、人情榜、金钱榜,榜中有“黑”

然而,在音乐排行榜蓬勃发展的同时,它们的信誉正在受到严重挑战。

主要原因在于,排行榜中过多地掺进了非艺术的因素以后,便很快失去了原本的意义,副作用越来越大,误导了流行音乐的健康发展。

从实际情况看,各地过多过滥的音乐排行榜,有许多是违规操作,主要是由于没有规则可循,又没有什么行业自律,各主办单位就可以任意所为,随意性大,自己说了算,根本不考虑听众的意见;一些排行榜已变相成为"功利榜",严重扰乱了流行乐坛的市场秩序;另外,那些急功近利的"人情榜""功利榜",以其不负责任的短视行为,破坏了排行榜的声誉,严重扰乱了流行乐坛正常的市场秩序。

据笔者调查,目前,很多排行榜的投票都是通过在报纸上填选票或在互联网站点击的方式产生。一位曾参加过此类投票的歌迷对我说:"在网上为自己喜欢的歌手投出几十张选票是轻而易举的事。"还有的单位只发几百张问卷,即使收回的很少,也敢堂而皇之地据此公布一个音乐排行榜。更有甚者连问卷调查也不搞,几个人凑在一起"策划"一下,一份横跨全国的排行榜就出来了。暗箱操作也成了圈里圈外皆知的"行风",人不来奖不给也成了排行榜的"行规"。这样评出来的排行榜又怎么能有权威性呢?

最近,一位不愿透露姓名的圈内人士向我道出了一桩未果的利用排行榜交易的内幕。他说,有人拉来一笔相当可观的音乐评奖赞助费后,提出以他的机构的名义进行评奖打榜,并将这笔钱切成三份,一份由主办方几个人分掉,一份返还赞助方,最后一份用于评奖。评奖时只利用某类报系向全国打选票广告,让读者投票,不管回票多少,也不管投的是谁,最后象征性地用麻袋装上几袋,至于投票结果,完全可以由主办方几个人"捏估"一下就行了。

华南地区某大音像公司的一位资深音乐制作人跟我说,有些电台自己给自己的打榜歌手作歌曲点播已经是公开的秘密。她说自己亲眼所见一家电台做排行榜时,发动自己人,用四部公款电话交替着点播,有时中午吃完饭就关起门来接着打。

可以想见,在如此操纵下的排行榜,与听众的真正感觉相距有多远,难怪在一些歌手的心目中失去了吸引力。一位音乐人说她教了很多学生,其中有位学生说也要花钱去打榜,让她指点迷津,她对学生说,坚决不去。许多歌迷也对此种行为表现得很气愤、很无奈。他们反映,几乎所有的电台都有自己的音乐排行榜,都标榜本台的排行榜既权威又受欢迎,常常把我们弄糊涂了,明明觉得上榜的歌曲不好,都是耐着性子在听,但它排的位次却很靠前,有的连续几周都在前几位。可见排行榜上的位次与歌手实际水平有着很大出入。另一方面,有的在榜上排得很靠前的歌手歌曲,即使听众可能没投过票,也可能从来没有进入市场销售过,但那些歌手照样拿着榜单到处炫耀。

许多音乐人困惑,为什么音乐排行榜是一个完全可以不用遵循游戏规则的市场,当排行榜给歌手歌曲做裁判时,如果没有谁来给"排行榜"公证,那么公平竞争就是一句空话。事实上,作为流行音乐市场的指标,排行榜的失控,反映了整个流行音乐市场的紊乱。就拿盗版来说,它严重地损害了正版利润,使制作公司生计艰难,唱片公司规模越来越小,歌手出专辑的成本越来越高;而求助于"一曲制胜"的排行榜,更加造成排行榜泛滥成灾。所以,那些不公正的排行榜只能起到反面作用,使我国唱片业的质量和销量急剧下降,并容易形成一种恶性循环。

音乐排行榜作为流行歌曲发展的传播渠道,本身无可厚非,但造成目前这样的局面,主要还是由于一些主办单位片面追求商业利益,不负责地做着各种炒作,致使目前数千家音乐排行榜中,许多都在违规操作,良莠不齐的现象越来越严重。如不少媒体只要收到一笔广告费,或者拍拍脑袋,就推出一个排行榜,举办一次颁奖晚会。这种情况下,排行榜必然会蜕变为"人情榜""金钱榜"。如果不按照这种游戏规则行事,再好的歌手和歌曲也会遭受不公正待遇,也会被淹没,一些想打造品牌、洁身自好的排行榜也难免跟着遭殃。可以想象,在如此排行榜下,怎么能够诞生真正的歌手和优秀的歌曲呢。

而造成音乐排行榜种种问题的深层成因,主要因为流行音乐在所有的文艺样式中,是与市场贴得最近也是市场化程度最高的一种,在这里,传统的文化与经济的界限已被最大限度地打破,人们很难分辨哪些是文化行为,哪些是经济行为,音乐排行榜就是一个典型的事例,再加上如果它还没有建立起规则,没有制约,没有主管,没有导向的义务,就很容易滑向滋生黑幕交易的土壤。

三、健康榜、权威榜,榜有榜规

流行音乐同其他任何事物一样,有其自身的发展规律。音乐排行榜对流行音乐的促进作用不应由于自身的问题而全盘否定。流行音乐已经形成比较稳定的收听群,要让排行榜成为健康榜、权威榜,关键在于,榜上的排名位次必须真实地反映歌手、歌曲的水平,能够给听众以真正的艺术享受和标领作用。音乐界人士也呼唤,中国流行音乐应该能有像国际上的"格莱美"那样权威的排行榜。只有打造公正、权威的排行榜,中国流行音乐发展才能更加健康。

音乐排行榜状况混乱的主要原因在于缺少行业规范,国家有关方面的政策法规也尽不完善。目前我国惟一被有关部门正式批准的歌坛评选活动,只有中央人民广播电台的"全国听众喜爱的歌手评选"活动,这项评选在各个方面都是相当规范。而其他的音乐排行榜及颁奖晚会在审批监督和操作层面都不同程度存在着漏洞,如没有主管部门、没有审批手续、没有资格审查,这样必然导致失控甚至腐败。有关部门应尽快出台相关的政策法规,规范整顿音乐排行榜,以保证流行音乐的健康发展。

此外,音乐排行榜的权威性很重要。音乐作为一门专业性极强的艺术,如果忽视了专家的存在,缺少来自专业眼光的审视和评判,排行榜就谈不上权威。因此,评价音乐的优劣必须在民意测验基础上请出有高水平的专业人士参与,应该尊重音乐人发表的意见和看法。如果能吸收资深音乐人参与排行榜的评选,可以从艺术的高度来评判流行音乐的价值,也必将促成一种互相借鉴、互相融洽的创作氛围。

针对目前国内排行榜鱼龙混杂的现状,一方面有关部门对此应进行必要的规范和整顿,对于那些小而散的排行榜,应当予以清理;另一方面,鼓励和引导从业人员坚持行业自律,采取公正、客观的评选办法,认真做好自己的排行榜,唱片公司则应踏踏实实制作出好的唱片,避免一味去追求"人情榜""金钱榜",这样做对公司的长远发展很有利。

音乐排行榜本应真实反映一个国家或一个地区流行音乐的状况,但目前许多音乐排行榜无法反映市场的变化、歌迷的心声。对此,有识之士也呼吁,在建立权威的音乐排行榜中,行业协会该出手了。可喜的是,中国音像协会正在致力于这方面的尝试,如前不久协会主办的"中国唱片金碟奖"就在力求成为这样的专业排行榜。它比照具有公认的权威性的美国"格莱美"评选办法,着眼于艺术水平,有一套由专业人士组成的机构和严格科学的评选办法及程序。如果仔细辨析,金碟奖是我国首个唱片专业奖,它既不同于时下流行的媒体打榜,也不同于政府评奖,而是由行业协会独立组织进行的评奖,这种独立性至少在理论上和实际操作中可以使评奖的专业性、公正性、权威性得到一定的保证。

　　随着流行音乐市场的逐步成熟,人们对排行榜的认识也将更趋深入。吸取以往的经验教训,遵循艺术市场规律,克服急功近利,打造权威专业的音乐排行榜,已成为广大歌迷和音乐人的广泛共识。我们相信,反映流行乐坛真实水平的中国"格莱美",将在不远的将来必然会出现。

　　　　　　　　　　　　　　　　　　　　　　　(2002 年 6 月 30 日)

让"戏说没有价值观"的价值观买单

——评当前文艺创作中的玩"戏"法

听友人讲,南方某城市有一次演出,舞台上表演的是大家熟悉的红岩故事,但江姐与许云峰却不是视死如归的革命战友,而是一对卿卿我我的情人。不料,近日看报,说的是一次演唱会上,一位青年歌手在一群孩子的簇拥下,演唱一首著名的儿童歌曲《听妈妈讲那过去的事情》,过去那种优美、深情、充满哀婉的曲调,却被歌手用癫狂的"迪斯科"节奏翻唱,并且歌手与孩子们又蹦又跳,又笑又乐,俨然唱成一曲"欢乐颂"……

这不由得使我联想起前一段时间某些电视剧对历史随意改写的"戏说"来。如今,这股"戏"风又刮到了舞台上,表现为对严肃的、为广大观众所熟悉的传统经典剧目作随意改写和编排,成了令人难堪的"戏演";在歌坛上,表现为对广为传唱的优秀歌曲进行肆意的改词改调,使那些严肃优美的名歌成了滑稽的"戏唱"。

更有甚者,在有些文学作品中,常常出现不是拿历史当儿戏,就是拿名著当儿戏的创作,连名人的生活也要被"戏弄"一番。如此这般,真不知道创作还是不是一种崇高、理想、严肃、优美的精神创造活动。但有一点可以肯定,玩这种"戏"法的结果,大大降低了艺术应有的思想高度和文化格调,是一种嘲弄原作的戏仿,是艺术观念的变异,是创作手法的猎奇。这种畸形的文艺现象,值得我们深长思之。

大千世界,无奇不有。生活中可以戏说、戏演、戏唱的人和事很多。但我这里所谈的"戏说""戏演""戏唱"有其特定含义:随意歪曲和篡改历史,逃避和消解崇高,嘲弄和亵渎经典。它们是在不该戏说的地方"戏说",不该戏演的地方"戏演",不该戏唱的地方"戏唱"。如此"戏法"一路玩下去,将造成广大观众价值判断、审美观念的混乱,导致观众特别是青少年观众精神品位和文化格调的降低。就拿青少年来说,数以亿计的青少年是艺术作品尤其是电视剧和歌曲的欣赏主体,他们在其中形成一系列的思想观念,如有关美丑的审美观念、有关善恶的道德观念,以及有关真假的价值判断。如果他们在课堂和书本上学的是李白和莎士比亚,放学后却沉浸在胡编乱造、滑稽搞笑、低俗粗鄙、真假莫辨的电视节目或其他作品中,那真是莫大的讽刺。这样的"戏说""戏演""戏唱",既违背了文艺创作的基本规律,也逾越了文艺工作者职业道德的底线,必须予以纠正。

也许有人会说,"戏说""戏演""戏唱"是为了适应市场、娱乐观众,不需要什么价值观,这是一种认识误区。文艺作品除了娱乐功能外,更重要的还有认识功能、教育功能、审美功能;文艺创作在适应观众、适应市场的同时,更有培育和引导市场和观众的任务;文艺作品不只是商品,它更是一种特殊的精神产品。屈从于所谓"快乐原则",牺牲文艺的应有功能,既是对文艺创作的不尊重,也是对观众欣赏能力的不尊重。这几年,对"戏说"风不满的观众越来越多,事实已充分证明,靠"戏说""戏演""戏唱",是不可能产生优秀作品的,靠刮"戏"风、玩"戏"法,也不可能真正地长久地赢得观众、赢得市场。

也许有的艺术家说,我们搞的不是戏说、戏演、戏唱,即便是,也是为了艺术的探索、创新。的确,有的导演曾说过,我拍的影片压根儿就不是历史片,而是古装片,不是历史片了还能说我不顾历史吗;有的编创者更是毫不掩饰地说,不来点新奇的、刺激的,怎么让观众掏钱买票……这里暂且不说在这种认识指导下能搞出什么样的作品,单就其对艺术的宗旨、对观众的估价,就存在相当大的偏差,同样也是一种认识误区。我们说,艺术创新不是猎奇,不是无根游谈,更不是胡编乱造、滑稽搞笑、哗众取宠。只有在尊重历史、敬畏崇高、珍视经典的基础上进行的艺术创新,才能对繁荣和发展文艺有贡献,才能为人民群众所喜闻乐见,才是我们提倡的探索和创新。真正的创新永远是严肃认真的,"戏说""戏演""戏唱"就是拿历史当儿戏,拿崇高当儿戏,拿经典当儿戏,谁能从中见到一点创新的影子?

应当说,健康、昂扬、向上是今天文坛艺苑的基调,是主流。广大文艺工作者与时代同步,与人民同行,肩担责任,心怀使命,努力为人民奉献精品力作,他们是整个社会高尚灵魂的塑造者。但是,主旋律下也有不谐和的杂音。前面说到的戏说、戏演、戏唱,就是这种杂音在文艺创作中的反映。虽然它们还不普遍,尤其戏演、戏唱还只是个别的存在,但它毕竟在蔓延,必然会给观众带来消极影响。

今天的艺术生产和艺术市场,包括观众的欣赏口味,都较以前发生了很大的变化,以商品的形式走向市场,成为许多艺术产品生存的必要手段。但是,不应忘记的是,艺术是一种特殊的精神生产,它以审美的方式把握世界。因此,以牺牲艺术的审美特性来对商品特性作无条件的认同是错误的。而对观众而言,用这种"戏"法来迎合市场,其实低估了观众的鉴赏能力,也是对观众的不尊重,更是对市场的误判,而最为严重的是有意扭曲了正确的价值观、人生观和审美观。因此,如此"戏"法,应为其信奉的"没有价值观"的价值观买单。

不能否认,标新立异的艺术有可能因其新鲜的外衣而博人一粲,而实践证明只有那些经过历史检验的优秀作品才会永葆其旺盛的生命力,也才能在实现自身审美价值的同时实现其相应的经济价值。因此,艺术想要赢得观众,靠的绝不是刮"戏"风、玩"戏"法,而应是一种对高品位精神的坚守。当然,我们绝不否定一切在艺术观念和表现形式上的创新,对于有价值的创新需要大加鼓励。但违背艺术规律,脱离广大群众审美情趣和欣赏习惯的创新,应当摒弃。

江泽民总书记在第七次文代会、第六次作代会上指出:"文艺是民族精神的火炬,是人民奋进的号角。在培育和弘扬民族精神方面,文艺可以发挥独特的重要作用。"我想,一个有作为、有责任感的文艺工作者,无论创作的是大气磅礴的宏篇,还是精巧隽永的短制,都会因其健康的创作思想和喜闻乐见的表现形式,对社会、对人民起到积极的鼓舞作用。

愿艺坛"戏"风不再长,愿艺术家以更多的优秀作品回报社会。

(2002 年 7 月 25 日)

时代的袒露和折射

——评"道德之歌"征诗活动的社会影响

今天,这本《道德之歌》诗集就要付梓并将问世了,我的眼前竟然一下子又浮现出大半年前那次"道德之歌"诗歌征文活动的一幕幕情景。

2001 年 9 月,党中央向全国印发了《公民道德建设实施纲要》(以下简称《纲要》)。《纲要》提出的"爱国守法、明礼诚信、团结友善、勤俭自强、敬业奉献"20 字公民基本道德规范,犹如 20 个音符,在时代前进的盛大交响乐章中,奏响了独具美感的旋律,另有一种鼓舞人、激发人的力量。

由于高度的概括、凝练和涵盖,这 20 字的公民基本道德规范,尚属宏言大义。如何让它们以春雨润物、和风拂面般去亲近人、感染人,引领人们提升精神境界,最后化为自觉的道德实践,这是一个富有创造性的课题。应该说,这个公民基本道德规范尤其需要更加多样化和形象化的宣传与阐释。

这个时候,光明日报社与中共宁波市委宣传部以特有的敏锐和热情走到一起,在提出用诗歌这种独特的形式宣传 20 字公民基本道德规范上一拍即合。于是,一个以宣传道德规范为主题,以《光明日报》为载体,以诗词歌赋为形式,以"道德之歌"为名目,以国内及海外为范围,以专业诗人和广大诗歌爱好者为征集对象的诗歌征文活动,立即颇具声势地开展起来。

"道德之歌",当读到这样的词句时,耳畔总会响起"让世界充满爱"的主旋律,胸中总会涌起"美好人间"的情感。事实的确如此,"道德之歌"征文活动的消息在全国各地和各大媒体刊出后,一下子受到了许多读者的关注,吸引了那么多应者的积极参与。一时间,作为具体承办部门,光明日报文艺部每天都通过信件、传真、邮箱接收到大量的诗稿,对我们来说,这种景象真是又是惊奇又是兴奋。

我欣喜地看到,应征者用诗的语言、诗的情怀,呼唤道德、赞美道德。参赛作品大多热情赞颂了新时期在社会公德、职业道德、家庭美德方面呈现出的高尚情操和美好心灵,也鞭挞抨击了各种背离社会主义道德的丑恶现象。作品形式多样,既有形式自由的新诗,也有格律规整的词赋;既有抒情诗,也有哲理诗⋯⋯

有人说现在的诗坛已经成了无人光顾的冷摊,然而,"道德之歌"的征集活动,却拉近了人们与诗歌的距离。让我们来看看"道德之歌"旗下聚集起这支庞大的作者队伍。他们中间不乏著名的专业诗人,更有各行各业的诗歌爱好者。他们来自广泛的地域、行业,有军人、税务人员、教师、警察、下岗工人、残疾人、修鞋人、法医等,甚至还有悔过的罪犯。作者中有各个年龄段,跨度很大,既有96岁的老者,也有十来岁的儿童。此外,大赛还在海外华人中产生了积极的影响,收到了多篇来自异国他乡的应征诗作。此次大赛,从2002年4月份正式开始,到2002年11月止,共征得诗词歌赋近2万首。由此看出,中国依旧是诗的国度,人民的诗心依旧在激烈跳跃。

有人说现在的诗歌远离圣洁,成了制造虚幻、满足肉欲的工具,然而,"道德之歌"充分显示了诗歌应有的真善美的本色。征文活动让人们内心世界的道德感被极大地激发了。在这批作品的字里行间,到处洋溢着理想、正义、友善、亲情、宽容、赞美、无私、爱心、诚实的诗意。由此说明,"道德之歌"征文活动符合社会和人民的意愿,成为民心抒发情愫的渠道。这种种,也都印证了中央推出这部《纲要》是顺乎民意、得乎民心的。

诗是诗人心灵的袒露和折射。活跃在中国诗坛的著名诗人,没有忘却自己在国民精神中的地位和职责,没有中断自己对人类问题的追问和思索,因而他们也理所当然地成了本次诗歌征集活动的主力军。他们早早地投来了用诗的语言、诗的情怀呼唤道德、赞美道德的优美诗篇。他们一致认为,诗歌作为一种文艺样式,应该在社会主义道德建设方面发挥积极的作用。中国作协书记处书记、《诗刊》主编、著名诗人高洪波在得知大赛的消息后,专门创作了一首新诗。他说:"在第七次文代会、第六次作代会上,江泽民同志对中国的文艺家提出了三点要求,第一条就是要提高思想道德的修养。《光明日报》举办这样的活动,用文学的形式来阐释道德对民族发展的重要作用,这样的尝试和探索是十分有意义的。"《人民文学》杂志常务副总编、著名诗人韩作荣写来诗作时还附言指出:"现在的诗坛有些过于注重纯粹的诗歌,这样的诗歌可以给人以愉悦,但也不能忽略那些有责任感、表达道德观念的作品。"

一个远离诗歌的民族,算不得是文明的民族。"道德之歌"引动了诗人们的诗心。热情参赛的作者们除了投来诗作外,还附上了热情洋溢的信函,对这次大赛给予热情的肯定。河南淅川的姬清涛作者来信说,"据我了解,《光明日报》'道德之歌'征文栏目中所刊发的诗歌有许多被中小学校抄到黑板上,有的甚至被老师拿到课堂上朗诵。"山东一位退休中学教师,是当地民间诗社的组织者,他以大赛选登的作品为范文,到中小学校为学生讲解,不仅为学生上了生动的道德教育课,还热情指导学生大胆创作,鼓励他们加入到本次大赛中来。湖南新化老年大学则多次在学员当中组织征诗活动,并择优向大赛投稿。云南电视台给征文编辑组发来公函,说他们有一个节目叫《中华道德启示录》想要采用"道德之歌"征文中的作品谱成歌曲。

尤其令人感动的是,内蒙古通辽市一位叫屈洪波的残疾读者,在双目失明、生活不能自理的情况下,坚持以口述的方式请他人代笔向大赛投来了诗稿。当他从编辑的回信中得知自己歌颂人间真情的诗作《妻子对我说》在本报发表后,难以抑制激动的心情,再次来信说,这是对我极大的鼓舞和鞭策,我一定会好好地活着,用"爱"和"珍惜"为自己有限的年华作注脚。

促使我们把征集中得来的优秀诗歌作品结集出版的一个重要原因,就是基于广大作者和读者的一个愿望,即充分利用好这次征诗活动的资源,让一大批歌唱道德的诗作在今后的公民道德建设中进一步发挥它们独特的宣传教育娱人的作用,使它们的影响在社会上更加广泛而持久。同时,我们也想把诗词的创作进一步扩展到时代的、民间的语言中去,让诗词在走向大众化的路途上,唱出具有中国特色社会主义精神文明的强音。

今天,重新编辑这批诗作,我再一次受到了感动,纵览全篇,它们的道德境界高远,爱心友情真切,题材选面广泛,风格变化多样,诗的语言质朴丰茂并富有生活质感。

当然,不容回避的是,相对于专业诗歌创作,其中有些作品还存在着诗味直露、用词取境稚拙、艺术技巧尚显不足等缺憾。但是,比起当今诗坛某些不正常的现象,例如那种于其理不知所云,论其绪不知所出,甚至"下半身写作"

来,它们倒是从诗歌语言的不真实和堕落中解放了出来,别有一番活色生香、健康自然,不事雕琢,尽兴歌唱的动人风采。

在征集过程中,文艺部"文芸"副刊编辑室的同志不断地认真筛选,从中择优发表于"文荟"副刊上,据统计,一共发表优秀作品160首。这次编选诗集,其中所选作品除了这160首外,还从未获发表的来稿中再次选优85首。因此,加起来共有245首。另外,诗集编选中,我们对某些作品做过一些修改润色,力求在思想内容上更符合《纲要》的精神,在艺术形式上更臻完美。

2002 年 12 月 12 日

中国文化:问题与前景

——对当前文化现象的评析

我作为新闻宣传第一线的工作者,以我的感受,新闻虽然也是一个门类,但它的综合性很强、接触面很广,就文化而言,从理论到实践,从生产到管理,从内容到形式,从现象到实际,从人到物,从点到面,从虚到实,从圈子内到圈子外,等等,都时时要涉及。所以,在这里我虚实结合,多联系文化新闻宣传的实际,围绕当前文化文艺事业的发展变化,揭示一些深层次原因,探讨中国文化的问题和前景。

需要说明的是,我所谈的文化,是有范畴、有边界的,不是指凡是经人类作用过的地方就是文化,不是那种大文化,而是指具体文化部门和文化领域包括文艺创作生产的特定文化,当然也要涉及作为精神与价值系统存在的包括思想、道德、情感、风俗、信仰和生活方式的文化。

《吕氏春秋》说:"审堂下之阴,而知日月之行、阴阳之变。"也就是说,要从小处来看大处,毕竟具体的事物往往能够反映整体的规律。我们不妨从身边的文化现象,来观察中国观念和思想的变迁、政治和社会的演进,包括经济的、法制的、制度的种种变化,从中发现一些规律性的东西。其实这也是用新闻的眼光看待问题的角度,具体操作层面也是我考察和分析的重点。

下面,我分三个方面来谈:一是谈谈中国文化建设和发展的态势;二是谈谈中国文化发展中存在的问题;三是谈谈中国文化建设的前景。

一、中国文化建设和发展的态势

8月13日,中共中央政治局进行第七次集体学习,胡锦涛总书记在主持学习时发表讲话指出:"当今世界,文化赖以发展的物质基础、社会环境、传播条件发生了深刻变化。我们要深入研究新形势下我国文化建设面临的新情况新问题,善于在更加开放的环境中建设中国特色社会主义文化……使中华民族的优秀文化成为新的历史条件下鼓舞我国各族人民不断前进的精神力量。"这段话,全面系统概括了当前我国文化的现状、任务和未来方向。

有目共睹的是,文化发展正经历了我国历史上又一个好的时期,也是新中国成立以来最好的时期之一。

1."随着经济建设的高潮,必将迎来一个文化建设的高潮"。这是毛泽东当年对文化的一种理想期待,但没有在他的时代实现,而在今天却实现了。从国家角度来说,已经明确提出了将我国建设成经济强国的同时,要建成文化强国。从各地来看,各省区市没有几个不说自己要建成文化强省、文化大省和文化富省的。这种情况是过去新中国成立后所没有过的。这充分说明了经济与文化的关系,过去是文化的经济贫困时代,也就是说没有钱来搞文化建设文化发展;反过来,过去也是经济的文化贫困时代,经济建设中没有多少文化含量,如过去建造了那么多建筑物,看上去都像火柴盒,有人说能住就不错了,还谈什么审美,要好看,有文化品位,没有这个必要。还有如80年代初期商品的电视广告,只告诉你厂长是谁,厂址在哪里,而现在,广告多么精美、含蓄,文化意味多么浓啊,包括电视节目的片头,你看看中央电视台,多有创意,养眼得很。

2.作为一个在经济上迅速崛起的东方大国,必然要高扬起自己的文化理想,高举起自己的文化旗帜,高大起自己的文化形象来。所以,中国共产党第一次庄严地、鲜明地、突出地把文化的先进性、代表性写在了它的旗帜上。党的十六大报告,关于文化问题用专章来设立来讲的,这在党的历史上是没有过的,而且是在进入新世纪之初提出来,显露有多么浓重的早春情调,令人振奋。

3.从实际生活看,文化的确也已经从过去社会生活大舞台的幕后赫然站到了前台,成了我们党保持其先进性和现代性的必要手段和工具。如果说,作为一个执政党,即中国共产党开始用文化的眼光来审视社会发展方向的话,那么,社会也开始用文化这根尺子来丈量人的质量和生活的质量。从城市中的群体来看,白领的文化生活、文化消费是很突出的。他们提出,一个人的生活质量不能看他赚了多少钱,而是看他花了多少钱,现实是,他们在文化消费上是很可观的。前不久爱尔兰的《大河之舞》来中国演出,北京人民大会堂周围是不让停车的,但北京市公安局特批了这个演出,因为观众大多是白领;我们经常能收到江南的县乡镇有关文化建设的稿件,其中有很多把农村农民家庭里建书房作为新闻来报,自豪地表达他们那个地方有多少个家庭有书房,书房里有多少书架,书架上达到多少书,都有具体的指标。

文化一下子在政治、经济、社会发展中突显其地位,是有着强大的物质经济基础的。改革开放20年,有的地方是跨越了资本主义国家数百年走过的道路。我们从人们的观念变化中可以看出,20年前,谁家要有个孩子出了国,那是天大的事,令周围多少人眼馋,现在,即使是中学生出国,都不敢跟同学说,因为大家知道有一部分学生在国内由于学习不好才出国去的。

当前,我国由于经济强劲发展所带来的扭力,使中国社会正处于从传统向现代的转型,表现在文化上,也同样面临着从传统向现代的转换。到目前为止,由于在转换过程中所创造出来的现代文化还不够成熟、丰富和稳定,还没有作为涵养整个民族的养料,因而显得零乱,甚至有点不伦不类。大家都知道,中国的百年文化,是处在不断向现代转型的过程中,它是从激烈的、彻底的反传统开始的,对传统文化的销蚀和剥离在百年间也从未停止过。然而,在否定了传统、摧毁了旧的精神秩序后,借助西方的现代文化来改造我们的文化又不可能变成自己身上有机的血肉,因此,当遭遇到世俗化潮流冲击时,我们在文化的价值取向上就呈现出无所依凭,这个时候,人们的头脑和社会的生活面临许多不确定性因素,有时候表现为思想观念价值取向上的极度混乱和复杂,有人甚至变成只为利益和欲望所驱动的"拜金主义"和历史虚无主义者。有一年李岚清副总理说,高速公路上的加油站都设有洗脚屋,这是一种腐败经济,是娱乐腐败,滑天下之大稽。其实我们的很多场所包括文化娱乐场所是一种畸形消费,很多奇怪的场所是冲着公款消费建设的。

因此,要使全体人民的思想行为真正统一到中国共产党所领导的改革开放伟大实践中来,一个很重要的手段就是搞好我们的文化事业。实践证明,文化事业的发展对社会精神风貌和价值体系具有惊人的影响力,这种影响力体现为特有的艺术魅力能对人起到潜移默化的作用。

二、文化文艺战线正在经受严峻挑战

我认为,目前反映在文化文艺领域中的问题,可用四个"双重"来归纳:

1.双重挤压

国内不良文化和国外强势文化对主流文化的双重挤压,其结果使主流文化的空间正在缩小收窄。国内不良文化如书报摊上官场小说、色情小说泛滥,文化娱乐场所藏污纳垢,音像市场盗版之风愈演愈烈,农村文化阵地封建迷信等沉渣泛起,创作和学术空气不洁,谩骂名人、嘲讽理想、消解崇高、远离责任成为时尚等等。

关于音像市场,我90年代初曾写过一系列有关音像盗版的文章,也参加过政府部门组织的打击盗版活动的深度调查,惊讶地发现很多世界先进的生产线只为中国盗版生产,我看过最先进的盗版生产线是安装在汽车上的,是在山区里生产,一有打盗版的风声,开着车就撤,真是跟政府打游击战,非常隐蔽。有些农村文化搞得也很污浊,连毛泽东故居也搞烧香拜佛,农村的演出市场、草台班子演黄色节目是很普遍的事了。

国外强势文化表现在以美国、日本等为代表的发达国家虎视眈眈,以WTO为契机,大举进军中国文化市场。马克思所说的"资产阶级,由于开拓了世界市场,使一切国家的生产和消费都成为世界性的了"已在文化上得到印证。如我们在各地电视台节目中,经常能看到迪士尼公司的 ESPN 的体育节日,维亚康姆公司的"天籁村"MTV 音乐电视节目,新闻集团旗下的探索频道、国家地理频道、历史频道的科教节目和纪录片等。

世界电视百强前十位中的媒体巨头,都在我国设立了实力很强的节目营销机构,将其产品一方面打入音像制品市场,另一方面为推销进入我国广播电视播出频道下了很大功夫。它们的节目通常卖到全国上百家电视台播出,有些甚至成为一些地方电视台提高收视率和增加创收的招牌节目。俏佳人公司老总说她一直忙着铺自己的连锁店,因为明年承诺的外国音像连锁店就要进入中国,很有紧迫感。

国外文化商们更狠的一招是,已经瞄准中国精英人才,调集了档案,随时准备用高薪买进他们头脑中的创作资源,已有外商以支持中国电影人才为由提出买断中国电影导演所拍新片的全部电视发行权,并以预付款的方式在拍摄前支付一大半,这对既想拍片又没有资金的中国青年导演极有诱惑;有的始终跟中国最优秀的歌手签约。美国对海外人才的储备就像在哈萨克斯坦购买油田后封上一样,以备日后大用。总之,国外文化进军不仅掏你的口袋,还掏你的脑袋。

当然,不能说国外强势文化就不是好的文化,恰恰相反,其中有相当大的部分代表了世界优秀文明的成果。但是从它所构成的强势这个角度来说,强势文化会养成国内市场和国内受众对国外文化产品的消费依赖,长期下去还会导致国内的文化自卑,这样,就难以在国际上建立我们的文化地位和文化影响力。

2.双重滞后

不可否认,我们今天的文化文艺创作质量的提高滞后于作品数量的增长,创作思想水平的提高滞后于群众鉴赏水平的增长,其结果使广大群众不满意。现在有些创作者对文化的创造抱着轻率之心,太随意,粗制滥造出来的铺天盖地的文化产成品形同垃圾,极有可能让社会和人们失去基本的文化敬畏。具体表现在:

一是数量多。1999年这一年新排的文艺晚会,加上各地的春节晚会,据不完全统计有近3000台,真是喂肥了整天飞来飞去的演员。据统计,2000年仅舞台节目就有4500台,新排首演的就有2100台。而欧美全部加起来10年都排演不了这么多节目。可想而知,数量多并不都是好事。

二是质量差。许多观众看电视节目和电视晚会,看地方上的春节晚会常常是边骂边看的。

三是思想性贫弱。有那么多新生代作家、新新人类作家,热衷于"时尚化写作""休闲写作""中产阶级写作",无病呻吟,不识愁来强说愁,醉心小资情调的甜腻表达和中产阶级那种吃饱了撑的无聊表达。不是说这些不能表达,而是说他们忘了周围还有一大批生活在底层的弱势群体,他们有表达的欲望却没有表达的机会。然而相当一部分创作者对这些视若无睹,如北京农民工张志强的故事很感人,他说要有尊严地挣钱,说在全国各地打工不管挣多挣少,最后都能给你,只有在北京例外,劳动法规定要按月发工资,却在这里要到年底给,而且这里的劳保用品,像安全帽、手套等,也要到年底从工资中扣掉的。他说,我们就像关在笼子里任人宰割一样。他要告北京市的劳动局不作为,说要写民工的生存状况,写一个中国农民工的苦难。如厕所,他说他们那个工地那么大,工人有5000多,却没有厕所,在工地去厕所至少要走一公里远的路,他一个老乡在一家工地大便,被抓住后让他捧着大便在工地上示众,然后罚款2000元。他质问开发商想过没有,工地这么大,楼房一盖就是二三十层,没有合理地规划厕所,这是不尊重民工、侵犯了劳动者合法权益的表现,弱势群体有这么多的冤屈却没有文艺工作者去写去反映,是不是一种失职。这番话值得我们深思。

3.双重冲突

文化体制的不顺畅构成与文化发展的冲突,文化权利的不平衡构成与文化方向的冲突,其结果束缚了文化生产力。

文化体制上的错位使文化创作生产、市场运作变得严重扭曲。现在是,文化管理上的确还没有从微观管理转到以宏观管理为主上来,从行政管理转到以法制管理为主上来。文化发展速度惊人,但系统的、宏观的文化发展战略相当缺乏,跟不上也指导不了实际。保证代表中国文化先进性、前瞻性、方向性、长期性的战略措施尚看不明晰。文化在经济全球化面前将会是什么样,经济全球化能在多大程度上影响和改变我们的生活方式、行为方式、价值观念,中华五千年文明将有哪些要融入世界潮流,未来的文化发展模式是什么,文化远景是什么等等,这里有很多、很新、很重大的课题要研究和规划。

例如,作为社会主义的主流文化,在遭遇经济全球化和大众文化双重夹击下,如何得到意识形态的充分、有效的表达,是一个值得深思的问题。党的十六大报告中提出的"增强文化的感召力和凝聚力",是有极强的针对性的,因为,一直到现在,作为意识形态的文化粗鄙化、庸俗化态势还在蔓延,较少得到有效遏止,主流文化有相当一部分仍然在高空运行,落不到地上,就像某些主旋律影视剧和舞台剧,都是化了国家的钱、纳税人的钱做出来的,但它的亲和力、吸引力、影响力实在微弱,作品做得粗糙,概念化,幼稚,苍白,受众不接受,也不能够强劲地引导社会文化的发展,也不能够有机地整合社会文化的资源,同社会文化之间的沟通渠道也不畅通,因而常常表现得没有多少人缘。

造成这种状况的一个重要的原因是文化体制的问题。大家都知道,好的体制能让坏人变好人,反之,坏的体制让好人变坏。现在主旋律作品的投资体制有点问题,各级党政抓文艺生产,出发点是好的,但在某些方式上不是经济效益上的投入产出的概念,而是领导政绩上的投入产出的概念,这样,被请来当编剧导演的,就形成了一个文艺上的投机群体,领导喜欢什么,我就给你弄什么,你喜欢三分,我还给你弄到五分,因为他不用考虑群众喜不喜欢、市场欢不欢迎,古谚有"文人无行"指的就是这方面的事,到这种体制里,文人艺人的无行无德,可能会变本加厉。这样一来,这部分创作带来的结果是,它不能真切地解读民间的文化意向,也不能有效地表达民众生活的诉求,政治口号、政治概念、政治脸谱充斥其间,如果长期下去,就难以贴近民众,在重大节日、盛典、灾难直至社会动荡面前,就会难以实现社会动员、道德感召和文化凝聚。如非典期间和以后出品的有些电影电视作品,因为直白粗糙很容易丢失掉艺术生命力,创作者自己也极易边缘化。

　　这是说的体制的问题,第二个是文化权利的问题,文化需求是人成其为人的重要尺度,能否尊重和满足人的文化需求,是判断一个社会人性化发展不可或缺的内在标准。拿文艺来说,文艺的"二为"方向就是为人民服务,为社会主义服务。看一个国家发达不发达,文明不文明,我看看它的城乡差别基本上也八九不离十。欧美发达国家没有什么城乡差别,但到巴西,就明显了,在萨尔瓦多,中心地带穷人连片居民区,像"疥疮"一样难看。而我们国家经济发展不平衡,人们在享受文化的权利也不平衡,表现在文化上,城市文化比农村文化就有较大差别,在享受文化成果的权利、参与文化活动的机会、开展文化创造的能力等方面都有不同差异。一些外地剧团到北京演出,到处组织观众去观看,剧场里真是空空荡荡。我的意思是说,北京的观众看得太多了,给票都不去。有一个地方到北京演出,组织最多的观众是那个地方在北京的建筑施工队的民工,当然这也还说得过去。最要命的是,北京一到演出季,艺术节特别多,主管部门的文化官员去看戏,分都分不过来,有一次一个地方来演出,主管部门带长字的都不是看这个戏就是看那个戏,实在派不出人来,就找了一个打字员冒充处长去了,演出结束后上台握手时,被当地人发现了,说那不是打字员吗,我刚去那儿打印过材料。这一方面说明我们的"官本位"思想很严重,另一方面说明用不着需要看戏的却为看戏忙得分身无术,而广大农民要看戏还要走好几个山头,盼上好长时间才能看到,即使看到的也未必是好东西。这就像报纸一样,不用受教育的却是报纸多得看不过来,需要受教育的却没有报纸可看。当然政府也做了大量的工作,如村村通、边疆万里文化长廊、心连心艺术团、三下乡等等,但还是远远不够。

说到平等的文化权的问题,我想起台湾作家龙应台,一度担任台北市文化局局长的时候,曾提出让民族乐团做一个计划安排,每年定期到学校、社团、广场里演出,如果想到菜市场里演出都可以,希望他们安排儿童、老人、贫苦的人、智障者等来观看,因为让他们买票去音乐厅是不可能的事情,但彩排的时候可以全部开放。她说谭盾上次来台湾指挥《卧虎藏龙》音乐会的第一场演出,一张票价就需要2000元台币,她就跟谭盾商量好,在正式演出前的彩排,由文化局出面邀请台北市最底层的清洁工、智障人士等弱势群体去观赏。

现在有许多国家,有一类文化活动是深入到生活底层的,如巴西政府一直在实施一项措施,就是一年中的某一天,每个穷人能花一元钱吃一顿饭,能花一元钱看一场演出,这不就是"两个一工程"吗。我国刚解决了物质上的温饱,开始全面建设小康社会,应该考虑文化福利的广度和深度问题了,这里的深度是指我们的文化怎样从上面那个表层扎到底下去。

4.双重反差

一方面是文化资源的大国与文化产业的小国之间形成的反差,另一方面是有限的文化资金与巨大的生产浪费之间形成的反差。其结果是文化产业积累不起更强劲的经济实力,除了电视文艺生产资金较为富裕外,其他门类的文艺生产经费仍然是捉襟见肘。

中国的文化资源丰富是有目共睹的,它是一座富矿,但缺乏产业化经营。现在的形势是,不是你做不做的问题,而是人家国外的已经来到咱们家门口了。中外文化的较量,不是在境外,而是在自己的家里,是人家到我们家里来同你竞争,不像过去还有时间老抱怨我们的电影、电视剧、演出在国外进入不了人家的主流社会,只能在华人圈子里转,而现在的竞争场地就在自家门口。也有人悲观地说:"现在不是出得去出不去的问题,而是守得住守不住的问题。"好莱坞寻找东方故事一直是很重要的一项工作,当然这不仅是到中国找,也到韩国找,如哥伦比亚公司要做三四部像《野蛮女友》的美国版。

再拿我们的民间文化资源来说,它非常丰富,西方人在西部地区到处收罗民间古旧的工艺品,包括旧秤、旧磨盘等,而我们没有这种意识,不去做这种搜集工作。其实,用产业化的运作手段,未必就做不起来。

再如大型文艺晚会的高额资金投入而一次性使用,大量的剧目进京调演使"争奖戏"成了"封箱戏",不能释放出文艺作品应有的活力。

再拿我们的交响乐团来说,有人作过市场调查,北京铁杆的交响乐观众(即自己掏腰包买)只有3000人,而北京就有9个交响乐团,当然,还有一些外地外国的观众,这些团偶尔也到国外演出。这么小的市场养这么多的交响乐团,国家不掏钱养着谁养着?这里应该学学美国的音乐剧《猫》的生产模式了。

三、文化发展的措施和前景

在文化的发展过程中,虽然存在这样那样的问题,但还是要看到中国文化发展的强劲势头和光明前景。如何在文化艺术的事业和产业等方面实现全面的进步,至少有五个方面的思路值得思考,我把它概括成五个"优"。就是利用优势,经营优化,创作优质,技术优先,市场优胜。

1.制度上有优势

时代的发展要求我们迅速建立起自己的文化优势。从国际上说,在激烈的竞争中,文化的优势能在一定意义上起到捍卫和拓展我们的战略利益;从国内来说,文化优势也是我们对内强化中华民族文化认同,增强民族凝聚力、提高民族自信心的保障。因此,要取得文化事业的大发展,需要认清和利用好四种可喜的优势,它是发展壮大文化事业和文化产业的良好基础。

一是主流文化仍居绝对主导地位。今天,主流文化依然是我们的绝对优势。我到过巴西,这个国家被称为美国的后院,在文化上是美国文化的"转发器",在巴西大学看到抵制全球化浪潮高涨,但已经来不及,因为巴西文化在巴西成了少数民族文化,巴西的桑巴舞只能到黑人区才看得到,而且还得有保镖跟随,电视上的巴西人节目只占很小部分,而且题材大多只集中在西北地区。而我国的主流文化仍然占有不可撼动的地位,现在要做的就是让青年一代进行更多的理解和实践。

二是党和政府对文化建设有政策优势。尤其经济的高速增长为文化发展提供了保证。中央和国家现在有钱了,但光有钱还不行,还要树立起把钱投向文化建设的意识,现在这个意识是不成问题的,因为上下一致,其利断金,确实认识到发展与繁荣文化是涵养一个民族聪慧智力、思想能力、创造力与想象力的重要手段;实际行动也不成问题,如文化工作的重心下移加快推进,我们看到北京为了改造和提升老年秧歌队,动员了很多专业人士参与其中。

三是有改革开放的积极心态。现在文化上形成了文化对话代替文化对抗、文化交流代替文化冲突、文化合作代替文化孤立的良性互动。改革开放已经为中国创造了巨大的物质财富,同时也在文化上建立起了与世界对话交流的渠道和信心,文化建设的目标就是回答为什么发展的问题,回答富裕起来以后要干什么的问题,必须对人类的前途、命运与未来的生活方式作出我们独特的文化设计。在国际社会中,一些小国是可以不考虑文化问题的,而像中国这样的大国就必须在手中要有自己的文化旗帜、文化版图,没有这些就成不了第一流的国家和受世界尊重的民族。今天我们在世界上塑造自己鲜明的文化形象,并且正在实施一系列文化建设工程,如在英国、菲律宾、非洲、美洲等建造了很有规模的"中国文化中心"。

四是中国的文化市场非常庞大。有了市场,一切都好办。在 21 世纪,中国既是世界上庞大的文化生产基地,也是世界上最大的文化消费市场,这已经成为不争的事实,让西方人十分眼馋。在中国,已经形成了文化生产制作基地的"洼地效应",全世界的文化人才流、资金流、信息流正在大规模地流向中国,而中国最大的"洼地效应"在北京,如文艺人才,都要到北京这个"码头"上拜一拜,现在的"北漂"现象非常突出就能说明这一点。上海也是文化的半壁江山,但那里的人只能发出这样的感慨,上海红,只能红上海,北京红,就是红全国。著名电影演员孙道临说,一年不到北京来露一露脸,观众就要把我给忘了。上海有一位非常著名的老演员,有一年生病躺在医院,当一听说中央电视台请她到北京做节目,硬是撑着病身也要来。

2.经营上要优化

我们的文化文艺创作生产手段和市场运作历来是薄弱环节,尤其缺少现代经营观念和手段。对此,不仅要吸收世界一切优秀文明成果,还要把创造成果的方式、手段经选择后拿过来为我所用。尽管美国电影的生产量仅占世

界电影产量的 7%,但它却占据着全世界 50% 的放映时间。而全世界信息流
动量的 80% 来自美国,这得益于美国的经营战略的成功,如美国电影《侏罗纪
公园》面世前,早已通过宣传造势,形成巨大的社会事件,让你觉得作为一个
现代人必须看,不看就不是现代社会里的人似的。

经营上,文化的产业化经营已经引起了中央的高度重视,最近中央政治
局就文化产业进行了一次集体学习。在这个问题上,转过弯来很不容易,大
家知道,过去的提法都是文化事业,现在的提法是分开来,公益性的文化事业
(是二次分配,但做得没有外国好,如伦敦博物馆免费开放等)和经营性的文
化产业。我们现在说的是后者,现在要做好经营性文化产业,同样不是一件
容易的事,首先碰到的是理论上的问题。什么是产业化,联合国教科文组织
的定义是"用工业标准组织的文化生产",具体的含义是产业化产生于市场,
接受者不再是领导而是接受市场检验。过去文化人害怕产业化是因为用工
业标准组织的文化生产会抹杀文艺创作个性,这其实是个认识误区,如果用
好莱坞电影产业与我国电影事业比较,就可以看出哪个更有个性,虽然好莱
坞的电影大多是类型片,但这是尊重艺术规律的创作,片中的人物形象大都
鲜明生动,而我们的电影主人公,较少特别鲜明有个性。人家在一个题材里
做得很多,但不妨碍仍能做出"花"来,如越战片。

现在做得好的文艺院团越来越多了,且无一例外都是通过优化经营做起
来的。如中央一位领导到浙江,问起浙江省直属文艺院团情况,说大多数演
不了,问为什么,回答说没有市场,但最后了解到,浙江境内有 300 多家地方
和民间剧团,都演得很好,因为转制以后,大多数是民营的。丽江几十个人的
纳西古乐,没要国家一分钱,依托旅游资源,打民族牌,近年演出收入近千万
元,年度纯利润 540 万元,超过国家级大型院团。

3. 创作上须优质

在进行更大规模和更广范围的文化产品的生产和开发的时候,要强化精
品意识,增强文化产品的竞争力和生命力,这是有效供给,如美国纽约索尼音
乐公司总部的汽车音乐研究。文化生产是一种积累的过程,不像物质生产更
新换代快,现在创作太多太新,却在使用上"成了熊瞎子掰棒子,掰一个丢一
个",看似生产很丰富,但真正积累下来、传之后世的很少。这里要多向北京
人艺演出的老舍的《茶馆》那样,一旦做成精品,就是剧院的常销产品,就不愁

没有市场。

产业化对艺术家也有一个怎么看的问题,我们都说作家艺术家也是人类灵魂的工程师。小平同志说过,写什么,怎么写,由作家艺术自己说了算,意思是说领导不要横加干预,而产业化会有另一种说法,就是创作上的事,在不违反四项基本原则的前提下,一切由制作人、发行人说了算,写什么、怎么写,一切由他们说了算。这使我想起马克思的话,他用社会生产力的观念看待一切事物,看待文艺家同样如此,他有一句话,原话记不清了,意思是作家艺术家是高级寄生者,艺术家的艺术劳动是第一和首要的谋生手段。从这个意义上说,文化中的产业化部分,在尊重创作者和生产者上要用创作和生产的规律,但在社会影响等方面要尊重社会效益的标准,创作和生产从来都是社会效益和经济效益的统一,特别是社会效益放在首位,创作上必须优质说的就是这个意思。

4.技术上要优先

首先我们要反对技术主义,即那种不顾内容而一味追求为技术而技术的做法。为提高国产文化产品同国内外不良文化和强势文化的竞争力,增加文化生产中的科技含量是当务之急。

我们千万不要小看科技作用于文艺以后所产生的文艺影响力。其实,技术在任何领域都能发挥巨大的效益,工业革命的先导就是技术革命。当然,我们应当看到技术既有正面效益也有反面效益,两者不可偏废。

我们应该清醒地意识到,文化面临的挑战在很大程度上来自于现代技术的挑战。拒绝接受可能危及文化传统的新技术,将会使文化变得落后。在国外,经过技术附加和改造后的艺术,它与生活的相互关系为,不仅是艺术模仿生活,而且常常是生活回过头来模仿艺术,现代人的很多情感并不是在现实生活中体验到的,如虚拟技术将改写我们传统的文艺观,文化领域已经进入技术决定需要的时代,而我们仍处在需要决定技术的时代。如好莱坞电影情节中射出的子弹,其技术音效已远远超过了自然音效而产生全新的视听魅力。

所幸,改革开放使我国经济实力上了一个很高的台阶,这为我们在文化领域内引进和运用新技术提供了坚实的物质基础。那么,如何进行文化产品在生产、发行、接受等方面高效地进行技术创新,相对于新技术的投入很大而失败风险很高而言,模仿和购买国外所需的成本就要低得多,缩短同发达国家在文化生产技术上存在很大差距的时间也要短得多,我们要看到在选择技术进步的实现方式上具有后劲优势。

东方歌舞团的《蔚蓝色的浪漫》是中直院团做市场做得最好的,主要的经验就是科技含量高,是高技术,大投入,高产出,高回报。歌唱家牟炫甫说,人家问他怎么看不到东方歌舞团演出了,他只好撒谎,说一直在外地演呢,其实他到处躲,因为人家都朝他要票和买票,团里做到买票要有纪委书记在场,不得搞人情票。有时候演员忙得白天刚从外地回来,晚上又得出发。

5.市场优胜

今天的中国,已经越来越深度地加入到国际社会,也越来越广泛地介入到国际事务中去了,这也从另一方面要求我们有必要在国际社会生活和世界市场中增加中国文化产品的影响力,用自己的文化理念去改造现存的世界文化格局。要知道,文化是制度与秩序的基础,美国及欧洲之所以强大,就是因为他们有一整套的文化意识形态理念,并在这种理念基础上建立了现存的世界秩序。不知道大家注意到没有,我们现在到欧美国家开展的文化活动特别多,每年都有许多大规模的中国文化周、中国文化年,而且都是国家政府间的活动,高层首脑都要参加的。这次中法互办文化年,就是要用文化这根纽带来改善政府间关系,加强政治合作的效果比别的方式更有效,更有共同语言。

我们的文化产品不仅要在国内市场上争取优胜,而且要在国际市场上逐步胜出。我国的政治、军事、经济地位在世界上不断提高,令人瞩目,但光辉灿烂的优秀传统文化和新时期优秀文化文艺作品还进入不了主流市场,很多作品作为外宣,或局限在华人圈子,这与我国文化大国、丰富资源的地位不符。总之,我们的文化产品要在市场这个没有硝烟的战场上取得胜利是一项战略任务。

(2003 年 10 月 15 日)

从"世界音乐"看文化创新

——既追国际潮流又保民族精萃思辨

　　8月13日,中共中央政治局进行第七次集体学习,胡锦涛总书记在主持学习时发表讲话指出:"当今世界,文化赖以发展的物质基础、社会环境、传播条件发生了深刻变化。我们要深入研究新形势下我国文化建设面临的新情况新问题,善于在更加开放的环境中建设中国特色社会主义文化。我们要发扬与时俱进的时代精神,坚持古为今用、推陈出新,大力发扬中华文化的优秀传统,大力弘扬中华民族的伟大精神,使中华民族的优秀文化成为新的历史条件下鼓舞我国各族人民不断前进的精神力量。"

　　学习总书记的讲话精神,结合我国音乐界在探索"世界音乐"道路上所做出的种种努力,审视世界音乐在我国发展的实际、趋势和前景,更加认识到,我国这几年产生的世界音乐作品,的确是从当今世界范围内孕育,并且在物质基础、社会环境、传播条件发生了深刻变化的背景下发展起来的。从深层意义上说,这是他们自觉肩负起继承与弘扬民族音乐文化的责任,适应时代前进的变化,挖掘民族民间音乐的丰厚资源,追随国际音乐界的先进潮流,利用发达国家唱片界的先进录制技术,研究当代国内外听众的口味,融入现代的创意、编配、演奏乐器和技巧、演唱方式、整体包装等,并在此基础上创造出的属于新时代的新音乐。它们的出现,标志着我国唱片界跟上了世界的步伐,创造出了具有中国风格、中国气派、中国特色的优秀产品,实现了在唱片领域内创造先进文化的历史性突破,也使中国传统民族民间音乐元素在新的时代新的范围新生和传播。

　　从目前情况看,"世界音乐"虽然还只是作为端倪存在,尤其在国际化、品牌化、资本化、产业化方面,尚未达到应有的规模和效应,但在唱片音像市场上,显然已经备受瞩目。

一、"世界音乐"在我国悄然兴起

一种采用世界性的音乐语汇进行创作,用当今高科技手段精心制作,以世界范围的听众为消费对象,在全球市场进行销售的音乐正在国际上崛起,这就是"世界音乐(World Music)"。

其实,"世界音乐"还有不少的名称,如"新音乐""新世纪音乐""新纪元音乐(New Age)"等。尤其在欧美各国,随便走进哪一家唱片店或琴谱店,都可以看到这种与古典音乐、轻音乐、爵士乐、摇滚乐等并列分类的音乐新品种。

作为一个国际性概念,"世界音乐"及其唱片制作在我国也悄然兴起,它经过十多年的实践,得到了健康的发展。从目前看,虽然品种少,量也小,但质量高,影响大,是唱片界公认的大制作,是拳头产品。

如在许多新民乐作品中,"世界音乐"的元素已是昭然可闻。而那些超豪华发烧音碟,如《阿姐鼓》《苏武牧羊》《云之南》《东方大峡谷》等等,就更是公然打出"世界音乐"的旗号。可惜的是,这些音乐制品的出现,过去只是限于在商业范围内引起时尚性的关注,音乐界特别是音乐理论界并没有从理论高度对它们进行学理性的阐述,至于它们的产生将对中国音乐的发展起到什么样的深远影响等深度话题也少有论及。

而在国际上,这种新的音乐样式已经发展得较为完备。它们大致分为三大类,第一类是用自然乐器演奏的,包括一般听众熟悉的常规乐器,如钢琴、小提琴、吉他等等,其中被用得最多的,一方面是接近东方音色的乐器,如双簧管、英国管等,另一方面,民间性质的乐器,如曼陀铃、手风琴、排箫等也常常可以听到。有些演奏者特别喜欢东方的打击乐器,如小铃、大锣和钟等,现在还有些"世界音乐"热衷于把那些非洲的战鼓等原始乐器掺入作品中;第二类则是电声乐器,它所制造的音响也偏重神秘的、缥缈的色彩,这类音乐家大都是电脑音乐高手;第三类是前二者的混合,有些唱片商在制作这三类演奏形式时,往往还会加上自然界的音效。

在我国,以《东方大峡谷》为例,这张唱片由一直不遗余力地向世界推广中国音乐的中国唱片总公司上海公司制作。继《云之南》之后,中唱上海公司与 JVC 公司再度携手,采用比 XRCD 更成熟的数码音响 XRCD2 技术,使《东方大峡谷》以顶级发烧品质的天碟傲立于市场。为了体现基于原形的强大创造力,音乐经过夸张与重构,借助 XRCD2 技术而获得前所未有的音响冲击力,从而带来了极为震撼的听觉效果。它集中了许多精彩的民间音乐原声素材,有傈僳人独有的五声部的和声,有八旬民歌手沧桑入味的古谣,还有令世界称绝的峡谷内天主教堂混声四部赞美诗合唱……这些音响经过采样、变形、截断等先进数码科技制作,成为独具特征的音乐元素,与吹管乐相得益彰,构成了这张碟的两大支柱。作品中含有大量民族民间音乐的原始素材,其中有田野中歌唱的实录、教堂里的现场采录等,因此真实感极强。更为可贵的是,这些音响经过高科技的采样,包括多种技术手段加工制作后,成为独特的声源,也为录音创作提供了更为广阔的天地。这种在音乐原生地取样,在录音棚加工的制作方式,实际上已经将录音工程延伸到千里之外的音乐背景地。这在国内应属先行,它反映出音乐制作人在这一领域的眼界和勇气,也拥有了与国际同类录音制品并驾齐驱的采样技术含量。

世界性是"世界音乐"的首要条件,仅从录制该碟的音乐所采用的吹奏乐器来看,它们品种多样,包括弯筋、弓筒、印度横笛、缅甸竖筒、鹰骨笛、日本尺八、陶埙等。音乐创作不再满足于传统国家意义上的一疆一域,而显示的是整个迷人的东方色彩。在这里,传统与现代,中国与东方,都有机地融为一体了。从我国"世界音乐"这一崭露头角的新品种来看,完全是改革开放时代的文化产物,是一种新的多文明对话和跨文化交融的成果,同时也是今天全球化和高科技浪潮奔涌下的世纪之音。

今天,全球正在进入一个不同文明相互影响、相互竞争、和谐共生、相互适应的时代。正如胡锦涛总书记所指出的,要善于在更加开放的条件下建设中国特色社会主义的文化。我国的音乐和唱片界也必须与时俱进地深化对世界音乐文化建设的认识,牢牢把握其创新性、实践性和发展性,从而赢得创作的主动,赢得新一代的听众,赢得音乐唱片事业的新的繁荣。

二、"世界音乐"是对民族传统音乐新的光大和传扬

为什么要单独用一章来谈这个问题,因为一提世界性,往往会被认为不要民族性了,丢掉传统性了。其实,这是一种误读。中国历史悠久,地域广阔,民族众多,有着丰富的音乐宝藏,更有着独特的艺术魅力,是一个传统音乐文化底蕴深厚的国度,在五千年的文明进程中留下了珍贵的文化遗产,它们在一代又一代的听众心里被深刻记忆。

然而,不可否认,时代的发展,社会的进步,使广大群众的审美水准越来越高,对文化的需求也日趋丰富和多样,而民族传统音乐与现代人尤其是年轻人的审美距离越来越大。尤其在全球化背景下,如何培育中华音乐文化的个性,如何在现代化文化的追寻中保持对中国音乐传统血脉的接续。我认为,着力于中华音乐文化特色的培育和弘扬就显得尤为紧迫。这里仅拿民乐来说,为了力挽民乐在当代的颓势,很多老一辈的民乐家都在担忧,民族音乐的语言如果继续沉浸于古老的审美和技法中,如果继续满足于流传下来的几首经典曲目,那么它们就不可能更加充分地表达今天中国人的感情和内心了。对此,他们深感只能奋力"拆墙",大胆"拓路",积极"创新"。他们强调,民乐要争取更大的市场,就既要抓新曲目的创作、演奏技巧的革新和乐器的改进,同时要鼓励年轻音乐家敢于在中西结合、形式创新等方面开拓新路。中国民乐要成为一种更具国际性的音乐语言,除了不断丰富自己,更要以求新求变的姿态迎接挑战。

由此看出,民族音乐的求新求变,是其自身发展的内在要求。而"世界音乐"在我国的产生,首先就顺应了这种要求。无论是《阿姐鼓》《云之南》等唱片,还是如正大国际推出的张维良笛子专辑《天幻箫音》《茶禅一味》,或正大雨果推出的百集民族古典发烧天碟系列,都无一例外地在大量采用民族民间音乐资源的基础上,融入了世界音乐制作的观念和手段,进而使得民族传统音乐在新的形式中得以更大范围的光大和传扬。反之,也说明我国的"世界音乐"不是凭空出世的,它正是通过民族音乐改革、古典音乐改革等一步步走过来的,从来没有脱离从传统到现代的发展轨迹。总的看,凡是在唱片市场上取得成功、受到消费者喜爱的"世界音乐"产品,都是以民族民间音乐为本,

从传统音乐中寻找素材并成功利用现代国际创作技法进行深度创作的作品，它们都结合了新的实践和时代的要求，结合了人民群众精神文化生活的需要，尤其是结合了弘扬先进文化的责任，真正做到古为今用，使传统民族民间音乐成为今天"世界音乐"的丰富资源。

由民族音乐而"世界音乐"，就是不断增强自身吸引力和感召力的重要途径。这样的"世界音乐"制品，既反映了时代的要求，又体现优秀传统文化的传承和弘扬。因此，发展我国的先进音乐文化，就要从总体上把握和挖掘中华优秀传统文化所蕴含的精神资源，结合时代精神，真正实现传统音乐文化向现代化的创造性转化，由立足本土音乐，也向世界音乐拓展的积极探索。

三、"世界音乐"是文化创新的必然结果

在全球文化越来越协同发展的今天，我国文化自身的变化也相当深刻。由于中国已经成为全球新的经济增长点，中国在世界格局中的位置已经变得非常引人注目。同时，中国不再是世界秩序和世纪潮流的旁观者和对抗者，而是其积极的参与者和建设者。具体到我国的音乐，它也不可能有一种孤立于世界之外的纯粹的"自身"。面对来自新技术、全球观念与市场运作的挑战，唱片界积极利用世界性的语言和现代创作理念，制作出具有鲜明民族特色和高技术含量的"世界音乐"作品。

而在"世界音乐"产生的背后，就是我国音乐的创新发展，融入现代并走向世界。这已开始成为今天一代音乐制作和唱片出版界的共识。对民族音乐元素包括传统的民族器乐、民族声乐等进行新改编、新创作、新挖掘、新组合，而又能与传统民族音乐血脉相通，已成为今天"世界音乐"的新理念。

创新是时代的需要。看一个民族的文化发展程度，主要看其创新能力的高低。同样，看一个民族的音乐文化的进程，也是看其创新水准。如果创新能力不强，就会制约音乐文化的发展。创新是文化的生命，是对先进文化的不懈追求。同理，创新也是我国音乐重获生机、永葆青春的不竭动力。如果不去追新求进，音乐的生命力也必然会式微。

创新也是世界的需要。世界的音乐，需要中国音乐的参与才能有更和谐丰富的声部。中国的音乐，应当在这个世纪对世界作出贡献。有目共睹的

是,中国音乐正在追上世界先进音乐的步伐,其间有种种艰难的探索,有智慧和心血的付出,甚至还有误解和委屈,但是,从来没有停下过探索的脚步。世界同样惊异于中国的"世界音乐"有着多么快的进步,有着多么健康的发展。实践证明,中国的"世界音乐",在它的创新过程中,不但具有历史的、民族的眼光,同时也有时代的、世界的眼光。在对内继承与对外借鉴上,在文化冲突与文化融合上,它们很好地处理了其中的关系,也就是说,中国音乐和西方音乐在音乐文化的碰撞交流中,既立足于本民族又不固守民族传统,既善于借鉴西方先进的成果又不盲目追随西方潮流。民族性并不拒斥世界性,世界性也并不抵触民族性,在保有自身优秀传统的同时,广泛地与世界各国、各地区音乐融合,这是当代文化艺术工作者应有的姿态。

四、"世界音乐"应有的市场前景

中国的"世界音乐",是立足于中国人民今天的生活和心态,放眼于世界文化发展的前沿而创造出具有科技优势和富有表现力的新形式。它张扬了人民群众新时代的生活内容,倡导了与时代同行的审美理想,催生了知新求进的音乐观念,满足了广大听众不断增长的审美需求。因此,这种音乐制品必将预示着广阔的市场前景。

当我们在最先进的音乐观念和高科技录制技术所带来的全新音响中,听朱哲琴神秘的西藏《阿姐鼓》,听李娜苍凉的《苏武牧羊》,听张维良悠悠古意的《天幻箫音》,等等,所获得的是从未有过的心灵震颤;另一方面,也是众所周知的,西方的"世界音乐"有其深刻的哲学背景,那就是对现代工业文明的反叛意识。今天,全球化浪潮的奔涌,已经无情地将乡土的安宁和诗意变成浮华和嘈杂,而当我们听着世界音乐的时候,让人仿佛置身于大自然或更为超然的意象中,暂时忘却西方现代文明社会的喧嚣和忙碌。因此,美丽而宁静的大自然、久远而神秘的远古、纯朴而素雅的民谣,这都是"世界音乐"艺术家们所热衷的题材。这种后现代主义的美学特征,不仅是西方,也是今天东方听众的内在追求,那就是对生命、对快乐的理解,认识到平衡、和谐、安定才是这世界上奇幻动人的境界。于是,我们在欣赏《云之南》《东方大峡谷》等唱片时,更多的是被一种原始神话、初民意识、伊甸园和乌托邦的意象所捕获。现代人的家园意识、文化感伤、回归情结、文化乡愁和怀旧心理由此从心底泛起,它构成了人们心灵深处对"世界音乐"的企盼。如《东方大峡谷》里散落在群山中的教堂里传出令人惊诧的赞美诗合唱,不就是让每一个聆听者向往去造访那片神奇的土地,去思索人与自然、文明与生态关系的美妙和谐吗? 那天启般的想象,还有空旷的思域,不正是一种心绪得到片刻松弛的享受吗?

当然,借鉴吸收西方优秀文化并非盲目地照搬,精华也不意味着直接沿用、毫无批判地兼收并蓄。在走向"世界音乐"的道路上,我们不仅要力避西方后现代主义所带来的诸如戏仿、拼贴、主体死亡、技术主义等种种问题,也应防止在一些实际的创作和制作中出现不应有的现象,如有的披着"世界音乐"的外衣搞大杂烩;有的制作品质达不到国际水准,音乐中体现的理念和技术含量还远远落后于世界潮流;有的节目纯粹是为了迎合市场,创新上缺乏对民族民间音乐和"世界音乐"内涵的理解,刻意走流行音乐的路子,显得热闹夸张有余,内涵深度不足;更有甚者,随意抛弃民族音乐的精髓,一哄而起搞简单庸俗的拼凑包装和奉迎,这是对传统音乐文化的轻贱,更是对"世界音乐"的媚俗……我们对这些不利于"世界音乐"健康发展的做法理应予以纠偏。

总之,"世界音乐"是中国音乐走向世界,与世界文化进行有效对话、交流、互融的结果。通过在世界音乐文化格局中碰撞、激荡,中华民族的音乐必将显示出勃勃生机,成为世界音乐中具有独特魅力的部分。"世界音乐"正展现出越来越乐观的前景,有越来越多的"世界音乐"作品打动了人们的心,尤其是年轻人。一些唱片公司已经注意到"世界音乐"的成长和发展势头,对出版"世界音乐"唱片市场十分看好。我们期待着唱片业界今后出版更多为人民大众喜闻乐见的新型的"世界音乐"节目。

(2003 年 11 月 1 日)

社会变迁的图景更迷人

——从倡导和谐社会看"春晚"创作转向

　　作为一种文艺样式,春节联欢晚会(以下简称"春晚")已经走过了20多年的发展道路。到了今天,成绩已然很突出,总体水准比较高,社会影响很大。应当看到,每一步的前进,都有广大电视文艺工作者艰辛的付出;每一次的掌声,都凝结着他们的心血和汗水。有一点可能是一致的,也是广大观众的共识,即春晚作为中国特色社会主义的文艺样式,始终伴随并服务于中国的政治、经济和社会生活,换句话说,中国的经济发展、社会进步,都能从春晚的一届一届、一个一个的节目中,得到最为集中、最为生动形象的体现。可以说,春晚见证了中国社会的变迁,见证了人民大众的心理轨迹。在今天和未来,春晚仍将继续关注和表达我们时代的发展及其产生的重大主题。

　　众所周知,春节晚会在人们的心目中占有极大的分量,是所有文艺类作品和样式中受关注度最高、观众面最广、投资量巨大的艺术门类。所以我觉得中国电视艺术家协会电视文艺委员会成立以后,首先抓住这个题目进行研讨、交流,是非常及时和必要的。

　　在这里,我从当前构建社会主义和谐社会的要求切入,来谈一谈春晚创作中应有的转向问题。为什么要从这个角度来谈呢?因为我们现在社会的发展主题,就是十六届四中全会提出的构建社会主义和谐社会,树立科学发展观。这是我们今天时代里在政治、社会和生活中最重大的主题。从这个主题反观我们的春晚,有三点值得谈一谈。第一,春晚这种形式,它确实始终有效地呼应着我们这个时代的主题;第二,构建社会主义和谐社会,树立科学发展观等这些政治的主题,必将为春晚的发展提供更为广阔的表现空间;第三,春晚在未来的发展过程中,如何更好地为实现和谐社会服务,如何更好地进行自身的科学发展,这是电视艺术工作者在当前迫切需要认真加以深入研究和探讨的一个崭新的课题。我想简单地从这三个方面来阐述。

一、为什么说春晚有效地呼应了
构建社会主义和谐社会这一时代的主题

首先,和谐社会的概念较为广泛,但其中重要的一点就是社会人群的和睦相处,其乐融融,亲密无间。从这个意义上说,春晚其实一直在做着这方面的工作。

改革开放20多年来,社会生活方式变得越来越异质多样,多元价值观造成越来越多的隔膜和冲突,传统道德规范所形成的聚合力也在逐渐松弛。种种迹象表明,我们正在经受着人与社会、人与自然和人与自我的空前巨变。然而,旧的一年过去,新的一年到来,大到政治、经济、社会,小到家庭和琐碎的生活,我们总得要停下来,检点一下。在这样一个时间过程中,总会有某种感动人、温暖人、抚慰人的东西需要好好说一说,回味回味,也总有一些扭曲的、冷漠的、迷失掉的东西,需要加以校正和修复,甚至找回一些东西来。而在春晚的各类节目中,社会中的和谐与不和谐因素,总会被广大文艺创造者敏锐地捕捉到,总是通过文艺形式得以生动反映。于是,正义公平的,得到了张扬;丑恶腐朽的,给予了鞭挞。这就是一个激浊扬清、惩恶劝善的过程。

我们看历年的春晚都能从里面找到这些因素。每一届晚会的节目中,一定有歌颂、赞美的作品,也一定有讽刺、批评的作品。总的来说,春晚主要的创作初衷、主观愿望,都是为了使我们的社会风气,朝着健康的方向发展,使人们美好愿望得到最大程度的满足。虽然春晚不能直接医治我们情感上的创伤、弥补我们灵魂上的裂缝、舒缓人们心理上的紧张,但至少它能潜移默化地做着这些工作,也应起到相应的作用,这是不可否认的事实。这正如《左传》中所说的,“如乐之和,无所不谐”。所以,我们每年看过春晚以后,心情总会得到某种释放、平衡,它的功能在这方面是很强的。也从这个意义上说明,春晚可以很好地应和着社会主义和谐社会的构建,它也必然在和谐社会从构想变成一现实方面起到积极的作用。

二、"构建和谐社会"这一时代主题，将为春晚创作提供更加广阔的舞台

为什么这么说，不可设想，在一个阶级对立的社会，或者是计划经济非常强的社会，或者说充斥战争、充满仇恨的年代，或者是在充满屈辱和失败的民族悲情中不可能有春晚这种形式出现。

只有在今天，在新的历史时期，在改革开放的岁月里，才能催生出了春节联欢晚会这种样式，也才会一年又一年地办下来，也才有亿万观众一年又一年的期许。所以说，春晚是身心和畅、精神健康在文艺创作上的反映形式，是社会向上、人心思进、各项事业蓬勃发展在文化活动上的生动写照，是政治、经济、文化、生活的另一种活的"标本"。从每一届春晚节目中，人们总能找到自己对社会诉诸的愿望、满含的希望、心中的向往。

而今天，中央提出构建社会主义和谐社会的号召，当然首先是对中国共产党人执政理念的重要升华和执政能力的重要考验，并且也是对广大文艺工作者在新的历史时期提出的一个责无旁贷的时代使命。在面对史无前例的变迁和革新面前，社会生活的巨大变化不可能不对社会的和谐产生重大影响。在经济成分多样、社会组织复杂、利益关系调整的今天，如何更好地协调好多种力量之间的关系，最充分地调动一切积极因素推进社会主义现代化建设，这对包括春晚在内的各类文艺创作活动，不仅提出了崭新的课题，也为创作内容提供了新的、丰富的、广阔的天地。

和谐社会的概念有着广泛的时代内容。胡锦涛同志在省部级主要领导干部提高构建社会主义和谐社会能力专题研讨班开班仪式上指出："我们所要建设的社会主义和谐社会，应该是民主法制、公平正义、诚信友爱、充满活力、安定有序、人与自然和谐相处的社会。"胡锦涛同志所论及的和谐社会的内容，都将成为今后春晚的主要表现内容，也是实现春晚为构建和谐社会的作用和功能之所在。

不可否认，和谐社会的内容，不仅最适合于在春节这个中华民族特定的气氛中表达，也最适合于在春节联欢晚会这种形式中表现。应该说，社会和合、人伦和谐、天人和顺、亲情和美等等，都是"春晚"尽情放送的内容，同时，

春晚中的相声、小品等语言类节目，又是对世道人心中的种种"失调""失谐"等进行批判、讽刺的最为合宜形式。实践证明，一台春节晚会搞得好，节目让广大百姓都喜爱，人们会在一个相当长的时间里感到心情舒坦，情绪顺畅。

三、从和谐社会要求看春晚创作上应有的新转向、新突破

如果从构建和谐社会的要求看当前春晚创作，就会发现还有种种不相适应的地方，我想，其中的问题有一些已经被广大观众议论到了，有一些针对性的问题、批评的声音，则被赞美、鲜花和掌声淹没掉了，而有一些新的问题还没有引起我们的重视。

对于春晚创作，我认为"和谐社会"应该被看作是一个新的角度和目标，或者说是一个新的标准。怎样达成这个目标，我觉得，首先要有与之相适应的思想方法、思维方式。文艺创作思想要随之进行转变，而春晚作为受众关注度很高的文艺样式，应该最先实现这方面的转变。具体说主要完成三个转向：

1.将"重大主题"寓于"日常生活"

和谐社会不同于阶级对立的社会，也不同于计划经济时代。过去只讲为统治阶级的意志服务，为少数人服务，反映在文艺创作中，强调阶级对立，强调矛盾冲突，强调题材决定论，强调宏大主题，强调宣传教化，在这种观念影响下，日常生活、普通老百姓的生活必然被挤压，被忽略。

而到今天，当"和谐"成为社会的主基调，成为时代主旋律的时候，最广大人民群众的日常生活、情感要求、心理意愿都必然成为和谐社会主要关注的要素，成为文艺创作中最主要的表现对象，只有这样，春晚的功能才能更好地在构建和谐社会中得到最充分、最有效的发挥。

目前看，春晚的宣传功能仍然比较强，当然这也是需要的，因为在这么一个特殊的时刻，用这么一种极有影响的文艺形式，宣传党和国家的重大决策部署，介绍有关主张、方针政策、业绩成就等，是必要的。甚至在很多地方电视台举办的春晚上，有很多领导亲自到场，加入较多政绩式的告白，这个我们可以理解，因为它有其存在的理由，但即使那是经过修饰了的，接受的效果可

能仍不理想,有时还适得其反,在今后的春晚中,我们还不可能完全把它转变掉、排除掉,但在创作上,我们应当尽可能多地加入今天普通人的生活,从普通人的心理感受、生活状况、内心体验中,提炼出能代表时代精神的主题,再融入日常生活中微小的、却是美好的东西加以表现,并升华为社会的健康因子,这是创作上的一个新的课题,实际上也是一个需要进一步做深做细的课题。应该承认,在这方面,过去的春晚做得还是不错的,但还不够,还有很大的空间。

要做好这样一个新的课题,求得一个较大的转变,这对我们的创作人员的要求是非常高的。众所周知,直奔主题,直接表达所要宣传的内容,其实是最简单,而真正要从老百姓的生活中,从日常生活中提炼出新的、美的、善的东西来,就需要用具体的形象化的艺术方式进行表达,这是不容易的,是需要非常高的创作水准的,也需要极强的艺术表现力,这就是所谓的"日常生活审美化"。所以我觉得,我们可否在这个问题上实现一个新的转向——即转到日常生活中去,透过日常生活,来表现时代社会的重大主题,乃至党和政府的重大主题。这样,春晚才能真正走向百姓,走进生活。

2.从"外在奢华"转向"艺术本体"

这里有一个春晚如何更加科学地发展的问题。现在很多春晚有一个问题非常突出,用一个比喻来形容,就是"画框效应"。什么叫"画框效应"呢?说的是"画框"(即形式)做得比"画芯"(即内容)更精美、更豪华、更值钱。将这样的画框配上一般性的画芯,便有了"文胜于质"的感觉,即形式大于内容,这就说到春晚的过度包装问题了。实际上,这一点在春晚上体现得极为明显,而且在一定程度上淹没了艺术,伤害了思想内容。这也是目前受到群众批评最多而自我改观最少的一个方面。

看看许多年来的春晚,我们的确会发现这样一个趋势,即技术含量的增长明显快于艺术含量的增长,包装的意识明显大于内容的经营,外在场面的铺排明显大于内在神韵所下的功夫。不可否认,造成这样的状况有其一定的社会条件的必然性,以及发展阶段的合理性,如"歌手联唱"的问题、"群舞场面太多太大"的问题等批评声一直不绝于耳,但群众不知道我国大量文艺新人不断涌现,春晚已然成为一个不可或缺的平台和出口。

然而,外在的奢华,场面的喧腾,技术手段的过度运用,的确弱化了艺术内容的真实表达,即使主创人员的很多艺术设想,被淹没在对于感官来说威力无比的灯光、舞美、音响、服装、化妆的纷乱中。艺术上的细腻、优雅、沉静的东西在春晚中已少有它们的踪迹,而这些带有艺术气质的东西是否在今后的春晚创作过程中加以坚守,还是继续它们的缺席?我总觉得这部分应该得到应有的回归和强化,在这个问题上,我们是否也要实现一个转向,即对艺术本体的一种清醒和理性的回归,找回属于艺术本应有的种种属性,使艺术的本来面目在春晚中得以重现。哪怕在艺术氛围的营造上,让真正属于"静美"的东西多一些,让无谓的"喧腾"少一些,现在是喧腾有余,静美不足啊。当然,要实现这种转向,的确需要主创人员的艺术本体的立场和艺术精神。

3.从"多种功能"转向"相对单一功能"

现在社会赋予春晚的功能很多,春晚在这一特定的时刻,必然有其特定的内容。对于它的本质要求,我想大家做了这么多年春晚,一定是非常清楚的。当然有一些功能性的东西是需要的,但也确实有很多无奈的东西,有很多甚至是一些非艺术性的东西在干扰着春晚,比如说前面提到过的歌手联唱、群舞过多过滥等问题,观众不明白,也特别反感。还有一些问题,在我看来是春晚的主创人员在"代人受过",因为有些东西不是他们自己所能控制的,他们也很无奈。我们应如何避免一些在功能性的问题上造成对观众的观赏障碍,值得深思。

令人欣慰的是,在这次全国春晚节目的评奖过程中,我们发现了一些可喜的转向。比如说追求春节内容的纯粹性、相对集中地表达一个主题的春节晚会开始多了起来。像湖北电视台的主题性晚会,是一台艺术追求相对独特的晚会;还有像湖南电视台的"卡通"春节晚会、派格公司选送的"电影人大联欢"晚会等等,都是在评奖中反映比较好,也体现了紧随时代、善于创新的精神,我觉得这些都值得提倡。

现在有一种声音,就是有些电视台的决策者和主创人员也提出能否把春晚中所负载的某种重大主题的宣传任务,转移到像"国庆晚会"和其他一些主题晚会上去,将春节晚会和国庆晚会这两个晚会加以功能上的区别,在创作过程中,把春晚中有些宣传性内容移置到国庆晚会上,把春晚需要强化的功能加以强化,让其轻装上阵。刚才我讲到的几个电视台制作的春晚节目,在思路上都是很有突破性的,也很有探索性思路,实际上是一种艺术策略上的新运用、新理念。我觉得,在这些问题上,很多春晚的电视文艺工作者始终在寻求创新,值得肯定。

最后,春晚作为我们国家和社会生活中的一种特有的文艺形式,正在服务于我们所构建的和谐社会并作出了应有的贡献。虽然过去的盛况不再,虽然创作者心头纠结于"晚会年年办,越办越难办",虽然观众们"晚会年年看,不想看还得看",虽然困惑、焦虑、突围交织在电视人的心头,虽然不管后人如何评价今天的春晚,但我们应当看到,广大电视文艺工作者依然用心耕耘着、探索着,这是难能可贵的。

（2005 年 4 月 25 日）

在"走出去"中勇当"排头兵"

——国产音像制品健步"闯世界"述评

随着千集动画片《蓝猫》在米老鼠的故乡美国迪士尼频道隆重开播,随着钢琴家李云迪、大提琴家王健、民乐组合女子十二乐坊、歌手刀郎等专辑在海外唱片架上赫然出现,随着国产音像制品不到半月就能让北美消费者买到的快速通道的成功建立,随着年出口额 1.2 亿人民币的可喜收获,随着电视连续剧、老电影、戏曲民乐、文艺百科以及武术、风光、医药、书法等音像节目在海外市场全面开花……我国一批著名的音像企业,正健步跨出国门,走向世界,成为文化产品"走出去"的"排头兵",充当了参与国际文化竞争的"先遣队"。

一、"国际试水":让海外市场份额不断扩大

近几年,国产音像制品出口快速增长的主要标志,就是国内正在涌现出一批出口额超过 1000 万元的音像公司,如中国国际电视总公司、广东杰盛唱片公司、广州俏佳人文化传播有限公司、广东音像城、北京三辰卡通集团有限公司等,呈现出国有、民营音像企业合力开拓海外市场的良好格局。据广东杰盛唱片公司总经理肖少杰透露,他们很早就开始进行"国际试水",而现在是越游越远,越潜越深,去年音像的贸易额已达到 1600 多万元,占公司营业收入的 30%,产品的自主版权达 200 多个,而且由于有稳定的外销渠道,生意还将越做越大。

被称作国产音像制品在北美地区销售的"桥头堡"的"美国中国音像城",其业务正在不断扩大,销售网络日益通畅。该音像城总经理孙太泉说,

对北美华人家庭来说,在时间上,享受国内音像制品已经基本与国内同步;市场上,国产音像制品最晚不超过半个月就上市,而像今年除夕夜播出的中央电视台春节晚会的音像节目,在初三就能买到。

三辰卡通集团有限公司以蓝猫为形象的卡通节目,在不到 5 年的时间内,除打入美国外,还外销到韩国、印尼及海湾六国等 13 个国家,输出节目 4878 集 66380 分钟,版权收益高达 213 万美元。该公司负责人介绍说:"在《蓝猫》尝到甜头后,我们正在设计一部新的环保卡通片《青青猫》,它将中国传统文化中的十二生肖融入其中,其艺术创意扎根中国,市场则面向世界,并将推荐到世界环保大会上去,从前景看,它必将成为三辰公司出口的又一部重头戏。"

二、"抢占先机":成就一批对外文化交流的品牌企业

中国国际电视总公司是国有音像单位中努力拓展海外文化市场的代表。多年来,该公司主要通过海外地区总代理的机制,把大量国产优秀音像节目推向海外,这对培育和引导海外华语音像市场起到了带头作用。而更多的民营音像企业走向世界的积极性空前高涨,也取得令人瞩目的成绩。今年 2 月,俏佳人、孔雀廊、东和兴、广州音像出版社等 8 家国内知名品牌企业,合资在美国洛杉矶市成立美国中国音像城有限公司,专营国产音像制品,营业面积达 2000 平方米,品种多达 2 万余个,这标志着国产音像制品出口进入全新阶段。广州俏佳人文化传播有限公司总经理李燕说:"俏佳人的品牌在美国一出现,美国有关方面找到我,希望参加当地的音像制品交易会,甚至用各种费用均减半的优惠吸引我们。另外,我们还在法国、德国等国家开设了销售国产音像制品的窗口。过去仅仅限于海外华语市场的格局已被打破,开始进入国外的主流市场。目前,文化部每周的出口审核单中,有 60% 是俏佳人制品,而且大多数是自有品种,不存在版权纠纷。"

在业内,广东音像城往往被看作是中国音像市场的晴雨表,它对国产音像制品出口现状也有较为明显的反映。统计数字显示,自 2002 年 11 月起,广东音像城每月音像制品的出口额都在 150 万元以上,2003 年出口总额为 2100 万元,2004 年超过 2500 万元。广州俏佳人文化传播有限公司发行的 5000 多

个音像节目中,近 80% 的品种有过出口记录,近 3 年来音像制品年出口额均在 1500 万元以上。广东顺德孔雀廊电器有限公司制作发行的粤剧类音像节目不仅热销东南亚,而且在美国洛杉矶等地打开局面,出口前景十分畅旺。

三、练好内功:在世界市场走得更好更远

国产音像作为在海外传播中华文化的重要载体,这已经成为不争的事实。近年来,随着我国音像节目内容不断丰富,制作质量不断提高,国产音像制品已经成为海外华人主要的文化消费品和了解祖国各方面情况的重要途径,也成为海外游客,特别是海外华人到中国旅游时购买的主要商品之一。

中国音像制品如何在世界市场走得更好更远,练好内功是关键。普罗之声文化传播有限公司总经理王翔说:"要想在国际市场上闯出我们的天地,就一定要将作品注入鲜明的民族个性。另外,国际化的审美视角,高水准的制作技术,强有力的国际市场运作能力,也是国内音像企业需要进一步强化的。"

在国际市场,虽然国产音像制品出口地集中在北美、西欧、东南亚及港澳台地区等三大市场,海外华人及部分主流社会是主要消费群体,而目前,与非洲一些国家的第三世界也有了零的突破,与一些小国家的联手也越来越多。中国国际电视总公司总经理马润生对此颇感自豪,他说:"在扩大国际市场份额的过程中,我们的具体做法是,以影视节目带动音像出口,以华人市场带动主流社会市场,以古典题材带动现实题材。"

四、"绿色通道":政府助推文化产品出口

为使国产音像制品更好更快更多地走出国门,提高民族音像业在国际上的声誉,政府不仅在政策上加以扶持,如为简化出口环节而出台了《关于促进国产音像制品出口的通知》,使文化产品出关审验时间由原来的一星期、一个月甚至更长时间缩短到 1 至 3 个工作日,而且为了创造平等、有序、高效的竞争环境而建立起国产音像节目涉外版权登记制度。另外,为了搭建中外音像交流平台,去年文化部与广东省政府共同举办了首届中国国际音像博览会,

200 多家中外音像企业、行业机构和国际组织参展,大批国外音像同行齐聚中国,为国产音像出口工作营造了声势,促成了合作。

　　而今,当发现国产音像制品出口中出现的一些诸如翻译、营销及著作权等瓶颈问题时,政府部门高度重视,并采取了一些行之有效的政策。如最近文化部与财政部首次设立了国产音像制品出口专项资金,专用于解决这些问题。对此,许多音像出口企业的老总感慨颇深:国产音像制品出口需要对音像节目进行翻译、配音和打印字幕,并根据目的地预期消费群体的欣赏习惯进行后期制作和整体包装,投入成本非常高,由单个企业承担有很大难度,而现在政府在政策倾斜、资金补助等方面给予扶持,我们马上感觉到有一只手有力地托着我们。普罗之声文化传播有限公司总经理王翔说:"这样的政府行为才是理性的、成熟的,它将鼓励更多的企业把目光放到海外。"据悉,已有16 个单位的 27 个项目获得专项资金的支持。

　　目前,由政府构筑的国产音像制品出口"绿色通道",正在有力地助推中国的音像企业"走出去"。

(2005 年 7 月 22 日)

心为之动　神为之夺

——由"2005 动感夏日之校园红歌会"想到的

飞扬的青春,浪漫的憧憬,火热的激情,清新的气息……10 多年前的校园歌曲,常常会给人们留下这样美好的印象。而今,在日益喧闹、价值多元、文化多样、生活多变的校园里,校园歌曲还有那样令人难以忘怀的记忆吗?最近,我看到中央电视台综艺频道为配合暑期到来而专门策划的系列特别节目之一的"2005 动感夏日之校园红歌会"(以下简称"红歌会"),引发了我对校园歌曲昨天、今天和未来的联想和思考。

先说说这场"红歌会",它主要瞄准了正值夏日假期里的学生这一庞大的收视群体,以主题歌会这一广大观众喜爱的电视文艺为形式,汇聚两岸知名艺人同台演出,将经典的校园老歌与今天的校园时尚歌曲组合在一起。100 分钟的歌会,内容健康向上,风格清新明快,感情真诚热烈,将从小学、中学到大学,从五六十年代到当下最受校园学子追捧的经典歌曲一网打尽。其中既有知名校园歌手老狼、叶蓓、水木年华等人的歌喉令人回味,也有网络歌手庞龙、马郁、东来东往等歌手的独特歌声启人灵感;既有童安格、潘安邦、光良等台湾歌手的演唱怡人情怀,也有郑钧、许巍、韩红等内地歌手的节奏给人以力量。可贵的是,这台歌会不仅引发了一代又一代学子们在不同年代的共同回忆,也可以看出校园歌曲发展的清晰脉络,更是引导更多的观众向往校园里美好的生活。

作为最具力量的推广平台,我赞同中央电视台对校园歌曲做出这样的选择和姿态。央视是国家台而非商业台,它有责任和义务去倡导一种主流的、健康的、向上的校园音乐文化,而不是为了收视率去迎合校园音乐中那怕一点点的灰色、颓废、不满、宣泄、搞笑的东西。众所周知，今天的校园，远比过去喧腾、吵闹、浮躁了许多。校园深处的宁静和学子内心的清朗，被多元碰撞、多样杂陈所代替，这种全新的交响和变奏，不可能不影响到来自心灵的吟唱，因此，校园歌曲也变得目迷五色，甚至沾染了社会上很多"世俗"、庸俗甚至低俗的东西，如有些校园歌曲的内容和格调干脆就是阴暗、丑陋、扭曲的，如《看我七十二变》《猪之歌》等；而有些时候摇滚、重金属、"戏仿"、拼贴等还俨然成为时尚和主流，被争相效仿。过去那种真诚、纯洁、乐观、明快、健康的迷人风景已经逐渐少了踪影，对精神圣洁、理想色彩、崇高精神的追求，可悲地淡出了这片属于学生的文化领地。虽然流行着的这类校园歌曲受到一定的追捧并广为流传，可我依然认为，这种创作抵达的只是校园生活的表层快意，而绝不可能上升到文化和精神的层面。

如何利用媒体优势发展校园歌曲这种很好的音乐形式？如何还校园歌曲本应有的面貌？如何催生具有适应广大学子新的欣赏口味的曲风和形式？这些都是摆在媒体面前的一个新的课题。央视的"红歌会"可以说是一个新的成功的尝试。我相信，通过这个平台，通过它明确的引导作用，校园里的歌曲创作会朝着更加健康的方向发展。学生的内心需要有蓝天，需要有阳光，需要有草地，也正像有人结合歌名所说的那样："需要有激情的《同桌》，需要有《睡在上铺的兄弟》。"希望央视的"红歌会"能够成为传播校园歌曲的品牌。除了举办正常的校园歌曲专题外，还可以举办如"毕业之歌""回想母校"等主题性红歌会。

总之，这个品牌将会有极强的生命力的，也有极大的发展空间，应该让"红歌会"的品牌活跃在学生的生活中，成为他们在校园里花样年华、青春岁月的美好见证。

（2005 年 8 月 5 日）

拍出智性人生和美学理想

——评香港著名导演唐季礼的影视创作追求

中国文化建设遇到的一个问题是,一方面是文化资源的大国,另一方面又是文化产业的小国,这种巨大的反差,不仅影响到中国文化的发展,也阻碍了中国优秀文化在世界地位的提升和影响力的发挥。因此,当务之急是要在文化领域形成一批能够变资源为产业、由国内而国外的杰出人才。从这个意义上说,香港著名影视导演唐季礼先生是靠自己的努力拼杀出来的一位文化干将,他以一部部过硬的电影作品,顺利闯进了美国这个电影强国的主流院线,并通过银幕形象,把中国功夫这样一个中华民族文化传统的结晶,做成品牌,推向世界,而更为可贵的是,通过银幕上的中国功夫,打出了民族的志气和精神,打出了文化的品格和力量。

就一名影视导演而言,要谈的东西可谓多矣,但我只想谈谈唐季礼作品中富含的东方特有的智性人生和美学理想,因为正是这种智性人生和美学理想,对其作品起到了至关重要的作用,也最为西方观众所吸引。

一、鲜明的东方式智性人生

何谓东方的智性人生,我以为主要表现在人物形象身上那种独特的人生态度和行事方式,也表现为人物的性格特点和内心活动,以及对待事物的价值取向和生活观念。就我所看到的唐季礼的几部电影作品来说,虽然只是不多的几个人物形象,但无一例外地深深打动了我。无论是《过江龙》中的山姆刘,还是《警察故事》中的超级警察陈家驹,或者是《红番区》中的阿强,他们的思维常有独运的机巧,行动常有独具的机敏,感觉常有独特的机警,谋断常有独得的机心,身手常有独到的机灵。我想,这种智性的人生,是最值得东西方观众一致欣赏的地方。

比如,唐季礼选择洪金宝饰演《过江龙》中的山姆刘,与身边的美国警察相比,身材显得蠢笨,脑子也常常迟钝,但他却有一种超强的直觉,这是他的高人之处,并常常以此作为关键时候的判断和行动的依据,这与西方影片常以严密的逻辑推理展开情节大异其趣。比如,山姆刘赤手空拳到李黑家的车库,翻遍所有可藏的地方后,突然站到车头,一拳砸下,气囊顿爆,假钻石就藏在这里,最后证明他是对的。这种异常灵敏的直觉,使他能够闻到洛杉矶警察觉察不到的东西,他正是凭借这种智性人生,跻身于傲慢的美国警察中,游刃有余,并备受尊重。

中国式的智性人生没有太多悲剧性的东西,而喜剧性则常常是其主要的元素。看唐季礼导演的几部功夫片中的形象,虽然身上有诸如油滑、冲动、不守规矩等毛病,但都可亲、可信,也可爱。他们常常于惊险中有洒脱劲,在生死关头有幽默感,如《警察故事》中的陈家驹(成龙扮演),常常于不守规矩中见情出性,煞是可爱;另外,这种智性人生也常常于细微处见大智慧、大情怀,如《红番区》中阿强(成龙扮演)对邻家残疾孩子丹尼的照顾,激战中主动扑灭对手哑巴身上的火焰,钻石案中令一帮处处与自己作对的美国"青皮"回到正道……唐季礼影片中表现出的这种智性人生,处处闪耀着东方人的人性光芒,一种真善美的光芒。这是他对民族生活的把握,对民族历史、情感、命运的深刻理解的结果。

我想说的是,唐季礼导演对这种智性人生都进行了升华,这就是,高扬爱国的旗帜,张扬民族的气势,唱响民族的精神,表达文化的自信。如果没有这种升华,只耽溺于功夫的展露,只津津乐道于身手不凡,智性人生就会流于油滑,易成为低俗,自降为浅陋。而唐季礼的作品不是这样,常常在最后,高扬起爱国的情怀和民族自豪感,无论爱国,无论正义,无论牺牲,都是结结实实地来自生活,来自人物的内心。也就是说,走向国际的中国功夫,是唐季礼导演内心凝结的民族自尊自强的外化,我相信,每一位中国观众都会强烈地感受到这一点。

二、典型的中国传统美学理想

优秀的民族文化永远是世界文化的组成部分。因为这种文化浸透着该民族不同于他民族的独特的美学理想。这种理想，既包含审美方式、审美经验，也包含审美情趣、审美习惯等。唐季礼的影视作品，能够在世界影视宝库中占有一席之地，正是由于作品中充满了富有民族特性的智慧、感情、人生，以及浓郁的民族审美品格和特质。

《过江龙》中的山姆刘，《警察故事》中的陈家驹，《红番区》中的阿强，虽然这些都是老片子中的人物，但今天翻出来重新欣赏，依然很有光彩。那么，为什么这些作品仍有着强大的生命力，我想，这不光是情节生动、叙事明快、人物鲜明，还有更重要的一点，就是作品拥有非常珍贵的民族风格，内蕴着强烈的民族意志，是中国式的审美方式。我愿意把它们看作是东方民族性格的集中体现，也是对中国文化保持自信、自尊的集中体现。有些作品的背景虽然是西方文化，但主角是中国文化，也正因为如此，这些作品才一部部地叩开了好莱坞的大门，向电影大国显示了中国电影的审美品格和文化实力，让美国以及东南亚、欧洲等国家更多观众的视觉里有了更多东方不败的矫健身影，心目中有了倔强不屈的中华民族精神，印象里有了聪慧无比的智性人生，真正唱响了中国人的正气歌。这也使我联想到现在的一部分导演来，其视野基本上迷恋于西方的艺术幻影，不去也不能体味东方的性格之美、艺术之美，也没有能力表现出东方美之为美，这种审美上的褊狭性与唐季礼对东方之美钟爱有加，是如此地大相径庭。

中国式的审美品格，既没有工业化革命的烙印，也不强调宏大叙事、大场面、大背景、大身手、大视野，而是在取景上常常小而集中，手法上平实而质朴，没有强烈的声光电的轰响和眩晕，更不看重这个流派那个潮流。这些影片能够打入美国主流院线，其成功启示我们，重要的是对民族生活的把握，对民族历史、情感、命运的深刻理解，审美趣味上的传统而独到的呈现，内涵上讲究丰富醇厚。如选择山姆刘蠢笨的身材和陈家驹一点点的油滑，与美国警察和大陆警察这种故意的反差，正是人物性格生动的创造，是先抑后扬、欲高先低的手法。

几部电影作品,大都围绕黑恶势力、黑帮人物展开的,常常在惊险中不无小小的嘲弄,在生死关头不无点滴的幽默,常常于细微处中见真情。陈家驹时常表现出冲动和不稳定,又不守规矩,是有缺点毛病的人。唐季礼就非常欣赏成龙既能打又能幽默搞笑,并认为张艺谋就缺少像成龙这样的演员。

他曾就《红番区》说过一段话,是令人信服的。他说:"《红番区》最吸引人的是民族情结。中国人在受辱时表现出的反抗精神,成龙和梅艳芳在困境中相互扶持的义气,是影片最震撼人心的地方。我的电影就是商业片,但仔细分析会发现都是有主旋律的,民族意识是基本特色,这也是我的电影与李安、张艺谋等国际导演执导的影片的区别。"对于这一点,我认为说得一点不假。如山姆刘在拳馆里小试身手,就让一群美国人看得倒抽凉气。更可贵的是,他的作品绝没有一句我们大陆影视片中动不动就来上一句口号式的台词。我认为所言极是,我们的确常常受困于此,即使是正面题旨的阐述、正面人物的塑造,常常显得虚情假意,虚张声势。而唐季礼的作品中的人物,都是要用人物的行动来表达,因而显得极有力量,也感人心魄。

应该说,唐季礼的影视创作,用他自己的话说,是"商业与文化双赢的局面",以我的理解,就是不以商业成功作为主要甚至是惟一的成功标准,我更愿意把它们看作是一种体现中国智慧魅力的当代文化建设。他以自己的影视创作的实际行动,成为影视民族化的忠实实践者。他说:"美国导演更懂自己的文化,我不见得比他们做得好。"这是他的谦辞,相信唐季礼先生会在今后的创作中,把中国文化作为日课,把更多的中国文化精粹带进传媒力量强大的影视中,为祖国大陆的影视创作提供更多新的启示和经验。

（2005 年 8 月 7 日）

女性形象、爱情观念与社会转型

——20 集电视连续剧《空镜子》解析

电视剧这个行当好不热闹,这热闹的一个重要方面,便是观众在观赏热点上的不断变化,创作者在观众口味上的不断追新。

就拿近来出现的一个现象来说,当众多血腥悬疑的侦破片、阴谋斗法的宫廷片、青春前卫的偶像片等等粉墨登场的时候,却有两部电视剧悄悄地淡"入",一部是《激情燃烧的岁月》,一部就是《空镜子》。当它们加入到电视剧的大合唱中,却再也没有无声无息地淡"出"。在屏幕上纷繁而过的众多电视剧中,这两部作品的独特身影立即被观众锁定,并成为用口碑而不是用炒作塑造出来的优秀作品。

《激情燃烧的岁月》,我已在前不久的一次军事题材电视剧研讨会上专文论述过。这里我只就《空镜子》作一评点。记得《空镜子》的主题歌这样唱道:

当韶华逝去,容颜不再

镜子里还能留住什么?

不是青春,不是美丽,

只是一份追求的执着……

当它直到唱完第 20 遍整个剧播完的时候,孙丽孙燕两个姐妹,以及相关的人物,用一段并不太长却真实生动的生命体验,传递有关当代城市生活中的爱情婚姻和人生思考,并深深地刻印在观众的心里。

感谢作品用真诚带给我们观赏中的种种愉悦感受,回想起来这里竟有很多方面,例如,就主题思想而言,无论是时代进步与传统道德的准确把握,无论是人生价值取向与个体生命状态的巧妙处理,还是普通平凡的生活与深刻复杂的命运的有机统一,都完成了一部作品所能达到的应有高度。而在艺术追求上,作品对平民生活如此逼真的呈示,来自台词、场景乃至影调、音乐等整体上的风格化、人物形象的亲和力、语言叙述的生活化等等,都是近年来电视剧作品所不多见的。因此,不管创作者有意还是无意,他们用一面镜子,不仅映照出孙丽和孙燕姐妹俩的爱情观和生活观的变化和结果,也折射出了中国社会转型期的真实面貌和人文景观,它当之无愧地成了这个时代的真实写照。

在这里,我想从主题、人物、表演三个方面对《空镜子》进行分析。

一、主题:社会转型时期新旧价值观念的一次柔性较量

世纪之交的中国城市生活,在整个中国社会中已经成为最重要的人文景观。城市精神、城市观念急剧变动,对很多人来说是既陌生又向往。这是社会转型时期给人们带来的心理上的普遍矛盾。然而,一部优秀的文艺作品,注定要用自己的叙述方式对生活进行描写。在这类作品中,它的使命注定要用形象及其故事情节来完成时代给出的答卷,也要从另一个侧面去丰富文艺作品对当今社会冲突的描写。

《空镜子》是一部有关普通人的作品。普通人最贴近生活真实,因此也最接近生活真理。而生活的真理有时是非常简单,并且是可触摸的。可悲的是,这一点常常在当今社会物质文明越来越高的时候被人们忽略了,而创作者却敏感地捕捉到。《空镜子》在播放时始终拥有一个庞大的观众群,这也是情理之中的事,我认为,这是由于作品在很大程度上触及到了社会转型时期的一个主题——各种新旧观念冲突的缘故。观众对此有着巨大的期待。试想,每个人自我生存的空间和形态不同,要想确认自我生命的意向,只有通过比照才能获得。比照身边的他人是一种方法,但那是随机而零碎的,不具有完整性和典型意义。而从文艺作品中寻找参照并获得认识是简捷的,因为作品所具有的公共观赏性,使剧中人物的个人体验转变为可以共享的大众经验,因而常常能获得被广泛探讨后更为宏观、更有指导意义的效果。因此这也是文艺作品常常被社会人群拿来作为生活话题的原因。在社会转型时期,种种新旧观念的碰撞,在社会生活中必然形成剧烈的震荡,同时也形成人们

心理上的期待,他们渴望了解,渴望沟通,渴望获得共识,《空镜子》恰恰切合了时代的主题,点中了人们兴奋的穴位,从而成为近年来少数几个受到公众普遍关注并享有在媒体(包括网站)被广泛讨论殊荣的文艺作品。

《空镜子》虽然展现的是普通人的一场情感和命运的较量,但作品的重心偏向哪一边,是不言自明的。剧中,以孙丽为代表的一方,只有孙丽和马黎明;而以孙燕为代表的一方,却人物众多,包括她的父母、张波、潘树林等,每一个人都是善良、富有道义感和责任感的化身,不管社会真实的状况如何,至少,通过作品,我们看到文艺家们在急切呼唤传统中的美好。而从大多数观众对作品的认同和喜爱来说,作品也正如它的标题一样,用"镜子"映照出了世道人心对传统道德和价值观念的坚守和怀恋。

二、人物:姐妹俩各自划出的命运之线交叉延伸

《空镜子》描述的是孙家姐妹俩各自追求幸福的爱情和婚姻的故事。

姐妹俩的出发点都是因为爱。姐姐孙丽漂亮开朗,有白领工作,处于优势地位,始终有一种追求和向往的冲动,一往无前以致不顾一切,包括不该丢失的善良和责任,她代表了当代相当一部分青年人的理想;妹妹孙燕相貌平平,也没有好工作,与姐姐相比处于劣势,但却善良热情,她也在追求,但不同于姐姐的是她不忍放弃在她看来很重要的善良和责任。

由于她俩在各自爱的过程中存在着不同的动机,以致站立的起点不在一处,因而划出了不同向度上的两条直线轨迹。婚姻,是她们爱的共同结果,作为一个结点,两条命运之线在此交叉,此后便重新按照生活的逻辑,开始沿着不同方向各自延伸,再一次发展出迥异于出发点的结局。最终,处于劣势的妹妹却获得了幸福的生活,而处于优势的姐姐却让幸福一次次离她而去。

故事的框架是老套的,叙事方式也是传统的,然而内容却是当代的,是当代的那一部分吸引了我们。

对于孙丽和孙燕姐妹俩的爱情观和婚姻观,我们可以用道德或不道德、传统型或现代型等标准来评判,但是,时代发展到今天,人们的观念和行为的发生,动机极为复杂,因此,我们似乎也可以从人的更深沉更内在的人性层面上去分析。说到这一点,我想起了英国哲学家罗素在他的《为什么我不是基

督教徒》中阐述的观点来。在文章中，罗素认为："人类的一切活动都发生于两个来源：冲动和愿望。"如果把这两个来源放在孙丽和孙燕两种类型上，孙丽代表冲动，孙燕代表愿望，我认为是恰当的。对于"冲动"，罗素这样解释，它"是人类本质中偏重本能的部分，冲动的实质是盲目的，并不是从对于后果的预料中产生的。好的方面，冲动能使世界变得年轻、美丽、充满勃勃的生机。"罗素的这段话，好像就是给孙丽定义的。姐姐这个人物，虽说不完全是盲目的，但在我们看来，确实有点率性而为，带着自我的本能行事，不计后果，更不考虑传统伦理道德约束下的行事方式，因此瞬间就能决定重大事情。家庭中，孙丽喜怒无常；行动上，孙丽风风火火；感情上，孙丽游移不定；婚姻上，孙丽永不满足。她总是处在冲动中，永不停歇。作品赋予孙丽的，的确也是美丽、青春、激情，迥异于丑小鸭般的妹妹孙燕。然而，罗素对这类人的行为结果也下了这样的定义："人的冲动也常常是固执的、疯狂的，它不仅给他人带来灾难，也会使自身蒙受巨大痛苦。"在孙丽身上，她那种固执和疯狂随处可见。比如，她出国时那样固执，以致不顾同张波刚建立起来的幸福家庭；她对马黎明的爱，是那样的疯狂，以致同样不顾张波的感情。这些都给他人（包括马黎明本人）带来了难以承受的创伤和痛苦。而最后，孙丽自己也落得张波离她而去和马黎明坑害了她的下场，在妹妹充满温馨的新婚日子里独自怅然离去。

　　妹妹孙燕则属于罗素说的"愿望"型的。愿望是什么呢？罗素说："除冲动以外，人的行为还受制于愿望。愿望是有意识的，它与人的理智相联系，表现为对一定的目的的追求。愿望来源于冲动，如果一种冲动不能在发生时得到满足，就会产生一种愿望。"的确，孙燕虽然在相貌、工作、学历等各个方面都比不上姐姐孙丽，但在自己的感情问题和对幸福的追求上，都有着较强的意识和理智，有着更多通过努力要到未来才能实现的愿望。当然，孙燕的愿望，正如罗素所说的，也是来源于冲动，她当初对未来的爱情也有着美好的向往。孙燕说："姐姐谈恋爱了，我也想找个男朋友，要找个个子高高的，身体棒棒的，学问大大的！长相嘛，最好像姐夫那样英俊的。"与姐姐一样对未来的丈夫抱着"白马王子"式的希望，她觉得姐夫张波是她理想中的丈夫并付诸行动去追求，然而结果是张波婉拒，爱的冲动不能得到满足，便由此而生发出强烈的愿望来。这时，在愿望指导下的行为，已经摒弃了冲动，具有更强的理性色彩。罗素说:"愿望一经产生也可以独立于冲动,而且愿望也可以高于冲动。这一方面因为它比冲动更明显、更高明、更自觉,另一方面也因为可以有意志参与进来。"孙燕后来的感情和婚姻生活,的确充分说明了罗素的判断所具有的正确性。事实上,孙燕也有过同姐姐孙丽一样两个相同的男人:马黎明和张波。马黎明因为孙燕的宽厚开朗和善解人意而喜欢有加,但理性不让她逢场作戏;当姐夫张波被姐姐抛弃而造成很大的伤害时,出于真诚的爱意向张波吐露心声;当第二次被介绍给潘树林时,她更加理性地珍视和维护与潘树林来之不易的婚姻。

　　孙丽是今天浸泡在现代化物质文明的都市生活里青年女性的典型代表。在孙丽身上,我们看到更多的是当代物质主义正在无情地摧毁一些原本美好的东西。在她的行为动机里,时时隐伏着强烈而时髦的占有欲、竞争心和虚荣心,并在她美丽外表的滋养下不断膨胀,由此使她的欲求永远也得不到满足,正像一位哲人所说的,即使是到了天堂,也会因此而不得安宁。的确,孙丽得到了她应该得到的东西,但由于没有付出她所应付出的,最后许多东西仍然离她而去,灵魂永不宁静。

　　而在孙燕身上,我们看到了更多的责任和爱心,耳边总是响起"让世界充满爱"的优美旋律。看得出来,创作者通过这个形象,不仅对传统价值标准抱有的一种强烈的怀恋,而且是对人类社会应当遵循的普遍的价值标准的肯定,也是意在对当代社会前进中出现的某种道德偏差和行为失范进行及时纠偏。

三、表演:崇尚富有质感的毛茸茸的生活本身

　　就整体而言,生活类电视剧创作比起其他题材领域的电视剧作品来,则更为成熟,取得的成就更大。如果回到创作的最基本要求上,我们会看到很多所谓有分量、有影响的影视作品还达不到包括《空镜子》在内的众多生活类电视剧作品的艺术水准。因此,这类电视剧作品值得今天的理论工作者研究总结,也值得许多创作者虚心借鉴学习的。

　　喜欢《空镜子》的理由很多,比如前面论述过的,它对主题的成功把握,对形象的深度开掘,还比如它是一部具有鲜明特色的风格化的作品,它那淡淡

的、具有绵长意味的叙事,始终散发着女性的馨香,感人肺腑,魅力无穷。除此而外,它还有一个引人之处,那就是它对生活本身的表现力。这集中表现在它以质朴的艺术手法,贴近现实,不事雕饰,把最平凡、最普通的情感生活作为自己的审美对象,以真取胜,以真感人。创作过程中,一切都围绕着如何把戏拍得更加生活化,不去对丰富复杂生动的生活作简单的提纯和磨光,而是把富有质感的毛茸茸的生活不走样地投射到荧屏上,使作品成为观众理解这个时代、感受这个社会、认识这种生活的极其明亮的一面镜子。

这种表现生活的要求并非一时的灵感,而是得益于非常可贵的创作心态。与时下电视剧界某种投机、浮躁、急功近利相比,《空镜子》的创作者做到了平静地投入生活,研究现实,面对市场。这是主创班子理性思考、形成共识、充分准备而获得的成果。听听他们那一系列的认识,对电视剧创作界来说,不无借鉴意义。

《空镜子》的制片人郑凯南说:"生活本来真是挺有意思的,可是许多生活中有意思的事一到影视作品里就变得没意思了。"其实,这种无奈的感叹绝非少数人所具有。只是郑凯南明白地把它说出来。她说,很多影视作品之所以没意思,就是因为影视片把真实的生活拍假了,把人的真实感觉、感情拍假了。可悲的是,这种假的作品还在不停地从各类片场里被制作出来。

没有对生活的热爱,是咂摸不出生活里深长的滋味的,也不可能很好地把生活搬上屏幕并感染观众的。看看《空镜子》的编导演们,哪一个不是生活的虔诚者。编剧万方对生活的真实性是这样表白的:"看一部作品如何写得真实准确,对我来说是最高境界。"而导演杨亚洲更是把生活中的普通人奉为创作的生命力之所在。他说,我喜欢拍"普通人"生活的影视作品——他们看得见,摸得着;我喜欢生活中的"小人物"——他们的艺术生命力和感染力最强;我喜欢《空镜子》反映的人与事,是生活中常见而屏幕上并不多见的!郑凯南说:"我很佩服万方选择生活细节的本事。很平常的事儿,被她组织到电视剧里就变得精彩起来。尤其人物对话,都是一些很普通的生活语言,绝对是'人话'而不是所谓的台词。"

我无从知道是什么力量和缘由竟让他们如此一致地走到了一起,反正《空镜子》彻底避开创作上的流俗,把俯视生活的镜头一再重重地降了下来,探进生活织体的深处,与最具有普遍意义的普通人情感进行一次次零距离的

"亲密接触"。不从思想出发找生活，而是从生活的提炼中产生思想，产生艺术，产生魅力。因此，虽然《空镜子》的主题思想十分鲜明突出，但在剧中我们看不到哪怕一句台词或一个场景对所要反映的主题的直接图解和说出，而都是通过剧情和表演表达出来。

《空镜子》是生活化的，但在里边有很多东西是非常强大的，耐人寻味的。在许多文艺作品中，都有关于镜子和魔镜的描述。在这部长篇电视剧中，镜子也是一个非同寻常的道具。作为一部青春女性题材的电视剧，它要有一种与女性最亲密、能够承载女性一切特征的东西贯穿其中，才能更形象、更真切地表达女性，创作者选择了镜子，应该说是最为独特而恰当的。有人说，在温饱之后，女人最迫切需要的东西就是镜子，这在生活中是不无道理的。

作为道具，剧中的镜子不仅具有物质意义上的作用——被姐妹俩揽镜自照的镜头在剧中反复出现，显示了镜子的物质分量，而且常常被赋予更具有主题意象上的精神的作用——照面容更照心灵，显示出其精神的分量。而更为重要的是，空镜子里面并不空，因为在镜心背后深藏着镜子制造者的意图和愿望——创作者对时代前进的理解和价值取向的判断。

《空镜子》的艺术魅力，还在于演员整体素质非常高，除了陶虹、牛莉、许亚军、刘冠军外，一些配角如马安然、姜玉华、潘树林、翟志刚乃至马奶奶的扮演者，都有着精彩的表演。他们的表演一如生活般清新质朴，自然流畅。当然，尽管我们看到，生活中是什么样，《空镜子》的表演也达到了是什么样子，但我们也看到，他们的表演并不是对生活原型原状的照搬，而是经过了精心的艺术定位和加工。如艺术表演的夸张在《空镜子》中就被生活中所要求的控制所取代，所以，才有了父亲死后母亲回到家中的那一场欲哭胜大哭的强大感染力。

另外，就演员对于台词表演的处理来说，也是《空镜子》中最为成功的部分。台词在这部作品里是许多艺术环节中十分强化的一环。台词本身的生活感，加上演员表演时的叙述方式、叙述语气、叙述形态、叙述节奏，是那么的亲切可感，一如生活中的谈话交流。全剧更多的是一种舒缓的语调，这种叙述语调徐徐导引观众步入日常生活的感觉之门，常常是语言先于其他艺术元素营造出一种情绪氛围。整部作品中的人物始终没有太急、太高的语感和调门。是语言的叙述迷住了观众，在观赏中，有时发现特别想听听陶虹、牛莉、马黎明的台词表演,他们与当前很多电视剧台词处理形成鲜明的反差,包括许多吞字,甚至是口形,都处理得很独特,充满着女性的沉静和感性,并且都是状态中的语言。

当然,《空镜子》的其他方面,如贯穿全片的富有现代感的音乐、典型的四合院场景等,都为作品增添了艺术魅力。

总之,《空镜子》虽然是一部地地道道的青春加女性的电视作品,讲述的又是纯粹的爱情婚姻故事,但它为什么没有被当作流行的言情片类型来看待,我想,其中的重要原因,就是它不仅有思想深度和艺术高度,还有创作者对主题赋予的严肃性和思辨性,以及对生活抱有的真诚态度,这些都使作品显示出在同类题材中卓尔不群的气质,以致有人还把它当一部雅致的作品来看待。

最后,对不足之处说一点想法,如果把孙宝田看作是孙燕形象向后的历史延伸,那么,是否应该有另一个形象对孙丽的形象作向前的未来推进,如果把孙丽的儿子都都定位于这一形象,在他身上赋予更多今天时代里的东西,那么,作品是否具有了历史和现实的双向拓展,从而使作品更有现实的广度和历史的厚度,供创作者参考。

(2005 年 9 月 11 日)

摇曳多姿的文化镜像

——放谈我国电视剧女性形象塑造

近一个世纪以来,文学艺术作品中的我国女性形象,始终伴随社会的风风雨雨,被书写,被描绘,有很多时候她们更多出现在文化和历史的边缘上。而到了新中国,特别是改革开放,进入新的时期,女性形象,尤其是荧屏上的女性形象,正朝着更为宏大、更为健康的方向被开掘和塑造,在新的文化格局中确立了自己独立的地位。

电视剧中的女性形象,如果要进行历史纵向比较和现实横向比较的话,我以为,五四时期的女性,大多有性别的觉醒,个性的解放,大胆的反抗;新中国成立后的五六十年代,随着男女平等原则的确立,个人意识被集体和公共利益原则取代,大多数被塑造成革命生产建设中涌现出来的英模形象,尤其到了“文革”中女性特征被无情抹杀;新时期后,女性形象常常被作为受伤的人群加以人性的观照,充当恢复被压抑的人性而加以修复;而到了80年代末,西方女权主义思想逐渐进入并浸润,女性的私语化甚或身体写作等喷涌而出。从文学艺术的横向比较看,如文学,商业利益驱使下的女性写作,都把笔触探向女性幽秘的内心世界,以一种性别体验的私语化方式倾吐自身。而电视剧中的女性形象,始终以主流姿态呈现着它的完美性,承载着时代的崭新精神和社会的道德良知,温润和抚慰着人坚硬而焦灼的心理。

比如,中央电视台最近在一套黄金时间先后播出的《圣水湖畔》和《任长霞》这两部电视剧力作,我看后不禁对剧中两位新时代的女性顿生敬意。可以说,这两个动人形象的出现,不仅是文艺创作的新收获,更是时代精神的新体现。

　　在文艺创作领域,"农村戏"和"英模戏"常常不被看好,主要原因是经过修饰和拔高,变得虚假,脱离生活,往往成了图解政策的牺牲品。观众们对此啧有烦言,创作者也视为畏途。但同样作为"农村戏"的《圣水湖畔》和作为"英模戏"的《任长霞》,为什么能够在思想和题材、艺术性和观赏性等方面,将成功刻写于广大观众的口碑,我想,这绝不是一种偶然,它们说明一批怀有责任感和艺术创作功力的电视工作者,以极大的热情,敏于倾听时代足音,崇敬时代骄子,时刻坚守艺术使命,懂得尊重艺术规律,从而创作出为广大观众喜闻乐见、贴近生活的优秀现实生活题材作品,它们堪可为今后同类题材的文艺创作树立了典范,提供了有益的启示。

　　两部作品分别呈现了改革开放大背景下不同的生活图景——色彩斑斓,摇曳多姿。两个女性分别代表了社会发展的理想精神,她们各怀其志,各擅胜场。作品可亲可信,形象可爱可敬。看《圣水河畔》,心中油然升起对新时代中国农村妇女的敬仰之情。在她身上,不仅有农民的诚实、率真,更具有现代化农业的新观念和对自己事业的开拓、执着的精神,代表了新型农村妇女的文明程度和文化品位。看《任长霞》,强烈感到这是一部解气、解惑、解闷的作品。解气,就是长霞对房聪、砍刀帮等黑恶势力的打击让人感到痛快淋漓;解惑,就是通过此剧,我们的目光开始从过多关注公安队伍中的黑暗、腐败现象,及时转移到了公安战线同样也有着正义的化身;解闷,就是说过去不少英模戏的通病是沉闷枯燥,而这一部却一扫沉闷之气,拍得惊心动魄,引人入胜,而且很多地方由于女性的缘故而细腻有加。

　　在创作思想和艺术手法上,它们有着共同的特点,那就是沉得下,把得稳,提得起。沉得下,就是将镜头探进生活的深层土质,将笔触伸进人物的情感褶皱,能够在深度开掘中写出真实生活的点点滴滴,写出性格的细节和人物的灵性,尤其对人性深处有一种敏锐的发现和巧妙的捕捉,如作品均在"情"字上下功夫,高秀敏扮演的马莲特别可爱,既有东北农村妇女敢爱敢恨的泼辣一面,也有温婉忍让的柔顺一面;刘佳扮演的任长霞,不仅有剑胆,也有琴心;把得稳,就是虽然她们都有令人不可忘怀的个人魅力,但都不是孤身奋战者,身上无不凝聚着党和国家的利益,是社会道义和良知的忠实代表,她们在大时代和大集体中,充分显示出胸襟开阔,胆气十足,正如任长霞所说的"警力有限,民心无限",于是,她虽为柔弱女性,却令恶霸胆寒、丑陋毕现;提得起,就是说作品都紧紧扣住了时代的主旋律,主题有高度,精神有升华。马莲以一个普通农村妇女,在保护耕地中同村里的恶势力执着奋战,是科学发展观在基层的忠实实践者;而任长霞身为一名普通女公安局局长,以解危、济困、救难为己任,甚至不惜付出生命代价来保一方平安,是真正的构建和谐社会的身体力行者。从这个意义上说,她们是精神的强者,理想的行者。

再比如,就我过去看过的电视剧《空镜子》和《牵手》等电视剧来说,剧中的孙丽孙燕两个姐妹、王纯和晓雪,她们都用一段并不太长却真实生动的生命体验,回答了人们有关当代城市生活中的爱情婚姻和人生的种种思考。例如,就主题思想而言,它对时代进步与传统道德的准确把握,对人生价值取向与个体生命状态的巧妙处理,对普通平凡的生活与深刻复杂的命运的深入探究,都达到了一个新的高度。

世纪之交的我国城市生活,在整个社会中已经成为最重要的人文景观和精神情怀的引领之地。城市精神、城市观念中所发生的一切,大到包括社会的价值观念和生命意识,小到某个个体的婚姻爱情、生活态度以及行为方式,其急剧变动的程度,是前所未有的,而其对传统的执守,也是前所未有的。急剧变动,对很多人来说是既陌生又向往,既迷惘又刺激;同样,回望传统,对很多人来说也是既伤感又留恋,既不甘又不忍。这都是社会转型时期给人们带来的观念上的普遍矛盾、心理上的普遍焦灼、情绪上的普遍躁动。是变动不居更好,还是执守传统更好,或者传统与变动结合起来更好,时代本身不会针对某个问题给出答案,那就一切交给生活去说吧。

然而,一部优秀的文艺作品,注定要用自己的叙述方式对生活进行言说。像《空镜子》《牵手》《家有九凤》等作品中,它们一方面能够敏锐地捕捉到时代的崭新课题,一方面也是注定要回答时代提出的最新课题。拿《空镜子》来说,主创者正是通过孙丽孙燕一对姐妹不同的价值观念的柔性较量,很好地解答了今天的时代之问。

之所以说它是一次柔性较量,是因为有大量的文艺作品,在表现社会思潮和生活的时候,大多喜欢用重大题材、宏大叙事来反映尖锐的对立,以鲜明的立场和是非曲直描写不可调和的冲突与对抗。在这里,斗争是刚性的,很多时候还是严酷无情,剑拔弩张,充满着紧张和浓重的火药味。看惯了这类作品后,再来看《空镜子》,它同样表现的是观念的交锋和命运冲突,但整个过程是内在的、舒缓的,即使有眼泪,有悔恨,有争吵,有心灵的扎伤和滴血,也是沉浸在家庭的小天地和女性的柔情之中,弥漫着沁人心脾的具体和真实,没有那种凌空蹈虚之感。因此,从这个意义上讲,它从另一个侧面丰富了文艺作品对当今社会冲突的描写。

《空镜子》是一部有关普通人的作品。普通人最贴近生活真实,因此也最能让观众愿意观赏,因为它有温度,并且是可触摸的。可悲的是,这一点常常被人们忽略,尤其当今社会发展的重大主题越来越多,在这股潮流中被裹挟而去的创作者很容易迷失生活的本真,轻易丢弃不该丢弃的东西,追求那些"言大"的目标,为此常常招致观众的冷眼。对于这一点,创作者已经敏感地捕捉到了,体现在作品中的用意也十分明显。

而由杨阳执导、蒋雯丽和吴若甫领衔主演的家庭伦理剧《牵手》,讲述了钟锐和妻子夏晓雪如何面对和渡过感情危机。作为国内第一部出现"第三者"插足的电视剧,它触及了中国婚恋的"雷区",引起很大的争议。由于对当代女性复杂情感的深切关注与思考是全剧的重点,它直面当代女性的种种情感困惑,既不粉饰生活,也不简单地加以道德评判,而是给观众留下很大的思考空间,让每一个人根据自己的价值取向,对女主人公夏晓雪、女大学生夏晓冰、"第三者"王纯等不同的人物角色及其婚恋观念作出判断、获得启示,从而重新审视自身的情感。如果进一步扩而大之的话,这类剧还有《中国式离婚》《金婚》《守婚如玉》等等,它们的题材都是离观众现实生活非常切近,如果站在中国婚恋题材的视角看,其实整个社会都在变化,每个人的婚姻的内容也都在变化。创作者本着对女性形象的真诚塑造,因而温情而不滥情,深刻而不故弄玄虚,严肃地探索了当代的中国婚恋现象,每个人也都可以在这中间看到自己的生活,并且得到共鸣。

在社会转型时期,种种新旧观念的碰撞,在社会生活中必然形成剧烈的震荡,同时也形成人们心理上的期待,他们渴望了解,渴望沟通,渴望获得共识,《空镜子》恰恰切合了时代的主题,在很大程度上触及到了社会转型时期特别是物质财富积聚起来以后的一个重大主题——各种新旧观念的冲突产生的极大反差。我们注意到,创作者就片名《空镜子》中的"空",有过一番颇有哲学意味的阐述和提炼,说"空,也许就是满;失去,其实就是获得;得到,同时意味着付出。"这话说得多好。整部《空镜子》,其实都在用形象说明人生的大道理。

　　今天，每个人自我生存的空间和形态不同，要想确认自我生命的意向，只有通过彼此的镜鉴才能获得，而从文艺作品所具有的公共观赏性，恰恰能使剧中人物的个人体验转变为可以共享的大众经验，因而常常能获得被广泛探讨后的更为宏观、更为全面、更有指导意义的借鉴意义。因此，这也是文艺作品常常被社会人群拿来作为生活话题的原因，也是文艺这种样式作为社会存在永恒不变的理由。

　　　　　　　　　　　　　　　　　　　（2006 年 3 月 7 日）

"五大"加紧抢分中国唱片市场

——评析世界五大唱片公司进军中国内地

最近,我就中国唱片百年后的发展趋势进行研究时发现,世界五大唱片公司(以下简称"五大")正在加紧抢分中国唱片市场。到目前为止,它们已从地下操作完全浮出水面,在资金投入、歌手签约、发行网络、运营模式、经营人才等各方面,对中国唱片业形成了巨大的压力,使得本来就非常脆弱的中国唱片业更加虚弱,本应是"朝阳产业"的中国唱片业却呈夕阳西下之势。

一、开疆拓土、跑马圈地的前期性工作已经完成

世界上公认的五个规模最大、实力最强的唱片公司,被唱片行业简称为"五大",它们是 SONY(索尼)、EMI(百代)、BMG、环球、华纳。早在 10 多年前,"五大"就一致认定,中国是世界唱片业最大的未开发市场。它们目标明确,就是利用中国唱片业的无序和弱小,尽快挺进中国市场。

据被"五大"拉入它们团队的中国运营人员秘密透露(他们均不愿透露姓名——注),"五大"在中国内地的渗透手段,完全采用当年"进军"香港和台湾的模式。这里,有必要回顾一下当时港台的情形。

80 年代的香港和台湾唱片界,都有着二三百个大小不等的唱片公司,唱片市场也非常红火。它们一般都签约一两个歌手,邓丽君、徐小凤、凤飞飞等红遍华人地区的歌手就是这类小公司培养起来的。"五大"看到后,就凭借其强大的财力和雄厚的资源,你争我夺大量收购和挤压这些小公司,常常是连公司带歌手、制作人一起签过来,归入"五大"旗下。几乎在一夜之间,"五

大"将港台的几百个小公司悉数挤垮,到80年代末,也就是短短五年中,港台唱片界已成为"五大"的天下,本土份额仅占10%,剩下的其他小公司面对强大的"入侵者",就很难再做下去,如中国唱片总公司原在香港设有一家名为"百利"的唱片公司,做得很好,而"五大"一来便没法再干了。

而台湾的情形与香港略有差别。当年"五大"是在香港得胜后再挥师台湾岛的,开始时遭遇台湾当局的种种限制,例如进口唱片要经过当局有关部门审批,为此"五大"很不舒服,一方面通过各政治和经济组织向台湾当局施压(尤其是美国和欧共体),另一方面"五大"采用同香港一样的手法,一掷千金进行收购。在"敌强我弱"的形势下,台湾当局的所有保护措施全被冲垮。在80年代末,台湾的唱片业也变为"五大"的基地。

那么,今天的"五大",又是如何在中国内地运作的呢?其实,它们同样采用了当年的港台模式进军内地。但与港台地区不同的是,我国政府对外来文化采取谨慎政策,既开放又限制。例如,海外唱片允许进口但必须经过文化部严格的内容审批;唱片的出版、制作不允许外资进入;唱片的销售发行可以成立中外合资、合作公司,但外方的股份不能超过49%等等,这就阻止了"五大"对内地的长驱直入。为此它们心犹不甘,同样采取各种政治和经济的组织对中国政府施压,如WTO服务业开放的时间表,如抓住盗版问题不放以争取纳入他们理想的经营轨道等;另一方面则通过种种合法和不合法的手段加紧渗透,如设立办事处和合资的发行公司等。在前后不到10年的时间里,"五大"中的每一家,都已经在内地有了自己的企划公司、制作公司、发行公司等,而且大多数已经有了正常的业务运营,发展势头非常强劲。不可忽视的是,这些公司几乎全都扎堆在上海,而且触角伸向了北京、广东等地。

至此,可以说,"五大"初步完成了抢分中国唱片市场的基础性工作,或者确切地说,已经完成了有关开疆夺关、跑马圈地的前期性工作,以及中期的运营发展工作。

二、"五大"进军中国内地的现状及其危害

通过调查分析,我在这里描绘出一幅"五大"在内地布阵和具体运转的图谱。为了清晰起见,这里将逐个进行解剖。

1.索尼(SONY)公司,这是"五大"公司中最早(1996年底—1997年初)开始运作的一个成员。它前后花了3年时间,到2000年批下来,在上海成立了中外合作"新索唱片公司",由索尼公司负责日常经营工作。它有发行的许可,但出版和制作借用上海声像出版社的许可证。公司一成立,就签下了刘欢、那英、满江、陈明、金海心等国内大量优秀歌手。今年索尼和"五大"之一的BMG合并,因此上海的"新索"正在整合中,整合后的新索将会更具实力。

2.EMI(百代)是"五大"第二家在上海成立公司的,中方的合作者名叫"上海步升音乐公司",它拥有唱片的制作、企划宣传、销售发行、演艺经纪等经营许可。公司股东名义上是中国公民,其实是进行了地下操作,股东实际上是在EMI供职的境外人士。步升公司自2003年开始完全由EMI进行操作,从组织架构去看,自总裁、副总裁,到中层各部门总经理,清一色都是境外人士。它在北京、广州都设有分公司。有趣的是,步升整套由港台境外人士组成的EMI原班人马已运作了三年,居然无人过问。为了从非法变成合法,目前他们已成立了中外合作"步升大风公司",办下整个手续,并已正式开始运营。该公司的出版是挂版发行,运作方式吸取了"索尼模式"受中方掣肘的教训,变为纯自我操作,实际是一个由EMI操纵的外资公司。

3.BMG,前几年在上海成立了一家"星汉音乐公司",股份也是由原BMG的海外高层人士注资,由中方个人出面,取得了唱片制作、发行等经营许可。由于SONY和BMG两大公司在兼并,因此业务运作目前处于半停顿状态。

4.环球唱片公司于2000年在上海设立了代表处,2004年初在上海跟上海某传媒集团联合成立了"上腾娱乐有限公司",主要业务是环球歌手在国内媒体上的企划宣传,选拔和包装国内歌手,演艺经纪等。由"环球公司"派人经营。该公司已在全国搞了二次规模巨大的"我型我秀"歌手选拔赛,目的在于挑选和包装优秀的国内歌手。在制作和发行方面,也采用EMI的模式,进行非正规操作。如上海一家名为"天韵"的音乐制作公司,就是由环球出资进行唱片制作的。它们在广州已成立一家仍以"天韵"为名、规模较大的发行公司,公司股东名义上也是中国公民,但实际由环球注资,"广州天韵文化发展有限公司"现已正式挂牌运作。

5.华纳,在北京成立的"北京中文华纳文化有限公司"也已有好几个年头了,该公司主要经营歌手的演艺经纪,签了很多国内当红歌手及乐队组合,如那英、孙楠、朴树、老狼、达达乐队、美眉组合等，在行内十分活跃。出面的也是中方唱片界的知名人士，但由华纳出资。

面对"五大"进军中国唱片市场这一严峻现实，中国唱片业已经明显地感受到从未有过的压力和困难。唱片公司优秀的运营人才，大都被挖走一空。如北京的宋柯、许晓峰曾在华纳供职，原"上海声像出版社"社长胡战英曾在EMI和BMG的"星汉"供职，副社长臧彦彬在"滚石"供职，中唱上海公司副总经理杨圣良曾在EMI供职，"广东美卡"副总经理周峰现在环球的"广州天韵"供职……

国内歌手的情形是，出来一个被"五大"签走一个。下面是同"五大"签过约的国内歌手：

华纳：那英、王珏、范冰冰、美眉组合、汪峰、朴树、达达乐队、叶蓓、老狼、王倩、周迅、孙楠……

索尼：刘欢、满江、王子鸣、陈明、金海心、满文军、陆毅、倪芮思、秦海璐、韩雪、黄奕、刘亦菲

环球：王思思、施文斌、张杰、苟伟、黄蒙拉、梦洁、刀郎、张敬轩

EMI：花儿乐队、胡彦斌、许巍、赵薇

国内自己的唱片公司，已经很少做唱片了，也不再包装歌手了，除了中国唱片总公司还偶尔做一些，但也在市场上大多遭到冷遇。

如果不面对"五大"的整体推进，不重视"五大"进军对中国唱片业造成危害的话，那么，内地唱片业就会重蹈当年"五大"进军香港和台湾唱片业的覆辙。

目前，中国的唱片市场除戏曲类、教辅类外，"五大"在畅销的流行类唱片销量已经占到90%以上。我们正在掀起打盗版的行动，其实在给"五大"打盗版，保护民族唱片业已无从谈起。

更为严重的是，由于"五大"的国际背景，它带来的文化产品全是欧美和港台的畅销节目，它在大陆的经营人员推广和宣传的内容只能是西方和港台的音乐和文化。他们不懂也不愿去发展中国的音乐和文化，即使就是他们签的中国歌手，也要用港台的模式去包装他们。这些年我国的唱片店里卖的、电台电视台和报纸杂志甚至网络等传媒宣传的90%都是这类音乐，它已形成了庞大的消费群和追星族，影响了整整一代人。而中国的音乐谁去制作、宣

传和购买呢？泱泱大国、几千年的中华文明、中华民族丰富的音乐资源谁去发扬光大呢？这不仅是中国唱片业的悲哀，也是每一个中国人和中国政府有关部门要去深思的。

三、中国政府需要采取的应对之策

面对世界五大唱片公司抢分中国唱片市场的严峻现实，我们应该采取有效措施，积极应对，才能从根本上挽救中国唱片业的颓势，使中国唱片这个庞大的市场不致于拱手相让给"五大"，使中国唱片界不致于成为音乐的殖民地，也使中国的优秀民族文化通过唱片这一载体，得以发扬光大，满足人民群众日益增长的文化需求。另一方面，我们也可以借鉴"五大"的先进运作模式，使中国唱片的资源大国变成产业强国。

我认为，唱片界自救是一回事，而政府的作用在这个领域、这个关口至关重要，唱片界也希望政府应该适时出手。

一、政府应支持帮助唱片业繁荣，不能让其自生自灭。中国的唱片公司经批准的有好几百家，都是文化、广电、新闻出版系统下属的国营事业单位。唱片业的一个很大的特点是前期投入较大，海外唱片公司一般投入需要三年时间才能有回报。如歌手需要培养，选拔培养十个歌手能有一两个走红的就已经不错了，出五张唱片有一张畅销就成功了。如前面提到的"五大"在中国的"新索唱片公司"，它前三年时间允许亏损，亏损了几千万，现在开始赚钱了；而"步升公司"培养歌手也用了三年以上时间，当年签的歌手大部分已放弃，投入上千万元，只留下两三个歌手，出的唱片刚开始赚钱了。而国内音像出版社的社长一是没有资金培养歌手和制作唱片，偶然有钱想做一张唱片，但是必须是只能赚不能亏的，一亏社长的位子就没了。目前国内的唱片公司不敢投资制作唱片，就只能引进，其实就是拱手相让。现在"五大"的节目在大陆有它们自己的发行公司，这导致国内公司连引进的机会也没有了，只能靠"卖版号"度日。因此，国内的唱片公司政府要给予政策上的支持才能发展。

二、政府应在全国支持四五个国有的、基础好的唱片公司，尤其像中国唱片总公司那样具有百年历史的大唱片公司，还有像广州太平洋公司等。对它们要采取政策上的优惠、资金上的资助、体制上的创新、人才上的聚集等加以改造扶持。现在国家不是没有这个钱,政府可以采取买它们的股的办法。比如,中唱有好多节目躺在仓库里,为什么不拿出来做呢?

三、政府要引导企业与唱片公司进行合作和联姻。从国际经验来看,"五大"都有企业作为后盾,同企业联姻。如大约20年前索尼公司买下哥伦比亚唱片,成立索尼音乐公司。同样,原宝丽金的后台老板是菲利浦公司,环球唱片的老板是法国的酒商,BMG的老板是贝塔斯曼,华纳唱片是华纳兄弟。它们投资唱片一是为企业文化需要;二是便于产品硬、软件配套;三是旗下的影、视、歌艺人可以作为企业的形象代言人,提升产品的品牌效应,而且每年上亿元的广告费不流外人田。可惜现在我国的大型企业领导人看不到唱片公司将为自己带来巨大利益,这是由于老总们没有这方面的观念,只请港台歌星做产品广告和形象代言人,或将资金只投足球。我们为什么不做海尔唱片公司,有了这样的公司,企业品牌完全不一样了,也可以跟"五大"竞争了。在这里,政府可以扮演"拉郎配"的角色,让企业看到这是双赢的或多赢的,在这方面,国际成功经验很多。

四、政策上要鼓励支持中小型民营唱片公司发展。现在音像出版社都是国有的,这从体制上限制了一大批有志于该行业的管理人员、专业人员投身于此的积极性。我国应该有几百个上千个中小民营唱片公司,这是唱片行业的基础,国外类似唱片工作室这样的小公司很多很多,出版上如果稍作放开,几百家就会出来,竞争就很厉害,现在连基础都没有,就不可能发展。海外唱片公司发达是因为有大量中小公司支撑着,它们有一两个歌手就够吃够赚的。

五、政策上,不让海外唱片公司进来是不可能的,WTO对唱片销售业的开放有时间表,但在出版和制作上我国仍有自主权,因此政府要坚守这条防线。对海外唱片公司的进入,要限制和利用。利用就是引进它们的先进管理模式,利用它们在国际上的销售渠道来推介中国唱片。目前获准进入销售的合资公司中按规定外方只能占49%的股份,只能唱配角,而实际情况是现在外方都在唱主角,应该倒过来,让中方唱主角,我国有很强的制作和发行队伍,比港台那批帮"五大"运作的人员的素质还要高,应充分发挥他们的才智,让中方的专业人员制作才会有中国的音乐和中国的唱片,才能发展中国的文化,才能与我国的经济发展相适应。

六、充分发挥行业协会的作用,这很重要。像中国音像协会,要让它能够真正履行行业管理职责。

总之,我们不能让"五大"垄断中国唱片市场,这可以适当借鉴韩国的经验,因为"五大"在韩国没有立足之地,原因就是韩国政府对民族文化及其产业采取了一系列极为有效的保护措施。

(2006 年 3 月 22 日)

初现气象与光泽

——中华文化走出国门点评

伴随中国文化周、文化节、文化年在美国、法国、德国等国的一次次喝彩；伴随杂技芭蕾《天鹅湖》在莫斯科征服了《天鹅湖》故乡的观众；伴随千集动画片《蓝猫》在米老鼠的故乡美国迪士尼频道隆重开播；伴随电影《青红》《一个陌生女人的来信》等在法国、西班牙著名电影节获奖；伴随钢琴家李云迪、民乐组合女子十二乐坊、歌手刀郎等音乐专辑在海外唱片架上赫然出现；伴随国内 8 大出版集团在法兰克福图书博览会上整齐亮相……中国文化，正在成为世界各地竞相争睹的景观。

一、文化交流不断扩容

来自文化部的统计数字显示，每年仅经文化部批准的中外文化交流项目就有 2000 起，涵盖 60 至 70 个国家。而从各地传来的消息，我国一批批新近崛起的文化企业，正在跨出国门，走向世界，参与到国际文化的交流竞争中。

从"中国文化日"到"中国文化周"，到"中国文化节"，再到"中国文化年"；从单项活动到多项活动，再到包罗万象的综合性活动；从政府的项目推展到民间的灵活运营……在海外，中国文化活动在不断扩容，这个过程，正在显示出中国文化越来越受到世界各国人民的喜爱。

如从 2003 年 10 月开始，历时两年的"中法文化年"被誉为中欧文化交流史上的创举。在法国各地，展开了以"古老的中国""多彩的中国""现代的中国"为主题的展示活动，交流范围涉及文学、艺术、文物、图书馆、博物馆、新闻、出版、广播、电影、电视、教育、科技等诸多方面。两国间亲密的文化交流也全面提升了两国的政治经济关系,把中法以至中国与欧盟的伙伴关系推向新的高度。

中国电视业在走出国门的路上,同样迈出雄健步伐。据国家广电总局提供的资料,目前已有16套对外宣传节目在北美和亚洲长城平台播出。而国产影片也在海外电影节上连创佳绩,据广电总局电影局负责人介绍,去年共有263部次国产影片参加了101个国际电影节,其中18部影片在24个国际电影节上获得了32个奖项,先后在22个国家及中国香港、澳门和台湾地区举办26次中国电影展,共展出国产影片215部次,其中在泰国、芬兰、拉脱维亚、克罗地亚、哥伦比亚首次举办中国电影展,开拓了"电影走出去工程"的新阵地。

法兰克福书展,向来具有图书界"奥运会"之誉,去年我国在该展上成为耀眼的亮点,显示出我国的出版物在海外有着相当可观的市场。为此,有专家预测,中国将成为2009年法兰克福书展的"主宾国"。

二、打造对外文化交流品牌

以拥有自主版权的品牌产品为依托,借助国际力量联合推广,中国文化以新的品牌出现在世界人民的眼前。

作为中国功夫首次与现代舞、芭蕾、杂技等艺术形式完美结合,并实现中外演艺企业全方位合作经营的《纯一:功夫传奇》,从2005年8月19日至2006年1月11日,已在国际演艺市场取得了演出150场、观众人数达11万人次、总收入300万美元的佳绩。爱尔兰驻华副大使凯科看完这场演出后说:"这是一场比《大河之舞》更有活力的演出!"而像大型舞剧《风中少林》、芭蕾舞剧《大红灯笼高高挂》、综艺舞台剧《时空之旅》等,更为中国文化赢得了阵阵喝彩。其中舞剧《风中少林》经过重新包装,今年下半年起将在美国演出两年约800场,而德国、日本也竞相引进这台精美的舞剧。

中国国际电视总公司是努力拓展海外文化市场的代表,它通过海外地区总代理的机制,把大量国产优秀音像节目推向海外。而更多的民营音像企业走向世界的积极性也空前高涨,并取得了令人瞩目的成绩。俏佳人、孔雀廊、广州音像出版社等 8 家国内知名品牌企业,合资在美国洛杉矶市成立美国中国音像城有限公司,标志着国产音像制品出口进入全新阶段。如广州俏佳人文化传播有限公司的品牌仅仅限于海外华语市场的格局已被打破,而开始进入国外的主流市场。

最近几年,国产音像制品出口快速增长的主要标志,就是国内正在涌现出一批出口额超过 1000 万元的音像公司,如中国国际电视总公司、广东杰盛唱片公司、广州俏佳人文化传播有限公司、广东音像城、北京三辰卡通集团有限公司等,呈现国有、民营音像企业合力开拓海外市场的良好格局。如广东杰盛唱片公司很早就开始进行"国际试水",近两年的节目贸易额已达到 1600多万元,占公司营业收入的 30%,产品的自主版权达 200 多个,而且由于有稳定的外销渠道,生意还将越做越大。

三、政府推动文化产品出口

中华文化走出去,是中华文化与西方文化的对话,是不同国家、不同民族人民之间的心灵的沟通。

中国文化走出去,是时代赋予中华文明和中国文化新的历史责任,它要求我们以卓有成效的工作,尽快形成自尊自信、开拓进取的对外文化发展战略,提高中华文化的国际地位和影响力。这一理解,正在成为各级政府相关部门的共识。

国家新闻出版总署与国务院新闻办联合成立了"中国图书对外推广小组",确定了"中国图书对外推广计划",还专门设立了"中国图书特殊贡献奖""鼓励中国出版物走出去专项资金",并将建立外向型图书的生产基地。在第 57 届法兰克福书展上,中宣部、新闻出版总署组织的国内八大出版集团,在开幕当天就与数十个国家的出版商达成图书版权输出意向上百个,涵盖了中国经济、文学、艺术、医学和少儿读物等多个类别,达成版权贸易 1496种,其中版权输出为 615 种,版权输出和引进比由原来的 1/10 上升至 1/1.43,为扭转图书进出口贸易版权逆差开创了新局面。随着中国经济的发展,版权输出必将在中国"文化走出去战略"中扮演越来越重要的角色。

国产音像作为在海外传播中华文化的重要载体,已经成为不争的事实。

为使国产音像制品更好更快更多地走出国门,提高民族音像业在国际上的声誉,政府不仅在政策上加以扶持,如为简化出口环节而出台了《关于促进国产音像制品出口的通知》,使文化产品出关审验时间由原来的较长时间缩短到 1至 3 个工作日,而且为了创造平等、有序、高效的竞争环境而建立起国产音像节目涉外版权登记制度。前不久,文化部与财政部又首次设立国产音像制品出口专项资金,专用于解决这些问题。对此,许多音像出口企业的老总感慨颇深,认为这样的政府行为才是理性的、成熟的,它将鼓励更多的企业把目光放到海外。现在,由政府构筑的国产音像制品出口"绿色通道",正在有力地助推中国的音像企业"走出去"。

　　《云南映象》是第一部进入国家舞台艺术精品行列的民营院团剧目,它的巴西、阿根廷之行轰动南美,2005 年在欧洲、美国等地的多场巡回演出也广为瞩目,主演杨丽萍还因此获得由美国辛辛那提市市长颁发的金钥匙奖。当然,这些都要归功于云南省在发展文化产业中大胆创新和支持力度,2003 年该剧目创作之初就遭遇资金短缺等困难,剧目审查一度也难以通过,但云南省党政领导班子觉得,这是一个能打造成体现云南文化特色、走文化产业道路品牌的作品,因而省长批了几十万元经费帮助剧组渡过难关,一系列的扶持政策,终于催生了有云南省名片之称的《云南映象》。

(2006 年 3 月 30 日)

既繁荣先进文化　又建设和谐文化

——如何看待文艺工作者面前这道时代新课题

在中国文联第八次全国代表大会、中国作协第七次代表大会上，胡锦涛总书记指出，繁荣社会主义先进文化，建设和谐文化，为构建社会主义和谐社会作出贡献，是现阶段我国文化工作的主题。这一重要论述立足现实，着眼全局，进一步阐明了新形势下我国社会主义文化事业发展的方向和任务，是推动我国文化事业蓬勃发展的指针。在这一时代背景下，如何书写繁荣先进文化、建设和谐文化发展新篇章，是摆在文艺工作者面前的一道时代课题。

今天，我们党提出的无论是繁荣先进文化，还是建设和谐文化，都不是我国社会发展历史的偶然，它完全伴随我国历史的进程特别是改革开放而形成并发展的创造性精神实践而来，也是经济全球化时代我国面临挑战而作出的现实性回应。

第一，如果说，先进文化是在各种文化的交流和竞争中产生发展的，那么，和谐文化就是先进文化产生的基本前提、土壤和氛围，先进文化才有可能在竞争中生存、发展、繁荣，和谐文化为这种生存、发展、繁荣提供了良好的人文生态。

当今世界正处在一个经济全球化的时代，占据强势地位的西方文化产品对世界各国的传统文化造成了很大冲击，抗拒全球化的浪潮此起彼伏。如果"全球化"是让各种先进文化共同发展、共同繁荣，那么这种全球化无疑是有益的；如果"全球化"是让西方文化来主宰整个世界文化，那是不能接受的。实践证明，各种文化间的互相理解和融合，使这个星球上的人们可以获得各种生存意义的答案，和谐文化的理念正是让各种文化互相启发，相互交流，营造健康的人文生态环境,可以避免人类精神走向冲突、对抗、扭曲的"死胡同",让人类的精神家园生机盎然。

第二,不可否认,兼容的文化是强盛的文化。和谐文化应当是兼容并蓄的文化,这也是先进文化的题中应有之义。先进文化有着对其他文化慷慨吸收、鉴别采纳的特点,和谐文化也强调各种文化间的宽容、包容、融通。在历史上,这种文化的宽容特征曾在我国的唐代释放出迷人的光彩,那种对域外文化的包容接纳、取舍由之的从容,使得长安城犹如一座色彩绚丽的世界博物馆,因而盛唐的文化便是当时历史条件下的先进文化,为时人所瞩目。

今天,已经有很多学者以儒家的和谐思想为根基,提出了"和合学"等构想,认为儒家"和而不同"的和谐理念,主张不同文化间兼容和合,多元文化和谐共处,对于化解冷战后势不两立的敌对文化观或文化威胁论,以及以某种文化为中心的一元主宰论,都具有重要的现实意义。因此,当代世界的各大文明,都应该学习儒家的恕道精神,以开放的胸怀,容纳异己的文化元素,并相互尊重,和合共生。如果不能建构一种融合各种文化价值观为基础的文化价值体系,人类便不可能共同面对来自自然、社会、心灵的挑战。

第三,每一种文化都有其优良的传统,一个国家如果放弃优良的文化传统,就不可能发展出先进文化来。因此,繁荣先进文化也好,建设和谐文化也好,都应当保持本文化的优良基因。

其实,在中国和外国的传统文化中,有很多内容恰恰强调和谐。中西古代圣贤普遍认为,和谐是反映事物与现象的协调、适中、秩序、平衡和完美的存在状态的范畴,是多样性的协调统一。德国巴姆博格大学教授海因里希·贝克在《文明:从冲突走向和平》中提出:"欧洲与亚洲之间的文化对立,蕴含着创造性的潜力,可以使人类精神进一步发展,实现文化碰撞中的和平。传统西方文化中更多体现着对外界进行理性分析和辨别差异的能力,而传统东方文化中较多孕育出对内部世界进行精神整合和和谐化的素质,如果二者合作起来,将可能产生出更完满的人性。"这是对人类文化作为一个不可分整体提出了一个多么好的哲学命题。

第四,先进文化必然推动发展先进生产力及人民群众的根本利益,而和谐文化就是寻求在先进生产力和人民群众根本利益中的平衡,并更趋向于保证广大群众的身心健康,引导人民走向精神的自信、身体的健康和心灵的安宁。先进文化属于上层建筑,由于与先进科技有着密不可分的关系,因此会极大地推动生产力向前发展。而建设和谐文化,也是对人类全面发展的规则和价值设定,是体现人类社会不同利益主体求"是"求"利"的辩证和谐统一关系。在全球和谐与冲突张力失衡的情况下,只有树立合作发展的经济观、共处竞争的政治观、和谐共存的文化观,才能为共同繁荣的和谐世界奠定坚实的基础,人类才会创造出人与社会、自然和谐发展的美好世界。

在当今世界上,还没有一个国家的执政党把代表先进文化的前进方向、建设和谐文化作为自身的立党之本,并在自身的纲领中宣介,在旗帜上高扬,这一点令人感佩。新世纪新阶段,是我国发展的重要战略机遇期,也是我国文化事业大有希望的重要发展期。只有紧紧抓住并充分利用好这一重要发展期,深入学习贯彻胡锦涛总书记的讲话精神,锐意进取,勇于创新,才能在不久的将来,完全有可能在全球化时代赢得文化大国、文化强国的桂冠。

(2006 年 12 月 27 日)

作品要感人　沉到最底层

——电视剧界为什么能出现"吉林现象"

　　金秋时节来到长春,很高兴在收获的季节里,与大家一起分享吉林电视剧创作生产丰收的喜悦。中央领导同志对吉林农村题材电视剧创作有很多肯定,这就说明收获里还有更沉甸甸的分量。

　　我对吉林电视剧和其他的电视文艺还是比较了解,也很热心,主要因为作品确实值得看值得评,慢慢就有了感情。

　　其实,吉林电视剧或者是电视文艺创作,整体竞争力非常强,创作硕果累累,成绩斐然,创作者的精神状态也非常饱满,口碑也很好。

　　因为今天主要是谈农村题材电视剧创作,所以我想,吉林的这一题材电视剧创作之所以能够在全国电视剧创作生产中占有重要的位置,主要是能够紧紧抓住当代农村改革现实这一关键,把根深深扎进农村这块黑土地中。具体而言,其成功的经验有如下几点。

一、为什么电视剧有"吉林现象"而别的地方没有

　　我经常问自己,为什么电视剧有"吉林现象",而别的地方的电视剧生产没有形成这种现象。

　　在吉林,我不知道吉林的其他领域有没有冠之于"吉林现象",我指的"吉林现象",仅限于吉林的电视剧生产创作之用,说得更准确一些,仅限于吉林的农村题材电视剧创作之用。

　　纵观全国整个电视剧创作,我认为"吉林现象"有四点构成要素:

一是打"农村"牌。仔细去看,作为"吉林牌"的电视剧,都是以吉林的农村、农民为素材来源,以当地党和政府关于农业、农村、农民的一系列方针政策为基点,表现了这块黑土地上的农村和农业在改革开放时代中的发展进步,展示了农民崭新的精神面貌。同时,这些剧也表现了在建设社会主义新农村过程中的矛盾冲突,捕捉到了人与人之间关系的变化。更重要的是,它们大都表现了广大农民对党和富民政策的理解和认识,刻画了广大农民响应党的号召,用自己的劳动一心一意奔小康的动人场景。

二是打"现实"牌。这是指吉林电视剧创作生产能够做到近距离或者说零距离地反映现实生活,并且能够做到拍一部,成一部,几乎百发百中,部部成功,赢得观众广泛的认同,形成了整体性优势,要做到这样当然是很不容易的。

三是打"风格"牌。之所以说吉林电视剧作品能构成"现象"的另一个重要标志,也是吸引全国广大观众的重要原因,在于它们都有浓郁的区域文化、地方风情等特色,场景鲜亮美丽,基调健康、明朗,内容轻松、活泼,尤其是众多的人物性格诙谐、幽默(这一点在这里简单讲一下,后面我还要专门讲)。这种强烈的风格化的作品在其他省区市很少能见到,应当说,这给荧屏吹来了一股清新之风,它们的播出在城乡特别是广大农民当中产生了强烈反响。

四是打"规模"牌。由数量而形成了阵容,不断的生产播出,让观众在荧屏上极易辨识。要知道吉林年均生产近20部电视剧,特别是在央视的播出数量实现新的突破,可以说凡吉林省生产的电视剧基本做到全部播出。

简言之,一个时期以来,吉林在农村现实题材电视剧创作上以"农"字为旗帜,生产上有一定的数量规模,形成了自己独特的创作风格,不断推出在全国电视剧界有影响、有好评的佳作,备受全国观众关注,进而成为一种突出的现象,这就是"吉林现象"。

从这四点看,这是吉林电视剧创作胜于其他地方脱颖而出的原因,也是其他地方没有能去做,或者是想做而没能做到,再或者说,做其中的一件可以,将此四者全部做到则不能也。

这里,我觉得吉林的电视剧生产主管部门,作出了一个很有眼光也很独到的战略选择,或者说就是一种"扬长避短"的清晰认识的结果。

从现在看,今天所取得的成果就是通过这种考虑和选择而取得的。农村题材不是很少吗？我做；现实题材不是难搞吗？我做；风格化的东西不是容易出问题吗？我做好它不就没有问题了吗？这一点一点，一步一步，就走了过来，却不曾料想走出了一条创作新路，一条别人走不了、走不好、走不全的探索之路，最终走到了今天的"吉林现象"上来了。国家广电总局对此特别提倡鼓励也正说明了这一点。

二、打出了"农村"牌

立足大农村，站稳黑土地，是吉林电视剧生产的一张王牌。吉林省是一个农业大省，产粮大省，清朝的时候将此地尊崇为"龙兴之地"。农村的传统人文特点决定了电视剧创作跟农民与土地有着极为密切的关系。

尽管电视剧创作队伍中存在着因收视这根指挥棒而带来的心浮气躁、急功近利的问题，但作为生于斯长于斯的创作者不可能对农村题材态度冷漠，相反，他们对农村、农民关注远远超过对其他领域的关注，他们创作生产的《刘老根》《希望的田野》《圣水湖畔》《美丽的田野》《都市外乡人》《插树岭》等一大批现实题材的电视剧精品剧目相继热播央视荧屏，为中国电视剧界贡献了一道独特的风景。

这些作品推出了一批新型农民形象，这些形象与过去文艺作品中的农民形象有着很大区别。他们大多投身于发展现代农业、搞活农村经济、提高自身素质。在他们活跃的广阔天地间，城乡差距、工农差别正在缩小，他们是我国新时代里值得骄傲、精神为之一振的一批新农民。

在表现农村生活中，创作者敏锐铺捉并书写了当代社会变迁中农民的精神走向，这是这批农村题材作品的共同特点。这里，我要着重提一下的就是《都市外乡人》，我对这部作品评价非常高，是看到后就让人放不下的作品，提供给人们思考的东西非常多，而且特别可贵的是，它倾情塑造了几个纯朴、善良、正直、有尊严、肯吃苦而且有人生理想的青年农民形象，这些进城的外乡人身上，有很多积极的东西，的确展示了当代社会变迁、人们精神风貌的一个真实图景。

我们还可以从《希望的田野》《圣水湖畔》《美丽的田野》等作品中，看到了东北黑土地上的崭新变化，及变化所引发的有关农民的生活方式和生命状态的变化。我们也可以从这些变化中引申开去,感到这不就是中国历史的、社会的、政治的变化的一个缩影吗。

我想强调一点,就是中国的农民在未来很多年当中,都将面临一个很困难的选择和调整,这个调整和选择就是广大农民在未来的中国城镇化进程当中如何深度地融入城市。虽然我们从《都市外乡人》等吉林出品的电视剧作品中,看到了像包美凤、宝库等新型农民已经进行自我的选择和调整,并从中发现了新出现的机会,他们勇敢地去捕捉、追求、拥抱它们,而不是选择冷漠、逃避,或者说陷入不适、矛盾和痛苦中。

外国经济学家曾对中国的农民出路进行预测,认为出生在以经济快速增长为背景的家庭中,他们很有可能需要转移到农业以外的其他职业来就业。事实上在中国,今天的经济使得在中国农村生活的亿万农民必定要分享中国经济增长带来的好处,这是不可逆转的,这条路,怎么继续走下去,这是今天的时代给我们这一代人提出的新课题。

《都市外乡人》的导演顾晶说得好,他说对今天的农村就是要表现阳光,表现明亮,表现农民时要放大他们的快乐,我们要让对前途抱有怀疑的农民工,看到希望,看到未来。

三、打出了"现实"牌

创作者都知道,现实题材创作难,近距离反映现实生活更难。而为什么吉林的农村现实题材电视剧创作能做到这一点,我一直在思考这个问题,我想这里面一定有其秘密。

我们在吉林电视剧创作中不难发现,它们所呈现的,一定是紧紧围绕"三农"这个中心,以党的农业政策的运行为背景,聚焦于农业产业结构调整、农民的生存状态、农村的社会保障如卫生事业、文化建设、义务教育、税费改革等等一系列与农民切实利益相关的问题,并通过农民的衣食住行、婚丧嫁娶、生老病死、风俗习惯等等表现出来,从而为我们提供了较为全面的"三农"现实状况。从表现手法看,吉林电视剧很好地坚守了现实主义创作原则,因而其农村题材电视剧作品都是非常纯正的现实主义作品。

然而,对于文艺创作而言,要做到这些是不容易的。如果容易,为什么南方的、中原的、西北的都出不了像吉林这样的创作现象。南方现在基本上没有什么像样的农村现实题材剧,就一部《荔枝红了》也只是电影,而不是电视剧。山西最近有一部农村现实题材的电视剧《喜耕田的故事》较有影响,只可惜也是仅一部而已。

农村现实题材集中出在吉林,我想,还有一个很重要的因素,就是创作主管部门同创作者之间很好地解决了一对矛盾。从理论上讲,一方面火热的现实生活为他们提供了无限丰富的创作素材,迫切需要我们的文艺及时加以反映,另一方面是,文艺创作生产规律又需要时间沉淀,以作必要的审视和梳理,这就是一对矛盾。但吉林的创作主管部门清醒意识到,吉林的电视剧要在全国胜出,必得以农村现实题材为武器,这是因为在全国范围内,这个创作领域相对薄弱,而吉林文艺工作者恰恰生活积累雄厚,特别是主管部门屡屡倡导,当然,还有创作的机制、管理的体制,包括营销机制都做得非常好。但我认为最重要的是,贴近时代、贴近生活、贴近群众的指导方针得到了创作者的认同。

说到创作者,我认为这是农村题材的创作亮点能够亮在吉林的一个极为重要的原因。这里聚集了一批会写、会导、会演的人才。他们都是来自这片黑土地,熟悉黑土地,深爱黑土地。他们不为别的所动,专心关注农村的当下,牵挂着东北的父老乡亲,扎根农村的感情是真实和诚挚的。他们强烈地感到,东北农业文化中优秀的传统有强大的生命力,在今天依然发生着作用。因此,现实主义创作对他们而言是天然的。

如果随便点一下,就有编剧何庆魁、冯延飞等,导演就有顾晶等,他们始终生活在这片土地上,关注农村今天的发展和老百姓的命运,对农村生活都充满着实在的责任感觉和使命感。他们中有很多人或者直接来自农村,或者是具有多年的农村生活阅历,他们有丰厚的生活积累,他们倾其心力在社会进步的大潮中挖掘生动的素材,像田野系列的编剧冯延飞在创作时往往一头扎进农村,在田野里捕捉生活细节是他的拿手好戏。可以说,在他们这一群编导心里,总有呼之欲出的农村故事,在他们的笔下,总有倾泻而出的人物。像创作积累、素材消化、构思沉淀一类的东西,于他们而言,完全用不着。所以,他们能够一部接着一部写,让人感觉毫不费力。

而演员就更不用说了,"二人转"里蓄积了一大批土生土长、表演功夫十分了得的男女老少演员,演谁像谁,得心应手。

我特别想举一个《插树岭》的例子。这部作品的确在思想方面有非常深厚的造诣,它的现实性在于戏眼找得准,戏魂立得高。它的现实迫切性在于探讨了新农村建设中如何对农民进行教育的问题。这种迫切性有时候是有形的,有时候是无形的,有形的我们可以看得到,就像张立本,他把新的观念和做法带进了山村,修了路,建了桥,实现了与现代化的沟通;但还有一种是无形的,这就是像张立本从最初被拒绝到最后被接纳,这是非常具有深意的一条主线,为什么张立本在群众眼里从一个混混成长为一个当选村长,到最后连最瞧不上他的马百万,也投了他关键的一票,这深刻地说明相对落后的农村,在接受新的现代文明时有着怎样一个长期的、艰难的过程。虽然我们看不出它是在有意识地宣传社会主义新农村建设政策,但它的确是很好地把握了新农村建设中关于新的进程向何处去的核心问题。我们可以把它看作基层党员干部带领群众脱贫致富奔小康的故事,但更重要的是作品在用新的文化来重塑新农民的精神成长历程,真诚反映农村改革生活中的真善美,并准确地预示了中国农村发展广阔前景。其实,《插树岭》还有其他的意义,如表现城市反哺农村、工业反哺农业、老知青反哺他的第二个故乡,这些都是很温暖的话题。这些不就是农村现实生活的一本形象教科书吗。

农村题材电视剧的创作不仅要增强现实性、针对性,而且要站在时代的前列,举起更高的、更光明的灯火照亮农村。农村也正在发生着巨大的变化,这对电视剧创作是很好的资源。因此,我们的电视剧的视角一定要触及新农村建设这个新领域,才能够把握住农村发展、变化的脉搏,我们的镜头一定要对准这些新人、新事、新举措、新风尚,才能在主题上出"新"。当然,还要聚焦新问题、新矛盾、新冲突。

在这方面,《都市外乡人》的导演顾晶有一段话说得好,他说如果我们只是当一个复印机,我再去复制农民进城遇到的那些曲折、波折、痛苦、艰辛,以至于用生命付出代价,我觉得仍然表现得很片面也很浅显,应该走一条自己的路,能不能换一个角度告诉大家,你有希望,你有未来,农民进了城,城市是一个博大的、越来越像一个移民的大家庭,它对于农民总有接纳的那一天。播出之后我在网上看到很多人批评我们,说农民进城就那么容易吗,社区的卫生所就那么容易站住脚吗,后来我回答说我们其实在营造一个童话,告诉面临苦难的农民兄弟，你们有希望，你们有未来，你们有光明，而且善良是无处不在的，在你最困难的时候、在你摔倒的时候、在你无路可走的时候，可能就有一双手伸出来扶着你往前走，那么我们大家都有希望，我觉得这是我们国家需要思索的问题，是一个民族要走好的路。

所以说，从主题上讲，吉林电视剧创作努力追求表现当代现实生活特别是表现当代农村改革开放后的现实生活的同时，赋予了一定的浪漫主义创作手法，从思想倾向上努力追求表现积极的人生价值取向和真善美的精神世界。对于后者，很少有人谈及，但它的存在是显见的，也是可贵的。

四、打出了"特色"牌

浓郁的地域风格构成了"吉林现象"的鲜明特色。吉林省地处东北腹地，论经济实力在全国靠后，文化状况也缺少其他地区的深厚底蕴，但是吉林电视剧为何异军突起了呢？

在全国电视观众心目中，吉林农村题材电视剧有着鲜明的地域文化特色。所谓一方水土养一方人，吉林电视剧生产恰恰是深深植根于长白山文化这片肥沃的土壤中。从艺术追求上讲，用浓郁的地域风格化的戏剧样式来表现当代生活，是一种审美目标。

许多作品塑造了一批能够一下子走进观众心里的形象，他们都是朴素的、亲切的、血性的、率真的一群农民形象，男女老少、干部群众、积极分子、中间分子，都是小人物，都很草根，但都很有个性。总体上粗犷、豪放、热烈、大气，男人爽快，女人泼辣，大碗喝酒，大块吃肉，都很生动，有的还很深刻。如《插树岭》中有个叫"二歪子"的小角色，初看上去他身上全都是缺点，但他有独特的存在意义，剧作赋予他非常多的信息量。我是南方人，但是我非常喜欢看东北的农村剧，正是这批人物，身上有各种很有特色的故事和细节，那种特色，是别的地域所没有的，其艺术的感染力非常强。

我特别需要指出的是，东北农民虽然生活在底层很艰苦，遭遇了很多无奈，内心深处既辛酸又充满欢乐充满阳光，往往令人难以忘怀。就像《圣水湖畔》里的人物，身上处处流淌着生命中的辛酸和欢乐，在苦乐人生中，总是笑对人生，笑对坎坷。像马莲这个女性形象，肩上的担子非常重，但她把责任扛到了自己肩上,而不是压到丈夫或别的人身上,她的表演也是那么生动形象,非常具有观赏性。

从演员的表现来看,能感觉到他们浑身上下透出浓厚的乡土气息,很少有刻意做作的东西,极其自然,炉火纯青,跟农村的环境也很贴合,表演起来都是真情的流露,演哪一类农民就像哪一类农民,不像有的影视作品中的农民仅仅披着简单的外壳,演来毫无农民的感觉。

从语言风格上看,都是生活化的语言,是从心里流淌出来的语言,生动、形象、火爆、朴实、俏皮、幽默、诙谐,充满了东北黑土地文化的特点。

曾创作了《希望的田野》《美丽的田野》、正在拍摄的《永远的田野》的编剧冯延飞,为了创作,走遍了农村乡镇的各个偏僻角落。都说他看上去就是地道的农民,满嘴都是方言俚语,但是出手的是精美的精神食粮。要把东北农村题材电视剧做成有特色,必须要有农民的想法。对此他很有体会:"如果你的作品想要成功,就应该站在农民的立场上去想问题,而不要去写想象中的农民,你写了农民的想法,农村的图景是真实的,你才可以写想法中的农民。党中央提出创建社会主义新农村之后,遍地都是新农村,那是不对的,倾全县之力建设新农村,就不是创建,而是制造。"

是的,特色来自于创作者虔诚的姿态,不仅要下功夫,还要下得很深。在这方面,山西的《喜耕田的故事》编剧牛建荣对此也深有体会,他说,这就像一心想做菜做鱼似的,还得亲自下河里去捞,不但鱼要亲自捞,而且作料包括葱姜蒜也最好亲自到老百姓地里挖出来就做,要是从冰箱里拿来,或者到自由市场批发来的,总是不太新鲜。这段体会对创作者来说是富有启示性的。看来,要做特色菜,就要在备料上做到货真价实。

五、打出了"规模"牌

一部接着一部投,一部接着一部播,持续发力,锲而不舍,成就了农村现实题材电视剧创作的"吉林现象"。有了数量,就有了规模,有了规模就有了品牌效应。

只有形成一定的规模,打下量产的基础,才能有优质作品产生。文艺创作中,一炮而红的也不少,但要形成持久的影响力,形成整体性势能,没有规模和数量，是断然做不到的。据来自吉林的统计，2006 年中央电视台一套和八套晚间黄金时段收视率最高的前 20 名电视剧中，农村题材电视剧进入前五名的有《别拿豆包不当干粮》《乡村爱情》《都市外乡人》《插树岭》，这就是说，进入前五名的有三部是吉林的电视剧，由此可见，吉林贡献的农村题材电视剧不仅量多，而且大都受到广大观众的欢迎。

一说规模，好像就是拼数量，其实大谬。特别在文艺生产上，之所以成为规模，一定是数量质量都有。说演员阵容强大，绝不是拿虾兵虾将、跑龙套来凑数。吉林在农村题材电视剧创作上很注重打造精品。这两年不仅是创作多、数量大，而且质量也在不断提高，这说明了作品创作有很强的精品意识，这也是吉林农村题材电视剧成功的因素之一。

目前，不愿写不愿导也不愿演，是农村现实题材电视剧创作的一个普遍现象，而结果是农村题材电视剧量少质低，也难以形成规模。据国家广电总局透露，在每年的电视剧题材规划中，总局都是一而再，再而三地强调要加强弱势题材的创作，包括"三农"题材，但一些创作者既不了解农民、农村，又不愿意深入农民、农村，所以一些农村题材的创作可以说是仓促上马，草草收兵，拍出来的故事不真实，人物也不可信，观众当然不买账。从这个意义上说，"吉林现象"既难能可贵，又功德无量。

六、对"吉林现象"的未来提一点希望

最后，我对吉林电视剧创作提一点希望。

第一，对于农村题材的文艺创作，我觉得应该到了一个进入更高层面即精神层面的时候了，也就是说，我们在拍摄农村题材的时候，应该具有更多的人文精神，切不可简单地将脱贫致富看成是解决农村问题、改变农民生活的全部。人必然是物质的，但更是精神的，在任何时候，农民对美好生活的期待与向往，并不仅仅局限于金钱和财富，一代又一代的农民对幸福生活的追求，既原始又现代，不能用旧有的观念对待这种追求。作为精神生产者，在表现农民追求富裕的同时，更应体现他们的精神层面，这才是全面的。

第二，在农村题材创作中，编导和其他主创人员在向人民和生活吸取营养的同时，还应善于向人类创造的综合知识吸收营养。我想起过去著名的农村题材作家柳青,在深入农村生活的同时,十分重视中外文学遗产的学习和继承,他自己还翻译过德国文艺作品,而且自己非常系统地学习和研究西方的艺术和美学,所以说,他具有相当高的理论修养和美学造诣,那么,像这种作家,他在创作农村题材的时候,就具了深厚的学养和广阔的视野,也有很深沉的心灵观照,所以说,他在观察问题的时候,会站在历史的智慧和人类文明的制高点上,以高远的眼光选择题材,确立主题,塑造人物,也才能更加深广地揭示我们农村、农民在这个时代发展的前景。

第三,轻松的、喜剧化的农村题材电视剧要搞,但也不能忘记今天的农村这块广袤大地上,也需要气势如虹、大气磅礴、史诗品质的大作品,我们今天也完全有能力生产这样的作品,以使"吉林现象"更加沉雄厚重。

(2007 年 9 月 21 日)

好一朵文化自信的"先绽之梅"

——在中央电视台 2007《文化访谈》节目中的谈片

一

　　为了说明我的主题,我想拿去年的一部电影来阐述,但不是什么《集结号》《投名状》等在电影市场和观众群里既叫好又叫座的影片,而是一部名不见经传的小题材作品,它的名字叫《啤酒花》。

　　它讲述的是一个中国高中学生到德国留学的故事。这位学生住在一个非常典型的德国人家里,开始这家人尤其是男主人很不喜欢他,但随着一系列故事的发生,每个人对他越来越好感,不仅离不开他,而最重要的是,他的存在已经深深影响这家人的家庭气氛、生活方式,最后,连这一家两个老人的黄昏恋,还有男主人公这个倔老头的性格都有了很大的改变。

　　是什么原因,使这个小小的留学生深深地改变了一个文化背景如此不同的典型德国人家? 这就要分析一下这个小留学生是一个什么样的人。

　　这个小留学生身上带着中国改革开放以后的鲜明烙印,表面上,他富有、时尚、感性,甚至有点散漫、慵懒、自我,但骨子里很是勤奋、自强、聪明、感情专一,有很深厚的中国传统的色彩。正因为这些,使同样有着深厚文化传统的德国人重新发现了中国孩子身上的可贵品质。

　　如果往深了看,与其说这家德国人开始认可、欣赏这个孩子,不如说他们自身正在转变观念,重新认识了中国,认识了中国的传统文化和中国正在新生的现代化文明。

二

可以说这是一部小制作电影,但为什么会不时让我想起它来,尤其在涉及文化议题时,它常常从我的头脑中跳出来。有时候记忆是非常个体的事,也很感性,一些很细微的点滴的东西一经触动,就被放在了记忆深处。

我想,《啤酒花》这部影片虽然在目前没有太大影响,但它作为一种文化信号,或者说是一种文化标本,与2007年的其他文化样式、文化现象和文化心态一起,越来越强烈地透出一个信息,就是中国文化的自信正在出现,这一点应该引起我们极大的重视。

如果一旦形成,将会成为我们这个时代里一项重大的精神财富,我们应该促进它的形成,因为它必将为我们民族重塑精神,重塑民族自信心、自豪感带来无量的价值。

三

应当说,中国历史上有过很长时间的文化自信时期,但后来,便始终成了一个问题。由于清初皇帝一句"片帆不得下海",就让中国在闭关锁国中丧失了很多机遇,以至很长一段时间里,比如五四运动后,甚至改革开放多少年了,我们还有着很强的文化自卑感、焦虑症,那种"百事不如人"的文化落后感和屈辱感,深深压抑、折磨着我们,在这种扭曲的心态下,连本应该被我们珍视、最值得拥有的优秀传统文化,也被统统弃之如敝帚,这是何等痛彻心扉的事。

四

那么,到了今天,尤其在2007年,我们的文化自信,就变得非常突出,我们对文化怀有一种振奋感、雄强感、主体感,就像《啤酒花》中的那个留学生,他不仅十分自然地融入世界,这种融入并非刻意,却影响并改变了世界,我想创作者心底里有一种厚实的文化自信,不然不可能发现这类题材,选取这类故事,并从容拍出这样的影片。

还记得不久前,我们生活中曾经有过很多的关键词,像崇洋媚外、全盘西化、外来文化挤压、技不如人,等等,请问现在还有吗? 今天取而代之的新词,都是有关引领、走出去等等。别小看这些新词,它凝聚着一种崭新的文化心态。

只有文化自信的心态和胸怀,才能对自己的传统文化创造格外珍视,对世界文化也有一种取舍自如的从容,甚至对自己的文化发展设计,也就有了自觉性、自主性。其实,今天中央在文化建设上的诸多理念,都说明了文化自信这一点,比如说,和谐文化、和谐世界、中华民族共有的精神家园等等,都有很丰富、很独到的文化发展上的设计,显示出一种文化上的自醒和自觉。

五

当然,在我的 2007 年文化记忆中,还有很多的方面和内容,宏观上讲,有党的十七大报告提出的推动社会主义文化大发展大繁荣;微观上讲,有最基层的农民和农民工的文化权益备受关注,有各种纷繁复杂的文化事件、文化人物和各类文化现象,有从文化的引进来到文化走出去,有从文化的基础性硬件设施到文化内容创作生产,等等,这些大有可圈可点之处。

但如果要将所有记忆化作一个总的突出的印象,那就是文化的自信。

(2008 年 7 月 6 日)

在追光灯下如何用好话语权

——北京大学"未名大讲堂·与名家名人面对面"论坛发言

我的题目是"在追光灯下如何用好话语权",可以从各个角度进行论说,但我想从中国前不久成功举办奥运会这个切口,来谈谈我的认识。

一、中国要学会在西方的"追光灯"下生活和发展

在奥运会召开前,美国《芝加哥论坛报》在评论中国的发展时说:"如果你仔细查看一小块草坪,你将看到一些不喜欢的东西:杂草、臭虫、污泥甚至垃圾等。然而,如果从远处看,你看到的可能是令人赏心悦目的景色。"这时,评论话锋一转,尖锐地指出西方所谓的客观:"世界正把发展的中国置于显微镜下,一些人正寻觅其中丑陋的东西。这种寻觅的结果可能是准确的,但绝对是片面的。"事实证明,看问题的方式、角度等如果不一样,同样的事物会被得出不一样的结果。

事实确实如此,由于奥运会的成功举办,中国已经被放到了聚光灯下,而且在它头上形成了越来越多光环的同时,也将自己所有的一切暴露无遗。如果稍有不慎,负面的东西同样会被格外放大。而更为重要和严峻的是,今后一段时间,中国一定要学会在世界的聚光灯下生活,在世界的追光灯下发展,我觉得这个考验比奥运会更有挑战性、持久性。三鹿奶粉等事件,就是一个例子,说得不恰当一点,它让中国花了多少功夫得来的正面形象一下子又回到奥运前。

因此,聚光灯下特别是追光灯下的中国,如何维护自身的形象,发出自己的声音,就是一个如何用好话语权的问题。

话语权,其实跟你的实力是如影随形的。也就是说,当你没有实力的时候,你就是边缘人,人家是不在乎你的表达的。即使你把自己说得再真实,再动听,人家也是既不听,也不信。

而当你拥有一定的硬实力后,与之相匹配的软实力必须得跟上。都说要重视国家文化软实力,而国家文化软实力的一个重要标志,就看你有没有拥有话语权。软实力也是一种权力的表现,因此,话语权就是软实力,实际上也是一种"软权力""软霸力"。

当然,话语权与传播力是密不可分的。现代传媒已经成为一种重要的公共力量,一种能够影响社会的"软权力",具有其他力量所无法望其项背的"魔力",没有人能够回避这种力量。

善于应用现代传媒理念来传播信息、传播思想、汇聚人心、凝聚力量,是我国当前一项十分重要且紧迫的任务。面对"黄金发展期"和"矛盾凸显期",要善于借助新闻媒体,有针对性地化解社会矛盾、提高社会认同、形成思想共识;在重大政策、重大决策出台时,应当善于借助媒体及时准确地发布信息,赢得群众的理解、认同和参与、支持;在面临各类社会热点问题时,要善于借助媒体理顺情绪、化解危机,提升党政部门公信力和影响力。

过去一个较长的阶段中,我们秉承"韬光养晦""不当出头橡子"的策略,有时候该说的也不说,保持低姿态,这是与我国初级阶段还不具备物质实力、要取得国际社会平稳的和平环境等长远利益相适应的策略选择。事实上,我国正是立足于此,一门心思搞自身发展,才赢得了数十年的平稳发展,积累了迈向大国、强国、文明之国的必须要素,在社会文化心理上也进行了必要的准备。

但是,到了今天,我们的内部条件和外部环境发生了巨大的变化,中国正在迈向世界舞台的中心,自信的中国更加开放,国际社会也迫切需要更深入更全面地了解中国,也需要中国更加透明。这是由变化带来的新的需求,面对这种新需求,难道你还能三缄其口吗?

这里,我要用美国全国广播公司记者卡希尔的话来说,他指出,"许多外国游客都是读了数十篇关于北京被令人窒息的烟雾所笼罩的报道之后来到北京的,但他们惊奇地发现这座城市充满了那么多的绿色和鲜花。"这段话说明什么呢,说明中国迫切需要有自己的"言说",不然国际评价和自身的实情将一直如此反差下去,这对中国求得更大发展机会无疑构成了巨大的障碍。

对于那些近乎偏执的误读,英国 Spiked 网络杂志的一篇文章说得好:"他们对中国人进行抨击,甚至对中国人的奥林匹克精神进行抨击,揭示出目前这种责难背后的古怪的混合情绪:即道德上的鄙视与道德相对论相结合,旧式偏见与新式自我怀疑相结合……"

二、北京奥运会为世界重读中国提供了窗口

在奥运期间,俄塔社记者叶夫根尼·索洛维约夫在他的报道中说的一番话也很有意味。他说,奥运会是中国 7 年来辛苦准备的一次考试,聚集在北京的外国宾客就是最严格的考官。这些考官可能在奥运会后有不同的评语。

的确,一个奥运会,使中国产生了巨大的国际影响。有人说,中国花钱太多,但相对于其影响,这项投入是非常值得的,在今天这个"西强我弱"的背景下,西方媒体对中国的报道几乎都是负面的,而一个奥运会,使西方的民众第一次真实地感受中国的发展,第一次见到了一个真实的中国。

事实证明,来自北京外宣办的统计表明,外媒的报道和声音出乎意料地几乎都是正面的,并且比我们自己预料的还要好。正像这位记者所说的,中国政府和人民完美地通过了"要求苛刻"这一现实世界的"大考",中国正以优异的表现改变了世界对中国的看法,特别是加深了对中国的正面印象。这是我们用事实争取得到的一种"话语权"。

西方媒体为什么长期敌视中国,丑化中国? 我以为,这是两种制度之争,也是一个大国要崛起要发展所必须付出的代价。西方不可能自觉地赞扬社会主义中国的成功。因此,社会制度和历史文化差异,承认西方对中国发展的拒斥的同时,同样有必要主动加强沟通,以达到相互理解。

正是北京奥运会,事实上为世界重读中国提供了窗口。在中国举办奥运会期间,许多外国友好人士以他们在北京的所见所闻,客观公正地发声。如澳大利亚工程师凯文·劳说:"我认为一个国家施行怎样的社会制度并不是最重要的,重要的是这个制度要适合这个国家的发展,中国的发展证明了这

一点。"而一位带着她 4 岁的儿子骑车逛北京的外国游客帕里诺,给儿子解释关于奥运会的一切,比如什么是志愿者,他们怎么工作。她说:"儿子也常会叫我,'妈妈你看这里','看那里','多美丽'。我通过孩子的眼睛看北京,没有政治、没有分歧,只有纯净、只有希望……"

尤其令人感动的是,以色列总统希蒙·佩雷斯在北京时,当他穿过北京街道时,看到的是一个全新的北京,给他留下最深印象的是人们脸上开心的笑容,"人们微笑,是因为他们的内心感受到了微笑的理由"。

北京奥运会的影响在于,它是中国改革开放 30 年后接受的一次"成人礼",能极大地激发我们产生新的发展智慧。可以预期,多年以后回头看时,中国新的变化和进步将有相当部分源自北京奥运会。

三、深刻认识话语权与国家利益的关系

现在社会上有个"热词"的说法。一般来讲,一个社会有了热点,就必然会有热词来反映。回到今天的议题,那么今年以来,如果要说文化上的"热词",我觉得"话语权"是今年以来,尤其是奥运会以后一个很流行的热词。它虽然不是新词,但它从过去的专业领域辐射到了政治、经济、社会文化生活等很广阔的领域。如果按照经济基础决定上层建筑的逻辑定义来说,是由经济发展取得了实力后在上层建筑上的"热传导"反映。

有人说得好,今天的世界,有话语权,1 美元可以顶 5 美元用,而没有话语权,5 美元都顶不了 1 美元。这就是事实。话语权与国家的实力密切相关,发达国家一直拥有话语权,而话语权是发展中国家的战略瓶颈。

当今的世界,话语霸权依然存在。西方的话语权体现在哪里,看看每天全世界有十几亿人在收看 CNN、BBC 就清楚了。以美国为首的西方媒体一直标榜人权、自由等西方概念,但他们的媒体并不客观。大家知道,在伊拉克战争中,这种不客观表现得更为明显。直到战争结束,他们也没有找到发动战争的理由,即大规模杀伤性武器,可他们的舆论在战争前就开足马力宣称伊位克是全世界和平的威胁,根本容不得这个国家有任何的解释。所以说,今天的媒体没有纯客观报道,都是为国家利益服务的,在奥运火炬传递期间的干扰,在西藏问题上,西方的媒体非常一致。

　　而我们成功举办了奥运会,这是一次中国话语权的实际体现。包括这次汶川地震,由于我们的信息及时,我们的许多信息都被 CNN 转播了,这是少有的现象。这告诉我们,话语权决定对主动权的掌握,拥有话语并不必然拥有话语权,衡量是否拥有话语权的标准,一是看话语的声音是不是大,是否能够被足够多的人听到;二是看公众听不听,能听到是一回事,听不听又是另一回事;三是听到了信不信。财大,气就粗;成功,话就硬。没有发展,缺乏实力,做不好自己的事,再强大的话语权也没有用,用了人家也不会听。

　　今天,中国经济社会发展很快,对世界的影响越来越大,与此同时,我们的声音影响却没有与国家实力同步增强,一直处于被动的局面,我们需要改变这种局面。中国在原来的国际舆论格局中,一直是被丑化、被误读、被曲解的对象,但过去是埋头干好自己的事,丑化就丑化了,也顾不了那么多了。而在今天的经济全球化浪潮中,要改革开放,就必须跟人家打交道,与人打交道,就得人好,人好是一回事,人好了还要让对方知道,人家才更愿意与你打交道。我们举办奥运会,让人家看看我们到底有多好,奥运会举办成功了,人家才知道,噢,中国不是某些导演镜头下的那种辫子人生和抠脚生活啊。

　　我们意识到话语权的重要性,这是一种文化的觉醒。如果没有中国的发展变化,就没有话语权。如果有了变化而不能很好地构建好话语权,那会让这种发展变化过程在恶语相加、扭曲变形、猜忌拒斥中度过。如果有了发展变化也有了相应的话语权,那就会相互驱动,相得益彰。因此,我们应该卸去自鸦片战争以来形成的“我不如人”的历史自卑心理,以强大的自信更好地融入世界,这是摆在我们面前的一个重要课题。一个成熟的民族,既不应为过去的包袱背书,也绝不会为成就所陶醉。在面向现实和未来的同时,只有看到更多差距,才能激发起奋起直追的力量。

（2008 年 10 月 18 日）

生命之歌在这里重新唱响

——评广西卫视大型综艺节目《金色舞台》

一块块金色的汉字笔画,在衬以绛红色帷幕上,在剧院舞台的廊柱间,仿佛进行着庄严的集结,最后结构成"金色舞台"字样,一切都显得华丽、从容和静穆……这是广西卫视大型综艺节目《金色舞台》的片头。我认为这个片头设计得很成功,它以鲜明的外在形象识别标志,传达出一种准确的意象,让观众获得某种暗示:这是迥异于眼下荧屏上到处充斥的追新逐异、搜奇猎怪的那种节目,也不是把时间花在那些青春无处挥霍的青年人身上的节目,而是给那些生命已走过三分之二的广大中老年人搭建的一个新舞台,让他们的生命之歌在这里作一次新的唱响。

如果要对这个节目作一个评价,那么,不言而喻,就参演参赛的踊跃来说,就服务对象的广泛来说,就节目资源的丰厚来说,我们不难得出这样的结论:广西卫视对新办节目具有准确的洞析力和前瞻力,因而成为适应主流意识形态的大众审美活动的一个战略性选择,值得可喜可贺。

一、金色年华里有丰厚的节目源

"银发社会"的提前到来,使我国社会的关注点,正从花样年华转到金色年华。其中,老年人的生活状况、生命质量尤其受到极大重视,他们的各种追求、需求、诉求,也越来越被视作商机,成为争相抢夺的资源。如果电视屏幕抓住了他们这个人群,也就等于抓住了"未来"。

那么,作为电视这一大众媒体,如何看待中老年人这样一个"卖点"? 我想,广西卫视的决策者们,不是不知道这样一个人群。他们既缺乏青年人的青春靓丽、时尚鲜活,身处的人生阶段也不在"拔高"的层面,他们正在远离生命的"辉煌","成功"的顶点已成为他们的遥想,留给他们的,只有点点滴滴的时光碎片陪伴,以及走向生命终点时的蹒跚步态。

但我想,透过这些表面,广西卫视一定会看到了这个人群不同于青年人的另一面,即这一代中老年人正处在社会的转型中,身上蓄积着向东方主义式的封闭冲决的力量,表达、表演的欲望是空前的强烈。

不是吗,我们到处可以看到,很多地方的老年人已经集体地跳起最新学来的高难度"踢踏舞",云游四海的老年旅行团成员可以在人生地不熟的旅游地公园与当地人一起唱一起跳……在这些表现中,他们是那样的忘情和投入。我想,正是这种现象,催生了广西卫视的决策层,要把这种到处存在的新的能量聚集在一起的大胆设想,要为这种能量搭建一个释放的平台,《金色舞台》就是最好的一个平台。

纵观这个栏目,不难发现,像彭银翔、贾国庆等来自全国各地的参演者,地域之广阔,职业之多样,背景之差异,是令人称羡的。地域方面,不仅有北京、上海等大都市,也有山西、湖南、四川、辽宁、河北等各个省区;职业和人群方面,不仅有退休工人、退休教师、退休干部,也有公司职员、公务员、幼儿教师、律师、音响师、技术工程师……真是一个全国性的大舞台。

而其实,他们中的大多数人还属于被日常生活所累的人,或是在冷处生活得太久的人,或是被世间磨难折腾得有些麻木的人,但他们都拥有对美好生活和健康情趣心向往之的心态,唯其如此,这样的机会对他们才更显珍贵,更值得玩味。这些登台的中老年人,对自己早已逝去的生活场景、积淀的生命意象、丰富的内心体验等怀有深深的眷恋,一旦这样的人生重要文化资源得以在这个舞台上被重新确立和表达,其激动、兴奋就可想而知了。我们完全有理由可以把它看作是登台者正在寻找生命的新亮点,重建生活"诗"意的新支点,对现代生活作"新"的精神回应。以歌抒情、以歌会友使得中老年人的生命活力重新被激活。由此,舞台无疑在给他们提供一个新的生活组成部分的同时,也为自己找到了极为丰厚的、源源不断的节目资源。

二、主流审美中有时尚的观赏性

广西卫视从《寻找金花》到《唱山歌》,再到《金色舞台》,可以说是一次从鲜活青春到辉煌成熟的转换和跃升。这里可以概括为以下几个方面:

1.极强的整体感。《金色舞台》节目旨意明确,所有元素都紧密而准确地围绕中老年这个特定人群进行设计创作的。如片头片尾、舞台美术、乐队等设计,华贵、现代、洋气,富有人生成熟的气质和氛围。虽然它同样选取了目前热播的选秀类节目形态,但所不同于那些节目的是,这里只是适当借鉴了某些元素,并有意淡化了竞赛环节与 PK 感,既没有故作噱头的制造,也没有过分夸张的主持人和廉价的煽情。一方面它十分尊重参演者的才艺展示,另一方面又恰到好处地将参演者的生活背景融入表演中,从而拓展了节目的生活面,证明了主流审美中同样具有时尚的可视性。应当说,这是提升电视荧屏文化品格的一种可喜的探索。

2.充分的仪式感。《金色舞台》旨在张扬中老年人积极乐观的生活态度和愉快多彩的生活情趣,但节目做得极富仪式感,中老年人利用这个平台,仿佛在实现自己人生舞台上一次壮丽的亮相。舞台上,为了让参与者把自己最美好的一面留给人间,节目给予了华美的包装,让他们享受到绚烂的舞台,大乐队、优美的伴舞,尤其主持人充满歌赞式的主持词,极大地满足了参与者人生成功的心愿。而像金色歌王、金色歌后、最上镜奖、最具魅力奖、最佳台风奖——这些奖项名称本身,便显示出这档中老年综艺节目在艺术品质上的时尚性与观赏性。从歌唱表演开始,再到回首往事,全面展示了当代中国的中老年人老有所为、老有所乐的精彩人生。

3.鲜亮的时尚感。《金色舞台》巧妙地设置了四个板块,这可以看作是对人生的回环往复的真切表达。它从歌唱表演切入,到展示才艺的拓展,再到回首往事,尤其在最后出人意料地让中老年参与者作时尚青春的表达,准确抓住"老夫聊发少年狂"的心理诉求,真是曲尽其妙。而中间的嘉宾串场表演,使节目内容丰富,观赏性也很强,90 分钟一气看下来不觉得累。这其中,尤为突出的是中老年人演绎别样时尚,参赛选手在舞台上的形态仪表、服装造型和形象气质,都对传统印象中老态龙钟的老年人形象的彻底颠覆,它表明了时尚不再是年轻人的特权,中老年人也可以时尚,进而凸显了广西卫视"美"的核心品牌价值诉求。

4.温暖的岁月感。《金色舞台》被中老年参演者和嘉宾们演唱得最多的歌曲,都是经过岁月淘洗后留下来的经典歌曲,如《山歌好比春江水》《刘海砍樵》《花儿与少年》《太阳出来喜洋洋》《革命人永远是年轻》《饮酒歌》《长江之歌》《草原之夜》、现代京剧《智斗》……不难发现,选手们的参演曲目多为老歌,这些老歌洋溢着积极向上、欢快昂扬的气息,体现了中老年人的艺术风采和精神风貌。尤其节目中的才艺展示和回首往事两个板块,诸多日常性的命题命意置入诙谐轻松的格调中,使生活状态和气息扑面而来,使舞台上常常带着一种浓重的岁月感,更体现了这一代人生活的枝枝叶叶的真实感,最终使你感觉到,《金色舞台》原来与普通生活没有距离。

三、求新求变中有庞大的观众群

对于一个电视节目来说,最重要的不在于它是否新,而在于是否好。实践证明,电视节目中大多求新之作并不成功。在很长一段时间里,电视节目被求新的心理裹挟,习惯于一种对"新"的崇拜,总是以"新"和"时尚"来标榜自身的价值,来确认自己进步和开放的文明姿态。其实,这里有一个不言而喻的事实,那就是最终实现与金钱拥抱的目的。

而广西卫视对节目的求新求变,始终在实现主流价值观、表达主流审美的轨道上运行的,在我看来,这一线脉是异常清晰的。就拿我熟知的几个节目来看,如果说《寻找金花》是对青春美的捕捉,那么《唱山歌》是对原生态的追求,而《金色舞台》则是一档从文艺表演入手来展示百姓的百味人生节目,它更加注重服务于中老年,并通过舞台对他们的人生、人性和生活面进行新的拓展。

同样,如果从接受者的角度看,《金色舞台》也是一个充满爱意和温暖的舞台。舞台上无论是被演唱的老歌,还是设计的才艺展示,抑或是往事回首,都与这一代人的成长印记密切相关,观众一定会与登台者一起发现,原来心灵深处诸多发暗的事物,刹那间被恢宏耀眼的那块舞台照亮,表演者与观众便形成了心会神交的契合性交流关系,舞台变成了一个人生回望和表达的场所。对生活的关注,对岁月的穿越,对爱与美的诠释,就都有了一个容器,互相体验和分享各自的精神愉悦,使得辉煌华贵的舞台始终在普通生活与平凡心灵中进行着。

可以设想,这样的节目一定会拥有更广泛的观众群,如果用数据统计的话,《金色舞台》开播后迅速占领中老年观众市场,第 3 期(2007 年 10 月 20 日)时已占据同时段 45+人群收视排名全国第八,2007 年 12 月 29 日播出《老少乐——新年特别节目》在 45+人群收视提升至全国第六。从《金色舞台》播出同时段总体开机状况来看,45 岁以上人群占比接近 50%,而 45 岁以上观众占比高达 56.1%,精准锁定了节目的目标人群。而在 2008 年初,南宁社区竞唱会拉开了广西电视台"和谐中国,金色舞台"大型活动的序幕,并在北京、上海、重庆等地全面铺开,为《金色舞台》选拔、输送了大量优秀的中老年艺术人才,社区活动反响热烈,证明了节目在电视市场有着广阔的发展空间。

因此,这档以"大制作、大活动、大影响"为理念打造的节目,也是一档观众潜力巨大的节目。它不仅拥有全国的广大中老年人群,而且每一位参与者还可以带动一大片,今后还可以延伸、辐射到东盟各国,这是广西卫视的天然优势。

(2008 年 12 月 29 日)

宏大的人文起笔

——从《汉字五千年》看中华民族精美的文化图谱

　　最近在中央电视台多次播出的《汉字五千年》，是一部可引国人骄傲、可堪深长品味的人文纪录片。它犹如一条汉字的历史长河，绵延不绝地负载中华文明从我们的眼前奔流而过，跟随它徐徐展开和娓娓讲述，普通观众一定会对早已习焉不察的汉字顿生敬畏之意，在溯源回望中被汉字所蕴含的历史价值、美学意象和文化力量所吸引，心灵深处受到强烈的触动。

　　汉字不仅是中华民族最博大、最迷人的文化，也是世界上最独特、最神秘的文化。放眼3000多年汉字的发展史，纵览从甲骨文一直到信息时代的漫长历史跨度，则是何等的辽阔、深邃而灿烂。创作者要想在6个多小时中，从错综复杂的历史迷象和浩如烟海的史料典籍中梳理出清晰的叙事线索，浓缩汉字由孕育、变迁、演化、成熟的历程，描绘因汉字而形成的政治、文化、经济、军事、社会、科学、思维等诸多图景，无异于将一座巨大而沉重的历史文化大山压在自己的身上，因为任何一种结构方式，均难以构筑起汉字的恢宏时空，将那博大精深的人文内涵巨细无遗地涵括进去。但是，作为出品人的国家汉办，怀着对民族的伟大文字的景慕之心，在素有敢打敢拼之称的许琳主任号领下，延揽曾制作过《大国崛起》《晋商》等纪录巨片的强大创作团队，先后奔赴祖国各地和世界四大洲12个国家拍摄，采访上百位世界知名学者，用了两年的摄制时间，最后终成正果。

　　作为中华文明的基因和中国历史文化的核心元素，汉字代表着民族的灵感、激情、创造力，更赋予人们以独特的思维方式、精神特性和价值取向。因此，汉字不只是书写的符号，更是人文精神的象征。对此，《汉字五千年》的主创人员从一开始就十分清醒,他们既不去钻字词笔画的迷宫,也不将汉字作简单的线性式历史叙述,更是摒弃以往纪录片所采用的介绍式套路,而是将"人文表达"作为它的创作起点。这样做的结果是,创作者可以对有关汉字的所有素材打碎,并自由地按照特定的思想命题重新编排组合,在最能体现汉字的人文精神的几个"角度"上加以浓墨重彩的描摹,因而更容易在凸现汉字斑斓绚丽的人文色彩上尽情纵横捭阖、恣意挥洒。对于这一点,我们从全片分为八个板块上可以看出,它虽然在大背景上注意了时间顺序,但又不拘泥于此,而是把着力点放在了对每一集设定的人文主题上,并用32个富有代表性的汉字分配到8集中。如第一集"人类奇葩"着重讲汉字在人类文明史中独树一帜的地位,第二集"高天长河"讲汉字为什么在几千年里从根本上没有中断过自己的生命,第三集"霞光万道"的主要内容则是重构汉字在空间上扩展文化版图的历史,第四集"内在超越"重点解读汉字与西方符号本质上的差异及汉字的精神价值,第五集"翰墨情怀"表现了无数的优秀知识分子将汉字推向了书法艺术的高度,第六集"天下至宝"则通过毛笔、纸张、印章等书写用具来揭秘汉字与中国传统政治结构的逻辑关系,第七集"浴火重生"汉字面临的变革危机,第八集"芳华永驻"阐述了汉字与世界的关系。如果我们对8集的主题稍作解读后就不难发现,从整体结构上看,它们很好地把握了汉字的内在精神及体现人文内涵上的各个关节点;而从各集之间看,它们既相对独立,又互为联贯,各集之间不追求严谨的连接,但又有强有力的思想精神与历史感悟流贯其间,从而在较短时间和篇幅中实现了对表现对象的最大综合和概括。

通过对汉字内含的人文精神的展示,观众会发现,汉字犹如一座巨大的文化宝库,让我们的民族承受了太多的恩泽。纪录片以大量的史实告诉人们,作为世界上生命力最长、最稳定的文字,从来没有中断过自己的生命,并一直在进行着悄悄的整容和自我的重塑,这种现象可以说是独一无二的,也因此,它很好地保存了人类历史上最为丰富的文明纪录,也为世界上超过三分之一的人提供了交流的工具,它不仅让汉语民族从中深受滋养,也使周边民族如匈奴、突厥、蒙古、党项等民族,朝鲜、日本、印度等国家的许多文明成果,都因此而得以留存。对此,创作者倾注了极大的热情,赞颂了汉字的神形之美、之圣、之奇,观众也无不为之而自豪,无不为汉字所具有的魅力而赞叹,无不为拥有汉字而生出感恩之情和敬畏之心。

《汉字五千年》不仅是一部有关文字的解事析理的科教片,更是一部亦古亦今、亦中亦外、亦史亦文,充满激情、想象、审美,具有丰富人文色彩的艺术片。全片中,作为被反映的主体——汉字,既可以在课堂里被当作课本来讲解,更可以被当作人文历史的绚丽画卷被欣赏。其中,有关文字知识的内容其实占有很小部分,大量的篇幅则是放在了与汉字密切相关的政治、历史、艺术、地理、军事、旅游、考古等众多领域,以及融入了宇宙秩序、世界演进、社会结构、伦理价值、思维方式和人文修养等最新发现和研究成果。由此,汉字在这里已经成为一种鲜活的生命体,并被尽情地刻画、描绘和塑造。我们不仅系统领略了汉字作为语言文字的全部历史,而且透过它的横平竖直、字里行间和笔墨纸砚等基本元素,看到了汉字带有蚀痕斑斑的历史烙印,看到潜存着永久性的生命因素,看到了民族精神脉搏的跳动,也看到它对于人类心性的深情展示……正如解说词中所说:"汉字的字库就是整个民族的文化价值库。"因此可以说,这部纪录片的难能可贵之处,是在求知、求解的基础上,拓展出更大范围、更广视野来进一步求识、求美。它不仅完成了对汉字作"表象"描述的任务,更是进入汉字"表意"的层面深入探究;不仅自信地漫步于汉字作为科学解析的足下平地,更是走到了人文表达的高地,在新的高度上博取了厚重与博大。

汉字的结构、功能、演化、魅力、影响等,构成了它庞杂繁复的文化谱系。如何帮助观众更好地梳理、认识和欣赏汉字图谱呢?我想,这对创作者来说具有很大的挑战性,而从完成的情况看,纪录片精心地做好了四个方面工作:

一是宏阔的视野。我们注意到,该片十分注重大文化背景和大时代环境,到目前为止,我们还没有发现哪一部有关汉字的影像片,能将汉字置于如此广阔的世界文明和我国众多民族的文字、历史、文明大格局中来考察和定位。全片不仅讲汉字,也讲楔形文字、象形文字;不仅讲甲骨文的来历,也讲字母文字的肇始;不仅讲汉字是中华文明的主要载体,也讲它为基督教文明、伊斯兰文明提供了对比、认知、借鉴。如在第七集中,通过展示鸦片战争以后中华文明和西方文明发生全面碰撞,揭示了汉字与现代科学技术不相适应并开始了自诞生以来最为深刻的一次变化,即以感性表达服从西方文字的逻辑表达,将文字语言与日常语言相融合。通过这种大文化背景的审视和比较,观众对汉字变迁的认识也就格外真切、深入。

二是生动的叙述。该片用故事支撑了大部分的叙事,用众多的历史情节和细节,以及传说、寓言、神话、风情、探险等,赋予了汉字以人文的血肉筋脉,见人见史见精神,从而构成了一部生动可读的汉字史,让人们在汉字的王国里流连徜徉,如在论述中国的读书人如何把书法看作是完善个人修养的重要方式时,用清代书法名家傅山评价南宋赵孟頫的书法作品时所说的"鄙其人则恶其书"这样生动的历史记载,来说明书品直接代表着人品,显得非常有说服力。

三是权威的论证。注重较高的学术水准是这部纪录片的用心追求,严谨地叙述历史,精准地阐述观点,对汉字演变、发展的过程不隐恶、不虚美,因为创作者懂得,文化是发展的,既不能妄自尊大,也不能妄自菲薄,汉字同样如此,正如文化学者许嘉璐对汉字的功能的评价是:"与西方的拼音文字比较,中国的汉字不是最先进的。但是,只要适合本民族,它就是先进的。"这种中肯的反思,包括适度的批判性在全片能找到很多。而像周有光、李学勤、葛剑雄、郭方等以及世界各国的一大批国内外著名语言、历史、文化学者一一登场,他们用权威的观点、分析、判断来探赜索隐,为该片的科学性、学理性奠定了扎实的基础。

四是精良的制作。主创人员在围绕汉字这个主题内容阐述时,充分运用解说词、镜头语言、剪辑、音乐、文献资料等手段,将纪录片拍得精致、华美、抒情、气势磅礴,其中解说词的文学性很强,充满着优美的表达,启人思考。另外,该片还运用大量富有创造性的动画、特技等,增加了强烈的新奇感、形象感和吸引力,总之,给我们带来了很多视听方面的享受。

当然,《汉字五千年》也还存在一些不尽如人意之处,如注重空间结构的安排,也导致在时间线脉的叙述还不甚连贯清晰;创作者在着意于将汉字的历史魅力转化为现代魅力的时候,过分努力地想将中国今天的成就展示出来,片中加入的奥运元素等都是不错的,但像汶川大地震等材料的加入就有牵强附会之嫌了。

看这部纪录片,有些观众可能会发问,为什么它没有解答汉字在过去和当今的诸多问题?为什么它止步于对汉字本身进行科学的追问和理性的评判?为什么不对汉字存在的缺陷作进一步的解析?为什么没有清晰地预示它未来的前景？我以为，由国家汉办而非国家语言委员会来摄制这部电视片，本身就说明了它拍摄的初衷和目的。众所周知，作为投拍主体，国家汉办是祖国文字和文化的对内尤其是对外的推广机构，一方面，它本身拥有丰富的汉语资源，另一方面，它也担负着向世界推介汉语言文字和文化的任务，因此，致力于为世界各国提供这方面的教学资源和服务是它的主要任务。而选择拍摄《汉字五千年》，正是以敏锐的眼光，选择了能够代表中华民族文化的核心元素、美学精髓和精神价值的汉字，它既是对内的，更是对外的，而对于后者，《汉字五千年》确是做成了一部对外文化交流的影像佳作。

最后，值得一提的是，《汉字五千年》在今天的出现绝非偶然，伴随中国经济的迅猛崛起，世界的注意力如聚光灯般又一次投射在这个历史悠久、人文深厚的东方土地上，尤其北京奥运会的成功举行，为世界重读中国提供了良好机遇。作为人类最重要的、须夷不能离开的交流工具，今天的汉语言文字理所当然地受到前所未有的重视，无论是中国人民还是世界各国人民，无不强烈感受到汉字在走向世界舞台时的坚实步履。《汉字五千年》的拍摄，正是切中了中国人民对自己的汉语言文字再认识的浓厚兴趣，抓住了世界人民越来越广泛地运用、学习、交流汉语的兴奋点，回应了世界目光所流露出来的对神奇方块字背后的探寻和好奇。因此，作为一部形象的汉字汉语的教材，它不仅是中国社会发展的生动写照，也是时代的需要，更是世界人民的需要。它会激励中国人越发热爱自己祖国和民族的文字，也会使越来越多的世界人民知晓、认识、运用这一伟大的语言文字。

（2009 年 2 月 16 日）

南开精神的美丽"花环"

——张彭春戏剧思想简谈

一个世纪以来,冠于"南开"品牌的学校,其教育质量、教学理念、人才素质被国内外所公认,可以称得上美誉于世,深入人心,在中国近现代教育史上占据了重要位置。人们称之为的"南开现象",如要深究其成因何在？我们可以列数出很多,如南开有极为成功的办学经验,有几代人心血凝结的探索实践,有与时代社会同呼吸、共命运,与民族精神俱生成、相一致的传统,有在外侮面前绝不屈从的民族气节,等等,从而铸就了南开教育的魂魄——"南开精神"。这些都是南开学校不断发展的动力源泉,对于当代中国教育特别是高等教育的发展,无疑具有重要的启迪作用。

而南开的美育教育和素质教育,对于学校和学生的形象、品格、精神的塑造,可谓功不可没。而其中,以张伯苓、张彭春躬亲倡导的戏剧教学及其成果,犹如南开教坛百花园中盛开的一朵"精神之花",它是那样的绚烂夺目,芳香四溢,名冠当时,历久弥新。

这里,我仅就张彭春的戏剧教育思想作一些探讨,因为这些珍贵的艺术思想火花,一方面真实地反映了那个时代里南开校园戏剧在反映社会现实、提炼学校精神、塑造学生性格的功能作用,另一方面它们对戏剧内在精髓的洞察、对艺术教育的规律和发展前景的揭示的确具有真知灼见,因此,它们是我国戏剧思想、理论宝库中的重要财富,于今无论对学校或者戏剧艺术本身仍有很好的启示作用。

一、来自强烈的时代感召和坚实的思想基础

被曹禺先生誉为"我的导师——第一个启发我接近戏剧"的张彭春,有着深厚的中国传统戏曲功底。他自幼就经常跟随父亲入戏园,听京戏,浸淫于中国传统文化的浓厚氛围之中,奠定了良好的戏曲基础。1910 年,18 岁的他作为第二届庚子赔款留美学生进入克拉克大学及哥伦比亚大学。六年的留学生涯使他在学业之余,不仅是一名演说能手,更是一名精通西洋戏剧专业知识的新剧专家。回到母校南开后,即被推选为南开新剧团第一任副团长,自此以南开话剧的组织者和导演的身份,在南开新剧的这片沃土上一展身手,写下了令人瞩目的一页。

19 世纪末 20 世纪初,旧中国处在寇深祸亟的境地,教育救国体现了中华民族群体的觉醒。南开学校就是以救国、强国为目标而由严修和张伯苓创立的。这些先贤深深懂得,救国之道,不在于买船造炮,而在于兴学,改造中国的国民性。因此,张伯苓弃武从教,立志终身乐育,为国家造就一批新式的、为国有用的人才,也正如当时有人所说的:"南开是不服气的中国人为争这口气而创办的"。应当说,南开就是那个时代的中国志士仁人救国救民、强国强民的民族精神的真实写照。

而张彭春就是以戏剧为舞台,用戏剧教育来诠释和践行南开的教学理念,带领南开师生投入到生机勃勃的校园课外活动中,以他的戏剧才华在南开奋勇推进,其作品如《新村正》就被时人誉之为"极力民气,除旧布新之利器"。他曾在一次学校工作改革讨论会上指出:"中国现在需要的,就是在现代的世界上如何使中国民族可以存在,要造就一些应付现代问题能力的人才……"张彭春的戏剧教育,就是以兴国强民、培养国家有用之才为第一要义的,是建立在强烈的时代感召和坚实的思想基础之上,因此,在他一生的戏剧教育和实践的生涯中,他或编,或导,或译,或组织的作品,总是强有力地针砭时局、呼吁正义、助益民生、褒奖良善,为校园吹进了一股清新之风。

我们应当看到,张彭春的戏剧教育理念,完全与"南开精神"中的"淑世润身""允公允能"相一致。南开的办学者认为教育的意义就在"润身",尤在"淑世"。"润身"是为个人私己;"淑世"是为社会的发展服务,为强国富国服

务。而"允公允能"的校训,也寄寓了为公的精神诉求。张伯苓先生多次指出,"'公'的意思,就是为公众,摒除自私自利"。他说,"余敢断言,将来做事能以南开精神成功者,即'为公'二字"。与"淑世""为公"思想一脉相连的是"乐群"精神。"乐群"强调个人融入群体,如果不在个体身上培育起"乐群"的精神,整个民族就缺乏凝聚力。而从南开的戏剧实践成果看,师生们正是从编演的一部部剧中,受到了"淑世""为公""乐群"等道德环境的熏染,从而从校园里走出了一批批为国家和民族所急需的栋梁之材。

二、戏剧能够激发伟大的人生

如果我们对张彭春先生有关戏剧的论述稍作解读,便不难发现,他之所以在南开热心倡导艺术、推重新剧,其中有着一个非常重要的内在依据,就是要将南开学生造就成为济世致用之才。

1928年2月16日在天津南开中学高级、初三学生集会上,张彭春发表了一篇名为《本学期所要提倡的三种生活》的演说,他说:"这三种生活:一是艺术的生活,二是野外的生活,三是团体的生活。"其中对于艺术生活,他激情洋溢地说:"历来的艺术品,不问是文学也好,音乐也好,绘画也好,哪一个不是人类的伟大的热情的表现。这一点热情,正是人类生命的核心:它使得人生伟大,它使得人生美丽。它是一团熊熊的圣火,烧穿了我们日常生活的一切琐细的东西,冲倒了遮蔽着我们大家的面孔,使我们彼此不能以诚相见的层层的障壁。"(原载于《南开双周》第1期,1928年3月19日)张彭春是如此看重艺术能够表达人的伟大胸怀和情感的功用的,因而我们对他对戏剧艺术怀有神圣般的敬畏和向往也就不足为奇了。

在伟大热情与艺术创作之间,张彭春洞悉两者相辅相成的辩证关系。人的伟大热情需要艺术去表达,反过来,艺术创作和艺术品也能够激发出人潜藏着的巨大热情。他说:"有了这样的伟大的热情,而后才有创造,才有真正的艺术品。"(同上)

然而,在这一对关系上,显然张彭春更看重后者,也就是说,人的伟大热情要经过艺术创造和艺术欣赏方能得来。他说:"最富于这种热情,并且能充分地把它表现出来的,终不能不算是有过艺术生活的涵养的人。""凡是伟大的人,第一要有悲天悯人的热烈的真情;第二要有精细深微的思想力;第三要有冲淡旷远的胸襟。要得到这些美德,不可不营艺术的生活。"(同上)也就是说,人要成为伟人,首先要有美德,而它们必须要通过有意识地进行艺术创造的活动,才能养成。

其实,从他自身而言,他又何尝不是一个激情横溢、热力四射的人。熟知张彭春的人都知道,他给人的第一个印象是演说能手,充满着丰沛的精力和热情。正如少年周恩来为校刊撰写的报道时说:"先生言时,声音仪容,或激之使扬,或抑之使低,淋漓婉转,莫不尽致。"张彭春不仅自己如是,而且也身体力行地大力倡导这样的人生,正可谓是身心如一。

三、戏剧艺术的传统继承与现代创新

在人类绚丽多姿、异彩纷呈的艺术创造中,总是伴随着传统与创新的不断交替更迭,也正是这种交替更迭,才使得艺术总是以新的面貌出现于世人面前。

张彭春时代的中国传统戏剧艺术,正是受到来自西方现代文化的冲击和影响之际。即使在学校而非专业剧团里推演新剧,传统与创新同样是他绕不过去的一个命题。他首先要解决的是,在这种复杂的情形中,有两种动态很清楚,即对于戏剧的新形式的尝试和对于传统戏剧的重新评价。而当时的情况正如他所说的,由于新文学运动把介绍外来的文化形式作为其目标之一——戏剧,特别是现代的白话社会问题剧,引起人们特殊的兴趣……毫无疑问,西方戏剧已进入年轻一代中国人的知识视野。

任何艺术都是时代精神和社会生活的反映。对此,在提倡新剧这一点上,张彭春敏锐地观察到社会生活正在发生新的变化,因而鲜明地提出:"新的生活经验要求新的表达方式。"(《南大半月刊》第3、4期合刊,1933年7月15日)

作为接受过欧美新式教育又熟悉西方戏剧的张彭春,回国后在传统与创新这个问题上,显然着眼于吸收新剧之改造旧戏,他同时也注意到当时的一些作家已经开始尝试写作新剧是因为"他们感到由于周围的社会变化,新的经历要求戏剧要有新的内容和新的生活哲学。旧的戏剧是传统道德观念产生传统价值观念的载体,而这些正在经历着不可避免的改革。新的白话剧反映现实复杂的社会生活。例如有些反映新的工业无产者的情况,有些反映青年们反抗家庭和社会的限制,对于浪漫爱情的狂喜和失意,还有些反映对于入侵者的义愤和不畏强暴的勇气"(同上)。

然而同样,张彭春在倡导新剧的同时,又不忘中国优秀的传统艺术之根本,即它的艺术精神、艺术训练、艺术成果等,张彭春对之可以说倍加珍视和爱惜。他说,虽然"传统戏剧不包含具有永恒价值的东西并注定在进化过程中消亡。然而,近来人们已将注意力集中于研究这古老的艺术,看看这日臻完美的表演技巧中是否可能有些值得分析和重新评价的东西。虽然旧戏中可能有些观念不再适应时代要求了,但是在舞台上,在精彩演出中,仍可发现有益和具启发性的因素,这些因素不仅对中国的新剧有好处,而且,对世界其他地区的现代戏剧也有好处"。

他在参观莫斯科梅耶荷德剧院并同梅耶荷德谈话时得知,梅训练演员的方法,就是从中国和日本的传统戏剧演员的训练方法中演化而来的。他说:"中国传统戏剧演员的和谐和优美就是这种强化训练的成果。就是在这种对身体的灵活性的重视中,我们发现了传统戏剧的一种辉煌成就。"(同上)

值得一提的是,张彭春对中国传统戏剧艺术的价值判断,并不是建立在民族主义式的感情基础上,而是用世界的眼光去审视,对于这一点,他从苏俄回国后益发强调这一点:"对于旧的文化程式想要有新的估价必定先要看到现代的最活跃的,也是最高超的那一点,换句话说,就是要爬到现代世界的'创造边'上去找估价的新标准。以世界创造的眼光来重新看自己的东西,才能真正知道什么是在现代还有价值的,什么是没有价值的。若是没有世界的眼光,还未进展到现代的'创造边'上去,决不会认清这些东西的。"(原载于《人生与文学》第1卷第3期,1935年6月)从这里可以看出,张彭春的思想是清醒的,视野是广阔的,对自己传统的东西既不妄自菲薄,也不孤芳自赏,显示出博大的艺术胸襟。这也从一个侧面反映了南开在包括戏剧教育的各个方面都在不断融会世界精粹,吸纳时代活力。

对于戏剧的现代性创新,张彭春还有着许多独到的见解,从各种艺术样式一直具体到戏剧本身,从编、导、演到音、舞、美,再到服、化、道,从演员的素质到台步、道白甚至水袖等,他都无所不及。但最令张彭春着意的是对创新者基本素质的严格而过硬的要求。他认为,一个卓越的演员只有做到完美的细节表演、协调融洽的整体感和在一般剧目上做到出类拔萃,方能取得创造新格局、对舞台艺术的光辉遗产做出推陈出新的贡献的权利。他甚至说道:"掌握留芳于青史的特权的人,并不是那些存心扬名的革新者,而是众所公认的艺术能手。"(原载于《梅兰芳与中国戏剧》,1935 年)这些见解,应当说是经得起历史检验的,于今也仍有非常重要的现实教育意义。再看今日之艺坛,改革者遍地走,创新之作满天飞,但静观其实,又有多少是有真本事、真功夫者,只不过是一些念不了真经就走捷径的轻浮之徒罢了。

当然,张彭春的戏剧思想和理论中还有更多更深入东西需要挖掘,如他对中国戏曲的原则和精神的解析,对中国戏剧未来的展望,中国传统戏剧如何更好地走向欧美,演员的艺术修养,当时苏俄戏剧的得失,它们不仅有着丰富的资源,而且有着极高的文献价值。我们期待着今天的研究者将对它们作进一步的开掘、整理、阐扬。

(2009 年 8 月 28 日)

期待幸福之花绚丽绽放

——解读江苏卫视"情感世界、幸福中国"新定位

江苏卫视是一个区域频道,在跨入 2010 年之际隆重推出升级改版——从"情感天下"到"情感世界、幸福中国"。这再一次显示了一家省级卫视强势宣示要做一个全国性频道、全国性品牌的勃勃雄心,我不由得为已有大作为的传媒——江苏卫视这几年所作出的成绩和不断探索进取的姿态而鼓舞和骄傲。

在升级定位为"情感世界、幸福中国"的品牌口号中,我更看重后边的"幸福中国",而"幸福"更是两句话八个字中的核心概念。这是因为,前一句的"情感世界",已经成为今天众多电视台所普遍追求和展示的内容了,而把"幸福"作为向公众集中表达和服务的主要目标和旨归,这还是第一个。我想,这"第一个",一定是从被誉之为幸福指数最高的江苏这块锦绣大地上获取的灵感。因此,从情感天下到幸福中国,应当被看作总台领导和主创人员对社会生活进步有着敏锐的把握,而媒体自身也将从中获得一次很有高度的跃升。我相信,江苏卫视一定会更加彰显其特色战略和品牌优势,并从中找到得以进一步发展壮大、在众多媒体竞争中脱颖而出的新的增长点和动力点。

解读"幸福"这样一个为卫视所追求的核心概念,显得非常有意义。从情感到幸福,是概念上的转换,还是范畴上收展,抑或是人的心灵世界的抑扬,都有待从业者进行勇敢的探索。这里,我试着从几个"题"的切入,来简要概括对这个品牌口号的理解,这就是:"幸福中国"既把握了人类的母题,呼应了时代的主题,也找到了大众生活中大量亟待破解的谜题,以及为自己的节目生产提出了很多需要攻克的难题。

一、人类社会的"母题"

没有一家有追求的媒体会人云亦云,没有一个有创意的团队会墨守成规。江苏卫视之所以取得今天傲视群雄的业绩,正是不断寻求突破、寻找目标的结果。"幸福"同样是它们苦苦找寻的目标。

幸福一词,确实关乎人类出现以来所有的活动,无论是物质活动还是精神活动,幸福始终是人类构筑的最高理想和追求的终极目标,因而也是伴随人类始终的一个永恒的母题。正如欧文所说:"人类的一切努力的目的在于获得幸福。"

围绕这个母题,人类历史上充满着最美好的向往,也贯穿了人类最为椎心泣血的努力,更充满着可歌可泣、动人心魄的争取。它既是作为人的个体的所有情感和行为,也作为人类整体活动的所有理想。将这样一个人类的母题作为今天江苏卫视立台的标志性口号,或者说作为品牌来打造,足见其远见和高度,也是对人文价值的看重。因此,既然提出"幸福中国",就要把它看作自己即将要攀登的高峰,这样才能做得更加成功。

二、时代进步的"主题"

不难看出,今天党和政府几乎所有的政治主张,经济活动,社会发展,文化繁荣,无不与缔造人民大众的幸福感、幸福指数相联系,这是我们当今社会的一个主题。无论是和谐社会,以人为本,还是科学发展,社会主义核心价值体系建设等,都深深彰显出对幸福的向往。可以说我们今天所追求的核心内容和终极目标,就是幸福。所以说,江苏卫视提出这样一个立台口号,很好地呼应了我们这个时代的主题,也是拥抱变化、迅速行动、不断创新的结果。

情感和幸福,两者紧密相连,幸福来自美好情感的体验。人们在生活中获得的幸福感,往往要靠媒介搭建起来的情感网络来传导,大众也可以通过情感的网络来体验并生活得更幸福。随着改革开放越来越深入,社会文化呈现出多元多样多变,社会观念越来越多地交锋交流交融,在这个时候,非常需要覆盖面广、影响力大的媒体,来树立起一面鲜明的旗帜,将人们的情感、意识引导到更为积极的层面,而这个时候媒体同样需要战略家,需要他们的眼光和行动。现在看来,江苏电视总台已经做到敏锐把握了时代的主题,迅捷呼应了社会的诉求,主动迎合了大众的意愿。我认为,这也是一种自觉担当社会责任的标志。从这个意义上说,我们一定要看到这个品牌对于我们的社会和人们的情感具有巨大的建设性,尤其是价值构建、价值取向上的意义。因此,这次的升级改版,充分显示了对社会进程把握的自信,也是对文化创意生产的自觉。

三、亟待破解的"谜题"

幸福是人们最为关心的问题,也正因为如此,幸福也就成了最没标准答案的问题。每个人都自认为对什么是幸福有所见解和了悟,但当他们真正思考什么是幸福时,反而觉得难以解答。因此,在现实生活中,在人们心灵和情感的深处,对幸福的理解和体验有着众多的谜题,而它们又是那样复杂和难以言说。即使历史上的众多哲人,给出的答案也何止有千万种。

比如,亚里士多德说,幸福来源于我们自己;修西得底斯说,幸福的秘诀是得到自由,而自由的秘诀是勇气;夏洛特·凯瑟琳说,一个人的激情与理想越多,越有可能幸福;乔治·桑塔耶那说,意志力是幸福的源泉,幸福来源于自我约束;威廉·考伯说,真正的幸福来自于全身心地投入到对我们目标的追求之中……这里的谜题,其实就是节目制作的天然"富矿"。围绕幸福,社会现实生活和人们心灵中存在大量的谜题,需要破解。心理学家米哈里·齐克森米哈里指出:尽管现代文明取得了惊人的成就,但对什么是幸福,现代人比之亚里士多德的观点,并不见出高明。

而对于芸芸众生,对幸福的体验和答案更是莫衷一是。有时候,幸福还是一种悖论。事实也证明,现代社会和现代人在追求幸福过程中,或者对幸福的追求成功以后,依然遭遇心灵和情感上的困顿、窘境和迷惑。正如屠格涅夫所说,你想成为幸福的人吗?但愿你首先学会吃得起苦;伊壁鸠鲁也说过同样意思的话,快乐没有本来就是坏的,但是有些快乐的产生者却带来了比快乐大许多倍的烦扰。

所以,就像今天的和谐,对幸福需要做出一种张力,即两股力量从一个节点上向相反方向拉伸和作用,这或许是幸福追求的普遍性原则和结果。可以想见,社会现实始终会给人的心灵造成大量不幸的、消极的和负面的情感体验,一定会生出很多求解的需要,而江苏卫视恰恰在这些问题上给予破解,在心绪上给予化解。而这些,正是为创作者提供了可供开掘的无尽宝藏,给节目生产提供了大量的内容和空间。

四、节目制作的"难题"

我们应当看到,将幸福中国这个品牌打造好,固然是江苏卫视本身怀抱的雄心和理想所致,然而雄心和理想的实现,其背后必然还要有艰难的付出,不可避免地有一场艰苦的自我挑战和自我超越在等待着,因此,节目生产将面临需要攻克的多种难题。

这个难,一方面表现在,今天的江苏卫视强势推出这个新的品牌概念,业界和至少是本省的观众会被深深吸引,他们将会翘首以盼,拭目以待,看你怎么做,做什么,能做到什么份上,每个观众心目中自然有一个很高的标杆;另一方面,要真正把幸福从概念和理念全面深入地植入大部分节目中,能够让观众有一个基本的认同,这也是很不容易的,这里面要做大量的工作。如果策划不够,理解不够,容易将节目做得直白、浅陋、庸俗,进而矮化了幸福的内涵。

其实,幸福中国的口号有着极为广阔的运用,它关乎社会生活中任何进步的过程,包括生产力提高和人的全面发展,包括生活、结构、制度和观念等变化在人们情感世界里留下的印痕,包括在对幸福的广义层面的理解、解释、意义的建构上作出独创性的探索。尤其是,人们身处现代化浪潮中,空前的开放性不可避免地增加了不确定性,社会的各种风险所引发的种种悬疑感,以及人与经济、社会、政治相关的内在紧张和矛盾等,使人们对幸福感提升的渴望越来越强烈。

情感需要引导,幸福作为一种体验的情感,更需要非常强的指导性,帮助观众揭示有关幸福的基本内涵、价值取向、经验性等问题,以及人们无法观察和解释的深层结构问题,这里可以催生出很多新的节目内容和形态来。因此,在这个品牌口号下面,将来的节目生产,不仅要以故事和情感致胜,还要以理性致胜;不仅要有相当的知识性和科学性等特点,同时还应富有浓郁的人文气息和对人类生存发展的终极关怀;既要有精英的渗透又有大众参与的开放性;既要有非常高深的学术,也可以有很世俗化的故事;既要将庞杂的信息去粗取精,将纷乱的世界理出头绪,又要从中找出清纯、理想……总的说来,节目里边有着极大的空间等待创新和开掘。制作者可以利用各种节目的样式来表现和阐述,其过程中肯定有许多新的课题要做,真正做到观众的心灵中去。

　　我相信,江苏卫视在今后的创作生产道路上,一定会有一个自觉的跃升,能够达到追求品质与个性相统一的新境界,营销幸福,做成屏幕上的公民道德、情感和心灵的读本,使"情感世界,幸福中国"真正成为培育媒体核心竞争力的一个优质品牌,使江苏卫视的新形象在这次蜕变中更加深入到全国观众心目中。

（2010 年 2 月 3 日）

红色资源的当代性运用和增长性发展

——关于 2011 年红色电影的创作思考

在离建党 90 周年的日子越来越近的时候,有关文艺创作和活动也形成了一种宏大的众声合唱,而红色电影越来越成为这一众声合唱中既高亢又很有独特价值的声部,值得我们深入思考。

如何围绕红色电影这个主题进行探讨呢? 我们不是来与红色经典电影旧片作一次重温,也不是在 90 周年这个盛大纪念日里将时钟回拨,把镜头转回过去,拍摄更多的鲜红岁月,而是就红色电影这个创作现象进行一个更为广义上的探讨。

当我们论及红色电影时,会碰到一些概念。概念是人类认识事物时的思维的基本形式之一,反映客观事物的一般的、本质的特征,即把所感觉到的事物的共同特点抽取出来,加以归纳。我们所谓的红色电影,是后人回望时赋予的概念,它由题材、主题、手法、人文背景和历史环境,以及在社会上产生特有的影响以及在人们心中产生特有的情感而形成的一种作品现象。尽管红色电影这个概念并没有叫响,但从政府倡导、主流价值以及学理层面上,认真总结革命历史题材作品的成功经验、已有的教训、面临的问题,以及未来如何有一个更好的发展前景,这是一件很有意义的事。它需要今天电影研究工作者当作一项严肃的任务来思考,包括责任与使命。

我认为,从创作角度讲,我们不认为红色电影已经基本完成了它的历史使命,也不希望红色电影停留在已经取得的成就上。从中国革命历史的红色宝贵资源讲,我们很有必要探索红色资源的当代性运用,也要揭示其增长性前景,以及在银幕上获取自身持续发展的内在动力,我想,这样一种现实意义可能尤为重要。

我们不妨先回顾红色电影在我们国家民族进步和心灵构造中的成就。不得不首先想到的是,那许许多多的红色电影,早已化作了红色资源,滋养了一代电影人,滋养了几代电影观众。红色,更多的是一种人们的意象,在观众长期的观赏和心理的期待与积淀中,逐步象征了一种信念。它们用银幕这个载体,来抒写历史、凝聚力量、承载理想、塑造精神、镕铸价值、弘扬正义。它是在叙述中国的苦难与奋进中拥有了自身的地位,创作者把光荣和梦想写进银幕,观众把爱恨和民族记忆铸进画面,为我们国家民族提供了最为主流的价值观和影响力。从这个意义上说,它是我们民族的一座精神博物馆,是革命历史的文化园,也是电影艺术的高地,它更是新中国的共识,它所形成的长期的集体情感记忆永远值得珍藏。

时代的前进已经越来越远离我们曾有的那段红色岁月,当我们回望的时候,难道我们对红色的历史已经在新的高度、深度和其他维度方面有了真正的把握了吗?难道我们对红色历史的规律性认识真的已经到了清晰可辨的境地了吗?难道我们真的已深深地切入了那一段段历史的风云人物内心、触及到了他们一系列的精神内核了吗?

不可否认,当面对中国红色岁月那一幅幅波澜壮阔的革命斗争史画卷时,我们深感还缺乏开掘它、创新它所需要的更为有效的手段,包括对它们的塑造力、想象力和创造力。在新的历史时期,必须赋予新的讲述角度、新的内涵和形式,使它们有更新的意义。也就是说,在红色资源的沃土上,新一代的电影工作者应当用更为新的创意、新的境界、新的审美方式、新的表现手法,进行新一轮的资源开采、整合和重组。我想,要不容置疑地把它当作主流价值观的承载样式,它依然是我们民族和时代的精神联结物,任何想割裂它与当代的存在,否定其当代的价值,都是极不应当的。

在这个纪念的日子里,我要讲一讲红色资源的增长性问题。它就像一片为农人所热爱的肥沃土壤,只要点种,就会有收成。如果种子好,培植合理,我们的电影人就一定会像农民一样在将来收获的季节得到期望的收成。

它不应当被有人认为是“拍一部少一部”那样的状况,也不是我们臆断的那样会随着时代的飞速前进而被抛弃,更不会自行萎缩乃至枯绝。作为那些红色的历史岁月,它在电影这个百花园里所承担的使命还远远没有完结。随着隐藏在历史深处的人物和事件不断被新发现,细节不断被作新的开掘,规律性被不断地作新的揭示,市场观不断地被端正,这片资源地将更加开阔、深邃。

面对红色题材,我们当然也迫切需要有一种很强烈的问题意识。过去,我们面对那些历史的整体和片断时,创作者的主体意识可能比较薄弱,反映在创作过程,有的过分仰慕,过于遵从,处于再现式的简单化表达。而到了今天,再来看有些影片在处理红色题材时会发现,创作者的主体意识却又过分强化,"自我"过于膨胀,对历史的主观性解读过于随意,从而导致了对红色资源进行随意的怀疑、扭曲、变性、抽离、凭空发挥、娱乐化及至低俗化的利用。如果说,这些对于今天的中老年人,负面性影响可能并不是很大,因为他们还具有基本的历史认识和价值判断。然而对不知晓不甚熟悉那些红色历史的青少年来说,这个问题就严重了。当然,这一个问题不仅仅体现在电影上,其实,在其他意识形态领域,如理论界、学术界以及文艺界的其他门类界别,都有不同程度的反映,这在今天是一个较为普遍性问题,如小剧场,如小说、诗歌,都不同程度存在类似的创作倾向。有的还打着探索和创新的旗号,毫无顾忌地突破禁区,有意和无意地、隐性和显性地、整体和局部地进行着对传统的蓄意颠覆,对主流价值观的故意嘲弄。在这方面,可以说出更多的东西来,如有的打着为追求文化意识、打着追求人性的深度开掘的幌子,过分剔除政治、经济、伦理、道德等,抽离民族共识;有的用各种所谓新潮的手法包装红色题材,著名小说家刘恒有一次谈小说创作时说:"为什么看近几年的一些小说,我们常会产生观念、手法上去了,艺术、形象却跟不上去的感觉,好似一个头脑过大,躯体瘦弱的人呢?"这个说法同样适用于红色电影创作;有的在过度的商业化操作下,对红色资源往往作负面效应的放大,如被资本和商业化戏弄、恶搞、糟践。当然,我们不认为问题有多的严重,但当前要端正红色题材创作态度,是非常迫切和有必要的。

另外,我们为什么形成了丰厚的红色资源大国和贫弱的红色电影产业小国这样的反差?苦难深重的中国与波澜壮阔的革命斗争和建设,这种历史性的博大资源体,却在今天的电影生产和经济收益中,显得很不相称,比美国好莱坞、比苏联电影要逊色很多,这需要作更为深入的思考。尽管对于这一问题,我们有太多的话要说,但我主要说两点,如用浅显的形象的话说,还是跳不出道和器两者。道,即为精神、灵魂、思想类的东西,器即为手法、样式、技巧、声光电一类。如何让道和器在各自的层面得到健康的提升,是摆在今天电影创作者面前的一项严肃的课题。

如果要从道和器的方面讲,我认为要解决好以下几个问题:

1.要给观众提供应有的文化发现。我们如何真实准确地把握、描述红色电影这一中国特有的电影现象,以及它的文本、文体、内部的构造,包括相当重要的意识形成因素,这就需要我们把红色电影放在更为广阔的人文背景上去考察,需要用多种视角、多种手段去研究。面对利用红色资源创作时,我们需要问一问新一代的电影人是否具备足够的理论学养、历史素养和文化修养。从大作品来说,我们常常把一些大的历史巨制称为"史诗性"作品,但实际看,它们离"史诗"还有不少的差距。如一些表现民族前途和家国命运的重大战役,由于在一定程度上力有所不逮,思有所不达,明显感觉到创作者拘泥和束缚,怎么也跳不出固有的战争事件和场景,缺乏宏观把握和历史观照,使一部历史性决战的史诗片降格为一场战役性会战,变成纯军事战役片,给人的文化发现和启示乏善可陈。

2.在对既有历史人物和事件进行新的创作时,将看似不相关、实质上有历史规律性、有人性关联性的人和事作重新发掘,会具有巨大的再创作空间。因为过去只是资源的初步开发,谈不上深度和有力度的发掘。特别由于历史和文化的局限性,独立的、封闭的、隔绝的、割裂的片断较多,还没有来得及从更为深邃的历史和艺术的眼光去发现新的领域,打通新的关系,组建新的结构,释放新的能量。因此,我们要通过更为深广的互融共通,来对红色资源进行不断的推陈出新,史为今用。

3.想象、想象、再想象。只要有新的飞升的神奇想象力,就会让观众在惊讶和出神中刷新对红色历史资源作品的固有感受,创作者也会让这种资源成为取之不尽用之不竭的源泉。前不久我看《十月围城》,虽然它有着宏大的历史背景,然而它选取的角度很小,借助红色历史中的小事件、小人物来进行全新的构思和营造,故事情节也非常集中紧凑,因而在表现大历史上获得了极大的成功。

4.为什么我们英雄般的伟大人物,却常常缺乏震撼人心的精神力量? 不可否认,在科技发达的今天,热衷于惟消费感官是瞻,不自觉地陷入注重轰击视听感官的泥淖,虽然电影本身是科技的产物,运用高科技是电影创作的题中应有之义,但过于迷恋技术主义,只会削弱电影的魂魄。

最后要说一点的是,我们在做任何事情上,少不了排浪式的做法,往往一个事情一热,就一哄而上。同样,在今天建党 90 周年这个盛大的纪念日子里,生产红旗、红军服装等厂家都来不及制作,市场上脱销的情况很严重,一方面说明红色历史在人们心目中的位置之重要,另一方面也说明节庆意识过于浓重,这对于文艺创作来说,在某种程度上是一种伤害。其实,在别的国家,像红色电影这类的类型电影也大量存在,如美、德、英、法、俄等许多二战片,以及越战片、中东战争片,是完全按艺术规律和市场需求创作生产,是一种既常拍又常新的均衡生产,值得我们学习。

共和国时代琴弦上,将始终需要红色电影的奏响。我们既需要有磅礴气势般的宏大叙事,又需要有隽秀的吟哦。期待红色电影这一特定历史条件下的产物,在今后涌现出更多优秀作品来。

(2011 年 6 月 26 日)

为了人间更加美好

——中央电视台《感动中国》十周年有感

十年生聚。当中央电视台对其一年一度《感动中国》进行回望时，当一个个令社会感动无比、让人们心生敬仰的人重新朝我们走来时，我们不得不开始思考这样一个问题：如果不能深刻认识媒体对生活潜藏的感动元素进行精挑细拣的挖掘，并释放出他们榜样的作用和感化的力量，就无法全面而清晰地评价今日中国的道德风貌和文明步伐。作为"央视制造"的一档大型节目，《感动中国》在寻找、筛选、聚集、放大那些感动我们的人物的过程中，显示了一个国家媒体在主流价值观呈现上的责任担当，其结果也无疑让自己成为最具影响力的公益性平台。

每当观看年度《感动中国》时，耳畔总会响起《让世界充满爱》的主旋律，胸中总是充盈"美好人间"的情感。这些感动过我们的人，他们有的因为给自己设定了高尚的人生目标而令人景慕，有的因为只有帮助了他人才能使自己生活更快乐的理念令人歆羡，有的因为纯粹来自人性深处的自然之举而令人动容——他们在各自或重要或平凡的岗位上做着自认为应该做的事。而还有一种人，他们首先内心时时被这个社会、时代、生活和周围的人感动着，然后怀着回馈、报恩、答谢的心情，以一种享受的姿态来进行着他们的义举和善行，我们不得不说这是一种更为超迈的境界。

由于经由央视节目组的网络和社会各界人士的推举，《感动中国》中的人物具有很强的代表性，他们从芸芸众生中脱颖而出。节目设计的人物事迹呈现环节，包括颁奖词、推荐语等，都让感动直抵观众心里，其传播学意义上的"送达率"之高，堪称无出其右。其实，那些感动中国的人，那些感动的因子，在我们的社会中从来没有缺失过，始终伴随在我们生活的周围。因此，与其说这个节目越来越吸引人，不如说是生活本身成就了这档节目。

最好的教育就是让人感动。感动，不仅是人的个体内生的情感，也可以转化为集体性的感染。显然，后者是央视更加看重的。古人云："一德立而百善从之。"由于央视所具有的强大的覆盖面，《感动中国》更是超越了一般节目的意义，通过辐射，使感动再一次发酵、传导、催化和蒸腾，成为人心向善的动力源、社会进步的正向标。

令人欣慰的是，今天，各上星综合频道纷纷开办了类似《感动中国》的节目，如北京卫视《好人故事》、上海东方卫视《大爱东方》、湖南卫视《平民英雄》等等，它们都以弘扬社会主义核心价值体系和中华传统美德的道德建设为旨归，尽着媒体的道义和责任。我相信，更多的公民将走向这些舞台，而经过节目的熏染洗礼，亿万观众带着感动走进社会，我们的生活将会变得更加美好。

当然，《感动中国》所选出的值得传扬的榜样人物，还都是朴素的、传统的、感性的、浅近的。一个进步健康的社会，需要更多眼睛为之一亮的新的感动主体，即那些代表更为新生的形象和理性的力量，因为一个社会毕竟是由多种力量所构成。所以，我期望媒体应该以更加开放的视野和胸襟去发掘和呈现那些新的形象，以引领社会公众。

（2012 年 2 月 21 日）

视听美宴　心灵佳酿

——从《西湖》看电视纪录片空灵的散文化追求

　　我是怀着强烈的期待盼望《西湖》出炉,也是在敬重中看完全片。说敬重,一是敬重西湖本身,它毕竟为今天的艺术家提供了这么好的文化再创造的基础,真要感谢大自然的造化;二是敬重主创人员,他们以极强大的创造力来面对西湖,使得电视画面呈现出如此美妙而神奇的湖山风光,以及由它而生成的摇曳多姿的人文景观,使今天的观众在"影像西湖"中作了一次比现实的西湖更为广阔的时空之旅,心中不免要敬之谢之。

一、对西湖美丽的再一次发现

　　美,是西湖最为表面的、直观的品质。西湖之美,人尽皆知。而要将西湖之美转化成影像之美、艺术之美,却绝非易事,它必须在西湖原有之美的基础上,进行新异发现和奇特开掘,才能有高于现实的西湖。而纪录片《西湖》恰恰在这方面建树甚多。

　　不难发现,创作者这次拍摄《西湖》,首先以制造西湖美景的奇观和烹调视觉的美宴为目的,他们极尽了各种拍摄手段。特别让人印象深刻的是,片中大量的对环绕西湖的云水、湖山、林木、花卉等景物,都作了至真至美的表现。我想,这里的每一个镜头,简直就是创作者绞尽脑汁得来的,有的还需要苦等最佳拍摄时机,甚至还需要有一点创作上的偏执和自我煎熬,才会有如此效果。

　　《西湖》全片,水气蒸腾之淋漓,氤氲美感之强烈,令人刻骨铭心。尤其是,对水的元素,片中常有独特的运用,如镜头多次贴着水面多角度拍摄,顷刻间使一湖碧水呈现得如此浩渺丰沛,大有盈满胸腔之感,这可能是观众只能在电视片中而不能在日常生活里得见的西湖之水吧。而西湖的波光、倒影以及日月、晨昏、雨雪等景象更是被拍得出人意外,美不胜收。即使像片头片尾,也是被设计得极为精巧,记得有一集中,用墨汁滴化于水中,那种慢慢洇开的镜头,不就是江南水乡烟雨空蒙的意象吗? 这里,就寓意着创作者将水的元素贯穿全片的匠心。另外,大量航拍镜头和三维技术的运用,更是让观众有机会增加了西湖在江南地理位置的空间感。

总之,所有这些全景式的展示,加上丰富的表现力,令观众的视域大大拓展了,因而使人们对西湖观赏潜在的多种可能性变为了现实。

二、对西湖人文的再一次集成

《西湖》中的西湖,不仅是主角,更是一个载体,一个平台,在它上面,上演了一出出历史、文学、人物、建筑、事件的活色生香的大戏,它们是外化的西湖,它们因西湖而生,西湖也因它们而格外精彩。特别是,作品中弥漫着哲学和文化的思考,以及主创者渗透其间点点滴滴精当、简捷、客观的评述,更增添了作品的思想色彩。全片拍得史清理精,笔路宽阔,文思潮涌,镜像多彩,精雕细刻。从这个意义上讲,《西湖》实质上是人文西湖,它不愧为西湖的人文总集成,是其他有关西湖的作品不能望其项背的,也是当前电视人文纪录片中不可多得的高品。

在创作中,人文色彩是一种可贵的品质,但它决不是涂抹,更多意味着理性、学养、思辨的灌注,以及从容的驾驭力和控制力,这样才能离人文色彩更近。创作者在这方面做到了,他们面对如此优美的西湖,虽然从心里激起了敬畏的波澜,但由于凭着基础雄厚,有着深厚博大的人文功力,因此,对美丽的西湖没有无休止的直露式夸赞,相反很理性、很节制、很控制,把更多笔墨放在了西湖背后更为宏大背景的描述和底蕴的开掘上,这一点让我特别称道。试想,如果是一个心力不足的创作班底,很可能就会屈从于美,或者被美俘获过去,丧失了创作者的主体地位,结果会流于艳俗、浅近和夸饰,露出甜腻味、酸腐气,反而损害了被表现对象应有的美质。而《西湖》的作者成功避免了这一切。当然,这应该是作者拥有内在的涵养而作出的自觉回避和选择吧。

其实,人文西湖的印象,是从作品的开篇就定格在我脑中了。它竟从国医的汤药文化圈入手,对西湖的历史人文作出了一次不同寻常的精确定位,一下子给人立意很高、起意很新的新奇感。人文西湖,就是这部电视片总的出发点,它以湖写城、写人、写文、写戏、写画、写史、写建筑乃至写到了有关西湖的所有精神、性格和评价等,其中还写出了胆识甚至是批判意识,如王映霞对郁达夫不好的评价。特别用劲的是,它既在西湖与历史、与诗文、与人物、与艺术、与环境、与宗教中寻找着某种契机和勾连,也在寻找着某种区别。在这一点上,《西湖》的确做到了高一层着眼、深一层存心、远一层构想,让观众由作品而生发出无穷的想象力。

《西湖》的结构之美也是可圈可点,十个系列从容写来,虚实之精妙,点面之匀称,布局之恰当,收放自如,加深了我们对这个文脉错综、史事丰沛、情韵富赡的西湖的新认识,比起以往任何一部描写西湖的文艺作品,它显得更宏大、更深厚、更阔远。如果没有对中国诗文化的深厚功力,断不可能将如此众多的诗词歌赋信手拈来,并运用得如此贴切。还有,片中历史踪迹清晰可辨,人文解读令人着迷,让我们很容易感到主创在驾驭这部题材时所具有的超然能力。特别指出的是,这部片子给出的信息量又如此之大,以致观赏时往往感到有点"力不从心",虽然目不错行,耳不漏听,但美妙的画面、文辞、解说、音乐等仍不可兼得,的确是一部需要反复欣赏的佳作。

三、对西湖品格的再一次提升

在看《西湖》前,我曾问自己,《西湖》是浙江或杭州的一部宣传片吗?但看完后,觉得这个问题很可笑,因为,西湖在它现实品貌基础上,被赋予了很高的艺术品格,而这完全得益于浙江卫视在专题片制作方面有一支强大的团队,刘郎、夏燕平他们带领队伍历时4年之久,将自己丰厚的人文底蕴和娴熟的摄制经验全部贡献在这部纪录片上。

一般人心目中的西湖是美丽而闲适的,但如果在《西湖》中再一次固执地絮叨它外在这一面,而忽略了它在其他方面的风采,或者是气质,或者是内蕴,就很可能把握不住它的精神底色和艺术真谛。而《西湖》恰恰在很多方面为我们打开了一扇比我们的常识、肉眼和想象力难以到达的更为开阔、更为绚烂、更为深邃的窗户,因而更加引人听闻,启人遐思。

比如,《西湖》没有一味流于闲适,因为创作者的心力是深厚的,审美是高标的,笔触是雄健的,情绪是鼓荡的,因而在他们手里,西湖变成了异乎寻常的多重特质:它是闲适,却也是激烈的;是秀逸,却也是阳刚的;是空灵,却也是豪迈的;是浅近,却也是深邃的;是婉约,也是有力量的;是散淡的,也是有冲突的;是世俗的,也是气韵雅正的。由于艺术的创造,西湖完全释放了它本应有的多面性情,呈现出被世俗简化了的内在气质,提升了它可贵的美的品格,看完以后带给我们更多的是怦然心动,是内心的叹服。另外,《西湖》的魅力还不仅在于影像的呈现,其文本就可以是一笔独立存在的财富,编导以其非同寻常的文字刻画,很好地写出了心中的湖,是对西湖美的资源的深度拓展,是一堂真正的美育课。

（2012 年 3 月 1 日）

时刻警惕"王侯自贬为庶民"

——评央视品质、品格、品位的坚守与攀爬

前几天,我参加了中央电视台的马克思主义新闻观教育活动报告会,央视的几位代表发言,对我有很深的感触。比如有一位说,文艺节目是娱乐大众的,走上《星光大道》的草根明星们为观众提供了极大的观赏性,但这些人物背后的故事更加具有正能量。他举了一个例子说,王二妮出生在一个贫寒的农村家庭,为了让姐姐妹妹上得起学,10岁起就唱歌,以减轻家庭负担。她靠着自己十余年的独自打拼和坚持,最后获得《星光大道》"无冕之王"。王二妮,家里的事能处理好,集体的事、国家的事也能有这种正确的态度。因此,在选手的选拔上,我们不仅考察选手的艺术水平,更考量选手的价值取向。到这里,我明白,《星光大道》不仅挖掘艺术潜力,让很多草根圆了"上道"的梦,更由于自觉打捞正能量而看重选手的价值潜能,进而让央视节目的品质上了道。

央视发研中心主办的这个智库论坛,开得及时。对于论坛的关键词——品质、品格、品位,我这样理解,这不仅仅因为中央领导同志对央视作了批示,更是央视对自己现在和未来发展的一个清醒的认识。清醒在什么地方呢,我的回答是,时刻保持审视和反省,只有这种姿态才能保持前进,才能保持不被超越。古人很强调"观过","见其过而内自讼",这是一个古老民族得以走到今天,也是未来的中国社会能向健康方向发展的重要精神资源。央视身处于国家电视大台的地位,举办今天这样的论坛,不光是为了总结好的,更是为了在浮躁时代、娱乐大潮面前,体现了一种时刻保持对"王侯自贬为庶民"的警觉,对输送主流价值渠道的追认,对怀有使命、责任、理想的一次严肃的回望。

强化品质、品格、品位,就是把它们作为节目中的细胞、基因,因此,这是一种培元固本。

什么叫品质、品格、品位? 简而言之,"品"字后面首先是在节目制作精良的前提下,要暗含真善美的东西,暗含理想、道德、关怀、崇高等精神性的元素,我讲的暗含,是指不要直白地浅近地直接表达,而是不着痕迹地把主流价值观输送到观众的心里。能做到这些,就是具有品质、品格、品位的节目。那么,如何理解三个品对一家主流央媒的重要性呢? 我想,如果没有过硬的品质作基础,生产的节目就不可能有很好的品相;如果没有品格上的保证,就不可能有文化上品行的展露;如果没有很高的品位,就不可能有国家大台的品牌,也就谈不上社会效益和社会影响力。中央电视台在这些方面做得相当好,作为众多电视台中的国家队,在三个品的综合性追求上,可以说领先一步,高出一筹,起到了标领作用。

我认为,品位的本质是深刻、是智慧,它的天敌是浮躁、急功近利。然而,人们不禁要问,电视就真的需要精神生命吗? 需要跨越时空吗? 当前,文化的普遍病症是浮躁,而快餐和娱乐则是电视台的一个痛点。大家都懂得,一味地追求时尚,会导致短视、应付,以致用短命产品挤压和代替能够穿越历史的经典。过度地追求娱乐,会导致庸俗、粗俗和媚俗。追求三个品,是需要制作人员和决策者有眼光、有远见、有大智慧,甚至需要逆潮流而动,必要时需要一点牺牲精神。如王安石在弱宋时代的变法,一朝文武百官有半朝人反对,后来被追为千古罪人,但铁了心的王安石说:"当世人不知我,后世人当谢我。"美国的罗斯福时代,有的地方就用了王安石的青苗法,当然,这是比喻而已。

同样,相信有不少人看过《乔布斯传》,他是一个怀抱理想的人,这个理想就是改变世界,都知道他拿出了最时尚、最先进的苹果产品,却很少有人议论他曾在印度苦修过 8 个月的坐禅。追求完美,需要有多方面的文化修养储备。

大众的,流行的,往往是浅近的,最易接受的,而主流价值,有品位的,不是一下子能够被接受,这里不仅需要节目制作人员有较高的文化积累和修养,也需要培养观众具有较高的文化素养,让他们有能力接受。这就首先需要电视台有比别人更多的付出,所以,处理好"迎"和"引"的关系,是央视的一大课题。应当说,正因为在品质、品格、品位上做了大量卓有成效的努力,央视才实现了国家大台的地位。一方面,中央电视台作为媒体,很好地突显了自身大众媒体的特性,这就是接地气的,是百姓喜闻乐见的;另一方面,很可贵的是,站位高,提升快。在这方面,我认为央视很好地做到了自下而深,自深而上。解释一下,这里有三个维度,一个是下,一个是深,一个是高,由于有了下的扎实和贴近,再在深一层的开掘上非常自觉,这就将自下而上赋予了更多的张力和弹升,使得节目在品位上更高出一筹,在价值意义上更厚重一层。

先说"下",央视不以国家大台自居,而是谋求重心下沉,想方设法走进基层,亲近大众,有草根情怀,为了平民圆梦做了很多好节目,如《你幸福吗》等街采系列,如《寻找最美乡村教师》等最美系列,将美作为社会稀缺资源进行打捞,并放大传播,很有社会影响力。另外,再举一个例子说,《为你而战》在环节设置和表达形式上面作出了大量新的尝试。"利他"变成奋斗的动力:首先,《为你而战》改变了以往公益节目中常由自己努力进行平民圆梦的固有模式,尝试将"利己"行为变成"利他"行为,在节目中,爱心人士为了帮助别人而奋斗,就是暗含着一根红线,这就是主流价值。

再说"深",为什么要深一层开掘,就是为了发掘出符合时代社会的正确价值观,如果为了到更深入的背后,热衷于在揭秘、搜奇、猎艳上做文章,那就是走向了偏差。

第三个是"高",占据价值制高点,过去有一段时间,我与央视多个频道多个团队曾有过深入的探讨,包括科教频道的闫东创作团队,这是我很熟悉的优秀团队,在我印象中,这三年来他们的作品有迎接建党90周年的《旗帜》、迎接十八大的《科学发展铸辉煌》,包括像具有广泛影响的《大鲁艺》《国脉》等,它们的确代表国家大台在品格、品质、品位上进行了认真严肃的追求。试想,如果没有这些,支撑国家大台的是什么呢,我们的国家大台的品貌就不会是现在这个样子。

总之,央视在整体价值观与个体价值观、理想价值观与世俗价值观之间形成了较强的张力关系,实现了品质、品格、品位的有机统一。

(2013 年 11 月 19 日)

今天需要怎样的"评"格

——兼谈光明日报新闻评论的"正知正见"和"契机契理"

　　早在1945年,时任美国中情局局长的艾伦·杜勒斯在一次国际关系委员会上,当着美国总统杜鲁门的面发表了一篇演说,其中说到,战争将要结束,一切都会有办法弄妥,都会安排好。我们将倾其所有的黄金,全部物质力量,把人民塑造成我们需要的样子,让他们听我们的。他说,人的脑子、人的意识,是会改变的。只要把脑子弄乱,我们就不知不觉改变了人们的价值观念,并迫使他们相信一种偷换的价值观念。用什么办法来做? 我们一定要在俄罗斯内部找到同意我们思想意识的人,找到我们的同盟军。

　　一上来我为什么先要打捞起这一段话,就是想说明人的头脑和意识是可以改变的,而能够改变它们的工具很多,其中重要的一点就是媒体舆论,而媒体的评论和观点是最能直接影响和改变人们思想、意识、价值观的。这也说明新闻评论在社会人群的思想观念建设中负有重要的职责使命。

一、媒体的新闻评论工作,经常需要"培元固本"

　　为什么这么说? 因为:

　　第一,今天的信息量之大之快,价值观念多元多样多变,文化思想交互交锋交融,在意识形态上呈现多声部合唱、多场域喧腾的景象,需要媒体在评论、言论上进行合理的聚焦、放大,并给出正确的评价。

　　第二,广大受众人群素质不断提高后,不可避免地转求为对信息背后的思想性、观点性需要,所以,媒体评论在这个观点的时代里显得极为重要。

第三,对于媒体而言,做一个不恰当的比喻,如果说新闻报道是人的"血肉",那么评论工作就是人的"魂魄"。因此,重视对评论员队伍的培训,是一项"培元固本"的工作。

第四,媒体评论队伍也确实需要多次的思想充电、理论准备,包括实际操作上的探索。无论对新闻界也好,对我们身处的时代社会也好,都很有必要。

二、结合光明日报的评论工作,来谈谈评论的格

这个格,就是品格、格调,是直接关涉媒体评论的理想、精神、价值等一类的东西。不能让品位、品质成为今天新闻评论的稀缺性要素。这里既有跟中央媒体、地方媒体、行业媒体及新媒体相同的共性,也有光明日报自身的个性。

如何理解品格对媒体的重要性呢?我想,如果没有过硬的品质作基础,报纸就不可能有很好的品相;如果没有品格上的保证,就不可能有思想品行的展露;如果没有很高的品位,就不可能有评论的品牌影响力,也就谈不上核心竞争力和舆论引导力。因此,在品格的综合性追求上,我们应当追求的是领先一步,高出一筹,深入一层。

我认为,品格的本质是深刻、是智慧,它的对立面是浮躁、是急功近利。然而,人们不禁要问,评论就真的需要精神生命吗?需要跨越时空吗?当前,社会的普遍病症是浮躁,而快餐和娱乐则是评论的一个痛点。一味地追求时尚,会导致短视、应付,以致用短命产品挤压和代替经过深沉的思考而积淀下来的东西。过度地追求娱乐,会导致庸俗、粗俗和媚俗。从这个意义上说,大道不畅,小道飞扬。这里的道,就是精神意义上的道。新闻评论就是要在"道"的层面上起到标领作用。

都说评论是媒体的意志、立场、旗帜,那我就选择用"旗"的形象作比喻,具体谈谈旗杆、旗帜、旗手的问题。

1.旗杆。旗杆有多高,就能把旗帜升至有多高。

新闻评论本身就是媒体的精神制高点。所以标杆的设定很重要。如果说旗杆是时代高塔上的接收器,那么,越有高度,接受来自远方和周围的信息就越敏锐,越全面,也就越有洞见、预见和远见。1964年英国《观察》杂志刊

发一篇苏联知识分子的文章："苏联能生存到 1984 年吗?"评论显然嗅到了苏联肌体中的腐败之气。

光明日报在历史上有着很好的言论传统和良好声望。它不仅仅是一家媒体,更是中国一代又一代知识分子命运的缩影,是中国思想史的一个侧影。长期的办报实践,使我接触到很多读者,发现他们心中的光明日报,就是中国思想的一个符号,有敢言、直言的独立报格,有为时代立言的传统。其中,各类周刊专刊,更透出浓烈的论说风格。许多老读者怀念本报历史上那些充满思想活力的评论,赞赏那些富有亮色的创建性言论。

在今天这个风尚不断变换的时代,品格一词虽然有些黯淡迂腐。在那些追新逐异者那里,有品格的媒体批评,似乎也早就过期失效不合时宜了。但是,媒体评论还是应该反求诸己。在我看来,只有富含品格的追求,才能让自己成为读者心中的公信标、时代生活的洞见者、社会舆论的引路人、改革实践的助产士,也才能为凝聚民族文化水准和社会人群共识贡献一份推动力。

作为评论,其中的价值定位和功能定位是我们极为看重的内涵。功能定位就是,评论应该是理论向大众阅读的先导,是对新闻作理性的梳理、思考的引发和精神的点亮,它在一定意义上,是社会生态的独立观察,是社会发展的思想助力。而价值定位是指在"守正"和"胆识"之间保持平衡。不丢正气,就是服从中央工作大局,将自身的发声坐标始终定准于中央施政的视野和目标之下,做到守正不移,避免价值观摇摆,避免被改革中的负面情绪感染,被利益之声绑架,避免在不经意间替某些价值思潮代言。不失胆识,就是要提倡真批评、说真问题,改革本身就是对不适应时代的社会机制的调整甚至革除,评论的作用就是率先把这种不适应的机制指出来。其实这两点是一体两面,如果平时自设敏感禁词、对社会热点和现象装聋作哑,在关键时刻肯定也起不到引导舆论、凝聚共识的作用,容易使自身失去了公信和分量。

当年在中国改革开放的前夜,光明日报那篇以特约评论员名义发表的《实践是检验真理的唯一标准》宏文,当时之所以能在全党全国全军引起轰动,也是基于以上的视野和认识。这对我们目前的评论工作来说,是提醒也是鞭策。所以光明日报现在的评论工作也有一个大的指向,概括起来就是:既不丢党报之正气,也不失党报之胆识。

比如,我们既要与人民日报的评论有区别,也要与光明日报的强项——

理论宣传有所区别。但是,这样讲,并不意味着我们要在两个夹缝中间写评论、发言论,而是在有所区别之外,开拓自己更为广阔的空间。如中央八项规定出台后,我们就最早以评论的方式,选择做有关文风问题的系列评论,中央政治局委员、中宣部部长刘奇葆上任后给光明日报的第一个批示,就是赞赏文风的这组评论抓得好谈得深。

最近习近平同志在中央经济工作会议上指出:"第一就是加强学习,吃透精神,研机析理,解疑释惑,努力讲全、讲透、讲实,特别是准确,要精准把握各项改革举措,不要不明就里,大而化之,特别要防止一些人恶意曲解全会精神,蛊惑人心,搬弄是非。"我认为,这无疑也是对评论工作提出的要求,而且是一种标杆式要求。我们常说中央媒体的评论要"胜在一秒之高",习近平同志的这番话,就是在标高上的更进一步要求。

总之,旗杆的支撑力就是思想的支撑力,思想的力量有多大,主流价值的输送就有多远。当然,旗杆需要基座,只有以坚实的思想作基座,才能让高高飘扬的思想旗帜高举而不倒。

2.旗帜。所谓旗帜,就是一篇篇的评论作品。

光明日报特别重视评论特色。一年多前,我们就把二版作为言论观点版,在评论上打出了自己的一套组合拳,形成了一个栏目矩阵。除了传统的社论、本报评论员文章之外,我们的重头评论有"本报编辑部文章",有"光明评论""光明述评"这样以大政方针为评论对象的、不定时的评论栏目,日常性的评论还有"光明论坛""光明时评""文化评析""专家学者评论专栏""权威解读"等一时一事一议式的栏目。更为小巧而机动的还有"观点新闻""网言""时事图说"(漫画)等贴近生活类的专栏,可以说品种较为丰富,版面呈现出琳琅满目之感。

当然,光明日报的评论在不同栏目和样式中,有不同的要求。在社论和评论员等政策性评论中,反应迅速、诠释准确、说理透彻、注重权威性是基本要求。在中国新闻奖名牌栏目"光明论坛"的评论中,则要求思想性和理论性突出,要给读者以学理性,有回味之功效。而"光明时评"的评论,几乎都是针对当下新闻事件发表的评论。"文化评析"栏目,是根据文化舆论场上的需要以及光明日报的特色而设立的一个评论栏目,这个栏目的评论对象是大文化范畴内的事件、现象与思潮。此外,光明日报的观点版还不定期地集纳一些学术界、思想界和知识界的最新观点。

具体到评论作品中,我们在"守正"和"胆识"之间保持平衡,"守正"就是要有"正知正见",而"胆识"也应是"契机契理"。光明日报评论一直在向这两个方向探索。举个近期的例子来说明一下光明评论的这种探索:今年9月份出台了关于打击网络谣言、诽谤的司法解释,加之之前国家司法机关对一些造谣、传谣的微博大V打击,使得"打击网络谣言"变成了一件集中了各种诉求的敏感社会事件。一些自由派人士将其定性为国家管控言论、干涉言论自由的动作,使得两高的司法解释在网络舆论中很被动。如何正确地在这个舆论场上进行舆论引导,我们经过商议,觉得如果先发表本报评论员文章或者本报评论员写的时评,不但可能在法理上缺乏权威性说服力,更可能被标签化,变成与网络舆论间的口水战,所以决定约请中国政法大学教授、网络立法专家于志刚写第一篇评论。

于志刚的这篇评论后来被我们拟定的标题是《网络谣言与网络言论自由背道而驰》。文章开宗明义,立场鲜明,将互联网立法带入了更广阔的法理视野、社会发展视野,转换了人们那种为了"管控言论而立法"的思维方式,并直言了在司法实践中应该谨慎对待的问题。之所以说这是一篇评论而不是常见的专家解读,也是因为文章辨析了网络自由与网络秩序的关系,指出了没有价值向度的"自由"只不过是散漫和混乱。如同文章在结语中说,"网络谣言与网络言论自由的理念根本上是背道而驰的,就像热带雨林中的绞杀树反噬宿主的营养一样,迟早会令网络丧失创新活力"。这篇文章的转载率极高,这也在一定程度上说明了它具有很强的说服力。其后两周,甘肃张家川回族自治县一名16岁的少年因为在网上发微博被当地警方刑拘,一时众声喧哗。我们第一时间撰写了评论《初中生刑拘案不能成劳教借尸还魂》一文,适时地将问题引入了执法层面,避免了舆论对两高司法解释的污名化。这篇文章的转载率也非常高,仅央视网的转载,就在短期内获得了近六千条的转发和一千多条评论。这就是所谓的评论深处意气平,用观点让时代立于正确起点,用见解接近时代发展真相,用论据转化人们共识,用析理体现时代追求与走向。

对于"守正"和"胆识"的把握,这算是一个较为成熟的例子。为了达到这个要求,我们也有一些具体的对评论写作和编辑的要求。总结起来,就是两个"不能"：褒奖时不能粉饰，批评时不能消极。两个"不是"：弥合而不是扩大社会分歧，整合而不是判隔官方与民间。两个"不媚"：不媚官、不媚俗，即不做某些地方和行业在某些错误方面的帮闲，也尽量不被网络情绪绑架。这些可以在技巧上助力我们达成对光明评论定位的把握。

大家都知道，评论是传播的刀锋，也是说理的利器。对于评论在发挥批评功能这个出发点上，我们有自己的立场。被称为南非的良心的图图大主教说得好："其实我不想出风头，并不是早上起来时突然心血来潮，对自己说：'咳，德斯蒙，今天我们挑个谁来骂骂呢？'不是，每天早上我起床时，都是祈祷这一天世界上没有值得我批评的东西。"这番话很好地说出了评论工作的出发点。

然而，及时的深刻的批评性言论，是评论的不贷之职。我们的批评应该是让社会时刻保持审视和反省，古人很强调"观过"，这是一个古老民族得以得以进步、走向成熟的思想武器。评论就有这种"观过"的作用。今天的很多问题，我们不能轻描淡写地评一评、论一论就过去了，如果缺乏评论应有的锋芒和力度，并产生影响，这些问题不会轻易过去，总有一天会回来折磨我们。

在中央新闻媒体中，光明日报具有这方面优势的，那就是光明日报的评论在评论事件、现象和思潮时，更少顾虑，更敢直言。我们常说，评论的分量很重，这个"重"常常体现在评论发表后的结果上面。评论要有影响，当然要"响鼓还要重锤敲"。因此，光明日报评论这个锤，不像人民日报评论那么重，但也足够把鼓声敲大。当然，打开伤口是为了清洗伤口，防止伤口化脓溃烂。最近两年来，我们针对各地中石化系统存在的腐败现象，连发评论，期间顶住"公关"压力。在去年和今年，光明时评针对电信服务和垃圾短信问题，发表了言辞犀利的评论，这些评论，无论在电信业内还是在普通读者中，都引起了巨大反响，并且见到了实际结果。在策划、组织和编写这些评论中，我们牢牢站在建设性的立场上，把握分寸而不畏惧，无所顾忌而留有余地，既起到了舆论监督的作用，也扩展了评论的写作空间。

3.旗手。就是评论员队伍。评论是媒体的高端工种，评论员同样也是媒体的高级工。尽管有的媒体人早已将"无冕之王"自贬为打工一族，但作为媒体的评论员，却应该时刻保持对"大家闺秀自贬为烟花女子"的警觉，要对输送主流价值渠道进行不断地追认，对使命、责任、理想作严肃的回望。

　　十八大以来，我们的物质生活和精神生活领域，发生了如此大的变化,转型期里的形态以前所未闻的清晰面貌作着大跨度的前行,也为媒体评论提供了前所未有的巨大空间和巨量话题,特别是社会人群,也从来没有像今天这样需要如此多的观点和评价。我前不久到北欧考察,在丹麦一家最大的报纸——政治报作一个专题采访,总编辑先生介绍说,他们为适应大众对观点的需求,前不久扩的版就是评论版。

　　应当说,在今天这个大时代里,媒体遇到了一个开放的好环境,如何用好评论这张好牌,做好全民共识这个好局,既是评论员的机遇,也是责任。

　　习近平总书记在"8.19"讲话中提出,做意识形态工作的同志,要有两把"刷子",说的话要让人爱听,写的文章要让人爱读。具体到评论队伍,更应如此。

　　紧扣大众的兴奋点,是评论部工作的重要一环。由于光明时评栏目紧扣新闻时事,所以是评论部重点经营的栏目。每天早晨,专栏的编辑们在家的时候,就已经在微信圈中开始讨论当日新闻,商讨选题,约定作者或者自己动手开写。应该说,在网络时代,报纸出版周期的限制,使得报纸评论时常成了网络言论的马后炮。但是,光明时评栏目创办以来的经验证明,经过评论员的策划、讨论、提炼,报纸的评论,虽然从时限讲可能落在网络言论之后,但是在立意、视角、分析上,却恰有在时间和空间上把问题或者事件稍微拉远看而得以一窥全貌的优势。

　　另外,光明日报的评论也正在向专业主义转身。在评论"写手""评论流水线"大行其道的时候,我们借重光明日报在知识界的优势资源,竭力聚拢一批高端知识分子,让他们成为我们评论的重要标杆和力量。怎么做呢,就以栏目来规制,开设"专家学者评论专栏",请著名专家学者撰稿。比如说这个栏目的开山之作,是清华大学著名学者胡鞍钢,这个学者大家都知道,二十多年来一直在进行有关国情方面的研究,现在人们所说的中国经济的升级版的提法,就是他率先提出的,在20世纪80年代末,胡鞍钢的成名作,就是发表在光明日报主办的一份杂志上。这是让在各个领域声名卓著的大专家来写"小评论"。这里所谓"小评论",就是每篇评论的字数都不多,千八百字,但是可以发一组系列,用几篇甚至十几篇的篇幅,把一个问题或者一个方面的问题说清楚,讲透彻。

后来专家学者觉得不过瘾，我们也有同样感觉，干脆一不做二不休，在原有的"专家学者评论专栏"基础上推出了"专家学者个人系列专栏"，一批专家学者登台亮相。像上海交通大学战略管理研究所所长孟宪忠、最近的中国社科院网络专家姜奇平等。一个系列谈一个专题，谈深谈透，还见个性。我们体会到，专家评论是以往党报的政策性评论以及新闻时事评论的一个重要延伸。发挥这些中国智囊的观点引导作用，把光明日报评论水平提升一个台阶，让知识分子这个智慧资源真正成为光明日报评论的一个富矿。从今年开栏后的读者反映看，这个专栏开设得非常成功，形成了读者、专家和领导的互动。我们计划能够建立一支大约达到一百名的经常撰稿的专家队伍。今后，我们的评论要更好地在这个富矿中开掘出更多闪亮的金子来。

另外还有一个值得一说的是，今年我们在评论版上新开设的"文化评析"栏目，旨在进一步体现出光明日报以文化见长的特点。在刊发的一大批评论中，有的对热点文化事件进行了深度点评，甚至彻底改变了事情发展的走向。如今年钱锺书书信被持有者拍卖时，引起杨绛先生公开反对，本报率先刊发了评论《钱锺书书信是公案还是私话》，指出拍卖于情不符、于法不合，随后又以若干报道跟进，终于阻止了这场侵犯钱杨二先生隐私的、所谓的"文化盛事"。有的展现了对社会文化心理、文化生态的深刻反思，如在世界读书日刊发的《珍重那些无用的阅读》（这篇文章后来进入了语文高考的模拟试题和中学生写作范例的书籍），在今年诺贝尔文学奖颁发之后刊发的《从村上春树没获得诺奖说起》以及《我们并没有失去纯文学》《中文热词不该仅是"土豪"和"大妈"》等等。有的是对当下热播电影、戏剧、电视节目精彩又特别有启发性的评议，如《明星跳水也是一部商业大片》《"爸爸去哪"背后的教育困惑》《"小时代"引发的代际战争》等等。

在经营这个栏目、培养文化评论作者群的同时，我们也通过这个栏目收获了对光明评论特色更深的认识，那就是：面对不同的选题，找出最有光明特色的一个；面对同一个选题，尽量体现出光明视角。这大概是未来我们在特色、品牌方面发力的方向。

三、关于光明日报评论的报网互动

从 2011 年 3 月起,光明日报在报网互动上走出了实质性的一步,这一步,就是由光明日报评论首先跨出的。从 2011 年 3 月起,光明网创办了"光明网评论员"专栏,每天置顶在光明网首页的位置上。这个专栏的评论,开始时几乎全都由光明日报评论部的评论员撰写。因此,光明日报评论部除了负责光明日报的评论、书评栏目外,还负责光明网的评论。

光明网评论员栏目,每天一篇,周六周日也仍然更新,每天的评论内容,都是针对当天上午的最新新闻写出,上午 9 点至中午前更新。这个栏目推出后,极大地扩展了光明评论的谱系,给了光明日报评论员更大的写作空间。这个栏目的评论,可以说是传统媒体评论和网络媒体评论的结合,或者从另一个角度讲,也是一个碰撞和短兵相接。两年多来,光明网评论员文章常常是各大门户网评论频道点击数量最多的之一,许多时候被排在几大门户网站的周点击排行首位,也有的时候,在几大门户网站中,点击排在前 10 名的评论文章,光明网评论员的几篇言论赫然在列。这说明,传统媒体的评论,在充分适应网络媒体的环境下,同样可以在网络平台上攻城略地。光明网创办以来的点击记录,也大多是由一篇篇评论文章创下的。

在评论方面的报网互动中,我们也把受众反响好的评论用在报纸上,从而进一步引起方方面面的关注。同时,在栏目创出影响后,我们也时常把一些报纸上的评论题目拿到网络评论上继续延展着做,以扩大影响。现在,光明网评论员这个栏目,已经得到了互联网行业的各种奖项,得到了业界的肯定,网信办等领导机关也对此不断予以精神和物质奖励。陈光标还拿出 20 万奖励光明网的一个评论员。

四、努力创造报纸评论的新文风

第一,要将版面办得更活,既要知识界之专业精神,也要打捞民间声音;既要去标签化,更要见风格化。我们拟推出"光明微博精选""生活观"等短小而接地气的新板块,让评论的面孔祛去圆熟而达于生涩,有毛绒绒的生活质感。也让版面品种更加多样,内容更为丰富。

第二,让更多领域的专家学者参与到我们的评论队伍中来,用他们的专业知识、切入角度和独特风格为评论注入新的活力。要善于把专家学者的观点变成见解。版面要体现出一定的理论深度和学术探讨气氛,拓展专题研究的空间,增强自由争鸣的气息,使光明日报的评论版面更加活色生香,在一定程度上成为广大知识分子所欢迎和乐意参与的阵地。

第三,更加注重与都市生活类媒体特别是新媒体的同质评论拉开距离,善于发现新的话题,敢于发出独特的声音。要擅长下闲棋、烧冷灶,保持"冷不丁来一个"的新鲜感;对社会问题的批评和审视,要有一定的前瞻性,要有"治未病"的理念,把评论的西药功效变成中药调理。

第四,在光明日报整个评论的格局内,我们不仅要从评论的多种角度、多个侧面拓展其领域,不仅要从评论的视点、评论的方式力求其变化,而且要在评论的文体等方面进行个性化、风格化的探索追求,以适应读者不同口味的需要。特别是在改造评论的文风,即话语方式方面,既要用好专业性评论语言,也要适度引入现代社会特别是青年人和网络上生动鲜活的语言,使评论文章增添"悦"读的亲切感。

(2014 年 6 月 12 日)

当好勇者、仁者、智者

——媒体如何伴行在"一带一路"上

"一带一路"是中国加快对外开放步伐,构建中国特色全球治理体系的一项大战略。习近平同志强调,"一带一路"倡议顺应了时代要求和各国加快发展的愿望,提供了一个包容性巨大的发展平台,具有深厚历史渊源和人文基础,能够把快速发展的中国经济同沿线国家的利益结合起来。要集中力量办好这件大事,秉持亲、诚、惠、容的周边外交理念,近睦远交,使沿线国家对我们更认同、更亲近、更支持。

短短两年多时间里,从提出构想到步入实践,"一带一路"沿线60多个国家中,目前已有30多个沿线国家同中国签署"一带一路"相关合作协议。在国家高层的大力推动下,"一带一路"建设的推进极为快速高效,这是可喜的一面。然而,倘若依此便认为"一带一路"建设就能够顺风顺水,一路坦途,恐怕也是低估了"一带一路"的复杂性。

我们知道,"一带一路"是从历史深处走出来,在新世纪重新绽放光彩的一个新概念。这也从另一面提醒我们,"一带一路"主要包括的亚欧大陆和非洲大陆,是世界上历史最悠久、传统最深厚、文化最丰富也最牢固的一片土地。在这片土地上,拥有长达5000多年的辉煌历史,生活了占据全球人口三分之二的44亿人民,使用着近50种国家通用语言,以及不下200种区域民族或部族语言,佛教、基督教、天主教、伊斯兰教、印度教等几乎全世界所有的宗教都在这里拥有众多教派和信众,生活习惯和民族文化差异更是随处可见。

在这样一个跨文化环境中,认识差异、尊重差异、应对差异,就显得极为重要。首先要认识差异,不仅认识到它文化的不同,而且借助它文化的差异,反观认识自己的文化,认识到自己的文化之花也是世界文化百花园中的一朵,从而增加对文化多样性和自身文化的认识,达到基于整体认识之上的"各美其美"。其次要尊重差异,不仅认识到差异的存在,而且了解差异的由来,理解差异背后的"情"和"理",进而尊重差异及相关人群,达到在"同情之理解"和"理解之同情"基础之上的"美人之美"。最后要善于应对差异,根据具体情况恰如其分地保持差异、求同存异或者化异为同,最终实现"美美与共"的和谐局面。

"文明是多彩的,人类文明因多样才有交流互鉴的价值""推动文明交流互鉴,可以丰富人类文明的色彩,让各国人民享受更富内涵的精神生活、开创更有选择的未来。"习近平主席在联合国教科文组织总部的讲演,向世界表明了中国对于文化多样性的肯定和期待。随着"一带一路"建设的逐渐深入,我们要积极发掘中华文化中积极的处世之道和交往理念同当今时代和沿线各国的共鸣点,坚定和丰富文化的多样性,防止文化霸权主义和文明单极化倾向,放下单线进化论和社会达尔文主义,为"一带一路"地区的多彩与和谐贡献更多的"中国智慧"和"中国方案"。

"国之交在于民相亲,民相亲在于心相通"。民众能否做到心相通,是"一带一路"建设的关键。而媒体在促进"民相亲""心相通"进程中的作用至关重要。习近平主席指出,媒体在信息传播、增进互信、凝聚共识等方面发挥着不可替代的重要作用。在今年7月由人民日报社主办的"一带一路"媒体合作论坛中,王晨副委员长指出,媒体要做"一带一路"上的行者、歌者、使者。我仅就媒体的价值担当层面谈一谈,自觉担当起"一带一路"上文化交流的勇者、仁者、智者。

媒体要做"一带一路"文化交流的勇者。文化交流互鉴不是一件容易的事情,汉代张骞出使西域,西晋高僧法显赴古印度求经,大唐玄奘法师西天取经,都是经历了九死一生方才有所成就。媒体在"一带一路"国家文化交流当中,应该借助自身专业优势,勇当文化交流的急先锋,深入文化交流第一线,捕捉最直接最真实的信息,用亲见亲闻取代道听途说,用切身感受消除隔膜和误解,勇当文化交流的开路者。

媒体要做"一带一路"文化交流的仁者。文化交流对双方都是利好,但以媒体为载体进行文化交流时,必须秉承交流的初心,端正交流的态度,要多为他人着想，多为对方着想，坚持道义为先，坚持公正客观，坚持友善仁爱，坚持职业道德和操守。中国有句古话，叫"仁者无敌"。坚持把道义、仁义摆在中间，坚持"见得思义""见利思义""先做朋友，后做生意"，我们的媒体当有这样的"仁心"，真正成为如习近平主席指出的那样，要本着互利共赢的原则同沿线国家开展合作，让沿线国家得益于我国发展。

媒体要做"一带一路"文化交流的智者。文化交流要讲究技巧、方式，要和风细雨、潜移默化，所以要多讲故事、讲好故事；路径要循序渐进、行稳致远，所以要稳步推进、控制步调，要会抓住时机、懂得权变，善于借势、借力，追求交流效果的事半功倍。这也是习近平主席所要求的，要做好"一带一路"总体布局，尽早确定今后几年的时间表、路线图，要有早期收获计划和领域。而当冲突发生的时候，媒体要上好"危机公关"这一课，要多承担任务，多进行补救，以快速而有效的实际行动，将损失降到最低。在危机尚未发生的时候，媒体要做好防范工作，杜绝低水平的失误，不要做麻烦制造者，切实做好"治未病"的工作。

孔子说："知者不惑，仁者不忧，勇者不惧。"媒体在文化交流过程中，始终做智者、仁者、勇者，在文化交流中不惑、不忧、不惧，发挥好媒体的积极作用。

此外，在进行文化交流过程中，特别要注重保持谦虚谨慎、戒骄戒躁的作风。习近平主席特别称赞老子"大邦者下流"的智慧，就是希望作为大国的中国，要像处于江河的下游一样，谦虚包容，海纳百川，这是大国得以更加强大的基础。我们媒体在"一带一路"文化交流进程中，也要保持平等对待任何国家和民族谦卑的姿态，虚心吸纳别国的优长和经验，让我们的文化"博采众长"，永远保持常新。

作为"一带一路"的倡导国，中国越来越成为国际舆论的焦点国家。"无中不成局"，全球媒体议题中的中国权重非常突出。在这种情况下，要面对国际舆论中我们"自塑"能力还不强的这一现实，还需加强"一带一路"的公共外交能力建设，加快提升中国话语的国际影响力。具体来说，就是要把握新机遇、应对新挑战、追求新目标，也要更有效地影响沿线沿带国家公众对中国的态度。

内容永远是新闻舆论工作的基石，尽管新媒体技术日新月异，但新闻传播的基本规律没有变。技术越是进步，传播方式越是多样，受众群体越是巨大,越需要能触及灵魂的内容,能入心入脑的题材。"一带一路"相关国家媒体都需要讲好故事,特别要讲事实、讲形象、讲情感、讲道理。还要改变信息流进流出的"逆差",各国主观印象的"反差",软实力和硬实力的"落差"。

　　光明日报是一家以思想文化见长的中央主流媒体,被称为"知识分子的精神家园"。我们有庞大丰厚的专家学者资源,据我报内部检索数据显示,"一带一路"倡议以来,我们报纸刊发"一带一路"的相关文章多达 2500 篇。我们有近 30 家海外记者站,我们的国际版,更是刊发了众多第一手的"一带一路"沿线国家参与建设的新闻,我们组织和参与了一系列域外采风活动,也曾派出多名记者从西安一路开车到罗马,重走丝绸之路,留下了宝贵的第一手资料,既锻炼了队伍,也积累了经验。今后,我们愿意在更大的空间和平台中,与更多的媒体合作,将"一带一路"文化交流事业继续推向前进。

(2016 年 9 月 30 日)

一项来自东方的伟大使命

——论"人类命运共同体"构建中的媒体责任

　　被西方有识之士誉为"一项来自东方的伟大使命"——人类命运共同体，自习近平主席于 2015 年 9 月 28 日在第 70 届联合国大会上提出后，越来越为国际社会高度肯定。2017 年 2 月 10 日首次将"构建人类命运共同体"理念写入联合国决议，更加成为全球各国共识和践行的基本遵循。2017 年 10 月，党的十九大报告共十三部分中的第十二部分，就以"坚持和平发展道路，推动构建人类命运共同体"为题，系统阐述其丰富内涵和时代价值。面对这一重大政治命题，作为新闻舆论工作者，必须肩负起这一重大政治责任，在把握好"人类命运共同体"的精神实质基础上，讲好故事，讲清逻辑，讲准价值，不辜负新时代赋予媒体这一宝贵的思想资源和难得的实践机遇。

一、以更高的政治站位精准把握构建的四个逻辑

　　在习近平总书记一系列新思想中，人类命运共同体是其重要组成部分。面对中国意欲为人类历史作出重大贡献的标志性宣示，新闻工作者要在政治站位高、理论准备足、国际视野宽上下功夫，不辱使命地营造好构建人类命运共同体的舆论环境。如何完整、科学地加以认识好理解好，我认为要弄清以下四个逻辑。

　　1.现实逻辑。今天为什么要提出构建人类命运共同体，我认为这是由我国进入新的历史方位决定的，是基于中国特色社会主义进入新时代作出的科学、务实、全面的论断。从世界大势来看，经济乏力，鸿沟日深，分裂扩大，特

别是美国特朗普政府奉行保护主义和逆全球化,一种"向内看"的态势更是蔓延到了欧洲;而从我国实际来看,习近平治国理政新实践不断对国家建设、人民期待、社会发展作出精准的判断和顺应,是中国从站起来、富起来到强起来的必然要求,中国焕发出的强大生机活力已为世界所共见。英国《每日电讯报》说,中国已成为具有世界历史构成意义的负责任大国。《苏维埃白俄罗斯报》认为人类命运共同体是习近平给予中国梦以全球意义;美国《华盛顿邮报》报道说,美国总统喜欢将其国家描述为"山巅上的城市"——让其他国家效仿的、熠熠生辉的榜样,但中国如今正式将自己塑造为又一颗让全世界仰望的"北极星"。

2.历史逻辑。作为马克思主义政党,中国共产党充分汲取了马克思恩格斯丰富的人类命运共同体思想,并始终把为人类作出新的更大贡献作为自己的使命。毛泽东早在 1921 年谈到"改造中国与世界"时就指出,"中国问题本来是世界的问题,然从事中国改造不着眼及于世界改造,则所改造必为狭义,必妨碍世界",并在新中国初期提出"中国应当对人类有较大的贡献";1987年邓小平指出,如果到 21 世纪中叶中国达到中等发达国家的水平,是真正对人类作出了贡献;党的十九大报告更是把为人类谋发展与为人民谋幸福为民族谋复兴相提并论。由此可见,中国共产党始终把中国发展与人类命运紧密相联系,把不断解决人类面临的普遍性问题和为人类作出更大贡献作为历史使命和责任担当。其一贯的历史逻辑清晰可见。

3.文化逻辑。构建人类命运共同体,有着中华民族优秀文化的天然基因。那种与生俱来的"亲仁爱和""内平外成""天下情怀"等,那些从《尚书·尧典》所言的"九族"开始,到张载"为天地立心,为生民立命,为往圣继绝学,为万世开太平"、范仲淹"先天下之忧而忧,后天下之乐而乐"等,无不体现着中国古人在共同体问题上的高度智慧,无不暗含有人类命运共同体的题中应有之义,无不彰显出中国深厚的共同体文化传统。在共同体的建设、表达、思维、理想、精神等领域,中华民族各朝各代绵绵用力,久久为功,出色完成了这一伟大的跨时代接续。这种传统和自觉为构建人类命运共同体大业提供了充分的文化逻辑。

4.本体逻辑。习近平主席提出人类命运共同体思想,从其本体来看,有其内在的逻辑。2013 年他当选国家主席后首次出访时就指出:"这个世界,各国相互联系、相互依存的程度空前加深……越来越成为你中有我、我中有你的命运共同体。"顾名思义,共同体中的命运有赖于共商共识共享共赢,才能由此体而联接彼体,由个体而形成整体。习近平的"要倡导建立平等相待、互商互谅的伙伴关系",不仅是这么提的,也是这么做的。比如在扩大朋友圈问题上,厦门金砖五国首脑会晤首次引入"金砖+"的概念,邀请墨西哥、埃及、泰国、几内亚、塔吉克斯坦等新的五国领导人参与新兴市场国家与发展中国家对话会;比如在不谋求世界霸权问题上,外媒高度评价北京唯一输出的政治价值观是不干涉他国内政的原则,这对于那些已经习惯了西方提出以政治和经济改革换取经济援助的政府来说极具吸引力,以致俄罗斯《观点报》报道说,王者归来的中国不谋求世界霸权,但它将不可避免代替美国成为最强大的国家。

二、准确预期、理性应对构建进程中的舆论"反差"

习近平总书记谆谆告诫我们说:"中华民族伟大复兴,绝不是轻轻松松、敲锣打鼓就能实现的。"同样,人类命运共同体这样顺潮流、合民意的伟业,也绝不会顺顺利利就能成功的。作为新闻工作者,应当把目光放得更远,心胸扩得更宽,思想沉得更深,理性、智慧地看待和接纳来自各个角度的各种声音,才能做到准确预期、从容应对构建进程中的国际舆论"反差",完成好时代交给媒体的答卷。我认为,在人类命运共同体的构建中,媒体要清醒把握好以下几个关系。

1.扑面而来的"赞誉"与不绝于耳的"噪音"

众所周知,2017是中国国际地位增强年。中国以满意的成绩挥别2017年,在世界日程关键问题上的影响力和领导力得以显现,赞誉之声也随之扑面而来。如果随手翻开世界一些知名大媒体,那些向来对中国成就抱有偏见的,现在却一反常态歌赞有加。《时代》周刊十九大期间的封面上只有四个字"中国赢了";德国《明镜》周刊的封面为红色背景上的黄色汉语拼音:"Xing Lai!";英国《卫报》报道说"构建人类命运共同体,实现共赢共享"的中国方案受到几乎不加任何批判的欢迎;德国《法兰克福汇报》认为北京发出的信息是:美国只考虑美国,中国考虑全人类……这个亚洲大国已不再是国际问题的一个普通角色,而是世界议程中的领导者。

　　然而不可否认的是,在国际话语体系中,中国负面舆论、噪音杂音从来都没有缺失过。从历史上讲,对中国的偏见始终存在。近170年前俄罗斯伟大文学批评家别林斯基有一句话一直深深刺痛着我。他试图帮助自己时代的人们特别是作家,理解个人与祖国的关系、爱祖国与爱人类的关系。他说:"对祖国的爱应该从对人类的爱出发,正像局部从普遍出发一样。热爱自己的祖国,这就意味着:热诚希望祖国实现人类的理想,并且尽力促其实现。"这是多么远大的共产主义目标啊。但他笔锋一转说:"否则,爱国主义就将变成中国人气质,爱本国的东西,仅仅因为它是本国的,憎恶外来的东西,仅仅因为它是外来的,甚至对于自己的丑陋和畸形也是顾影犹怜,赏玩不尽。"当然我们不能对此认同,但至少为我们提供了一个审视自己的维度。而今天,就拿日本来说,有调查显示,"90后"的大学生认为互联网是自己获取中国信息的主渠道,但日本主流媒体奉行"价值观选择"原则,致使大量中国信息在传播中受到扭曲,而越来越多的日本人,包括大学生,都开始觉察出日本媒体对中国的报道有太多负面取向。

　　因此,我们既要听得懂他们真诚的赞美之声,也要辨得清这些赞美背后的弦外之音,德国《明镜》周刊当时的封面为红色背景上的黄色汉语拼音:"Xing Lai!",背后也意味着告诫西方要清醒全面地认识中国崛起。所以,习近平总书记所提醒的"不要人夸颜色好,只留青气满乾坤",充分显示出领导人的清醒和定力。

　　2.拱手送上的"头把交椅"与可能掉入的"预设陷阱"

　　西方舆论认为,是特朗普正在帮助中国"再度伟大"。的确,特朗普的一系列"退出"行动,不仅让美国前国务卿希拉里·克林顿惊呼美国"撤回"了他们的全球责任和领导能力,也让西方媒体担心中国将致力于用自身日益强大的影响力来填补"领导权力真空"。而从国际社会来看,目前主动和愿意分担责任的国际主体稀缺,即使像俄罗斯,尚不能谋求也无法成为超级大国。这个时候,作为已然成为第二大经济体的中国有一种将被送上"头把交椅"的极大可能性。

　　然而,我们不能忘记有句古话说得好,叫作"峣峣者易折",告诫人们,往往在高处的东西容易被摧折。我们虽然提出构建人类命运共同体,愿意担当起更多国际事务和责任,但毕竟还是新手上路,不能陷入"都应由中国出面来做"的陷阱。何况,我们既要看到特朗普退出旧的,更要看到美国正在抓取新的。而像俄罗斯这样的大国也不会主动从全球图谱的"雷达"上消失。

作为媒体,应清醒地看到,我国的经济力量尚未演变成战略力量。我们还是在建构,而非成为现实,媒体在这方面要有阶段性的思维和工作方法,不能陶醉于西方舆论的赞歌,要理性地看到被特朗普视为"与美国制度、价值观和利益"相悖的中国,在全球治理中发挥着越来越重要作用的时候,避免被过度渲染成"战略对手"而陷入"修昔底德陷阱"。事实上,我们应当把宣介力更多地放在诸如"一带一路"、中东欧"16+1"等在西方主宰秩序外自己的一套政治和经济平行结构上,才能较好地挣脱和回击西方的负面评论。

3.舞台中央的"聚光"与如影随形的"追光"

奥地利《标准报》的一篇报道很有代表性,认为中国是过去的世界中心,也是新的世界中心。中国正进入到"世界舞台中央",中国特色的社会主义是发展中国家的榜样,北京计划最迟到2050年成为主导力量。这些都说明我们党带领国家民族正在迈向世界舞台中心。

舞台中央,是主角的亮相之地,那里不仅有"聚光灯",更有"追光灯"。具体到我国,有句网络语言说得好,"过去你对我爱搭不理,今天我让你高攀不起"。然而人家不理你,你有烦恼,人家太理你了,有着更多的烦恼。我们老说处于西方的聚光灯下,很是风光,其实,我们也早已处于追光灯下了,而且不仅用"放大镜"看你,更多时候用"显微镜"研究你,吃透你,你突然发现自己已经变得无处遁形。当然,聚光灯也好,追光灯也好,放大镜也好,显微镜也好,很多是善意的,或者是客观的,即使有些误解也是善意的,但敌对势力拿来做文章的时候,就要警惕,就要认真对待,因为看待一个事物,它的结论跟他看事物的角度和出发点有直接关系,我多次引用过一位在奥运会期间外国友人的话,他说假如你看一块草坪时,远远看上去,绿草如茵,美丽如画,而到近了看,里面却有狗屎、垃圾、杂草等,再拿显微镜看,泥土里有大量细菌、毒素。同样是一块草坪,站在不同立场、不同距离,使用不同工具,评价竟然有天壤之别。作为新闻工作者,应有大局观念、整体意识,不能被西方舆论牵着鼻子走,跟着人家调性唱。大国必然要谋大,走向强国必然要有思强之谋。新闻工作者也要在谋大思强中善于观大势,谋大事,在国际舆论场中知己知彼,掌握主动权,形成引导力。

三、完成好重大使命的策论

构建人类命运共同体的理念,不仅赋予了新闻界极为重要而宝贵的新闻资源,也向新闻界提出了一项重要政治任务。如何发挥好新闻舆论的传播力、引导力、影响力、公信力,首先要像习近平总书记说的那样:"国际社会对我国的关注前所未有,但中国在世界上的形象很大程度上仍是'他塑'而非'自塑'。"人类命运共同体的提出,也是对新闻舆论工作者"自塑"的能力考验。如何扭转被西方舆论主导的局面,我以为主要做好以下几个方面:

1.精准地设置议题议程

媒体要设置出优质议题议程,就必须做站在时代高塔上的瞭望者,这样才能提前感受到时代的风狂雨骤和月明日朗,才能提高预见力把握力。预见力是洞察力的延伸,特别是在重大的政治性主题舆论场中,更需要超前把握事物发展趋势,注重在客观事物发展中准确把握可能产生的结果,避免任何主观臆断,这就要求新闻工作者在设置议题时要既有前瞻又有精深,也要掌握分寸、留有余地,不能绝对化、简单化;在议程设置上把握节奏和力度,既要趁势而上,但又不是排浪式和大轰大嗡,否则不仅"雨过地皮湿",还在客观上给人以"话语进攻"的印象。

媒体要在国际汹涌的舆论场上练就高强本领,我认为要在"进退留转"四个方面下好真功夫。"进",就是该正面宣示的要做充分,该下面回应回击的,就要敢于出手;"退",就是要在细枝末节上善于回避,不缠斗,不炒热;"留",指的是要善于审时度势,从周旋中赢得新的话语空间;"转",就是要引导话题朝着于我有利的方向转圜和发展。在国际舆论场上,我们要做好"进退留转"四篇大文章,它是我们舆论斗争的战略战术。

2.陈情与说理相结合,宣介传播好大国责任

今天,我们在国际事务中扮演的角色和承担的义务越来越重要,如果没有良好的国际声誉和形象,你的伟大实践和优秀经验将被层层误读扭曲,进而对你的发展构成极大的舆论障碍。

经过努力,我们在打破西方话语霸权上取得了一定的进展,已经到了从

"别人讲"转换到"自己讲"的阶段。总书记在"2·19"讲话中站在西方接受者的角度提出"陈情"与"说理",就是说的我们自己如何讲。"陈情"是指要讲好中国故事,用生动感人的真实事例打动西方;"说理"是要用道理阐述中国实践,传播中国观念,阐明中国价值。

比如,我们不能总拿经济体量来说事,经济实力确是支撑大国强国的重要指标,但物质性权力不一定等于国际话语权,它往往要通过制度性权力、道义性权力、要素性权力等提升国际话语权。英国广播公司引用新加坡国立大学李光耀公共政策学院特聘讲座教授黄靖的观点说,中国的理念符合世界潮流,今后中国能否顺利推行人类命运共同体的理念,在于中国能否说服别人。所以,我们不仅要讲生动人类命运共同体的故事,也要讲清楚我国倡导这个理念的逻辑,还要讲准确它将为人类发展带来的价值。在这个问题上,新闻媒体要善于抓角度、抓特点,抓住新趋势,提出新见解,善于多侧面、多层次、多视角地传播命运共同体的理念、主张,进而推动共识的达成。

3.回应好全球治理体系变革中的国际热点

人类命运共同体思想提出以来,伴随"一带一路"倡议等全球合作理念与实践,成为推动全球治理体系变革、构建新型国际关系和国际新秩序的共同价值规范。期间,我们既要看到它逐渐为国际社会所认同的一面,又要看到还存有疑虑、困惑、不解甚至是反对的一面,这需要我们报道好中国是怎么说的,更要充分报道好是怎么做的。

比如国际社会聚焦的环保领域,过去这方面我们的确饱受诟病,而今天已经用实际行动和成效赢得许多国家敬佩和赞许的目光,被认为在全球环境治理中最重要的领导力量之一。正如联合国环境规划署副执行主任、联合国助理秘书长易卡拉辛·塞奥所说,中国的环保决策向全世界释放了积极信号,他认为在十九大报告中,中国领导人除了谈经济和社会发展,生态环保也是一个重要方面,中国的环保努力能够在各个地方得以落实。那么,如何将环保取得的世界公认成就与同步提升我国在国际环保领域的话语权和影响力相匹配,我认为媒体应该在开展针对联合国可持续发展目标包括巴黎协定等环保领域重要议程、具有世界影响和中国印记的环保示范项目、与其他发展中国家分享环境监测和清洁能源生产技术等话题上深度切入,充分报道,以提升我国在引领全球环境治理方面的影响力,进而打消国际社会的各种疑虑,调动起共同参与建设的积极性。

4.从大局出发配合好国家形象的管理

我国倡导构建人类命运共同体,在国际社会看来,就是中国希望将自身打造成全球塑造的力量,在我们看来便意味着自身要树立起榜样和责任。随着我国深度融入全球进程,国际问题越来越国内化,国内问题也越来越国际化,媒体在传播中也扮演着越来越重要的角色,与媒体有着直接关系的国家形象管理便上升为极为重要的任务。

如何在国家形象管理上作出媒体应有的姿态,一是要明确我国走在迈向现代化强国的征途上,虽然中国发展的奇迹世所公认,但初级阶段的基本国情社情没有变,自身的发展压力巨大,特别是当前我国社会主要矛盾已经转化为人民日益增长的美好生活需要与不平衡不充分的发展之间的矛盾都是面广量大的民生问题,媒体在这些问题上常常错把局部当整体,个别当普遍,长远当近期,容易犯急躁、片面的毛病,其结果充当了西方媒体"负面性选择"的炮弹提供者;二是要处理好本国利益与国际社会合理关切的关系。人类命运共同体建设有着丰富的含义,共同体首先是生命、生态的共同体,因而共同创造人类美好未来是其主旋律,中国人民不仅希望自己过得好,也希望各国人民过得好。然而中国还远未强大到可以解决世界上所有问题的能力,因此媒体报道我国在国际社会的救助、济困、付出、贡献时,注意把握好在追求本国利益时兼顾他国合理关切,在谋求本国发展中促进各国共同发展这样的尺度,不能妄自提供超出我国能力范围的不切幻想,避免过去常有的为了宣传而竭尽煽情之能事且不及其余的手法,理应做到既合情又合理,塑造好国际社会对中国构建人类全共同体的正确预期。

总之,在构建人类命运共同体的新征程中,新闻工作者要以政治家的智慧、实干家的担当,既看到光明前景,也看到任重道远,不慕虚荣、不务虚功、不图虚名,为推动构建理念、达成共识贡献自己的力量。

(2017 年 12 月 28 日)